Le sceptre
et le sang

DU MÊME AUTEUR

Aux éditions Perrin

Louis II de Bavière ou le roi foudroyé, couronné par l'Académie française.
Haussmann, la gloire du second Empire, prix Historia.
La Princesse Mathilde, prix Napoléon III.
Sissi ou la Fatalité, prix des Ambassadeurs.
Eugénie, la dernière impératrice, Grand Prix de la Fondation Napoléon.
Rodolphe et les secrets de Mayerling.
La Saga des Habsbourg.
La Saga des Windsor.
La Saga des reines.
La Saga des favorites, prix Pierre Benoit.
La Saga des grandes dynasties.

Albums illustrés de photographies de Jérôme da Cunha

Les Châteaux fous de Louis II de Bavière.
Sur les pas de Sissi.
Tapioca, cet inconnu.
Sur les pas de Mozart, en collaboration avec Frédéric Pfeffer.
À Saint-Pétersbourg sur les pas des tsars.

Collection « Tempus »

Malesherbes.
La Saga des Grimaldi.
Louis II de Bavière.
Sissi, impératrice d'Autriche.
Eugénie, la dernière impératrice.
Rodolphe et les secrets de Mayerling.
Le roman de Vienne.
La Saga des Habsbourg.
La Saga des Windsor.

Aux éditions Plon

Dictionnaire amoureux des trains.
La Saga des Romanov.
La Véritable Histoire des châteaux de la Loire.

Aux éditions de Fallois

Malesherbes, gentilhomme des Lumières, Grand Prix de la biographie d'histoire de l'Académie française.

Aux éditions Julliard

Sleeping Story, la fabuleuse épopée des wagons-lits.

Aux éditions Denoël
(en collaboration avec Jean-Paul Caracalla)

L'Orient-Express, couronné par l'Académie française.
Le Transsibérien.
Le Train bleu et les grands express de la Riviera.
Les Trains des rois et des présidents.
La Tour Eiffel (album du centenaire).

Aux éditions du Rocher

SAS Rainier III de Monaco, 700 ans d'histoire des Grimaldi.
Inoubliable Grace de Monaco.
Colette et Monaco.
Le Roman de Vienne.

Aux éditions Flammarion

Mémoires d'un palace, photographies de Jérôme da Cunha.

Aux éditions Jean-Pierre Barthélemy/ Caisse nationale des monuments historiques et des sites

Le Haut-Koenigsbourg (en collaboration), photographies de Robert César.

Aux éditions Chronique/Dargaud

Chronique de Paris (rédacteur en chef).
Chronique du xxe siècle (rédacteur en chef).

Aux éditions Pocket

La Saga des Romanov.
Petit dictionnaire amoureux des trains.
La Saga des reines.

Jean des Cars

Le sceptre et le sang

Rois et reines en guerre

1914-1945

PERRIN
www.editions-perrin.fr

Ouvrage publié sous la direction éditoriale de Laurent Theis et de Grégory Berthier-Gabrièle

De gauche à droite et de haut en bas :

La princesse Elizabeth d'Angleterre, en uniforme de 2e officier subalterne de l'ATS (Auxiliary Territorial Service) en 1945. © Rue des Archives/PVDE

Portrait du prince de Galles futur roi George V en 1905.

© Collection Sirot-Angel/Leemage

Photographie de Zita de Bourbon et de son époux Charles Ier d'Autriche en 1916. © Photo-Re-Pubblic/Leemage

Portrait du roi des Belges Albert Ier, non daté. © Costa/Leemage

Marie de Roumanie, photographie non datée. © TopFoto/Roger-Viollet

Portrait de François-Joseph Ier d'Autriche, non daté © Selva/Leemage

Victor-Emmanuel III, roi d'Italie, en uniforme et décorations pour la valeur militaire. Photographie de Ballerini & Fratini à Florence vers 1930. © Fototeca/Leemage

12, avenue d'Italie
75013 Paris
Tél. : 01 44 16 09 00
Fax : 01 44 16 09 01
www.editions-perrin.fr

ISBN : 978-2-262-04110-6

À toute ma famille que j'aime.

Et en souvenir de mes grands-parents qui,
comme des millions d'hommes et de femmes,
ont vécu la fin d'un monde et me l'ont racontée.

Pour Monique.
Pour toujours.

Avant-propos

À l'été 1914, l'Europe est très majoritairement monarchique : dix-neuf de ses États indépendants sur vingt-deux sont des royaumes, des empires, des principautés ou des grands-duchés[1]. On ne compte que trois républiques qui font presque figure d'exceptions : la France (depuis 1870), le Portugal (depuis 1910) et la Confédération helvétique, dont le régime est à la fois présidentiel et parlementaire. Onze États entreront en guerre, huit y participeront involontairement, car la neutralité de certaines monarchies, par exemple la Belgique ou le Luxembourg, ne leur permettra pas d'échapper à une invasion et, selon les cas, à un engagement armé ou à une résistance au côté des Alliés. La France est la seule République qui sera impliquée dans le conflit dès le début, puisque le Portugal n'entrera en guerre qu'au printemps 1916, tandis que la Suisse observera, sans remise en question, sa traditionnelle neutralité. À part l'exception française, la Première Guerre mondiale naît de l'affrontement de souverains et de leurs gouvernements contre d'autres empereurs, d'autres rois et d'autres cabinets qui s'estiment tenus par leurs alliances et leurs intérêts. Il s'agit donc bien d'une « guerre des monarques ». Rivalités politiques, militaires et commerciales se greffent sur des querelles personnelles, sans oublier les convictions religieuses, souvent déterminantes. Ces hommes sont à la tête de pays parfois territorialement immenses, aux destins anciens ou récents et à la géographie souvent complexe et mouvante, notamment en Europe centrale et méridionale où l'Empire ottoman, déliquescent depuis 1830 et que l'on ne peut considérer comme européen, s'efforce de maintenir ses ultimes zones d'influence en Europe. En 1912 et en 1913, deux guerres, dites « balkaniques », constituent une sorte de répétition régionale d'un conflit qui va devenir mondial.

Diplomatiquement, l'Europe est divisée en deux blocs, constitués à la fin du XIXe siècle ou au début du XXe. D'un côté, la Triplice, inspirée par Bismarck pour isoler la France, unit l'Empire allemand, l'Empire austro-hongrois et le royaume d'Italie (ce dernier étant de plus en plus réticent en raison de son expansion coloniale en Libye, pour laquelle il s'entend avec la France, la Grande-Bretagne et la Russie, des Alliés qu'il rejoindra en 1915, en rompant son adhésion à Berlin et à Vienne). De l'autre côté, comme en réponse à la Triplice, ont été signés des accords bilatéraux : Alliance franco-russe, Entente cordiale (entre la France et la Grande-Bretagne), convention anglo-russe. Ces traités finiront par constituer une Triple Alliance (France, Russie, Grande-Bretagne). On peut remarquer que ces unions n'ont pas empêché des ressentiments ni même des indifférences : ainsi, l'Italie n'avait guère de sympathie pour ses alliés germano-autrichiens, tandis que ni Paris ni Londres n'ont soutenu Saint-Pétersbourg dans sa désastreuse guerre de la Russie contre le Japon. Les ambitions coloniales, qui prolongent les nationalismes, mettront en lumière des antagonismes graves. Jusqu'à la haine.

Au-delà des déclarations, des comportements et des décisions publiques, ces souverains ne sont pas que des dirigeants couronnés incarnant leur État. Si l'on s'interroge toujours sur les raisons de la Première Guerre mondiale et l'enchaînement des tensions et incidents ayant abouti à une apocalypse, les monarques d'avant 1914 sont d'abord des êtres humains avec leurs vies intimes, leurs hésitations, leurs manœuvres pour s'informer, leurs choix, leurs pouvoirs plus ou moins réels, leurs influences parfois essentielles, leurs personnalités, leurs obsessions, leurs craintes et la croyance dans le symbole, suprême et sacré, qu'ils incarnent, depuis des siècles, des décennies ou quelques années. Circonstance exceptionnelle : ces souverains qui vont s'unir ou se combattre – et parfois changer de camp au cours des hostilités – sont presque tous parents, liés par le sang, et leurs épouses renforcent souvent ces alliances. Certains se ressemblent physiquement, d'une manière troublante alors que barbes et moustaches sont de rigueur. Ils se retrouvent lors de visites officielles, de mariages ou d'anniversaires, chacun des monarques arborant, par une courtoisie parfois inopportune, l'uniforme et les décorations de l'autre. « Bonjour, mon cousin. » « Mes respects, ma chère nièce. » Et quelques semaines, parfois quelques jours après ces réjouissances forcées, ils s'attaqueront et s'envahiront les uns les autres. Ainsi, « la guerre des rois » sera-t-elle un incroyable règlement de comptes familial à l'échelle d'un continent ; elle s'exportera même très loin, au-delà des océans et des mers, dans la logique de la colonisation.

Ces hommes et ces femmes qui partageaient leurs existences, qui étaient-ils, qui étaient-elles ? De l'aspiration à l'aveuglement, du courage à la pusillanimité, de la jalousie à l'abnégation, quels furent leurs secrets ? Quelles furent leurs vies personnelles, leurs amours, leurs forces et leurs faiblesses ? Quelles furent les conséquences des combats, des victoires, des défaites, des espoirs de paix sur eux-mêmes et sur leurs proches ? Étaient-ils conscients ou inconscients des conséquences de leurs décisions ? Furent-ils, tout simplement, dépassés et incapables d'arrêter l'engrenage ?

C'est donc un regard essentiellement humain que propose cet ouvrage sur deux guerres mondiales et un entre-deux-guerres d'abord prometteur, puis brutal et tourmenté dans la montée des totalitarismes. Deux mondes vont s'écrouler, deux paix feront naître de nouveaux blocs. Plusieurs monarchies seront balayées, certaines subsisteront, d'autres triompheront, parfois tardivement. Même celles qui seront restées neutres, comme les royaumes scandinaves ou l'Espagne, ne seront pas épargnées par de gigantesques bouleversements sociaux, économiques et culturels.

Cent ans après 1914, dix États européens sur vingt-huit, dont sept sont membres de l'Union européenne, sont toujours des monarchies, principalement constitutionnelles. Enracinées dans la tradition, mais pôles de stabilité en ces temps d'incertitudes, la plupart jouissent d'une popularité renouvelée et souvent d'un rajeunissement de ces rois et de ces reines du XXIe siècle qui fondent l'autorité publique. Et construisent l'avenir avec un visage.

Jean DES CARS

Pendant la guerre de 1914-1918, deux souverains balkaniques portent le même prénom :
Ferdinand Ier, roi de Roumanie de 1914 à 1927. Il est un Hohenzollern-Sigmaringen.
Ferdinand Ier, roi de Bulgarie ou « tsar des Bulgares » de 1908 à 1918. Il est un Saxe-Cobourg-Gotha.

De la fin de la guerre à l'entre-deux-guerres, quatre autres souverains portent les mêmes prénoms :
Alexandre Ier de Grèce règne de juin 1917 à octobre 1920.
Alexandre Ier de Yougoslavie règne de 1921 à 1934. Son fils, Pierre II, va épouser, en 1944, Alexandra de Grèce, fille d'Alexandre Ier de Grèce et d'Aspasie Mános. Chacun des époux a pour père un Alexandre Ier (de Yougoslavie pour Pierre II et de Grèce pour Alexandra).

1

Les années dangereuses
1908-1914

À 78 ans, en 1908, il est le doyen des monarques européens. François-Joseph règne sur l'empire d'Autriche depuis 1848 et il est également le roi de Hongrie depuis 1867. Son épouse, la célèbre et imprévisible Sissi, l'a beaucoup aidé à reconquérir le cœur des Magyars et à faire de Budapest l'égale diplomatique de Vienne. Le crâne tôt dégarni et le visage mangé par de longs favoris, toujours sanglé dans un uniforme (le monarque se considère comme un soldat et dort sur un lit de camp en fer), l'empereur-roi est très apprécié par ses millions de sujets, répartis sur un immense territoire neuf fois plus grand que l'Autriche actuelle, où l'on parle une quinzaine de langues et où une réelle tolérance permet à cinq religions de cohabiter, dans leurs cultes comme dans les consciences.

Veuf depuis dix ans,
François-Joseph est toujours aimé et respecté

La vie personnelle de François-Joseph a été marquée par trois drames. En 1867, son frère Maximilien, éphémère empereur du Mexique, a été fusillé par le révolutionnaire Juarez, à Queretaro. Puis, à l'aube du 30 janvier 1889, la mort, énigmatique et jugée scandaleuse, du seul fils que lui a donné Sissi, l'archiduc héritier Rodolphe, dont le corps a été retrouvé dans son pavillon de chasse à Mayerling, a nourri des suppositions et des thèses contradictoires auxquelles les parents, accablés, n'ont opposé que le silence. Un surprenant silence. Enfin, le 10 septembre 1898, l'assassinat à Genève de l'impératrice-reine Élisabeth (Erzsébet en Hongrie) a plongé le souverain dans un chagrin inconsolable. L'anarchiste qui a tué Sissi sur le quai du Mont-Blanc – une victime célèbre, choisie au hasard – a amplifié le mythe de cette beauté indomptable, capricieuse, mais visionnaire. Le drame, qui a bouleversé l'Europe, a laissé François-Joseph face à une solitude officielle, figé dans son sens du devoir et se répétant à lui-même : « Rien ne m'aura été épargné. » Et pourtant, il avait fait le sacrifice de son bonheur en rassurant l'éternelle voyageuse : « Je préfère te savoir heureuse loin de moi plutôt que malheureuse près de moi... » Sissi, épouse trop absente et très critiquée pour cette raison, avait fini par admettre que son mari eût besoin de consolations. Elle avait même, en quelque sorte, choisi celle qui la remplacerait auprès de son époux, la talentueuse comédienne Katharina Schratt – bien que la nature exacte de cette relation n'ait jamais été réellement établie. Quand cette gloire du Burgtheater (l'équivalent de la Comédie-Française) a menacé, en 1900, de ne plus le voir, François-Joseph a été effondré à l'idée de se retrouver encore plus seul. La comédienne était à un tournant de sa carrière et de sa vie de femme. Ses caprices, ses exigences professionnelles désormais impossibles à satisfaire n'ont pas amélioré sa réputation à la Cour. Si on ne lui a pas reproché son amitié intime avec le souverain tellement éprouvé par la vie, on a jugé que cette roturière jouant l'indispensable confidente n'était pas dans son meilleur rôle. Plus grave, l'archiduchesse Marie-Valérie, la dernière fille de François-Joseph et de Sissi (que celle-ci appelait « mon seul enfant » parce qu'elle avait pu l'élever elle-même), apprécie peu Mme Schratt, craignant que le désespoir de son père ne le pousse à se remarier avec elle. En fait, du vivant de l'impératrice, les relations étaient, si l'on peut dire, plus claires et plus simples dans leur ambiguïté digne d'un roman d'Arthur Schnitzler – *La Ronde* viennoise. Si, du vivant de Sissi, le trio rassurait, le duo qui suivit inquiétait la famille impériale. Toutefois, au bout d'un an, Katharina était revenue dans le cœur du vieux monarque, physiquement un peu plus enveloppée. Au moins ne suivait-elle pas le régime démentiel de Sissi qui frôlait l'anorexie !

L'empereur reste très aimé – sauf des Slaves –, car il est digne et courageux. Premier bureaucrate de son empire, certes sans génie, mais travailleur et discipliné, il est debout à 4 h 30 du matin pour étudier ses dossiers. Malgré ses fautes et ses revers, il incarne un modèle de la grandeur. Et ses malheurs familiaux ont, comme souvent, amplifié sa popularité. Il sait, comme ses ministres, que l'attachement à sa personne est un facteur de cohésion dans un empire multinational. Parce qu'il préfère les voitures à cheval aux automobiles, on le considère hostile au progrès, mais c'est faux : non seulement il a accepté qu'on enregistre sa voix sur le rouleau de cire d'un appareil à pavillon, mais il a donné le terrain pour que puisse être construit, au cœur de Vienne, le Pavillon de la Sécession, le fameux « chou doré » voulu par Gustav Klimt comme symbole de l'Art nouveau au tournant du siècle. Si ce mouvement, qui réunit des artistes prodigieux, n'est pas dans les goûts de l'empereur, il ne l'a ni interdit ni combattu. Il l'a permis… en fermant les rideaux d'une pièce de la Hofburg s'il ne voulait pas voir un exemple de l'esthétique urbaine révolutionnaire, en l'occurrence l'immeuble de la Caisse d'Épargne d'Adolf Loos, dont la géométrie simple fait face à l'architecture chargée du palais impérial.

La vie politique de l'empereur a été assombrie par deux échecs cuisants : la perte des provinces de Lombardie et de Vénétie après les défaites de Magenta et de Solferino en 1859 contre les troupes de Napoléon III, puis l'humiliation de Sadowa, en 1866, qui a scellé la supériorité militaire de la Prusse. Depuis, la double monarchie austro-hongroise, instituée en 1867, a reporté ses ambitions vers les régions danubiennes et le sud des Balkans. Une manière d'étendre la Hongrie. Le souverain pense répondre aux revendications des nationalités non germanophones de son empire. Le Congrès de Berlin (13 juin-13 juillet 1878) a accordé à François-Joseph un mandat d'administration de la province ottomane de Bosnie-Herzégovine, ce qui a profondément déplu au tsar de Russie, Alexandre II, qui se considère comme le protecteur des Slaves du Sud, en particulier les Serbes orthodoxes, et entend maintenir son influence dans la région. Bien qu'opposés, l'empereur et le tsar visent le même objectif : éliminer les Turcs des Balkans.

Coups de théâtre :
L'Autriche-Hongrie annexe la Bosnie-Herzégovine…
et Ferdinand Ier devient tsar des Bulgares !

Début octobre 1908, à Budapest, François-Joseph a une entrevue amicale et secrète avec le prince Ferdinand Ier de Bulgarie. Un étrange personnage. Si celui-ci, né à Vienne, âgé de 47 ans, est, par son père, un Saxe-Cobourg-Gotha de la branche catholique, sa mère était une fille du roi des Français Louis-Philippe. Prénommée Clémentine, elle avait un tel goût de l'intrigue (très fréquent chez les Orléans) que, dans les antichambres des Cours, elle avait reçu le plaisant surnom de « Clémentine de Médicis », ce qui la réjouissait ! Mais, en réalité, elle s'inquiétait pour son fils cadet et préféré, trop timide et délicat, trop passionné de botanique ; elle l'appelait « Ferdy chéri » et lui cherchait un trône, car – elle n'en doutait pas – il en méritait un… Justement, dans les années 1880, la Bulgarie était tiraillée, sur le tortueux chemin de l'unité, entre les revendications russes et les influences turques, de conflits territoriaux en querelles religieuses. La multiple Bulgarie était déchirée par la diversité des Bulgares. Le prince allemand Alexandre de Battenberg venait d'échouer et avait abdiqué ; de nouveau, les Bulgares attendaient un maître. « Clémentine de Médicis », qui disposait d'un formidable réseau d'informateurs, intervint et proposa son fils. C'est à peine si elle lui avait demandé son avis et elle n'aurait pas admis qu'il ne fût pas d'accord. Le triomphe de Clémentine fut donc d'obtenir, le 7 juillet 1887, que l'Assemblée bulgare choisît la candidature de Ferdinand, son fils raffiné, qu'évidemment elle accompagnait. « Assez laid à cause d'un nez excessivement proéminent, mais de belle prestance et ayant hérité des superbes yeux bleu clair des Orléans, Ferdinand avait 26 ans au moment de son accession au trône de Bulgarie. Intelligent, extrêmement cultivé, amateur de parfums, de jolies fleurs et aussi, dit-on, de beaux garçons, le prince possédait déjà, en quelque sorte, les qualités qu'on prête volontiers à un empereur byzantin de la décadence ou à un pacha oriental[1]. » L'Angleterre et l'Autriche-Hongrie ont soutenu sa candidature et il est allié à plusieurs cours d'Europe. À Sofia, on est flatté et le Premier ministre Stamboulov, fils d'aubergiste et ancien séminariste, bientôt considéré comme « le Bismarck Bulgare », se réjouit d'avance « de ce que ces prestigieux liens dynastiques pouvaient apporter à son pays trop neuf dans une Europe trop vieille[2] ».

Il restait à Clémentine à trouver une épouse pour son fils, ce qui ferait taire certains malveillants qui évoquaient la possible bisexualité du prince. Clémentine sut brouiller les pistes et être aussi efficace dans cette mission que dans la précédente. Fils docile, Ferdinand épousa, en 1893, la princesse Marie-Louise de Bourbon-Parme, arrière-petite-fille du dernier roi de France et de Navarre, Charles X, que la Révolution de 1830 avait chassé du trône. Une mère Orléans, une femme Bourbon : le prince rassemblait enfin les monarchistes français ! La principauté bulgare, dont le souverain avait du sang allemand, devint ainsi la plus française des dynasties balkaniques à la charnière des XIXe et XXe siècles. La pieuse princesse Marie-Louise, restée profondément catholique, et donc peu bulgare, eut quatre enfants en six ans et mourut, en 1899, à la naissance de sa seconde fille. Avant d'être désigné au trône bulgare, Ferdinand a toujours été protégé par Vienne et il a même servi comme officier des Habsbourg. Depuis son installation à Sofia, il n'avait pas eu l'agrément du tsar russe Alexandre III, un colosse dont la persuasion était si forte que plusieurs États européens avaient observé le même dédain envers Ferdinand. Cette ignorance avait même été à l'origine d'un incident à Paris, le duc d'Aumale, oncle maternel de Ferdinand, n'ayant pas salué son neveu qu'il venait de croiser. Le prince de Bulgarie s'en était offusqué. Le duc d'Aumale, âgé de plus de 70 ans, avait, certes, une mauvaise vue, mais il avait aussi de l'esprit. À son impertinent neveu, il répondit :

— Je suis comme l'Europe, je ne te reconnais pas[3].

Le prince de Bulgarie, longtemps méprisé par ses voisins couronnés, s'était tout de même réconcilié avec Saint-Pétersbourg grâce à un geste que le tsar Alexandre III avait apprécié : Ferdinand avait fait baptiser son premier fils, Boris, selon le rite orthodoxe, ce qui était normal pour une dynastie bulgare, surtout débutante. Désormais, Ferdinand allait soupeser les avantages respectifs du soutien russe et de celui de l'Autriche-Hongrie. Quitte à renier ses sympathies. Et à les trahir. Cette versatilité, que l'Europe centrale observe avec inquiétude, lui vaut un nouveau surnom lancé par sa cousine-voisine, la princesse héritière Marie de Roumanie : « Foxy Ferdy » Ferdinand Ier devient « le renard des Balkans ». Désormais, on le respectera. C'est le triomphe posthume de sa mère, sa conseillère la plus avisée, décédée à Vienne un an plus tôt et qui avait été très populaire par son intelligence et sa générosité. Une Médicis, mais aussi une Metternich.

Si François-Joseph, bien que l'appréciant peu pour des raisons personnelles, s'entretient avec Ferdinand, à Budapest, en début octobre 1908, c'est parce qu'il est arrivé une nouvelle préoccupante de la Sublime Porte. Ce sera l'un des premiers déclencheurs de l'engrenage infernal. On apprend qu'à Constantinople, en juillet, des intellectuels et des officiers ottomans, réunis sous le nom de « Jeunes Turcs », ont obligé le sanguinaire sultan Abdülhamid II à restaurer la liberté d'expression et de réunion et vont, sans doute, le contraindre à abdiquer. Les Jeunes-Turcs envisageraient d'organiser des élections dans l'empire. La tutelle ottomane somnolente sur la Bosnie-Herzégovine risquerait d'être réveillée et de nuire aux ambitions austro-hongroises. Il faut donc, pour François-Joseph, conforter de toute urgence son mandat en annexant purement et simplement cette province. Ferdinand Ier saisit l'occasion pour négocier un échange de bons procédés avec le vieil empereur. Le prince approuve l'annexion de la Bosnie-Herzégovine contre la reconnaissance d'un titre qu'il s'octroie : tsar des Bulgares. La Bulgarie devient, enfin, une monarchie. Cet accord est totalement secret. Aussi, le 5 octobre 1908, le vieil empereur surprend-il l'Europe en incluant officiellement la Bosnie-Herzégovine dans son empire, violant ainsi le simple mandat de gestion qu'il avait reçu du Congrès de Berlin. Ce même 5 octobre, Ferdinand Ier en profite pour déclarer l'indépendance totale de la Bulgarie, jusque-là morcelée en trois provinces sous des régimes différents – une mosaïque humiliante et insupportable. On y devine le retour de la Grande Bulgarie qui, au XIVe siècle, était toute-puissante dans les Balkans. Et avec le soutien de François-Joseph, le prince se proclame tsar des Bulgares ; après l'indépendance, la réunification devrait être plus aisée. Le 12 octobre, Ferdinand, à cheval, entouré de huit mille cavaliers, est acclamé dans les rues de Sofia jonchées de fleurs, en particulier des roses. En longs cortèges pittoresques, les paysans sont descendus des montagnes et le métropolite célèbre un *Te Deum* sur un autel en plein air.

Le roi Pierre Ier de Serbie est furieux : Vienne étrangle son pays !

François-Joseph pensait qu'il n'y aurait pas de réactions à sa décision, mais c'est tout le contraire qui se produit : l'annexion va provoquer une crise majeure. Si la Russie ne proteste pas, c'est parce qu'un accord secret avait été conclu entre le tsar de Saint-Pétersbourg et le souverain austro-hongrois : Nicolas II accepte l'annexion en échange du soutien autrichien à sa volonté de contrôle de l'accès aux Détroits ; mais, par la suite, le gouvernement de Nicolas II niera cette transaction. En revanche, les Serbes et les Grecs de Macédoine, entre autres, sont furieux de cette appropriation par les Habsbourg. Sans en mesurer réellement les effets, François-Joseph vient de provoquer la première étincelle. Elle est, en réalité, double : l'Autriche-Hongrie accroît sa présence balkanique et il va falloir compter avec la Bulgarie, ce qui exaspère la Russie. L'annexion de la Bosnie-Herzégovine oblige les principaux États d'Europe et leurs dirigeants à prendre position, à choisir leurs alliés ou leurs ennemis. Et plusieurs monarques qui, six ans plus tard, seront entraînés dans le conflit mondial sont déjà en place. La décision de François-Joseph a allumé une mèche lente. Ses médecins s'inquiétaient de ses bronchites à répétition qui l'avaient obligé à se reposer, alors que depuis des semaines, le vieil empereur et ses ministres se préparaient à mettre l'Europe devant le fait accompli.

Stupéfait et très mécontent de l'annexion, le roi Pierre Ier de Serbie, âgé de 64 ans, le fait savoir. Lui aussi avait des vues sur la Bosnie-Herzégovine, non seulement parce qu'il avait participé, en 1875, à l'insurrection de la province contre les Turcs, mais surtout parce qu'elle disposait d'un accès à la mer Adriatique. En effet, la décision brutale de François-Joseph, ressentie comme un coup d'État, isole la Serbie et l'étrangle économiquement. Sur le Danube, des canonnières autrichiennes et serbes sont rapidement face à face, et l'on peut craindre qu'un incident ne dégénère.

Né à Belgrade en 1844, Pierre Ier est arrivé sur le trône à la suite de l'assassinat, le 10 juin 1903, du roi Alexandre Ier, de la dynastie des Obrenović, et de la reine Draga, ancienne dame de la Cour à la réputation douteuse, épousée en 1900. Leur exécution, sauvage et rageuse, dans le cagibi attenant à leur chambre où ils s'étaient réfugiés à demi dévêtus, avait soulagé la population, lassée de l'autoritarisme d'Alexandre et des difficultés économiques, et qui n'avait pas approuvé le mariage du roi. On doit souligner que ce sanglant coup d'État militaire a été fomenté par le jeune lieutenant Dragutin Dimitrijević, surnommé Apis, qui sera l'un des fondateurs, le 3 mars 1911, d'une organisation secrète dont on reparlera, La Main noire… Un mois après l'élimination violente du couple honni et de ses proches, Pierre a été désigné par l'Assemblée nationale. Le nouveau monarque appartient à la famille des Karadjordjević qui prend ainsi sa revanche.

Exilé en 1858 à la chute de son père, élevé en France, francophile, Pierre Ier fut élève de Saint-Cyr en 1862 et officier, servant, sous un nom d'emprunt, dans la Légion étrangère lors de la guerre franco-prussienne de 1870-1871. Couronné à Belgrade seulement le 22 septembre 1904, Pierre Ier soutient une politique anti-autrichienne. Il a fait de son royaume le phare de l'opposition slave aux Habsbourg en s'appuyant sur la Russie et la France. Celle-ci lui fournit un armement forgé aux usines du Creusot, tandis que ce libéral aux impressionnantes moustaches et aux idées sociales avancées développe la vie littéraire et intellectuelle à Belgrade. Voulant être proche du peuple et de ses soucis, il se promène seul, en civil, dans les rues de Belgrade, visitant les ateliers, les écoles et les hôpitaux. Il fait preuve d'une réelle simplicité, « laissant sur les livres des visiteurs ou les tableaux noirs la même phrase confondante d'humilité : "Le roi Pierre est passé"[4] ».

En mariant ses filles,
le prince de Monténégro est « le beau-père de l'Europe »

En 1883, il avait épousé la princesse Zorka, la fille aînée du prince Nicolas de Monténégro. Elle avait donné à son mari cinq enfants, nés dans la Montagne noire, dont trois survécurent ; mais leur mère est décédée très jeune, en 1890. Pierre Ier était donc veuf depuis quatorze ans au moment de son couronnement. Diplomatiquement, son mariage avait permis au Monténégro de se faire connaître hors de ses rudes frontières montagnardes. Une chance pour ce petit pays, lié à la Serbie royale au XIVe siècle, mais dont le territoire avait ensuite fait partie de l'Empire ottoman pendant quatre cents ans, jusqu'en 1878. Pour beaucoup, le Monténégro, décrit par Pierre Loti comme une « mer en furie pétrifiée », est un État minuscule, digne d'une opérette, que personne ne prend au sérieux et dont le souverain espère se faire respecter en mariant ses filles aux autres monarques ou princes européens disponibles. Il en mariera cinq à des héritiers du Gotha, ce qui lui vaudra le surnom de « beau-père de l'Europe[5] ». Sa politique matrimoniale ambitieuse, calquée sur celle des Habsbourg, sera sa plus belle réussite, et l'Europe longtemps incrédule, voire moqueuse, verra grandir la notoriété du Monténégro, qui ne sera pas qu'une agence matrimoniale[6].

À l'annonce de l'annexion, Pierre Ier de Serbie, soutenu par Saint-Pétersbourg, proteste auprès de François-Joseph et de son gouvernement, mais la France lui conseille la modération. De son côté, l'Empire ottoman, humilié par la décision de Vienne, annonce le boycott des produits austro-hongrois. Istanbul ne peut plus joindre Sarajevo. C'est un mauvais signe pour la Sublime Porte. Face à cette crise, quel est le sentiment du tsar de Russie ? Affaibli par la première révolution de 1905 et le désastre naval de Tsushima dans les eaux japonaises, contraint d'accorder des concessions libérales et d'accepter une troisième Douma

(Assemblée consultative), Nicolas II continue de soutenir l'Alliance franco-russe initiée par son père Alexandre III, les deux pays y ayant intérêt. Sa préoccupation de la situation balkanique est justifiée par la possibilité d'accéder aux Détroits, éternelle préoccupation de la diplomatie russe. Le tsar charge son ministre des Affaires étrangères, Izvolski, en fonction depuis 1906, de proposer à François-Joseph un « marché boiteux : l'accord russe à l'annexion de la Bosnie-Herzégovine par Vienne [où celle-ci craignait une agitation serbe croissante] contre le soutien autrichien à la demande russe d'une révision de la Convention sur les Détroits afin d'y autoriser le passage des bâtiments russes[7] ». *A priori* simple, cette transaction échoue et la Serbie voit s'éloigner le soutien russe. Et le tsar, déçu, remplace le ministre par son adjoint. En réalité, Nicolas II, souverain petit-bourgeois n'aimant que la vie de famille, est très atteint par la maladie de son unique fils, le tsarévitch Alexis, âgé de 4 ans, qui est hémophile. La tsarine Alexandra, princesse allemande et petite-fille de la reine Victoria, vit, elle aussi, une angoisse permanente, celle d'une hémorragie du petit garçon. Repliés sur eux-mêmes, le couple impérial, leurs quatre filles, les grandes-duchesses Olga, Tatiana, Maria, Anastasia, et le tsarévitch Alexis vivent dans un cocon familial isolé des réalités et de la vie de Cour. Cette situation, douloureuse et confinée, permet au moine-guérisseur Raspoutine d'exercer sur eux une influence grandissante, considérée comme désastreuse.

Édouard VII apprécie les Françaises et forge « l'Entente cordiale »

De tous les monarques régnants en cette fin d'été 1908, il en est un qui a une connaissance très affinée des menaces pesant sur la géopolitique européenne et donc la paix. Il s'agit d'Édouard VII, roi de Grande-Bretagne et d'Irlande, également à la tête d'un puissant empire. À 67 ans, il ne règne que depuis 1901, l'année où sa mère Victoria a – on l'espère ! – enfin rejoint son cher prince Albert. Derrière sa réputation de joyeux viveur et d'homme de plaisirs (ses bonnes fortunes parisiennes sont légendaires), Édouard VII a révélé une exceptionnelle stature de diplomate, allant au-delà de ses prérogatives constitutionnelles. Le 8 avril 1908, lors de son séjour habituel à Biarritz, le roi a chargé Herbert Asquith d'être son nouveau Premier ministre. Cette nomination, dans les appartements du souverain à l'Hôtel du Palais, en territoire français, est ressentie comme une entorse au protocole de la monarchie britannique. Mais il y avait urgence et le roi n'a-t-il pas souvent répété, d'un ton jovial, qu'il se sentait « chez lui » en France ?

Avec tact, il a réorienté la politique étrangère de Londres, notamment dans les domaines militaire et naval, en forgeant l'Entente cordiale, qui n'existera que grâce à lui. Par son charme, sa persuasion et son savoir-faire, il a retourné l'opinion française en sa faveur, malgré le contentieux colonial africain (Fachoda, guerre des Boers), et obtenu un triomphe lors d'une de ses visites à Paris. Sa silhouette imposante, ses bons mots et sa connaissance des affaires – qui surprend ses Premiers ministres – vont de pair avec les fastes retrouvés de la cour de St. James, une tradition quasi éteinte dans les dernières années d'une Victoria murée dans le deuil. La différence entre la mère et le fils se mesure aussi dans les relations avec Berlin. Édouard VII a pris ses distances avec son impétueux cousin, le Kaiser Guillaume II, dont le rêve d'une puissance maritime ne cesse d'inquiéter les Britanniques, jaloux de la suprématie de leur flotte. Le gouvernement de Sa Majesté porte bien son nom, puisque Downing Street demande au souverain de tempérer les projets de son fantasque – et imprévisible – parent. Les liens du sang pourraient être utiles. Quant aux relations avec la Russie, elles sont familialement proches, puisque Édouard VII est l'époux d'Alexandra de Danemark – très belle, mais sourde (non aveugle, en revanche, aux frasques adultères de son mari) –, qui est la belle-sœur d'Alexandre III, donc la tante de Nicolas II[8].

Pour vivifier des contacts sereins et positifs avec son neveu le tsar qu'il rencontre à Reval, le 10 juin 1908, le roi le nomme amiral honoraire de la Royal Navy[9]. Une décision qui fait tousser le Premier ministre, osant rappeler que le gouvernement aurait dû être consulté ; ce à quoi Édouard VII réplique avec esprit que, si l'on cherche à se servir des cousinages afin d'éviter les conflits, il est très bien placé pour être l'ambassadeur de lui-même et des bons sentiments. À la mi-août, après une entrevue en Allemagne, orageuse et sans résultat, avec un Guillaume II fuyant et paradoxal, Édouard VII arrive en Autriche, à Bad Ischl, où l'accueille un charmant et enjoué François-Joseph dans sa confortable *Kaiservilla.* Chaque 18 août, il s'y trouve pour son anniversaire. Lors du déjeuner, Édouard VII tente d'obtenir du monarque austro-hongrois qu'il fasse pression sur Guillaume II afin qu'il cesse sa course à l'armement de la flotte allemande. La conversation est cordiale, mais sans résultat sur le plan politique. Le seul réel souvenir à noter est la proposition du roi d'Angleterre et d'Irlande de faire découvrir à François-Joseph les plaisirs d'une promenade en automobile, une nouveauté pour lui qui est un homme de cheval. Par courtoisie, il se dira content de cette « expérience ». Édouard VII, selon son habitude, rit à gorge déployée en fumant un énorme cigare…

Le roi d'Angleterre découvre la duplicité de l'empereur Habsbourg

En poursuivant son voyage vers la Bohême, où il va régulièrement prendre les eaux de la station réputée de Marienbad, Édouard VII a un entretien, fin août, qui le laisse stupéfait et très soucieux. Le correspondant à Vienne du *Times*, William Steed, l'assure que l'Autriche-Hongrie s'apprête à annexer la Bosnie-Herzégovine. Le journaliste est certain que son information, incroyable, est exacte. « Je ne peux pas le croire, lui déclare le roi, car cela bouleverserait l'équilibre européen. L'empereur François-Joseph ne m'a rien dit de la sorte. Je ne peux pas le croire[10]. » Comme on le sait, c'est la vérité. Le roi s'estime trahi, et la lettre personnelle de François-Joseph que lui remet l'ambassadeur d'Autriche-Hongrie le jour même de l'annexion, le 5 octobre, a beau se référer à l'amitié « intime et traditionnelle » les unissant, et par laquelle François-Joseph l'avertit « en personne d'une décision importante qu'il est obligé de prendre », Édouard VII est furieux. Il montre son impatience en agitant son bracelet d'argent. Ainsi, cette visite à Bad Ischl n'était qu'un piège ! Il n'y retournera pas. Et le roi a compris que cette annexion était le genre de coup de force qu'il redoutait, une étincelle dans « la poudrière des Balkans », selon l'expression prémonitoire de Bismarck.

Le successeur de la reine Victoria est alors, sans doute, le chef d'État qui mesure le mieux les conséquences de la décision spectaculaire de François-Joseph. Et qu'en dit-on à Berlin ? Il y a peu de réactions, ce qui n'est guère surprenant. La Triplice fonctionne, on ne va pas contrarier ce pauvre François-Joseph. Toutefois, le silence du Kaiser est toujours inquiétant, mais pas autant que ses déclarations, généralement bruyantes, contradictoires, paradoxales et insensées. À la différence d'Édouard VII, souverain constitutionnel malgré quelques plaisantes incartades, Guillaume II est un monarque disposant de grandes prérogatives, se considérant l'héritier d'un pouvoir absolu et l'unique maître réel de l'Empire allemand ; il ne se prive pas de dire ce qu'il pense en multipliant les impairs, les quiproquos, les balourdises et les provocations, un trait de caractère que déplorait déjà sa grand-mère, la reine Victoria. Elle n'était pas la seule à s'en inquiéter. Guillaume a toujours été immature et son père, Frédéric III, trop vite emporté par un cancer du larynx et qui ne régna que quatre-vingt-dix-neuf jours en 1888, en était accablé.

Depuis son accession au trône des Hohenzollern à l'âge de 29 ans, l'imprévisible Kaiser, qui avait commencé par renvoyer Bismarck, a l'art d'embarrasser tout le monde, y compris son gouvernement et son pays, en toute inconscience ! Il faut préciser – et c'est important – que Guillaume II n'est pas incompétent ; c'est sa façon de régner et d'intervenir à la place du gouvernement qui est vite critiquée. Il est intelligent, mais brouillon, désordonné et velléitaire. En fait, le maître de l'Allemagne impériale souffre d'un terrible complexe. Sa naissance, à Berlin, en 1859, a été difficile et son bras gauche est atrophié. Il le dissimule comme il le peut, mais en souffre beaucoup, avouant : « C'est une infirmité irrémédiable... Une lésion à laquelle on ne prêta pas attention sur le moment et qui se révéla incurable par la suite, m'interdisant une liberté totale de mouvement. » Pourtant, cela ne l'empêche pas d'être un bon cavalier et un brillant tireur.

Physiquement complexé, le Kaiser multiplie les apparitions spectaculaires

Guillaume II compense ce handicap par le spectacle de sa présence ou de son passage. Derrière ses discours-fleuves, ses fastueux voyages et ses apparitions, carrément théâtrales, pour se mettre en scène au premier rang, dans des uniformes extravagants masquant son bras inerte, coiffé d'un casque surmonté d'un aigle aux ailes déployées, le visage barré de moustaches en accent circonflexe, le souverain est impulsif, versatile et orgueilleux. On le juge agressif et belliqueux, alors que, en réalité, il est avant tout maladroit et de tempérament plutôt pacifique. Le Kaiser est surtout emporté, déroutant, et sait être, en toutes circonstances et en quelques instants, désagréable après avoir été charmant. Un caractériel au pouvoir. Toutefois, en dépit de ses extravagances, Guillaume II incarne une nouvelle génération de souverains, mêlant le romantisme (appuyé !) de ses ancêtres au modernisme d'un monde progressivement transformé par la technique.

Grâce au tonitruant Kaiser, le 28 octobre 1908 reste une date, à la fois dans l'histoire européenne et dans celle de la presse. Ce matin-là, le *Daily Telegraph* de Londres, quotidien conservateur modéré qui doit une partie de son succès à son prix très bas, publie un « entretien » avec Sa Majesté impériale. Sans doute vexé du rapprochement de Nicolas II avec l'Angleterre qui s'ajoutait à l'Entente cordiale franco-britannique conclue quatre ans plus tôt, le Kaiser avoue avec candeur que lui aussi, bien qu'empereur allemand, aime l'Angleterre et les Anglais ! Il s'élève contre les procès d'intention qu'on lui fait. Ce texte est une véritable déclaration d'amour envers Albion, dont il prétend admirer aussi l'art de vivre. Guillaume II jure qu'il est sincère : « La fausseté et le mensonge sont étrangers à ma nature. » Et pourtant, cette « interview » n'en est pas une ! C'est une machination entièrement orchestrée par le Kaiser lui-même. Guillaume II n'a rencontré aucun journaliste : en secret, il a simplement rédigé diverses remarques après un séjour privé en Grande-Bretagne, à la suite d'un voyage officiel. À l'origine, il s'agit d'un compte rendu de conversations qu'un officier supérieur britannique a jugé intéressantes. Certes, le Kaiser a envoyé une mouture de ce texte au chancelier von Bülow afin de recueillir son avis. Mais le diable s'en est mêlé : le chef du gouvernement était en vacances, n'a pas lu ce long plaidoyer anglophile, a demandé à ses services d'en prendre connaissance attentivement. Un va-et-vient du paquet de feuilles « à l'écriture illisible » l'envoie de service en service et, finalement, la machine bureaucratique impériale ne voit pas d'objection à la publication : une aubaine pour le *Daily Telegraph*. On ne refuse pas une telle exclusivité. L'affaire peut être considérée comme un exemple spectaculaire de « ratage » médiatique au début du XXe siècle, car elle révèle l'incompétence des services officiels n'ayant pas su déceler que Guillaume II s'était entretenu avec lui-même ! Un scandale dans le scandale.

La joyeuse soirée en l'honneur de Guillaume II tourne au drame

Le chancelier von Bülow en rejette la responsabilité sur le souverain, empêtré dans ses explications confuses. Le contenu de la prose du Kaiser est explosif : Guillaume II prétend, entre autres, que c'est grâce à lui que les Anglais ont été victorieux en Afrique du Sud lors de la guerre des Boers, alors qu'initialement il avait soutenu la cause de ces « vaillants Nordiques » qu'étaient les Boers, en envoyant, en 1896, une dépêche de soutien à leur chef Kruger, descendant d'une famille berlinoise ! Derrière l'outrance apparaît le ridicule d'une fanfaronnade inepte. Elle provoque aussi bien la colère des Britanniques que des Allemands et le discrédit personnel du Kaiser qui réalise, soudain apeuré, le désastre qu'il a provoqué dans l'opinion. On parle de limiter ses pouvoirs. On doute même de sa raison : comment a-t-il pu commettre une aussi monumentale gaffe qui dépasse toutes les précédentes ? « Le lien de confiance et de respect qui existait entre la nation et le monarque semble déchiré, pour la première fois depuis la création de l'Empire allemand[11]. » Il est urgent que le souverain réfléchisse avant de s'exprimer et s'assure que la chancellerie approuve ses propos. Mais comment contrôler un comportement aussi irréfléchi, qui oscille entre la naïveté et la prétention ? Très atteint par la mise en cause de sa légitimité, blessé dans son orgueil, le petit-fils de Victoria est prostré. Puis il part chasser en Bavière. Malheureusement, la soirée organisée pour Sa Majesté impériale chez le prince de Fürstenberg, qui devait être divertissante, tourne à la grosse farce, puis au drame.

Le maître de maison souhaitait s'inspirer de la légèreté viennoise dans les anecdotes, les propos graveleux et les numéros de cabaret. Les hôtes du prince rivalisent d'imagination pour divertir un Guillaume II taciturne, très abattu. Le chef de sa maison militaire, le général von Hülsen-Haeseler, se souvenant des numéros et des improvisations comiques que le Kaiser a appréciés, notamment à bord du yacht impérial *Hohenzollern*, puise dans son répertoire. Il arrive travesti en ballerine avec un tutu rose ! Qui a parlé de légèreté viennoise ? Hélas ! le général n'a guère le temps de parodier un ballet romantique : il suffoque et s'effondre, succombant à une crise cardiaque. Il a 56 ans. Guillaume II se sent poursuivi par la fatalité. Rentré à Berlin, il reste alité, évoque le spectre de l'abdication. Une seule personne peut alors l'aider à reprendre confiance en lui et à retrouver un semblant d'équilibre : son épouse, qu'il appelle Dona, née Augusta de Schlesvig-Holstein-Sonderburg-Augustenburg, dans une famille dépossédée par la Prusse des fameux duchés danois à l'origine de la guerre de 1864. Guillaume, alors prince héritier, l'a épousée en 1881. Un mariage de convenance, mais aussi d'amour, béni par sept enfants, six garçons et une fille. Aristocrate aux manières simples, Dona est, selon son mari, « un modèle accompli des vertus chrétiennes et germaniques ». Il l'estime sincèrement, mais regrette qu'elle soit restée une provinciale. L'impératrice Augusta, soumise, endurante, s'occupe d'œuvres charitables et n'exerce aucune influence politique sur Guillaume II. En revanche, son rigorisme luthérien se révèle un inconvénient diplomatique. Ainsi, l'épouse de Guillaume II déteste sa cousine Alexandra de Russie, car elle ne lui pardonne pas sa conversion à la religion orthodoxe ; cela n'aide pas les Hohenzollern à se rapprocher des Romanov alors que les relations anglo-germaniques sont empoisonnées par la construction accélérée, sous l'autorité de l'amiral Tirpitz, d'une flotte impériale allemande destinée à concurrencer, sinon à dépasser, la Royal Navy. De même, Augusta exècre le fantasque roi des Belges Léopold II, autant pour son affairisme à propos du Congo que pour son tempérament d'homme à femmes, en particulier avec une maîtresse française, entrée dans sa vie en 1900, qui a quarante-huit ans (!) de moins que lui, mais dont il a eu – à la stupéfaction générale ! – deux fils… « Avec l'aide de Dieu », assure-t-il. « Avec l'aide de camp », répondent les caricaturistes !

À la mi-novembre, lorsque Guillaume II, très déprimé, reçoit son chancelier à Potsdam, c'est la dévouée et méritante Augusta qui va au-devant du visiteur. Elle l'attend à la cinquième et dernière marche de la terrasse du Nouveau Palais, ce monument baroque de quatre cents pièces et trois cent vingt-deux fenêtres. À von Bülow venu supplier son souverain de modérer ses interventions et d'écouter son gouvernement, l'impératrice dit :

— Soyez très bon et très doux avec le Kaiser. Il est tout à fait brisé[12].

L'épouse du Kaiser est horrifiée par le harem du sultan

L'impératrice a toujours été affable et digne, même en 1898, lors de la visite du couple impérial à Constantinople qui soulignait l'intérêt du Kaiser pour l'Empire ottoman, se chargeant de réorganiser son armée de janissaires et d'obtenir la construction du chemin de fer qui devait relier le Bosphore à Bagdad. Il avait obligé Dona à accepter l'invitation du sultan à visiter son harem. Elle avait d'abord refusé. Il avait insisté et elle en était sortie effarée en déclarant : « Dieu ! Une foule de grosses femmes en toilettes de Paris, qui leur vont mal. Elles mangent des confitures et des pralines et semblent s'ennuyer ferme. »

Affaibli personnellement, désormais contraint de respecter les limites constitutionnelles de son pouvoir, Guillaume II, dans un premier temps, ne réagit pas à l'annexion de la Bosnie-Herzégovine. Mais dans un second temps, plus il approuve ostensiblement son allié François-Joseph, plus il calme du même coup les aigreurs potentielles de Saint-Pétersbourg.

L'Autriche-Hongrie a donc réussi son opération d'extension territoriale, inadmissible pour certains pays. Le prochain assaut contre l'Empire ottoman viendra d'un pays politiquement beaucoup plus jeune parmi les États européens, mais avide, lui aussi, d'étendre sa zone d'influence.

Le 29 juillet 1900, le quatrième roi d'Italie, Umberto Ier, avait été assassiné à Monza par un anarchiste. Le tueur, un certain Gaetano Bresci, voulait venger la violente répression des manifestations ouvrières deux ans plus tôt, imputant au roi l'ordre d'employer des canons contre les grévistes.

Umberto Ier s'était attaché à consolider la monarchie en respectant la Constitution et il s'était montré fidèle à la Triplice unissant les politiques étrangères de Rome, Vienne et Berlin. Son fils, Victor-Emmanuel III, lui avait succédé à 31 ans. À l'image de son royaume, alors considéré comme « le plus petit des grands pays », le nouveau souverain est de très petite taille, même selon les normes de l'époque : il ne mesure qu'1,53 mètre et souffre de cette disgrâce, alors que son cousin paternel, le séduisant Amédée II de Savoie-Aoste, s'impose avec 1,98 mètre. L'héritier du trône se considère comme un nain et sait qu'on le juge ainsi. Très appliqué dans son éducation militaire et scientifique, il a ensuite commencé une exceptionnelle collection de pièces de monnaie.

En octobre 1896, encore prince de Naples, Victor-Emmanuel, 27 ans, avait enfin consenti à se marier. Jusqu'à cette époque, ce projet ne semblait guère l'enthousiasmer, d'autant moins qu'on entendait décider pour lui qui serait son épouse. Sa mère, l'altière Marguerite de Savoie, « avait des idées très arrêtées sur les dynasties étrangères : “Les Orléans portent malheur ; la Belgique aussi. Je ne veux pas d'une Autrichienne et on ne peut pas avoir d'Anglaise”, car la reine Victoria aurait refusé qu'une de ses petites-filles abjurât le protestantisme[13] ».

En effet, la reine Marguerite imposait à sa belle-fille d'être catholique. Une candidate française avait été éliminée car, bien que royaliste, elle était chauvine. Finalement, ayant porté son regard vers la rive orientale de l'Adriatique, la mère de Victor-Emmanuel avait choisi pour son fils : la future reine d'Italie serait la princesse Hélène de Monténégro, quatrième fille « exportée » de ce pays superbe, mais pauvre et difficile d'accès.

Orthodoxe prestement convertie à la religion romaine sur ordre de sa belle-mère, Hélène, âgée de 23 ans, est jolie, avenante, gaie, saine, très cultivée. Ses yeux sont superbes et sa peau a la fraîcheur qu'insuffle l'air montagnard. Elle parle plusieurs langues et a un don pour la peinture et le dessin qu'elle a étudiés à Dresde. Et elle est grande, beaucoup plus grande que le roi. Le mariage, célébré à Rome, à Sainte-Marie-des-Anges, avait fait sourire la Cour ; quant à la mère d'Hélène, furieuse que sa fille eût abjuré la religion de Byzance, elle avait refusé d'assister à la cérémonie. Le frère de la mariée et ses sœurs, sauf Anna, étaient également absents. Dans la famille de Savoie, certains commentaires n'épargnaient pas l'origine rustique de la mariée monténégrine afin de suggérer la mésalliance qu'elle incarnait. À la sortie de la messe nuptiale, la duchesse d'Aoste, née princesse d'Orléans et qui se jugeait supérieure à la désormais reine d'Italie, la présenta à une amie par une formule incisive :

— Ma cousine, la bergère…

Victor-Emmanuel III est tout petit, mais son ambition est immense

Sa trop discrète présence physique rejaillit-elle sur l'absence d'ambition (supposée) de Victor-Emmanuel III ? Sa santé fragile et son caractère nerveux lui recommandent-ils d'économiser ses forces ? Le nouveau roi va vivre modestement, simplement, presque dans une austérité de monarque nordique. Mais comme souvent chez les hommes de petite taille, sa volonté est immense. Travailleur, sobre, levé tôt et couché tôt, il réduit le cérémonial au minimum dans tous les actes de sa vie publique, bannissant les parades et une étiquette contraignante. Afin de protéger leur vie de famille, les souverains ont même quitté le palais du Quirinal proprement dit pour une résidence voisine, plus bourgeoise que royale, la Villa Savoia. Si le couple dîne en tête à tête, chacun mange peu et vite. Victor-Emmanuel III est aussi méticuleux dans ses fonctions royales – très limitées, mais qu'il entend faire respecter – que dans sa passion de numismate.

Comme son père, il est bien décidé à ne pas intervenir de façon autoritaire dans les affaires de l'État, autant par respect de la Constitution que par tempérament. Il est soupçonneux, méfiant et déteste les excès, les extravagances, les foules. Plus tard, il souffrira beaucoup d'une représentation du pouvoir sacrifiant au spectaculaire et au démesuré. Cependant, le roi aux yeux vifs, à la moustache en croc et au menton volontaire n'est pas un timide. Il est un médiateur. Son plus grand plaisir est de conduire une automobile (il en a une douzaine, principalement de marques françaises, dans les anciennes écuries de son père) et de rouler dans Rome sans être reconnu, le visage dissimulé par une casquette de chauffeur et des lunettes cerclées de cuir. Dépassant rarement les 60 kilomètres-heure, il ne succombe pas au vertige de la vitesse. Il sera fier de conduire Nicolas II dans une Fiat de 24 CV, le tsar de Russie ayant commandé des Renault. La reine l'accompagne souvent dans ses escapades motorisées, heureuse de se rendre à un déjeuner champêtre imprévu. Victor-Emmanuel III aime les joies simples[14].

Depuis son accession au trône, l'Italie s'est diplomatiquement rapprochée de la France et de la Grande-Bretagne. Le roi n'a cessé de manifester sa méfiance à l'égard de l'Autriche. Que des villes comme Trieste et Trente soient sous l'autorité des Habsbourg est pour lui aussi insupportable que l'Alsace-Lorraine soumise aux Hohenzollern. La Triplice est un supplice pour le roi d'Italie ; il s'estime menacé et humilié par son allié ! Lorsque Guillaume II et son chancelier lui avaient rendu visite le 1er mai 1903, le Kaiser n'avait pas résisté au plaisir de se faire escorter d'officiers gigantesques. Devant cette suite d'hommes grands, parfois, de plus de 2 mètres, von Bülow, consterné, avait jugé cette méchanceté débile. Était-il intelligent d'humilier

Victor-Emmanuel III en lui rappelant qu'il était presque un avorton ? C'était surtout inutile, puisque le roi avait constitué lui-même une garde dont tous les membres étaient de haute taille ! La « fine plaisanterie » de Guillaume II avait fait long feu.

À ses hôtes, le roi avait dit :

— L'Italie ne peut laisser l'Autriche s'étendre dans les Balkans et sur la côte de l'Adriatique : c'est une question de survie pour notre dynastie[15].

On avait alors entendu le chancelier allemand se faire l'avocat des Habsbourg, ce qui était surprenant :

— L'Autriche-Hongrie n'a aucune ambition territoriale en Albanie ni en Macédoine. Elle a seulement quelques droits sur la Bosnie-Herzégovine, qu'elle tient du Congrès de Berlin de 1878.

Quand, toujours lors de cette audience, le Kaiser assura vouloir la paix et calmer les excités serbes, hongrois, roumains ou autres, Victor-Emmanuel III et son gouvernement ne furent guère convaincus. Cinq ans plus tard, en cette année 1908, lors d'une rencontre à Venise avec le roi d'Italie, le Kaiser refuse toute discussion au sujet de la situation dans les Balkans.

Il aurait pourtant été nécessaire d'en parler. La crise balkanique a surpris l'Europe et même Guillaume II, furieux, comme Édouard VII, d'avoir appris l'annexion presque en même temps que tout le monde. François-Joseph les avait trompés. Mais qui pouvait réellement penser que ce n'était qu'un début ? C'était un séisme. Il serait suivi de nouvelles ondes de choc.

1911. Stupeur : le roi d'Italie entre en guerre contre l'Empire ottoman

S'il était indispensable de parler des Balkans, c'est – ne l'oublions pas – parce que l'Italie a des vues sur les côtes en face des siennes, sur la mer Adriatique : l'Albanie, toujours province ottomane, qui suscite aussi la convoitise de la Serbie en quête d'une ouverture sur la mer. Mais avant tout et depuis déjà plusieurs années, c'est une autre côte turque, face à la sienne, mais cette fois en Afrique du Nord, qui aiguise l'appétit du royaume des Savoie : la Tripolitaine, le Fezzan et la Cyrénaïque (la Libye actuelle). Tardivement unifiée, l'Italie, petit État au passé immense, n'a pas d'empire colonial. Rome souhaite étendre son influence et retrouver au moins une partie de son héritage antique, lequel est encore sous domination ottomane en Afrique du Nord.

Or, depuis l'été 1902, « Rome et Paris se sont secrètement mis d'accord : en cas de redistribution majeure des territoires, la France prendra le contrôle du Maroc, tandis que l'Italie aura les mains libres en Libye [...]. Ces accords font partie d'une politique de concessions destinées à affaiblir l'emprise de la Triple-Alliance sur l'Italie, qui est sa composante la moins solide. Et c'est en cohérence avec ces manœuvres que le tsar Nicolas II a accepté le "pacte de Racconigi" conclu avec Victor-Emmanuel III en 1909, dans lequel la Russie reconnaît les intérêts spéciaux des Italiens en Libye, en échange de leur soutien aux revendications russes sur les Détroits du Bosphore[16] ».

Dans le contexte européen d'expansion coloniale généralisée, il n'est pas étonnant que le plus récent des États y cherche aussi sa part en y ajoutant un rêve de reconstitution de l'Afrique romaine. La recherche d'un passé glorieux légitime la démarche italienne. Il faut rappeler que l'Italie avait tenté une conquête de l'Éthiopie dans les années 1880 qui s'était soldée par la victoire des Abyssins en 1896. D'autres Italiens y reviendront plus tard. Peu à peu, l'opinion publique de la péninsule a été préparée à une conquête, mais c'est attaquer l'Empire ottoman sur un nouveau front, après celui des Balkans. Le prétexte est facilement trouvé en juin 1911 lorsque sont révélées, par le gouvernement britannique, les « mesures vexatoires » dont seraient victimes les sujets italiens résidant à Tripoli.

Le Premier ministre de Victor-Emmanuel III s'assure que Londres, Paris et Saint-Pétersbourg soutiendront toute intervention au secours des Italiens mal traités. Il est vrai que la France et la Grande-Bretagne sont déjà présentes dans le bassin méditerranéen, la première au Maroc et en Tunisie, la seconde à Chypre. Quant à la Russie, son immensité est telle que le tsar n'a pas de visées au-delà des mers. Toutefois, si depuis des années l'agitation balkanique cherche à chasser les Turcs de la région, c'est une ambition beaucoup plus grave de s'attaquer à l'obédience de Constantinople en Afrique du Nord. Ce changement de localisation sera déterminant : « C'est l'attaque italienne sur Tripoli qui a lancé le processus qui va mener à la guerre », souligne justement Christopher Clark. Et il rappelle le jugement, en 1924, de Miroslav Spalajković, ancien chef de cabinet au ministère des Affaires étrangères serbe : « Les événements qui ont suivi n'ont été que la suite logique de cette première agression[17]. »

Si Victor-Emmanuel III n'a pas une connaissance pointue des dossiers politiques intérieurs de son pays, il cultive des relations suivies avec ses ministres et va soutenir totalement la décision de son chef de gouvernement, Giovanni Giolitti, qui est d'attaquer la Libye, régence plus ou moins autonome de l'Empire ottoman. Comme la plupart des souverains de son temps, le roi d'Italie se passionne pour la politique étrangère. Il l'érige en domaine réservé. Après l'envoi d'un ultimatum fin septembre, le 3 octobre 1911, la flotte italienne bombarde Tripoli. D'une part, cette opération, considérée comme mineure à l'époque, est en réalité l'un des déclencheurs des conflits qui vont suivre. D'autre part, il s'agit d'une guerre totalement moderne, puisqu'on y emploie des moyens nouveaux tels que des automitrailleuses, mais aussi des avions et des dirigeables dans les premiers bombardements aériens de l'histoire. Le 5 octobre, les troupes du royaume de Victor-Emmanuel III (vingt mille hommes) débarquent à Tripoli. Parmi les officiers ottomans qui se distinguent en repoussant, à Tobrouk, des forces italiennes dix fois plus nombreuses que les leurs, on remarque un certain Mustafa Kemal, à la tête de bédouins libyens. Il faut aussi souligner que si l'Italie a veillé à obtenir le soutien diplomatique de la Triple Alliance (France, Grande-Bretagne, Russie), elle n'a pas, curieusement, cherché celui de ses alliés directs de la Triplice, l'Allemagne et l'Autriche-Hongrie.

Bien que ne contrôlant que la bande côtière, souvent assiégée par les Turcs, Victor-Emmanuel III signe, le 5 novembre 1911, un décret déclarant sa suzeraineté sur la Libye. C'est un bouleversement géopolitique considérable. Le monde a déjà beaucoup changé et certains de ses illustres dirigeants ne sont plus là : le tyrannique Léopold II est mort le 17 décembre 1909, trois jours après avoir épousé sa maîtresse française, si vulgaire mais si bien en chair. Son neveu, Albert Ier, est le nouveau roi des Belges. En Russie, le très avisé Premier ministre Stolypine, qui était la dernière chance de réussite du régime tsariste, grièvement blessé par un anarchiste dans un théâtre de Kiev, est mort après cinq jours d'agonie, le 5 septembre 1911. Le tueur avait bénéficié de complicités inquiétantes. En Grande-Bretagne, Édouard VII a succombé, le 6 mai 1910, à plusieurs crises cardiaques, après avoir murmuré dans un souffle : « Je n'abandonnerai pas, je poursuivrai, je travaillerai jusqu'à la fin. » Quinze mois plus tôt, pour sa dernière visite officielle à Berlin, le roi, qui savait être si jovial, avait été exaspéré par d'innombrables incidents protocolaires, ridicules mais révélateurs ; comme lui, la reine Alexandra détestait les rigueurs prussiennes, mais il était essentiel de rester aimables, souriants. Une faute du protocole et une confusion d'horaires ont mis le roi en retard et en colère, car il était encore en train de revêtir, laborieusement, son uniforme de maréchal allemand pendant que la musique de la garde d'honneur interprétait le... *God Save The King* ! Il y avait de quoi rire, mais Édouard VII, pâle et fatigué, n'avait pas ri. Il ne supportait plus cette hypocrisie vestimentaire et n'était sans doute pas le seul, car porter un uniforme d'une monarchie voisine, même à titre honorifique, pouvait-il empêcher qu'on entre en guerre contre ce royaume après y avoir été accueilli ? Il n'y avait guère que Guillaume II pour raffoler de ces métamorphoses de garde-robe. Plus il paradait en uniformes, quels qu'ils fussent, plus il s'extasiait sur leurs vertus supposées pacificatrices. Même quand le péril semblait exclu : ainsi, le 3 septembre 1912, entamant une visite officielle en Suisse et arrivant en gare de Zurich, le Kaiser se présenta habillé en commandant de corps d'armée helvétique, accueilli à la descente de son train spécial par le président de la Confédération, Ludwig Forrer, évidemment en civil, le haut-de-forme à la main et la neutralité rappelée dans son discours. On se rassura en jugeant le Kaiser plus fanfaron que belliqueux.

Le nouveau roi de Grande-Bretagne voulait être officier de marine

Le fils d'Édouard VII est le nouveau souverain britannique, sous le nom de George V. Pour assister à son couronnement à Londres, le 22 juin 1911, un Américain a payé 25 000 livres la location d'un appartement situé sur le passage du cortège. Qui sait si ces disparus, hommes de haute valeur, auraient pu empêcher le cataclysme ? D'autres s'imposent, tel le roi Pierre Ier de Serbie, en visite officielle à Paris en septembre 1911. Le Quai d'Orsay a été transformé en véritable palais royal et la foule, enthousiaste, a applaudi l'ancien saint-cyrien et l'engagé volontaire de 1870. Quant au prince Nicolas de Monténégro, conforté d'avoir des gendres si prestigieux, il a rejeté, le 28 août 1910, le terme de principauté pour son pays, et s'est proclamé roi sous le nom de Nicolas Ier, en accord avec le Parlement, afin de ne plus dépendre ni de la Sublime Porte ni de la Serbie. Le voici l'égal dynastique de ses voisins et gendres. Un lion et un aigle à deux têtes sont ses armoiries sur le drapeau national. Depuis 1906, le nouveau roi est fier de battre sa monnaie, le *perper*, qu'il fait modifier. Et l'on ne peut douter qu'il va faire parler de lui depuis sa pittoresque capitale de Cetinje où il est né, une bourgade rurale perchée à 670 mètres d'altitude. Elle s'était développée au XVe siècle autour d'un monastère et avait été incendiée à trois reprises par les Turcs. Cetinje – où s'entassent près de cinq mille habitants – a un charme suranné ; elle va désormais compter une multitude de légations (les diplomates se plaignent d'être à l'étroit !), presque plus nombreuses que les demeures, cossues et bourgeoises, des grandes familles locales. Si le pays du roi Nicolas Ier n'a, environ, que 230 000 habitants, sa fille Hélène, reine d'Italie, règne conjugalement sur 30 millions d'Italiens. Son père ne manque jamais de le rappeler à ses hôtes lorsqu'il leur fait visiter son modeste palais de Cetinje, le Konak (un mot serbe). Pour son élévation au rang de capitale royale, Nicolas Ier, ancien élève du lycée Louis-le-Grand à Paris, pare la ville de guirlandes de fleurs et d'arcs de triomphe, tandis que le progrès technique illumine la cité d'électricité. Tant de fastes font courir, sans preuves, des rumeurs de vénalité. Le maître du Monténégro n'aurait-il pas vendu ses filles ? C'est oublier le chemin parcouru depuis que le Congrès de Berlin, en 1878, lui avait permis de doubler la superficie et la population de son pays, qui ressemblait à maintenant une sous-préfecture française.

Le jeudi 14 mars 1912, à Rome, Victor-Emmanuel III, accompagné de son épouse, échappe à un attentat alors qu'il se rend au Panthéon pour assister à un office à la mémoire de son père. Un maçon anarchiste de 21 ans, élégamment vêtu, a tiré deux coups de feu sur le roi, sans l'atteindre. Celui-ci, qui règne depuis douze ans, jouit d'une immense popularité, car sa vie est entièrement consacrée à son devoir et à son bonheur familial. La population est d'autant plus indignée que le père du monarque, Umberto Ier, avait essuyé trois attentats, le troisième lui ayant été fatal. Victor-Emmanuel III et la reine Hélène sont acclamés et l'on crie aussi « Vive la Savoie ! », tandis que le cortège regagne le Quirinal, après que les souverains se sont rendus au chevet d'un officier tombé de cheval lors de la bousculade.

Le 18 octobre 1912, pour mettre fin à la coûteuse guerre de Libye, l'Italie et l'Empire ottoman signent, dans un hôtel près de Lausanne, le traité d'Ouchy. Devant les menaces de la flotte italienne en mer Égée (Rome avait aussi envoyé huit sous-marins en direction du Bosphore), le gouvernement turc cède la Tripolitaine et la Cyrénaïque au royaume d'Italie. La Porte perd ses dernières possessions africaines. En contrepartie, l'Italie restitue l'île de Rhodes et la vingtaine d'îles du Dodécanèse qu'elle avait conquises sans difficultés. Si la paix est conclue aussi rapidement, c'est parce que plusieurs États balkaniques entendent profiter de la défaite militaire ottomane pour éliminer l'autorité du sultan sur le reste de ses territoires européens. En finir avec « l'homme malade » est une obsession. Ainsi, l'exportation de la guerre en Libye par l'Italie a-t-elle excité et encouragé les revendications patriotiques dans le sud de l'Europe. Une opportunité qu'il fallait faire fructifier. Après l'annexion de la Bosnie-Herzégovine et celle de la Libye, les nationalismes, les idées libérales et le soulèvement des populations chrétiennes ont un ennemi commun, l'Empire ottoman. Ces haines vont transformer les insurrections chroniques en guerres balkaniques. Et celles-ci vont allumer le feu dans « la poudrière »...

1912 : le roi de Monténégro déclenche la première guerre balkanique

Serait-ce un complexe d'infériorité ? Le 8 octobre 1912, alors que la guerre italo-turque n'est pas officiellement soldée, le Monténégro ose s'attaquer à l'Empire ottoman en envahissant l'Albanie : Nicolas Ier engage les hostilités contre le gouvernement du sultan, imitant son gendre

Victor-Emmanuel III. Alors président du Conseil français, Raymond Poincaré s'inquiète de cette audace et de l'ambition du plus récent monarque des Balkans, jugeant que « le roi est plein de précipices, comme le Monténégro ». L'intéressé, qui a déclenché la machine infernale, s'écrie :

— Je mettrai le feu au monde pour faire cuire mon œuf !

Il envahit le nord de l'Albanie, sa voisine, dont la population, bien que largement musulmane, ne cesse de se rebeller contre la Porte. Le roitelet d'opérette, qui faisait rire sur les scènes du boulevard, affole les chancelleries. En effet, une semaine plus tôt, il avait déjà poussé la Bulgarie, la Serbie et la Grèce à lancer un ultimatum aux Ottomans en exigeant l'évacuation de la Macédoine et du grand port de Salonique car, à l'ouest du Bosphore, c'est l'une des portes d'entrée vers l'Europe d'une importante population turco-islamique, arrivée dès la fin du Moyen Âge. Celle-ci avait chassé les tribus slaves vers les montagnes, une situation qui ne pouvait plus durer. Deux jours plus tard, les troupes monténégrines, fortes de trente-six mille hommes et dont peu de gens en Europe occidentale soupçonnaient l'existence, sont les premiers de la Ligue balkanique – constituée avec les Serbes (proches à tous égards des Monténégrins), les Bulgares et les Grecs – à bombarder les positions ottomanes.

Cette coalition reçoit la bénédiction de la Russie, le tsar Nicolas II espérant, comme toujours, une défaite turque qui lui ouvrirait l'accès aux Détroits. Pourtant, comme protecteur des Slaves, il s'inquiète des rivalités entre eux, et encore plus d'une très grave hémorragie de son fils. Mais le devoir sacré de soutenir ses frères est tel que, selon sir Arthur Nicholson, ambassadeur de Sa Majesté britannique à Saint-Pétersbourg sortant d'une audience avec Nicolas II, « il est incontestable que la tradition qu'il a héritée de son grand-père, le tsar libérateur [Alexandre II], et l'influence des membres de la famille impériale qui ont contracté des alliances avec les dynasties grecque, serbe et monténégrine pourraient peser de tous leur poids sur ses décisions ».

Quant à François-Joseph, directement visé par ce conflit, il pronostique une victoire de la Ligue et se prépare à jouer le rôle d'arbitre entre les vainqueurs qui, selon lui, ne manqueront pas de se déchirer. En ce sens, il a raison puisque la Turquie est rapidement vaincue, battant en retraite jusqu'à 30 kilomètres de Constantinople sous les assauts bulgares. Si le résultat était prévisible, sa rapidité surprend. Le roi de Monténégro gagne ses galons de souverain conquérant en assiégeant Scutari, en Albanie. Son drapeau, hissé sur la forteresse, lui vaut les éloges des Serbes. Il espère en retirer l'estime et le soutien des Russes. Alexandre III n'avait-il pas dit, autrefois, que Nicolas de Monténégro était « le seul véritable ami de la Russie » ? Désormais, il entend être pris au sérieux et ne plus être cantonné à un second rôle. Mais constatant qu'à Saint-Pétersbourg, on commence à trouver son impétuosité gênante, il se retire de Scutari ; la question de l'Albanie sera traitée plus tard.

Les combats sont arrêtés le 3 décembre 1912, l'Empire ottoman reconnaissant sa défaite : ses troupes ont été trop dispersées et son intendance a été gravement défaillante. La Grèce ne se joint pas à l'armistice. Une conférence de la paix s'ouvre à Londres le 1er janvier 1913. Pendant ses débats, qui vont durer cinq mois, deux événements monarchiques provoquent des vagues d'émotions contradictoires.

En Russie, Nicolas II célèbre les Romanov dans un enthousiasme trompeur

Au matin du 21 février 1913, Saint-Pétersbourg est réveillée par une salve d'artillerie. La capitale vibre, mais sans que l'épaisse couche de glace recouvrant la Neva soit lézardée. Trente et un coups de canon sont tirés depuis la forteresse Pierre-et-Paul : c'est ainsi que débute une imposante célébration, celle du troisième centenaire de l'avènement d'un Romanov sur le trône de Russie. À Notre-Dame-de-Kazan, un patriarche s'apprête à concélébrer l'office d'action de grâce marquant le début des cérémonies religieuses. Le long de la prestigieuse perspective Nevski, des soldats alignent une barrière humaine, et la foule tente d'apercevoir les souverains et leur famille dans le cortège impérial. Le tsarévitch Alexis souffre, le visage tordu de douleur. Chez cet enfant de 9 ans, on craint en permanence une hémorragie, même si les manipulations du « guérisseur » Raspoutine semblent le maintenir en vie. L'héritier est faible et il est porté par un immense cosaque au crâne rasé. La mère d'Alexis, la tsarine Alexandra, une tiare sur la tête et tout en dignité, contemple la scène d'un regard angoissé, craignant à chaque instant un malaise de son fils. Un cauchemar. Pour le peuple, l'impératrice donne l'impression d'afficher un « glacial dédain », selon la princesse Radziwill. Le tsar Nicolas II espère faire oublier sa réputation de « Nicolas le sanglant » depuis la sauvage répression d'une manifestation pacifique lors du sinistre « Dimanche rouge » de 1905, le plus tragique malentendu ayant entaché son règne.

Deux jours plus tard, un somptueux bal est donné dans la salle des colonnes de l'Assemblée de la noblesse. Puis, au théâtre Marinski, les invités assistent à une représentation de l'opéra *La Vie pour le tsar* de Glinka, père de la musique russe. Au deuxième acte, lors de la mazurka dansée par le Ballet impérial, le monarque applaudit la Pavlova et l'aérienne ballerine Kschessinska, qui avait été la maîtresse de Nicolas lorsqu'il était encore le grand-duc héritier. Le choix de ce spectacle est symptomatique : l'action se situe en 1613, lorsque Michel Ier Romanov avait arraché aux Polonais l'indépendance de la Russie. L'œuvre est essentielle dans la culture russe puisqu'elle marque la naissance de son opéra national et accompagne les Romanov dans leur épopée. On s'attend que Nicolas II accorde une amnistie générale pour les délits politiques, mais c'est une déception : il ne consent à libérer que quelques criminels de droit commun. De nombreuses cérémonies suivent dans diverses villes, comme à Moscou, où la famille impériale, très entourée, est l'objet au Kremlin d'une immense curiosité et de diverses attentes.

En 1913, l'économie de la Russie s'est redressée. Un certain bien-être est visible, bien qu'inégalement réparti ; l'alphabétisation a fait des progrès sensibles puisque le nombre des illettrés a diminué de 25 % en quinze ans. Le prestige européen de l'Empire est vérifié avec, par exemple, les tournées triomphales des Ballets russes à Paris et à Londres, ou l'achèvement de la ligne du Transsibérien grâce à des emprunts dont la couverture témoigne de la confiance dans des réformes qui symbolisent le progrès. Cette voie ferrée mythique semble ouvrir des perspectives nouvelles. La monnaie est stable, gage de sérieux. La flotte de la Baltique, traumatisée après la défaite de Tsushima contre le Japon, s'est reconstituée avec cinq cuirassés, quarante-neuf contre-torpilleurs et vingt-trois torpilleurs. L'aviation maritime fait ses débuts. À Saint-Pétersbourg, on compte déjà 2 855 automobiles, dont 221 sont la propriété de l'État, et 328 taxis. Le téléphone commence à se répandre, Raspoutine donnant de nombreuses « consultations » grâce à cet appareil installé chez lui, en priorité. La question agraire – le problème le plus délicat – est en partie réglée par la Banque paysanne qui permet à l'immense population rurale d'acquérir, à crédit, des terres que l'État a achetées aux nobles. Depuis 1905, 9,5 millions d'hectares ont ainsi changé de mains. Cette politique intelligente n'est certes pas suffisante pour résoudre toutes les difficultés quotidiennes d'un aussi vaste pays, mais la redistribution porte ses premiers fruits.

Les réjouissances de ce tricentenaire attestent donc une ferveur nationale retrouvée. Trois siècles d'histoire défilent dans les mémoires et dans les cœurs, présentés comme une chaîne ininterrompue de victoires et de performances variées. En réalité, cette réconciliation est factice, car des événements tels que la mutinerie du *Potemkine*, en 1905, ainsi que les blocages politico-sociaux et les fautes du régime ne peuvent être effacés ou pardonnés au moyen de fêtes et de bals. En fait, Nicolas II préside des festivités en trompe-l'œil.

En Grèce, le souverain, héros de la guerre balkanique, est victime de sa modestie

Le 18 mars 1913, à 18 h 30, le roi Georges Ier de Grèce est abattu à Salonique par un malade mental, quelques mois avant le cinquantième anniversaire de son accession au trône. Grand, mince, la moustache fine et les yeux gris semblant toujours accompagner un sourire, le souverain avait l'habitude de faire une promenade tous les après-midi. Soucieux de son intimité, il avait congédié son escorte, comme souvent. Il aimait flâner, la canne à la main. C'est ainsi qu'on le voyait à Paris, qui l'avait surnommé « le roi du boulevard ». Son meurtrier, un certain Aléxandros Schinás, anarchiste grec, ne lui a laissé aucune chance : le roi, touché à la tempe, est mort sur le coup. La ville est pétrifiée de douleur. Prince danois, il avait été désigné à 17 ans par l'Assemblée nationale d'une Grèce désordonnée depuis son indépendance et la déposition du précédent souverain, un Bavarois, le roi Otton de Wittelsbach, un oncle de Sissi, qui s'était enfui sur un bâtiment de la Royal Navy. L'épouse du roi défunt était née grande-duchesse Olga de Russie et son père avait été un conseiller influent du tsar Alexandre II. Son mariage, en 1867, avait été célébré à Saint-Pétersbourg, dans la chapelle du Palais d'hiver. Le roi Georges était discret, sérieux, aimable et respecté, car lors de son avènement, il avait obtenu que l'Angleterre restituât les îles ioniennes à la Grèce. S'il avait subi des revers politiques, le « roi des Hellènes » (titre qu'il avait choisi pour s'identifier aux aspirations nationales) venait de connaître un triomphe : cinq mois plus tôt, le 9 novembre 1912, il était entré dans Salonique, redevenue Thessalonique, la forteresse turque ayant capitulé la veille. Il était l'un des vainqueurs emblématiques de la guerre balkanique. Depuis, le roi Georges avait d'ailleurs tenu à se fixer dans cette ville conquise sur l'ennemi séculaire. Son fils Constantin, qui l'accompagnait lors de cette journée d'allégresse du 9 novembre 1912, lui succède, à l'âge de 44 ans. Il s'était couvert de gloire à la tête des armées grecques, prenant Salonique à l'est et libérant, à l'ouest, l'Épire et Janina. Un succès complet, y compris pour la marine grecque qui s'était emparée de Chio, Samos et Lesbos. La femme du nouveau souverain grec, née Sophie de Prusse, est la sœur du Kaiser Guillaume II. La guerre les a obligés à quitter leur petit palais d'Athènes où ils aiment vivre simplement avec leurs trois fils et leurs trois filles.

1913 : le tsar des Bulgares trahit ses anciens alliés... et est vaincu !

Le 30 mai 1913, la Conférence de Londres oblige l'Empire ottoman à reconnaître la perte de ses territoires européens et à se retirer à l'est d'Andrinople (aujourd'hui Edirne, frontière bulgaro-turque). Toutefois – et c'est très important –, ni le territoire d'Istanbul-Constantinople, donc ville turque en Europe, ni le contrôle des Détroits ne sont contestés à la Sublime Porte. La paix imposée dans les Balkans est fragile, car le partage des dépouilles ottomanes, notamment entre la Serbie, la Grèce et la Bulgarie, n'est pas réglé. Aucun des États vainqueurs n'est satisfait. L'Albanie est déclarée indépendante avec le statut de « principauté souveraine et héréditaire sous la garantie des grandes puissances », privant la Serbie, encore une fois, d'un accès maritime, ce qui satisfait amplement l'Autriche-Hongrie. Ferdinand de Bulgarie se retourne contre ses alliés en réclamant un débouché sur la mer Égée, en l'occurrence, Salonique ainsi que la Thrace, sous domination grecque. Pierre Ier de Serbie maintient ses troupes dans une région revendiquée par les Bulgares qui sont soutenus par François-Joseph. Les grandes puissances espéraient avoir éteint l'incendie balkanique. Le feu couve toujours...

Ce nouveau conflit commence dans la nuit du 28 au 29 juin 1913. Constantinople se réjouit de la discorde entre ses anciens adversaires, espérant retrouver une partie de ses territoires perdus, dont Andrinople, ce qui arrivera en juillet, permettant ainsi à l'Empire ottoman de maintenir sa présence en Europe. À cause de la Bulgarie et surtout de son monarque, on assiste donc à un spectaculaire renversement d'alliances : le Monténégro, la Serbie, la Grèce, la Turquie et une nouvelle venue, la Roumanie, sont en guerre contre la Bulgarie. Lors du premier conflit balkanique, Ferdinand de Bulgarie avait respecté une curieuse coutume du pays : entrant en territoire conquis par ses armées, il avait piétiné les fanions et les armes pris à l'ennemi et la presse avait amplement illustré cette scène. Sans doute Ferdinand avait-il voulu prouver au peuple combattant qu'il était un vrai Bulgare. Le tsar, trop sûr de lui, a été mal inspiré de se retourner contre ses alliés. Son opportunisme le conduit à la catastrophe. En moins d'un mois, la Bulgarie est écrasée et doit conclure la paix au traité de Bucarest, le 10 août. Ses conditions sont très dures pour le régime de Sofia qui perd de nombreux territoires conquis l'année précédente, ce qui entraîne de déplacement d'environ cinq cent mille personnes : la Macédoine est partagée entre la Serbie et la Grèce, Andrinople est restituée aux Turcs et la vallée de la Dobrudja méridionale, du Danube à la mer Noire, revient à un royaume dont l'indépendance avait, elle aussi, été reconnue par le Congrès de Berlin, la Roumanie. En 1912, François-Joseph lui avait interdit de s'engager dans la première guerre balkanique, pour ne pas conforter la Serbie avec laquelle la Roumanie avait de bons rapports. Celle-ci était donc restée involontairement neutre, exaspérée de ne pouvoir obtenir une rectification de frontière, et surtout furieuse de ne pas s'emparer de la Macédoine. Mais le pire était le peu de considération que Vienne et Berlin lui avaient manifesté.

Carol Ier de Roumanie, un Allemand austère, a une épouse excentrique

Quelques mois plus tard, en 1913, la Roumanie ne pouvait manquer de plonger dans l'infernal chaudron balkanique. Sa monarchie est, elle aussi, née du délitement de l'Empire ottoman, mais encore de la défaite des Russes dans la guerre de Crimée en 1855 et de la vision, très audacieuse bien que déjà ancienne, de Napoléon III. Son intervention avait été décisive pour unir, *de facto*, les principautés de Moldavie et de Valachie. Et comme d'habitude, on avait cherché dans le Gotha un prince disponible pour régner sur les Carpates et la Transylvanie. Comme d'habitude aussi, les premiers candidats furent emportés par des complots, des luttes de partis et une instabilité ministérielle endémique. S'il est compréhensible, mais délicat de rechercher un prince étranger pour diriger un pays neuf, il reste presque impossible à un souverain autochtone d'échapper aux influences, prébendes et rivalités familiales qui, parfois, remontent au Moyen Âge, voire à l'occupation romaine, l'histoire s'étant souvent écrite sur l'axe mer Baltique-mer Noire. Il fallait trouver un candidat incontestable.

Après des années de chaos, de tutelles plus ou moins pressantes de la Russie et de l'Autriche, sans omettre le rôle de la France qui est toujours salué par les Roumains du XXIe siècle, un miracle s'était produit en la personne d'un homme dont l'avènement, à l'initiative de Napoléon III, remonte à 1866 et qui, en 1908, au moment de l'annexion de la Bosnie-Herzégovine, est toujours en place ! Ce prodige a un nom : Carol Ier, né prince Charles de Hohenzollern-Sigmaringen, de la branche catholique de la dynastie prussienne[18]. Son ascension se déroula en trois étapes : d'abord prince régnant par plébiscite (réservé aux gens ayant un peu d'instruction), il devint Altesse royale en 1878, puis roi de Roumanie en 1881. L'Europe reconnut sa légitimité rapidement. C'est une grande différence avec son cousin, son voisin et plus tard son adversaire Ferdinand Ier de Bulgarie. Deux Allemands sur deux trônes balkaniques, mais deux monarques on ne peut plus dissemblables. Ils réalisent le rêve de l'ancien roi de Prusse et premier empereur allemand, Guillaume Ier, qui souhaitait « un Hohenzollern aux sources du Danube et un autre à son embouchure ».

En 1913, Carol Ier règne depuis quarante-sept ans, un record dans les convulsions de l'Europe centrale aux frontières si mouvantes. Et, honneur significatif, c'est chez lui, dans sa capitale Bucarest, embellie par des architectes et urbanistes français, qu'est signée la paix mettant fin à la rapide seconde guerre balkanique à laquelle la Roumanie a participé. Elle en est l'un des triomphateurs. Grâce à Carol Ier, ce pays qui n'existait pas il y a un demi-siècle est devenu le premier État des Balkans. Le monarque peut être satisfait. Pas très grand ni séduisant, sévère, consciencieux et organisé, celui qui était encore le prince Charles de Hohenzollern-Sigmaringen avait 27 ans à son intronisation de prince régnant, quand on lui confia ce nouvel État. Ayant servi dans l'armée prussienne, il avait utilisé ses qualités d'officier pour édifier une nation moderne. Rigueur, abnégation, efficacité sont ses mots d'ordre. Il sait qu'après les désordres, il doit incarner l'ordre. On le respecte unanimement, on le craint souvent, on l'admire parfois. Dans sa barbe poivre et sel, il rit peu, car il n'est pas monarque pour s'amuser. Il manœuvre adroitement entre les écueils que sont sa germanité (il avait solennellement promis de ne pas combattre la politique du chef de famille, c'est à dire son cousin Guillaume II qui l'avait autorisé à accepter la Couronne roumaine), le voisinage autrichien et les ambitions russes. Dans la guerre russo-turque de 1877, Carol ne s'était pas contenté de laisser le passage aux troupes d'Alexandre III : il avait lui-même reçu le tsar et commandé les premiers détachements d'une armée roumaine, obtenant la capitulation ottomane après les interminables batailles et le siège de Plevna[19], puis une marche sur Constantinople.

Ces succès militaires lui ont permis de reconquérir une opinion choquée par ses sentiments germanophiles pendant la guerre franco-prussienne de 1870. La population l'avait accusé d'oublier Napoléon III et, tenu par le sang familial, Carol avait failli abdiquer. Ayant choisi un grand ministre libéral, Ion Brătianu, issu de l'opulente bourgeoisie qu'il chargea de moderniser le pays, Carol avait imposé l'égalité de traitement à l'importante communauté juive, souvent haïe car elle était créancière des paysans. La suppression de la discrimination antisémite, jusque-là prévue par la Constitution de 1866, avait mécontenté l'opinion.

Austère, mais pragmatique, Carol avait épousé son contraire, en 1869. Originaire de Rhénanie, la princesse Élisabeth de Wied était une intellectuelle, connue plus tard sous son pseudonyme poétique de Carmen Sylva. La plus artiste des souveraines. Elle séduisait ou exaspérait, mais ne laissait personne indifférent. N'aimant pas l'amour physique, elle parlait de son mariage comme d'une « union fondée sur le dévouement réciproque, sur le devoir et sur un désir fervent d'agir au mieux l'un envers l'autre et envers la nation sur laquelle [s]on époux régnait ». « Elle était royale dans ses manières, extravagante dans son accoutrement, vaticinant à loisir, passionnée dans ses sentiments, inconsidérée dans ses actes, mais jamais inconsciente de l'effet qu'elle produisait et c'était là son point faible[20]. »

Carmen Sylva confond les paysans avec des troupeaux de vaches !

La reine est théâtrale, se mettant en scène, ne cessant de commenter ses émotions ou de griffonner ses pensées lors de ses méditations en forêt. Extravagante ? Bien sûr, avec le délicieux sens du spectacle si répandu dans la *Mitteleuropa.* Insupportable ? Souvent. Généreuse ? Un cœur d'or. Capricieuse ? Évidemment ! Originale ? Pire : un peu folle. D'ailleurs la reine se disait républicaine, mais « tout éprise d'art et de littérature qu'elle fût, la reine Carmen Sylva ne dédaignait pas les honneurs royaux et prenait fort au sérieux son rôle de souveraine[21] ». Sa seule passion est elle-même, personnage romantique et féerique jouant le rôle de reine, singulièrement désordonnée. Son mari, dénué de fantaisie, la délaissa, tout en restant très attaché à elle. Toutefois, il serait injuste de ne pas comprendre l'aggravation de ses excentricités. En effet, après son mariage mixte – puisqu'elle était protestante et Carol catholique –, il était décidé, selon la Constitution, que leurs enfants seraient élevés dans la foi orthodoxe. Hélas ! la petite princesse Marie, née en 1870, était morte à l'âge de 4 ans, emportée par la fièvre typhoïde. Un drame absolu, doublé d'un problème dynastique puisque le couple n'eut pas d'autre progéniture. Après diverses négociations familiales, Carol Ier et son épouse, dévastés par la perte de leur unique enfant, adoptèrent un de leurs neveux, Ferdinand de Hohenzollern-Sigmaringen, second fils d'un frère du roi.

La reine Élisabeth devint un personnage dont toute l'Europe parlait avec un mélange de pitié et d'amusement. Ainsi, en octobre 1883, elle voulut recevoir dignement à Sinaia, au château de Peleş en cours d'édification, les premiers voyageurs de l'Orient-Express inaugurant la ligne Paris-Constantinople. Elle leur avait écrit un poème spécifique et ils durent écouter, debout, cette longue, trop longue, élégie honorant les pèlerins d'un nouvel art de vivre. On vit ensuite la reine, définitivement drapée de blanc pour porter le deuil de la petite Marie, descendre le Danube vissée à la proue du yacht royal. Elle agitait une serviette de table (!) pour saluer, pensait-elle, des paysans accourus à son passage : il s'agissait d'un troupeau de vaches ! La reine était myope. Elle fit encore mieux, ensuite, sur le port de Constantza. Elle y avait une résidence estivale. Une nuit – elle était insomniaque –, elle sortit sur la terrasse en chemise de nuit, hurlant à l'aide d'un porte-voix afin de souhaiter bon voyage aux navires qui gagnaient le large ! Le 14 septembre 1912, au même endroit, elle reçut des artistes français : l'illustrateur Georges Scott et son épouse, cantatrice de l'Opéra-Comique. Son opulente chevelure blanche et son ample robe donnaient à la souveraine l'allure d'une héroïne de conte. Elle expliqua à ses hôtes les menus détails de sa boîte à ouvrage. Ils en restèrent touchés et perplexes. Si les diplomates en poste à Bucarest se divertissaient de ses lubies, il ne faut pas oublier l'essor culturel que la reine insuffla à la cour de Roumanie. Elle recevait le sensible Pierre Loti, dont elle traduisait les livres en roumain, et la spectaculaire Sarah Bernhardt pour qu'elle déclame son répertoire au théâtre. La capitale roumaine devint « le petit Paris des Balkans » et vivait à la mode française. Il ne manquait qu'un scandale pour que l'on parle plus gravement de la famille royale de Roumanie.

Le prince Ferdinand, héritier désigné du trône, n'avait rien en commun avec son oncle le roi. Né en 1865, il était timide, faible, rebelle aux règlements militaires, et semblait avoir peur du souverain. Son enfance n'avait pas été bercée par la tendresse. Ferdinand tomba facilement amoureux d'une dame de compagnie de la reine, Hélène Vacaresco. Celle-ci descendait d'une puissante famille de Valachie qui avait favorisé la renaissance nationale et littéraire de la Roumanie. Hélène Vacaresco était elle-même une femme de lettres, écrivant en plusieurs langues, et l'un de ses recueils de poèmes avait été couronné par l'Académie française en 1886 ; la lauréate avait 20 ans et était très intelligente. Son idylle avec Ferdinand enchanta la reine, qui la protégea. Elle espérait peut-être faire mentir ce qu'elle avait écrit : « Je ne crois pas à la possibilité d'un amour heureux. » Enfin de l'amour à la Cour ! Lorsque cette romance fut connue du roi Carol, il se mit en colère, soutenu par les membres du gouvernement, tous affolés à l'idée d'un mariage déclassant la dynastie naissante. De Londres à Rome, de Saint-Pétersbourg à Vienne, on ne manquerait pas de rire. Il fallait, à tout prix, éviter une union qui hisserait une famille roumaine sur le trône. La Constitution stipulait que le prince héritier ne pouvait épouser une Roumaine par crainte de favoriser un clan. Tous les efforts consentis depuis vingt ans risquaient d'être anéantis par les intrigues de celle que l'on présentait comme une aventurière. Un piège que l'innocent Ferdinand n'avait pas décelé.

Scandale à Bucarest : la reine est exilée à Venise avec sa dame d'honneur !

Il y eut des scènes épouvantables et le roi Carol, intraitable, sépara les amoureux et exila quelque temps la reine à Venise, mais elle exigea d'être accompagnée de sa suivante qu'elle ne jugeait en rien coupable. À l'hôtel Danieli, qui avait abrité, un demi-siècle plus tôt, des amours romantiques orageuses[22], l'arrivée et surtout le séjour de la reine Élisabeth et d'Hélène Vacaresco provoquèrent un scandale plus grand que le précédent, entouré de commentaires ambigus. Pendant leur éloignement que surveillaient les agents du roi, le naïf prince Ferdinand fut accablé de missions militaires lointaines pour lui faire oublier son chagrin d'amour, tandis que ses parents et Carol dressaient une liste des princesses parmi lesquelles l'héritier, revenu à la raison, trouverait obligatoirement une épouse convenable. La monarchie roumaine était trop récente pour qu'elle se permît des fantaisies matrimoniales. Mais Carol Ier n'avait pas prévu que la reine, vexée par ces considérations dynastiques ayant brisé ce beau roman comme elle n'en avait jamais vécu, resterait si longtemps éloignée de Bucarest. Près de trois ans d'absence ! Toujours aussi furieux, il vint la chercher et la reine, très aimée, fut acclamée à son retour à Bucarest. Ses manières pittoresques, bien que souvent dérangeantes, comme sa profonde gentillesse avaient manqué.

De Balmoral, la reine Victoria écrivit à sa fille aînée le 25 septembre 1894 : « J'espère et je prie Dieu que tout va bien marcher et que Charles va prendre soin d'elle[23]. »

Il semble que, du moins en public, Élisabeth ne reprocha jamais son exil à son royal époux. Hélène Vacaresco partit pour Paris où elle était déjà connue des milieux littéraires. Elle y recueillit des succès et son nom fut, un moment, accolé à celui du prix Femina.

C'est Guillaume II, enchanté d'une mission qui le distrayait des compromis politiques et des parades, qui fut chargé de dénicher la future reine de Roumanie. Il ne chercha pas loin puisqu'il proposa une de ses cousines, la ravissante et avisée princesse Marie de Grande-Bretagne, âgée de 16 ans. Non seulement elle était le charme même, mais ses alliances ne pouvaient que rehausser le prestige de la Couronne roumaine. Du côté maternel, elle était la petite-fille du tsar Alexandre II de Russie, et du côté paternel, une petite-fille de la reine Victoria, qui l'appelait « Missy ». Son père était le duc d'Édimbourg, devenu le duc régnant de Saxe-Cobourg-Gotha. Et puisqu'il était un vassal de Guillaume II et qu'elle était aussi apparentée au roi des Belges Léopold II, la stratégie du Kaiser était un succès diplomatique complet. Qu'aurait-on fait sans lui ? Il ne se priva pas de le rappeler !

Le mariage eut lieu en janvier 1893, au château de Sigmaringen, hérissé de tours sur une colline du Jura souabe, dans le sud-ouest de l'Allemagne. Berceau de la dynastie, puis fief de la branche catholique de l'illustre lignée des Hohenzollern, avec son panorama sur la haute vallée du Neckar, ce château semble sorti d'une légende. Au milieu du XIXe siècle, il avait été reconstruit dans le style néo-gothique. Un pastiche consciencieux que Carol Ier reproduira aussi en faisant édifier Peleș, sur les contreforts des Carpates. Dans l'immense construction décorative qu'est Sigmaringen – qui n'a plus rien de défensif –, on avait espéré que la reine Victoria, le prince de Galles – futur Édouard VII – et le duc d'York – futur George V – assisteraient à la cérémonie. Ils s'abstinrent de venir, jugeant sans doute ces festivités trop germaniques pour une princesse anglaise. Elle était devenue roumaine et portait délicieusement le costume national. Sa tante Élisabeth – qui se réfugiait dans l'écriture bien qu'elle se plût à répéter : « N'écrivez pas si vous pouvez vous en empêcher » – instruisit la jeune mariée de ses devoirs envers son nouveau pays et son mari qu'on appelait « Fernandino », ou plus malicieusement « Nando ». Mais, rapidement, la reine se comporta en chaperon autoritaire, surveillant les engagements du jeune couple, l'inondant de conseils. Sans doute le souvenir de son enfant perdu était-il ineffaçable et son instinct maternel avait-il été frustré. Lorsque les princes héritiers eurent six enfants, elle vécut une osmose morbide de martyre et de joie. En 1900, lors de la naissance de Marie, future reine de Yougoslavie, Élisabeth se dit scandalisée que sa nièce et belle-fille ait eu recours au chloroforme. Quand Ferdinand contracta la fièvre typhoïde, Élisabeth « ne fut d'aucun réconfort, mais elle annonça presque chaque jour que son neveu était perdu, comme si elle espérait sa mort[24] ». Par la perte de sa fille, elle avait été frappée de la plus atroce manière. Pourquoi serait-elle la seule ? Ferdinand survécut, mais il avait terriblement vieilli.

Pourtant, Élisabeth savait être enjouée ; mais rapidement, elle se forçait et mettait tout le monde mal à l'aise. Lorsque le 16 septembre 1896, François-Joseph, que Carol Ier respectait et aimait, vint à Bucarest pour des fêtes magnifiques, la reine redevint Carmen Sylva, lyrique et autoritaire pendant le pique-nique dans la clairière où paissaient des vaches du domaine royal. Enflammée par son besoin d'être l'indispensable phare de l'esprit, elle dirigea la conversation (personne d'autre n'aurait osé !), gêna le vieil empereur, visiblement décontenancé par ses propos un peu trop élevés, déplacés ou abscons, tandis que Carol Ier demeurait silencieux. Le délire verbal de son épouse était impossible à maîtriser. Depuis longtemps, il préférait se taire. Chez cette femme qui pouvait être attachante et fascinait son entourage, on retrouvait les exaltations nostalgiques et dépressives d'une autre Élisabeth (Sissi), qui était venue la voir, et un peu du bric-à-brac romantique et fascinant de son défunt cousin visionnaire, Louis II de Bavière.

Lors des émeutes de 1907,
le roi de Roumanie obtient le calme et des réformes

Pendant ces années, Carol Ier avait permis des progrès considérables à la Roumanie, jouant habilement sur l'alternance des gouvernements libéraux et conservateurs, selon le modèle britannique. Outre les équipements indispensables (routes, canaux, ponts, chemins de fer), le monarque, organisateur-né, avait développé l'industrie alimentaire et favorisé les débuts de l'exploitation pétrolière ; celle-ci était même devenue la troisième exportatrice mondiale. Toutefois, la population rurale, majoritaire dans ce pays d'environ 7 millions d'habitants, s'était sentie délaissée, mise à l'écart de la prospérité. Bucarest brillait d'événements inédits, comme les démonstrations d'aéroplanes. La vie était sombre et misérable dans les campagnes. Si en 1906, les quarante années de règne des souverains avaient été célébrées par une grande exposition où la reine et la princesse Marie avaient choisi de présenter des œuvres d'artistes représentatifs de l'Art nouveau qui fleurissait en Europe, au début 1907 de violentes émeutes paysannes en Moldavie, dirigées contre la communauté juive accusée de monopoliser la terre, ravagèrent les propriétés agricoles. Deux gouvernements successifs furent incapables de rétablir le calme dans le nord-est du pays. On réclama l'intervention du roi qui était le seul à incarner l'autorité suprême. Carol Ier fit tirer l'armée, dont il était fier, contre les insurgés. On déplora des morts. Le monarque prenait un énorme risque, car l'écho du tragique « Dimanche rouge » de 1905 à Saint-Pétersbourg avait valu au tsar le surnom de « Nicolas le Sanglant » et gravement taché de sang son lien avec le peuple. Or, aucun reproche ne fut fait à Carol Ier. Il avait sauvé sa monarchie encore fragile et restauré l'État. L'ordre revint au bout de deux mois et l'opinion, satisfaite, souligna que la reine, d'un calme surprenant, avait soutenu la révolte par ses écrits – c'était une démarche audacieuse, car son mari lui avait interdit toute prise de position politique. Le message de compassion de la reine fut bien reçu par le souverain et le peuple. Mieux : le roi exigea et obtint une réforme du système agricole. Malheureusement, l'année suivante, sa réussite dans la résolution de cette grave crise intérieure fut ternie par le mauvais coup que lui assena François-Joseph en annexant, par surprise, on l'a vu, la Bosnie-Herzégovine. Carol Ier fut stupéfait de cette trahison qui déchirait son alliance secrète de 1883 avec l'Autriche-Hongrie et l'Allemagne. Et les faveurs de Vienne envers la Bulgarie l'exaspéraient.

La défaite bulgare de 1913 et l'entrée en scène de la Roumanie victorieuse dans la seconde guerre balkanique, puis le traité de Bucarest imposèrent le royaume de Carol Ier comme un exemple réussi dans l'Europe centrale tellement instable. Désormais, la diplomatie devrait compter avec la Roumanie. Carmen Sylva pouvait-elle enfin retourner à ses enthousiasmes littéraires, artistiques et musicaux ? Elle l'espérait, invitant son cher Pierre Loti à venir lui lire à Sinaia son dernier livre *Les Désenchantées*, dont elle l'avait remercié en l'assurant de sa fidélité. Mais le roi Carol Ier s'y opposa, car la présence de cet officier de marine au visage pommadé comme une prostituée d'un bordel du Bosphore et portant d'invraisemblables talons hauts lui était décidément insupportable.

La reine fut déçue, comme elle l'avait été lorsque, quatre ans plus tôt, le 27 octobre 1909, l'aviateur Louis Blériot n'avait pu faire une démonstration de son appareil devant Leurs Majestés le roi et la reine à cause d'une panne de moteur, provoquée par l'éclatement du carter. Mais trois jours plus tard, le moteur ayant été remplacé, le héros français de la première traversée aérienne de la Manche put effectuer plusieurs vols devant le couple souverain et une foule enthousiaste accourue à l'hippodrome de Bucarest. Ce fut une jolie fête présidée par la famille royale. Carol Ier remit à Louis Blériot la croix de commandeur de l'Ordre de la couronne de Roumanie. Élisabeth était si enthousiaste qu'elle voulut, elle aussi, honorer l'aviateur. Inévitablement, elle lui écrivit un poème. Bien sûr, elle le déclama publiquement. On l'écouta avec respect, car c'était un rite. Après le chemin de fer et les navires, l'avion fut le sujet technique qui inspira la poétesse exaltée par toutes formes de voyages, les plus beaux des rêves, assurait-elle. Carmen Sylva qualifia l'aviateur d'« homme oiseau ». Il entendit avec gratitude des mots étranges, mais chaleureux. On lui avait bien dit que la reine de Roumanie ne manquerait pas de glorifier sa conquête de l'air. Blériot passa près d'une semaine à Bucarest et lorsqu'il repartit, la reine suivit longuement des yeux l'appareil s'éloignant vers l'ouest.

Les relations avec la France s'étaient encore développées dans divers domaines. Les canons forgés au Creusot étaient préférés à ceux de la dynastie Krupp et, à la demande du roi qui en voulait à ses alliés germano-autrichiens l'ayant mis à l'écart en 1908 et en 1912, plusieurs de ses généraux étaient formées dans les grandes écoles militaires françaises. Depuis 1912, une alliance universitaire franco-roumaine existait, animée par la proximité sonore, parfois trompeuse, des deux langues.

1913 : Carol Ier, très malade, souffre, mais règne courageusement

Le succès diplomatique du traité de Bucarest le 10 août 1913 et le respect que l'on devait désormais à la Roumanie auraient dû prolonger cette satisfaction à la Cour. Malheureusement, depuis une année, le roi Carol Ier était visiblement malade. Il souffrait gravement du foie – c'était un cancer – « et malgré des crises de plus en plus douloureuses, il refusait de garder le lit. Soumis à un régime très sévère, il maigrissait et perdait ses forces. Il supportait la douleur avec ce stoïcisme qu'il mettait en toutes choses[25] ». L'affaiblissement du monarque, d'une admirable dignité, et la timidité de son successeur incitaient Carmen Sylva à poser sa plume pour se coiffer de sa couronne, remplir ses traditionnelles fonctions d'épouse d'un souverain régnant et affronter la réalité. La princesse Marie, sa nièce, pensait qu'il était de son devoir d'en faire autant. Derrière le respect du protocole et des institutions, l'avenir de la monarchie était officieusement entre les mains des deux femmes. La Conférence de la paix à Londres, ouverte le 29 juillet 1913, avait reconnu un nouvel État, l'Albanie, auquel le bouillant roi du Monténégro avait été obligé de restituer sa plus glorieuse prise de guerre balkanique, Shkodra, anciennement Scutari. D'ailleurs, les géographies albanaise et monténégrine sont très proches : ce sont deux pays de montagnes difficilement franchissables. L'Albanie était « le pays des aigles », beau, mais sauvage. Ancienne fraction de l'Empire romain d'Orient, l'Albanie avait vu passer, en alternance, la plupart des maîtres du sud de l'Adriatique : les Bulgares, les Serbes au Moyen Âge, les Ottomans au XVe siècle, les princes angevins, rois de Naples, les Vénitiens au XVIe siècle quand ils tenaient le port de Durrës, et finalement, de nouveau, les représentants du sultan. Dans le premier tiers du XIXe siècle, certains gouverneurs, tel le pacha de Janina, devenu célèbre grâce au talent d'Alexandre Dumas père dans *Le Comte de Monte-Cristo*, avaient tenté de se révolter contre Constantinople, ce qui avait entraîné l'indépendance de la Grèce. En 1913, l'Albanie, toujours province ottomane, suscitait de nombreux appétits, notamment de la part de la Serbie qui guettait son accès à la mer pour se venger de l'annexion de la Bosnie-Herzégovine. À Berlin, Guillaume II était exaspéré par ces revendications et avait répondu au gouvernement de François-Joseph qu'il « ne consentirai[t] jamais à sacrifier des soldats allemands pour sauver un troupeau de chèvres albanaises[26] ». Le 25 octobre, sous la pression de Vienne, la Serbie était contrainte d'évacuer l'Albanie, ce qui aiguisa encore davantage la colère de la Serbie contre l'Autriche-Hongrie.

L'Albanie, amputée de sa partie septentrionale attribuée à la Serbie, comme le Kosovo si cher aux Serbes, était devenue une curiosité comme seuls les Balkans pouvaient en fournir un exemple aussi folklorique. Prétendument indépendante, elle était en réalité sous le contrôle d'une Commission internationale où les Ottomans étaient majoritaires. Le pays avait le statut de principauté, mais sans monarque à sa tête. Les candidats ne se bousculèrent pas, car la pauvreté du pays était peu attrayante. On recherchait l'homme providentiel, en rappelant qu'il devait être fortuné, chrétien et, curieusement, de préférence protestant. En quelque dix siècles, l'Albanie avait embrassé à peu près toutes les religions. C'est dans ce contexte que la reine de Roumanie eut l'idée de trouver d'abord une princesse pour le très modeste trône albanais, ce qui lui semblait plus facile que de rechercher le futur époux de celle-ci. Une jeune fille, Sophie de Schönburg-Waldenburg, orpheline sous sa protection et dont la grand-mère était roumaine, lui parut la candidate idéale. La reine intellectuelle se fit marieuse sans aller chercher loin : elle décida que Sophie épouserait le second fils de son frère, le prince Guillaume de Wied. Il était beau, souriant, moustachu, fort avec une voix douce et beaucoup plus grand qu'elle. Officier prussien que personne ne connaissait sauf la reine Élisabeth, il avait 37 ans et sa tante l'aimait beaucoup. Le roi Carol Ier, dont les forces diminuaient déjà, accepta l'idée de sa femme. Après tout, ce serait une leçon infligée à François-Joseph et à Guillaume II qui l'avaient trahi.

Le mariage de Guillaume et Sophie fut organisé rapidement le 30 novembre 1906 par la souveraine de Roumanie, au château de Peleș. Celui-ci ressemblait de plus en plus à la description du *Château des Carpates*, ce passionnant roman de Jules Verne publié en 1893. Les invités étaient saisis par l'ampleur du hall d'honneur, la plus somptueuse salle de réception de la résidence, guettés par six mille figures sculptées dans le noyer. Et, comme chez le fantasque roi Louis II de Bavière, la technique était un auxiliaire du rêve, car le plafond de verre, orné de vitraux allégoriques et héraldiques, était mobile. Il pouvait être actionné à la main ou par un moteur électrique. Dans la salle d'armes, qui venait d'être achevée avec son plafond à caissons en chêne, une fabuleuse collection d'armes blanches et à feu – plus de quatre mille pièces – du XIVe au XVIIe siècle éblouissait les hôtes. Personne n'avait froid parce que si l'immense cheminée, factice, ne dispensait qu'une illusion décorative, hommage à la Renaissance allemande, le chauffage central était installé depuis 1883, sage précaution dans un château dressé à 1 000 mètres d'altitude. Le déjeuner avait été servi dans la salle à manger officielle, pour trente couverts. Dans l'ancienne salle de musique transformée, un an plus tôt, en salon littéraire, la reine – on s'en serait douté ! – avait récité un poème, et l'on avait compris pourquoi Pierre Loti disait de la poétesse couronnée : « Elle sait se résigner à tout, sauf à une atmosphère normale. »

Oubliée, sauvage, méconnue, l'Albanie indépendante attend son prince

Ce mariage fut un triomphe pour Carmen Sylva, qui démontra à cette occasion son sens politique souvent occulté par ses élucubrations littéraires. Elle considéra négligeable le fait que son neveu ne fût visiblement pas enthousiasmé par ce destin qu'on venait de lui préparer. Les grandes puissances avaient vite adopté le candidat malgré lui, « agréé par l'Europe » disait-on, pensant que plus vite cette question serait réglée, moins on risquerait d'enflammer les vieux antagonismes. Guillaume le croyait. C'était, une fois encore, méconnaître l'importance d'un minuscule et austère pays ayant l'immense avantage que tous les voisins, jamais contents, recherchaient : un accès maritime. Et c'était aussi croire que les frictions entre minorités seraient maîtrisables dans un État aux dimensions lilliputiennes. La France, sans originalité et sans enthousiasme, donna son accord. On espérait, comme un demi-siècle plus tôt en Roumanie et en Bulgarie, un prince germanique, qui incarnerait le monarque idéal. Et tant pis si le prince qui allait régner sur l'Albanie, que l'on avait vu en jaquette, élégant gentilhomme allemand sur le champ de courses de Bucarest, ne devait pas s'attendre à bénéficier « d'un palais dans ce pays où les paysans habitent des chaumières misérables et où les grands eux-mêmes n'ont qu'une maison bien simplette et peu décorative », selon un journaliste danois, envoyé spécial de *L'Illustration* et l'un des rares à connaître la mystérieuse et pauvre Albanie. Complexe, aussi. En effet, Guillaume de Wied, prince de religion luthérienne, régnerait sur un pays de confession islamique en se rebaptisant Vidi, alors que les derniers soldats de la Sublime Porte, qui étaient partis après cinq siècles de présence ottomane, avaient laissé une importante communauté musulmane. À Berlin, Guillaume II était enchanté qu'un de ses apparentés, protestant, fût en Albanie le protecteur de l'islam, un honneur qu'il avait lui-même revendiqué pour les Syriens en se rendant à Damas. Curiosité supplémentaire : l'ordre albanais serait placé sous l'autorité d'une gendarmerie… néerlandaise ! La mère de Guillaume était née Marie d'Orange-Nassau, princesse des Pays-Bas. Cette unité serait commandée par le major Lodewijk Thomson, qui avait servi en Afrique du Sud et en Grèce. Il était arrivé en octobre 1913. Sa première mission était de faire restituer par les Albanais non affectés à cette force les armes en leur possession. Une illusion dans un pays fruste et vexé d'avoir été oublié.

Le 7 mars 1914, le prince Vidi, débarquant d'un navire de guerre autrichien, gagne solennellement Durrës, nouvelle capitale albanaise et port sur l'Adriatique jadis fier de son amphithéâtre romain, le plus vaste des Balkans avec sa capacité de quinze mille spectateurs. Guillaume et sa femme s'installent dans un palais vénitien plutôt délabré. Le souverain, mal informé par Vienne et surtout mal entouré, commet l'erreur de nommer Essad Pacha ministre de la Guerre, sans savoir que ce dernier avait lui-même rêvé de son trône enfanté par des diplomates inconscients. Vaincu par le Monténégro un an plus tôt, Essad Pacha ne cesse de fomenter des troubles, sans doute encouragé et peut-être financé par la Serbie. Rapidement, en raison des maladresses du prince, l'atmosphère tourne à l'insurrection. En à peine deux mois d'existence officielle, l'Albanie est livrée à l'anarchie. Mais la Commission internationale – qui doit payer la garde du prince ! – est plus intéressée par la visite officielle à Paris du roi George V de Grande-Bretagne et de son épouse la reine Mary, arrivés le 21 avril pour le dixième anniversaire de l'Entente cordiale ; l'alliance réelle a succédé à la liquidation des différends coloniaux. La capitale française a réservé un accueil chaleureux au successeur d'Édouard VII ; des centaines de milliers de Parisiens ont acclamé l'ancien officier de marine et philatéliste passionné sur les Champs-Élysées et guetté le chapeau de la reine pour tenter d'apercevoir son visage. Le président Raymond Poincaré a veillé à ce que le couple royal soit logé dans un somptueux appartement du Quai d'Orsay. Ce voyage, qui fait suite à celui du président Poincaré à Londres onze mois plus tôt, rassure l'opinion ; on veut croire que la paix en Europe ne dépend que des excellentes relations franco-britanniques.

Le prince d'Albanie déçoit les populations et embarrasse tout le monde

Mais comment ignorer les Balkans et l'inéluctable désintégration des possessions ottomanes en Europe, dont l'Albanie est l'ultime et inquiétant exemple ? Le 19 mai 1914, le souverain allemand fait arrêter Essad Pacha. Les insurgés musulmans, coiffés du fez traditionnel, sont furieux et marchent sur Durrës. Le 23 mai, à 5 heures du matin, le prince Vidi et son épouse, lui dans un uniforme surprenant, elle tout en blanc, montent, paniqués, à bord d'une vedette et se réfugient sur le navire italien *Misurata* envoyé par le roi Victor-Emmanuel III. À la suite d'une médiation italienne, le couple princier, ayant retrouvé son sang-froid, regagne sa résidence à 7 heures du soir. Le souverain et sa suite sont discrédités. Les soutiens rivaux de l'Italie et de l'Autriche exaspèrent la population à qui l'on avait promis l'indépendance. De nouvelles émeutes éclatent, la gendarmerie réagit : on déplore des morts. Parmi eux, le major Thomson, tué les armes à la main à l'aube du 15 juin, d'après le journaliste Arthur Moore, correspondant du *Times*. La Commission internationale est impuissante. Théoriquement « principauté souveraine héréditaire et neutre », l'Albanie est alors l'exemple le plus spectaculaire, le plus prétentieux et le plus consternant de la naïveté occidentale face à un agglomérat de tribus encore médiévales et d'affrontements religieux inextricables autant que séculaires. Les réalités locales ont été totalement ignorées. Il eût fallu les connaître pour les dominer. Des négociations entre la gendarmerie et les deux mille insurgés aboutissent : ceux-ci obtiennent tout ce qu'ils veulent et les gendarmes sont relâchés. Dans ce chaos, la vérité apparaît, accablante. Le prince, ne parlant pas un seul mot d'albanais (non plus que son épouse, devenue Sofia), s'est montré hautain, ignorant des complexités orientales, chrétien prêt à la guerre sainte en sollicitant l'aide des tribus catholiques du Nord, une forte minorité. Deux cents Malissores (Albanais catholiques) composent la garde princière chrétienne autour du palais, ce qui constitue une provocation pour les musulmans. Et pourtant, les Malissores, s'estimant trop peu nombreux, refusent de défendre le prince. Enfin, Guillaume se croit dans une cour allemande d'un autre temps, et son entourage de grands propriétaires irrite les paysans misérables qui soupçonnent les conseillers étrangers. Guillaume de Wied n'a pas su faire face ni s'imposer, et son manque d'esprit de décision est catastrophique. Si, pour les Albanais, il a pris le titre de roi et Sofia celui de reine, la Commission internationale ne leur reconnaît pas cette promotion.

Au début de l'été, le règne peu glorieux du prince Vidi semble en sursis. L'ambassadeur de France, Joseph de Fontenay, envoie une dépêche au Quai d'Orsay : « La princesse s'accroche désespérément à la couronne d'Albanie. » La reine Élisabeth de Roumanie reçoit presque chaque jour des lettres angoissées de sa nièce la princesse Sofia, qui se prend pour une reine. Que va-t-il encore se passer à Durrës ? Carmen Sylva aurait-elle été mal inspirée ? Les grandes puissances sont lassées de cet amateurisme, sans admettre leur part de responsabilité dans leurs bonnes intentions et dans le choix du prétendant. Le « pays des aigles » est une nouvelle poudrière dans la poudrière. Nous sommes le 30 mai 1914.

2

Sarajevo entre paix et guerre

28 juin-28 juillet 1914

Il a toujours lutté. Pour survivre, pour s'imposer et pour être auprès de la femme qu'il aime. Il semble vigoureux, d'aspect un peu rude, et ses yeux gris bleu ont quelque chose de dur. Le regard est décidé, autoritaire. Une épaisse moustache en accent circonflexe, des cheveux taillés en brosse déjà grisonnants, voilà, en ce début d'été 1914, l'archiduc François-Ferdinand, 51 ans, neveu et successeur désigné du vieil empereur-roi François-Joseph. L'héritier du trône d'Autriche-Hongrie donne l'impression d'être méfiant, en alerte, sur ses gardes. On devine un caractère difficile, cassant, peut-être parce qu'il n'est guère plaisant d'être un successeur désigné par défaut. Il a fallu une retentissante tragédie pour qu'il incarne l'avenir de la maison de Habsbourg régentant une large partie de l'Europe depuis sept siècles, entre gloires et défaites.

François-Ferdinand n'était pas le premier sur la ligne successorale[1]. Deux drames avaient modifié son destin. La mort, aussi soudaine qu'énigmatique, de son cousin Rodolphe le 30 janvier 1889, au cœur de la forêt viennoise dans le pavillon de chasse de Mayerling, bouleversait la double monarchie, mais aussi l'avenir[2]. Le couple impérial n'ayant pas eu d'autre fils, c'était à l'archiduc Charles-Louis, un frère cadet de François-Joseph, que devait revenir le trône. Mais Charles-Louis vivait en retrait, peu porté sur la politique et les questions militaires. Il s'intéressait beaucoup aux arts, à la philosophie, et privilégiait sa vie familiale, hélas marquée par les épreuves ; deux fois veuf, il s'était remarié à une princesse du Portugal. Personne ne croyait réellement qu'il accepterait le fardeau du pouvoir suprême. Il était mort à 63 ans, sans jamais s'être comporté en futur souverain. Depuis, son fils aîné, François-Ferdinand, né le 18 décembre 1863, était devenu le nouvel héritier, mais il avait dû attendre sept années pour que ce titre lui soit officiellement accordé.

François-Ferdinand, un archiduc tuberculeux, rebelle et mal aimé

Adolescent, il avait souffert de fièvres fréquentes, de toux épuisantes et transpirait beaucoup la nuit. Les médecins, confus et en désaccord, comme ceux de Molière, avaient fini par conclure que sa mère, Maria Annunziata, une princesse Bourbon de Naples, lui avait transmis la tuberculose. Ce fléau, réellement diagnostiqué fin 1895, obligea François-Ferdinand à se battre contre la maladie qu'il affronta courageusement, mais en demandant à être relevé de son commandement pendant plusieurs mois, pour se soigner.

Sur prescription médicale, il voyagea beaucoup, notamment dans des pays ensoleillés, susceptibles de favoriser sa guérison. Mais il avait fallu mêler des escales médicales aux visites protocolaires – et touristiques. En Égypte, au mois de décembre, par plaisanterie et pour satisfaire le photographe de la cour du Caire, l'archiduc s'était glissé dans le sarcophage, vide, du pharaon Amenhotep III. À la place du visage embaumé de la momie, on ne voyait que les épaisses moustaches de François-Ferdinand ! Un anachronisme dans un pays où l'ancienne religion obligeait souverains et prêtres à être rasés ! Dans une atmosphère beaucoup plus digne, l'héritier avait représenté l'empereur au jubilé de la reine Victoria à Londres et à Windsor. Son tour du monde le conduisit notamment au Japon, d'où il rapporta de superbes collections, en Syrie, en Palestine, en Corse, en Algérie et même à Monaco, où il avait discuté océanographie avec le prince Albert Ier, prestigieux explorateur marin. De paquebots en chemins de fer, il traversa les États-Unis, puis regagna l'Europe, mais il arriva trop tard à Vienne pour revoir son père, disparu le 19 mai 1896.

S'il était parvenu à surmonter sa maladie pulmonaire, François-Ferdinand conservait des difficultés respiratoires qui le rendaient impatient et souvent peu aimable, mais aussi des séquelles psychologiques aggravant son caractère inquiet. L'archiduc avait eu le sentiment d'être mis à l'écart et suspectait son entourage – dont les rangs s'étaient éclaircis avant sa convalescence – de l'avoir considéré comme perdu. « Il ne lui avait pas échappé que beaucoup, anticipant sa fin prochaine, se tournaient vers son frère l'archiduc Otto, qui deviendrait le nouvel héritier de la Couronne s'il mourait prématurément[3]. » L'impression d'être marginalisé et peu estimé, y compris par François-Joseph lui-même, fit de lui un aigri. Ce complexe d'infériorité n'allait plus le quitter.

En même temps, dans cette épreuve, François-Ferdinand avait montré un courage et une volonté exemplaires. Au printemps 1898, il avait réintégré l'armée avec le grade de général de cavalerie ; mis à la disposition du commandement suprême, il s'était consacré avec ardeur à l'organisation et à la modernisation de l'armée austro-hongroise, aussi bien terrestre que navale. Mais le neveu de l'empereur n'aimait pas les Hongrois, les soupçonnant de conspiration républicaine contre les Habsbourg, et jugeait que la double monarchie avait affaibli le pouvoir au lieu de le renforcer. Quant aux officiers hongrois, beaucoup d'entre eux ne supportaient pas que l'archiduc leur parlât en allemand (il ne maîtrisait pas la langue magyare) et ne lui répondaient qu'en hongrois, en lui faisant remarquer que la reine Erzsébet (Sissi) avait eu l'élégance d'apprendre leur langue. En revanche, il parlait tchèque et faisait de nombreux séjours en Bohême, sans omettre son ancien commandement à Prague.

À la même époque, à Vienne, il s'était installé au palais du Belvédère que venait de lui attribuer le souverain. Un ensemble magnifique, édifié entre la fin du XVIIe et le premier tiers du XVIIIe siècle, qui avait été voulu par le prince Eugène de Savoie, soldat et mécène légendaire, humilié à la cour de Versailles et, devenu adversaire de Louis XIV, passé au service des Habsbourg qu'il avait honorés en battant les Turcs. Le compositeur Anton Bruckner y avait occupé un logement de fonction. En 1894, alors qu'il commandait la garnison de Prague, lors d'un bal, François-Ferdinand avait fait la connaissance d'une aristocrate tchèque, la comtesse Sophie Chotek – père diplomate décédé, famille nombreuse, très honorable mais désargentée. Immédiatement, Sophie lui était apparue différente de toutes les princesses que l'on avait mises – parfois ostensiblement – sur son chemin lors de son long voyage. Sissi, qui aimait beaucoup François-Ferdinand et était révulsée par les mariages arrangés et malheureux jalonnant son entourage, l'avait mis en garde : « Écoute mon conseil : n'épouse que celle que tu aimes et aucune de notre sang, sinon tu auras des enfants affreux. » Et François-Ferdinand ne peut qu'approuver l'avertissement, car l'exemple de son frère Otto est tristement connu à Vienne : il est loin d'être un époux modèle et son union est chaotique, mais la Cour en a vu d'autres, y compris avec le défunt Rodolphe qui passait beaucoup de nuits chez d'aguichantes tziganes. L'héritier, dont on ne connaît réellement que l'ancienne liaison avec une comédienne, est séduit par la simplicité de Sophie, sa silhouette élancée, ses beaux yeux noirs, son intelligence. On peut parler d'un coup de foudre. Les revers financiers de sa famille l'ont obligée à être lectrice et dame d'honneur d'une tante acariâtre de François-Ferdinand, l'archiduchesse Isabelle, dont l'époux commande un corps d'armée à Presbourg[4]. François-Ferdinand et Sophie se plaisent, mais la maladie de l'archiduc et son long voyage les empêchent de se voir. Ils s'écrivent. Puis ils se revoient sous des prétextes familiaux, mais sont très discrets, attentifs à ne pas révéler leurs émois. Personne ne peut se douter que commence une très belle histoire d'amour. Et, comme dans un opéra de Mozart ou une comédie de boulevard, elle n'est révélée qu'à la suite d'une méprise...

Un jour de l'été 1898, l'archiduc ayant oublié sa montre-gousset sur un court de tennis du château de Haltburn, l'objet est remis à la maîtresse de maison. Depuis quelque temps, l'archiduchesse, qui a trois filles à marier, juge que son neveu serait un parti idéal pour l'aînée, Marie-Christine. Cette cousine de François-Ferdinand serait – sa mère ne peut en douter ! – une parfaite future impératrice. Et c'est certainement parce qu'il est épris d'elle qu'il vient si souvent au château de Haltburn. L'archiduchesse va s'en assurer en ouvrant le boîtier, s'attendant à y trouver un portrait de Marie-Christine. Catastrophe ! La montre-gousset cache une photographie de Sophie Chotek ! La tante de François-Ferdinand ne s'évanouit pas, car sa colère l'emporte ! Comment ? Cette Sophie Chotek sans fortune et de famille sans éclat, à peine supérieure à une domestique, a osé se laisser séduire par le futur empereur-roi ? Et celui-ci s'est permis d'abuser de l'hospitalité de sa tante lors de ses visites hyprocrites au cours desquelles il n'arrêtait pas de tousser, sauf quand l'effrontée Chotek enroulait une écharpe autour de son cou ? Et le tout sous son toit ! La réaction est immédiate : la méprisable Sophie est chassée du château, François-Ferdinand traité de vaurien et, devant une affaire aussi scandaleuse, l'archiduchesse demande d'urgence une audience à François-Joseph pour régler cette situation gravissime. Seul le chef de la famille impériale peut, dans sa grandeur, juger ce forfait et ramener les coupables à la raison. Ou les punir.

François-Ferdinand aime Sophie : il n'épousera qu'elle ! Il ne cède pas…

L'empereur est un homme d'ordre et il n'a que trop souffert des turbulences amoureuses ayant affecté les siens. La tragédie ayant emporté son fils Rodolphe, quelles qu'en soient les raisons, est une tache indélébile sur l'honneur des Habsbourg. Et l'assassinat de Sissi, le 10 septembre 1898 à Genève, l'a laissé effondré. Si l'on ne connaît pas les détails précis de son entrevue avec François-Ferdinand – car elle eut lieu sans témoin –, on en sait les conséquences. L'empereur entend que le statut familial, fixé en 1839, soit respecté : aucun membre de la dynastie ne peut se marier sans son accord. Mais dans ce cas, il s'agit de son successeur et l'affaire se complique à cause du compromis austro-hongrois de 1867 qui a établi une distinction. En effet, si la loi autrichienne interdit un mariage morganatique, la loi hongroise l'autorise. Mais quel cauchemar diplomatique serait une reine de Hongrie qui ne pourrait être impératrice d'Autriche ! Et cette situation impossible rejaillirait sur les enfants à naître ! Ils ne pourraient pas figurer sur la liste de succession ! « C'est dire l'imbroglio juridique auquel la monarchie serait exposée dans le cas où cette issue prévaudrait, une raison supplémentaire pour François-Joseph de demeurer ferme dans son opposition au mariage[5]. » François-Ferdinand est aussi intransigeant que son impérial et royal oncle : il n'épousera que Sophie Chotek. Elle est la femme de sa vie. Fort contrarié et ennuyé par ce risque de déstabilisation, François-Joseph veut croire à une passade, à une amourette plus dérangeante que celles dont les célibataires peuvent être victimes. Mais il choisit de temporiser. On peut admettre que l'archiduc amoureux a une alliée à la Cour en la personne de sa belle-mère, l'archiduchesse Marie-Thérèse, troisième épouse de son père. Appréciant son beau-fils, son courage et sa droiture, elle le soutient et l'empereur tient compte de son opinion.

Mais s'il y avait déjà eu des mariages morganatiques dans la famille impériale, le cas ne s'était encore jamais produit pour un futur empereur. Repoussant les cris de l'archiduchesse ulcérée que sa fille n'ait pas été choisie, comptant sur le temps, ce grand révélateur, le souverain donne un an à son neveu pour reprendre le chemin des convenances. Il pense que Sophie est une créature fatale. Il se trompe : elle est sage et François-Ferdinand n'est pas un séducteur ni un homme à femmes (le contraire de Rodolphe), il est l'homme d'une seule femme. Il n'y en aura pas d'autre dans sa vie. Pendant deux ans, le vieux monarque et son héritier restent sur leurs positions. Et toutes les pressions, alertes, conseils impératifs et autres reproches n'y pourront rien. Une fois de plus, l'amour ébranle les fondements de l'Empire.

En avril 1900, François-Ferdinand écrit à François-Joseph : « Mon souhait d'épouser la comtesse n'est pas le fruit d'un caprice, mais est dicté par le plus profond des attachements, par des épreuves et des souffrances endurées pendant plusieurs années… Le mariage avec la comtesse est le moyen de faire de moi, pour tout le temps de ma vie, ce que je veux et dois être : un homme fidèle à son devoir et heureux. Sans ce mariage, je mènerai une vie misérable, comme c'est déjà le cas, et qui m'usera prématurément… Je ne peux consentir à un autre mariage et ne le ferai pas, car j'y répugne. Il m'est impossible de m'unir à une autre femme sans amour et de la rendre malheureuse, alors que mon cœur appartient à la comtesse et lui appartiendra éternellement. » Cette très belle et très sincère missive est à la fois audacieuse et protocolaire, si l'on se reporte à sa conclusion : « Que Votre Majesté daigne m'autoriser à lui dire une dernière fois qu'elle ne croie pas que mon mariage nuira à la monarchie. Je me permets de remarquer très respectueusement que je serai mieux à même de remplir mes devoirs envers la monarchie par ce mariage car, grâce à lui, je deviendrai un homme désireux d'agir et heureux qui tendra de toutes ses forces vers le bien commun et les lui consacrera. »

François-Joseph n'est sans doute pas très sensible à cet engagement, mais l'entêtement de son neveu pourrait avoir des répercussions politiques immenses en suscitant des idées d'émancipation. L'ombre de Mayerling et du discrédit qui a éclaboussé la dynastie ne peut être ignorée. D'ultimes tentatives de conciliations sur l'aspect religieux (Sophie est profondément catholique, comme François-Ferdinand) par des autorités ecclésiastiques déclenchent une colère de François-Ferdinand, nuisible autant à sa santé qu'à la réputation de la Cour. Il y a des éclats de voix !

L'archiduc est exaspéré. L'empereur se résout, mais doit aussi éviter une situation apocalyptique qui verrait, à la mort de François-Ferdinand, un de ses fils reconnu comme souverain en Hongrie, mais pas en Autriche ! Ce serait la ruine de tant d'efforts et de résultats qui avaient permis, largement grâce à Sissi, d'unir les deux couronnes et de réconcilier, autant que cela était possible, les Autrichiens et les Hongrois. L'Allemagne impériale, entre autres, se réjouirait de cet affaiblissement des Habsbourg. L'empereur en a la conviction.

Le 28 juin 1900 à Vienne, dans le si compliqué palais de la Hofburg, à midi précises (et bien entendu l'empereur était d'une ponctualité maniaque !), en présence de toute la famille impériale, des chefs des gouvernements autrichien et hongrois et de leurs ministres respectifs des Affaires étrangères, du cardinal-archevêque de Vienne et du primat de Hongrie, François-Ferdinand signe l'acte de renonciation, en allemand et en hongrois, de la comtesse Chotek et de leurs futurs enfants à la succession. Le mariage est morganatique. Ni l'épouse ni la descendance à venir ne font partie de la famille impériale et cette exclusion est définitive.

Dans cette cérémonie glaciale, il y a deux hommes malheureux : François-Joseph, qui doit accepter une union ne lui convenant pas (si l'on en juge par la sécheresse de sa voix lisant le document historique !), et François-Ferdinand, humilié par ce qui a pris l'allure d'une dégradation morale. Seule apparente consolation – mais elle est trompeuse –, l'empereur va titrer la comtesse Sophie Chotek princesse de Hohenberg. Une promotion qui n'en est pas une, car « dans l'ordre protocolaire, la dernière des archiduchesses est encore placée devant la princesse de Hohenberg[6] ». Mais le pire a été évité : l'archiduc va épouser la femme qu'il aime sans avoir à renoncer au trône[7].

En fait, cette journée révèle un très profond drame familial, dynastique et diplomatique. Il met en évidence le conflit de générations entre, d'une part, un monarque âgé et viscéralement attaché aux traditions et, d'autre part, son successeur lucide et conscient de l'urgence de certaines réformes. Et c'est l'amour qui a creusé ce fossé. Sans doute, François-Joseph ressent-il une amertume supplémentaire dans sa vie la plus intime, puisque son « amie » Katharina Schratt l'accable de récriminations bruyantes, de scènes (théâtrales, bien sûr !), exige des privilèges artistiques, des rôles majeurs, se comporte comme une diva d'autant plus capricieuse que sa carrière décline. Et, plus grave, elle menace de rompre avec le vieil empereur, qu'elle sait pourtant si seul…

En Bohême, un mariage d'amour boycotté par la famille impériale

On comprend que François-Ferdinand quitte Vienne au plus vite. Il rejoint le château de Reichstadt, dans le nord de la Bohême[8]. Il appartenait à son père et sa veuve y séjourne l'été. Ayant toujours soutenu son beau-fils dans sa détermination, Marie-Thérèse lui a offert de célébrer son mariage dans une atmosphère la moins pesante possible. Rien de fastueux, aucun protocole, une cérémonie intime. Il ne s'agit pas d'une manifestation publique, mais d'un acte privé. Et surtout, l'ambiance n'aura rien de celle d'un tribunal sanctionnant la décision de l'archiduc après lecture à voix haute et sévère par l'empereur des conditions strictes de sa renonciation. À Reichstadt, le 30 juin, l'archiduc, en grand uniforme de général de cavalerie, et Sophie, dans une simple robe de satin, subissent tout de même une vexation supplémentaire : en dehors de la maîtresse de maison et de ses filles, aucun membre de la famille impériale n'est présent. Un ordre du chambellan de la Cour a précisé qu'en raison de la disparition d'une princesse Hohenzollern, un deuil de douze jours serait observé, rendant impossible toute participation des membres de la dynastie à des « réjouissances » ! Il y a des morts opportunes… On ne sait, sans ce deuil, qui aurait assisté au mariage et osé braver l'empereur. La famille de Sophie est évidemment présente. Une fête qualifiée, peut-être à regret par certains invités, de « bourgeoise ». Le consentement des époux est reçu par le curé de Reichstadt, assisté de deux capucins.

Après la messe basse dans la chapelle du château, la seule référence à la maison de Habsbourg est l'hymne impérial, entendu avec un mélange de surprise et de respect. Le déjeuner à peine achevé, les jeunes mariés partent pour le château préféré de François-Ferdinand, Konopiště, à une cinquantaine de kilomètres au sud de Prague. C'est en 1887 que François-Ferdinand a racheté aux princes de Lobkowicz l'ancien château baroque, qui était délabré, avant d'y entreprendre des travaux impressionnants[9]. L'archiduc avait choisi un retour esthétique aux sources médiévales de la première forteresse édifiée à la fin du XIIIe siècle. Il y a fait reconstruire quatre tours d'angles, rondes, aux poivrières rouges, plus une grosse tour. L'ensemble est entouré de bois et de lacs ainsi que d'un jardin à l'anglaise. François-Ferdinand aime beaucoup résider à Konopiště, et ce grand chasseur y a déjà amassé des centaines de trophées ainsi qu'une collection d'armes, poursuivant l'habitude des anciens propriétaires. Il était essentiel que son voyage de noces commence par sa résidence chez les Tchèques, puisqu'il a épousé une des leurs[10]. Mais ses amitiés avec la noblesse de Bohême ne l'empêchent pas, parfois, de mettre en doute sa fidélité. Le futur souverain s'interroge beaucoup sur le sentiment réel des onze nationalités parlant neuf langues officielles qui composent les populations de l'Empire. Mais l'heure est à l'amour triomphant, à l'intimité et à une paix que le couple croyait impossible, eu égard au refus de François-Joseph. Un refus qui a beaucoup éprouvé l'archiduc, très tendu pendant ces mois de conflit, jusqu'à cette transaction qui l'a beaucoup affecté. Mais c'est aussi à l'archiduchesse Marie-Thérèse, leur ange gardien, qu'ils confient leur joie, leur soulagement et leur gratitude ; l'archiduc lui parle de sa sérénité retrouvée en écrivant : « Je suis en bonne santé et moins nerveux [...]. Nous sommes tous les deux indiciblement heureux et ce bonheur, c'est à toi que nous le devons en tout premier lieu. Où serions-nous aujourd'hui si tu n'avais pas pris notre cause de manière si noble, si émouvante ? » Il est révélateur que le jeune marié parle de son bonheur, affirmant que « Sophie est un trésor ». Et cette confiance en l'avenir : « J'ai inscrit au fond de moi-même cette certitude que tous deux nous serons indiciblement heureux jusqu'à la fin de nos jours. » Sophie a 32 ans, son époux 37. Selon les critères de l'époque, ils ne sont plus très jeunes ; leur choix est donc réfléchi.

Pendant la longue crise qui avait opposé l'empereur et son neveu, François-Joseph n'avait jamais reçu Sophie, et cela malgré les demandes répétées de sa belle-sœur, l'inlassable archiduchesse Marie-Thérèse. Après le mariage, la présentation de la princesse de Hohenberg devait avoir lieu. François-Joseph prit son temps. Avait-il peur de tomber sous le charme de celle qu'il avait exclue de la dynastie ? Redoutait-il de s'être trompé ? Ou bien une telle entrevue lui était-elle insupportable ? Il finit par admettre qu'une audience serait normale. Un réflexe bureaucratique plus qu'affectif, comme le prouve le rapport – le mot convient ! – qu'il rédige d'une plume de fonctionnaire consciencieux et envoie à Katharina Schratt après l'audience qu'il a accordée au couple. C'est bref, acide et, bien entendu, dénué d'affection : « À mon invitation, mon neveu François m'a présenté son épouse. Cela s'est très bien passé, elle était naturelle et modeste, mais ne paraît plus très jeune. » Où est le bouillant empereur romantique qui envoyait des milliers de roses des serres de Schönbrunn à son éblouissante Sissi ? Une cascade de tragédies ont fait du souverain un bureaucrate balayant les émotions. Pour se protéger. Ses observations sont justes, mais on peut deviner qu'il s'en veut d'avoir cédé devant cette force sans armée – l'amour.

Défiant l'empereur,
l'archiduc devient aussi un opposant politique

À Vienne, installé au Belvédère dont les deux bâtiments, le supérieur et l'inférieur appelés ainsi en raison de la pente qui les sépare, adoucie par d'admirables jardins, le couple vit un bonheur personnel complet. Trois enfants naissent : Sophie (24 juin 1901), Maximilien (29 septembre 1902) et Ernst (27 mai 1904). Hélas ! en novembre 1908, la princesse accouche d'un enfant mort-né, et tout espoir d'une nouvelle grossesse mettrait sa vie en danger. Leurs enfants portent le nom de Hohenberg, lequel, d'ailleurs, avait été autrefois celui choisi par leur père encore célibataire pour tenter de voyager incognito. On doit noter qu'à la différence de la plupart des membres de la dynastie et notamment des archiducs, François-Ferdinand est un père exemplaire, qui attache une grande importance à la vie de famille. Lorsque ses fonctions ne l'éloignent pas de Vienne, il veille à passer plusieurs moments avec ses enfants dans la même journée à partir du petit déjeuner. Ils ont une enfance heureuse, choyés par des parents qui s'aiment et les écartent des rigidités protocolaires de la Hofburg. Le Belvédère est un modèle d'harmonie intime. Les repas familiaux sont sacrés et pris, bien entendu, avec les enfants. Les déjeuners et dîners privés sont sans apparat et la cuisine honore les plats traditionnels, en particulier le célèbre *Tafelspitz*, pièce de bœuf bouilli dont se régale aussi l'empereur pour qui le chef du célèbre hôtel Sacher, en face de l'opéra, a élaboré la recette la plus fidèle. Un signe prouve que l'archiduc souffre moins de ses difficultés pulmonaires : quand il sort de table, un cigare achève de l'apaiser.

Sophie tente d'adoucir les relations avec François-Joseph, mais elle se heurte aux rancunes du petit-fils de l'impératrice Marie-Louise, la seconde épouse de Napoléon, qui se prétend gardien de la tradition. Celui-ci, prince de Montenuovo, est un maniaque de l'étiquette. Il entame une lutte permanente contre Sophie, prenant plaisir à lui rappeler qu'elle ne saurait prendre place dans le même carrosse que son époux ni même être à ses côtés dans la loge impériale à l'opéra. Avec Montenuovo, Vienne est une vexation permanente. Pourtant, finement, à force de patience et de ténacité, la princesse de Hohenberg parvient à vaincre les hostilités de la famille, en contournant les refus du grand maître des cérémonies. Elle n'est pas acceptée, elle est tolérée, sa conduite irréprochable étant sa meilleure arme. Et l'on redoute que François-Ferdinand, malgré son engagement formel de respecter la Constitution autrichienne qui ne reconnaît pas les épouses morganatiques, ne rêve de poser un jour la couronne sur la tête de sa femme et de faire de son fils aîné un futur empereur-roi d'Autriche-Hongrie.

La princesse veille attentivement à l'éducation de sa progéniture et passe pour être, en toutes circonstances, la conseillère de son mari, ce qui lui vaut des griefs supplémentaires. L'empereur tient son successeur à l'écart des affaires politiques en lui confiant des responsabilités militaires. C'est une erreur de François-Joseph, déjà commise à l'égard de son fils Rodolphe, car les deux domaines sont souvent étroitement liés, surtout après l'annexion soudaine de la Bosnie-Herzégovine par le souverain Habsbourg en 1908 et les tensions balkaniques qui s'ensuivent. L'archiduc est autoritaire, soupçonné d'autocratie, et sujet aux coups de sang. Le cabinet impérial ne s'en étonne guère : François-Ferdinand, d'une grande taille et dont la silhouette s'est un peu épaissie, a des mâchoires fortes et le menton proéminent des Habsbourg. Selon certains, cette morphologie est signe d'une énergie au service d'idées fixes. Elles se résument, dit-on, à traquer les faiblesses de la monarchie. Sa voix claire est persuasive. Il est un homme décidé et qui travaille.

La stratégie de François-Ferdinand dérange, mais elle est efficace : il s'immisce dans les affaires de l'Empire pour, souvent, critiquer la politique de son oncle qu'il juge timorée et irréaliste. Ainsi, fustigeant aussi bien les milieux libéraux que les francs-maçons et la communauté juive qu'il estime parfois trop entreprenante – bien que fidèle à l'empereur –, il écrit parfois, au nom du catholicisme, directement au pape pour empêcher la nomination d'un évêque douteux. Il utilise la presse (Rodolphe avait agi de même) et fait la tournée des cours d'Europe pour imposer son point de vue. Il ose même envoyer des dépêches aux ambassadeurs en poste à l'étranger afin de contrecarrer des instructions officielles. En quelques années, le Belvédère devient une sorte de contre-gouvernement opposé à la chancellerie jugée frileuse face aux événements et aux rivalités nationalistes. Il faut souligner que si l'archiduc est connu pour ses colères, il n'a rien d'un conservateur borné. C'est avec intérêt – et même sympathie – qu'il suit l'extraordinaire renouveau artistique dont Vienne est alors le creuset et où s'épanouissent, entre autres, des talents aussi novateurs que ceux de Gustav Klimt et d'Egon Schiele. En fait, si François-Ferdinand prend tellement à cœur son rôle de futur monarque dans une Europe orientale en ébullition à cause de la déliquescence de l'Empire ottoman et des appétits qu'elle suscite, on peut deviner sa volonté de s'imposer afin d'effacer la mésalliance qui lui a été reprochée. Il en souffre toujours, pour sa femme et pour lui.

En 1905, François-Joseph ayant enfin consenti à ce que François-Ferdinand s'occupe des affaires de l'Empire, l'héritier représente le souverain aux manœuvres impériales. De sa propre autorité, il renvoie l'ancien chef d'état-major, le baron von Beck-Rzikowsky, qu'il remplace par le maréchal von Hötzendorf, lequel avait été congédié par l'ancien ministre des Affaires étrangères, le comte von Ährenthal. Dans cette éviction du général, François-Ferdinand avait soupçonné des ambitions italiennes et des intrigues du Quirinal. Rome avait protesté, mais l'archiduc n'avait pas tort.

Il s'occupe activement de réformer l'armée et les forces navales. Imposant une nouvelle répartition des corps d'armée, il crée une artillerie territoriale, augmente le contingent et développe la marine de guerre. La puissance militaire de la double monarchie est ainsi renforcée. Ces résultats lui confèrent une très grande popularité. Lors de la crise de 1908-1909, toujours à propos de la Bosnie-Herzégovine, il est favorable à une action contre la Serbie en laquelle il voit le déclencheur potentiel d'une terrible explosion. Au-delà de cette intuition, François-Ferdinand est un personnage intéressant et troublant. Nul doute qu'en cherchant à agrandir l'Autriche catholique, tout en respectant les orthodoxes et les protestants, il songe secrètement à hisser sa femme sur le trône d'impératrice et préparer son fils aîné à la dignité suprême incarnée par les Habsbourg depuis des siècles. Aussi, il a la réputation d'un chef prêt à la guerre, ce qui est faux. Il ne recherche que la paix, mais est lucide sur les rivalités aveugles. Et loin d'être un suppôt de la monarchie absolue, il se dit partisan convaincu du suffrage universel, le meilleur moyen de consolider la Couronne. Cet état d'esprit l'oppose à l'empereur, dont on vante le pacifisme et le respect de la diversité culturelle des peuples dans l'Empire ; un pacifisme qui, en réalité, s'apparente davantage à de la prudence forcée après le désastre de Sadowa, en 1866, où la Prusse a écrasé l'Autriche. Une implacable et inoubliable sanction. François-Joseph a trop souffert de la guerre pour ne pas souhaiter la paix. Il sait qu'elle est fragile. Et pour cette raison, lors des guerres balkaniques, il a refusé d'engager sa monarchie dans un conflit.

Le 11 décembre 1912, l'empereur a interdit à François-Ferdinand d'entrer en guerre. Même limité, l'engagement risquerait de dégénérer en conflit généralisé. Une guerre européenne ? Le cauchemar absolu... Un mois plus tard, l'héritier turbulent revient à une position pacifiste, mais demeure méfiant car la Serbie est sortie politiquement renforcée des deux conflits et l'Autriche affaiblie.

Berlin, 24 mai 1913 :
l'ultime rendez-vous familial des monarchies

S'il y a une date à retenir dans les relations de convenance de l'époque, c'est celle du samedi 24 mai 1913. Le recul de l'histoire lui attribue une valeur exceptionnelle. C'est, en effet, la dernière fois que la plupart des souverains se rencontrent avant le cataclysme. Au château royal de Berlin, magnifique édifice baroque achevé en 1716, deux jours plus tôt, un mariage civil et religieux a uni la princesse Victoria-Louise de Prusse, seule fille de Guillaume II et d'Augusta, au prince Ernst-August de Cumberland dont le père, le duc de Cumberland, a été dépossédé de ses droits sur le duché de Hanovre, mais dont il devrait bientôt recouvrer la jouissance. Cette union germano-britannique (bien que le roi de Grande-Bretagne et d'Irlande porte encore, à cette date, le patronyme de Saxe-Cobourg-Gotha) explique la présence de George V (qui parle encore anglais avec un accent allemand !), de son épouse la reine Mary, mais aussi de Nicolas II de Russie et de la tsarine Alexandra. Dans la salle Blanche du château des Hohenzollern, un fastueux dîner de gala réunit ces hôtes prestigieux. L'Empire allemand reçoit l'Empire russe et l'Empire britannique. Les monarques sont venus à ces festivités en même temps que cinquante grands-ducs, grandes-duchesses et princes de maisons régnantes. À leur arrivée en bateau le mercredi 21, George V était en civil, élégant, coiffé d'un chapeau melon, l'obligatoire parapluie à la main. Un gentleman. Dans le train spécial conduisant les souverains à Berlin, le roi avait revêtu l'uniforme de général prussien barré du cordon orange de l'Aigle noir. À son arrivée, Guillaume II n'était pas en reste de courtoisie vestimentaire : il portait l'uniforme écarlate des Royal Dragoons, coiffé d'un casque d'or à jugulaire et à crinière noire. Une arrivée spectaculaire, comme d'habitude. Le tsar Nicolas II les avait rejoints le lendemain. Ces noces réunissaient trois souverains qui régnaient sur la moitié du monde, trois cousins.

Au gala du samedi, les uniformes des hommes (chacun le sien cette fois !), les diadèmes des femmes et la livrée, très XVIIIe siècle, des valets composent un spectacle somptueux. Le Kaiser félicite sa fille : « Tu as eu le rare bonheur de pouvoir suivre l'inclination de ton cœur .» Le protocole du plan de l'immense table éclairée par de gigantesques chandeliers a été un casse-tête qui a mobilisé les meilleurs experts de la Wilhelmstrasse. On remarque que Guillaume II a retrouvé la pointe aiguisée, belliqueuse, de ses moustaches en forme de W, l'initiale de son prénom, qu'il avait dû, un temps, raccourcir à cause d'une brûlure, lors d'un séjour à Corfou dans l'ancienne propriété de Sissi, l'*Achilleion*. Il l'avait rachetée à François-Joseph sept ans après l'assassinat de l'impératrice. La célébrité mythologique d'Achille inspire beaucoup le Kaiser. Il raconte, avec emphase, sa récente croisière en Méditerranée à bord du *Hohenzollern*. Accompagné d'Augusta et de leur fille (celle qui vient de se marier), il savourait le plaisir d'entendre l'hymne impérial en montant à bord de son yacht et de scruter l'horizon depuis la passerelle du superbe bateau. Lors de ce dîner, la ressemblance entre les barbus Nicolas II et George V, séparés par trois invités du même côté de la table, est frappante. Outre les questions de famille, délicates (la santé du tsarévitch, celle de François-Joseph), les affaires politiques, diplomatiques et militaires fournissent des sujets de conversations. Et de préoccupations. Ce qui se passe en Albanie est navrant, médiocre et dangereux ;

le prince de Wied déçoit beaucoup Guillaume II. À Saint-Pétersbourg, l'augmentation de 3 % du budget militaire russe a été adoptée le 3 mai, après l'expulsion de députés sociaux-démocrates qui en étaient venus aux mains à la Douma. À Londres, la Chambre des lords a, une nouvelle fois, refusé le droit de vote aux femmes ; les suffragettes sont exaspérées ! Mais dans la capitale britannique, ce ne sont pas les affaires européennes qui inquiètent l'opinion et le gouvernement de George V : le statut en discussion de l'Irlande est très tendu, la loi sur le *Home Rule* divise le Parlement et on redoute une guerre civile. En Bohême, François-Ferdinand s'efforce de calmer les tensions entre les germanophones et les Tchèques. À Belgrade, l'influence de la Russie sur la Serbie est chaque jour plus ostensible. Les invités se quittent. « Ils l'ignoraient encore, mais ce mariage serait pour eux la dernière occasion de se retrouver avant la Première Guerre mondiale[11]. »

En début d'année, lors d'un banquet à Potsdam, Guillaume II, désabusé, avait déclaré à l'ambassadeur de France, Jules Cambon, sur un ton calme : « Tous ces conflits sont envenimés par des querelles de personnes… »

Le 17 août 1913, dix jours après la fin de la seconde guerre balkanique, François-Ferdinand est nommé inspecteur général des armées impériales et royales, le sommet de la hiérarchie militaire après François-Joseph. Une reconnaissance. Enfin ! En son neveu et malgré leurs divergences, l'empereur retrouve le soldat qu'il a toujours été (pas souvent victorieux…) et peut espérer qu'il le vengera de ses humiliations italiennes et prussiennes. Le 16 octobre 1913, Berlin et Vienne commémorent le centenaire de la bataille de Leipzig, la fameuse bataille des Nations perdue par Napoléon. Un violent incident verbal oppose François-Ferdinand, hors de lui, à son chef d'état-major général, à la suite d'une question, à la fois courtoise et déplacée, posée par Guillaume II au subordonné de l'archiduc. Ce dernier n'a pas toléré que l'on contourne son autorité.

Le tsar aimerait marier l'une de ses filles au prince de Roumanie

Quatre mois plus tôt, en février, le ministre russe des Affaires étrangères, Alexandre Izvolski, avait suggéré à Nicolas II un rapprochement avec la Roumanie afin de détourner ce royaume de l'influence des Empires centraux et donc de contenir la Triplice. Les Roumains sont orthodoxes, de rite byzantin, et constituent la deuxième population orthodoxe après celle de la Russie. On avait donc organisé un voyage du jeune Carol à Saint-Pétersbourg. Le fils aîné du prince héritier Ferdinand et de la princesse Marie (elle-même étant apparentée aux Romanov par sa mère) avait rencontré les grandes-duchesses Olga et Tatiana. On espérait que l'une ou l'autre plairait au futur souverain de Bucarest. La princesse Marie, sincèrement désolée, avait tout de même émis de sérieuses réserves sur un mariage éventuel à cause de l'hémophilie transmise par l'impératrice Alexandra à son fils. À cette juste prévention s'était ajoutée lors de ce voyage l'impression – avérée – que la famille impériale vivait totalement recluse à Krasnoïe Selo, repliée sur elle-même, isolée du monde et soumise à l'odieuse influence de Raspoutine. Le faux moine mais intelligent manipulateur, qui s'était rendu indispensable, régentait tout. « Carol, âgé alors de 21 ans, avait fière allure dans son uniforme militaire ; et son physique de prince grand et mince, élancé et robuste en même temps, blond aux yeux clairs et dont la toute nouvelle moustache bien taillée augmentait le charme, ne pouvait que ravir tout le monde[12]. » De son côté, la grande-duchesse Olga, l'aînée des filles du tsar, avec ses 18 ans, son visage large et ses pommettes saillantes, ne manque pas de charme.

Le tsar se rend vite compte que les jeunes gens n'ont aucune attirance ni même sympathie l'un pour l'autre. Il en conclut que l'amour décidera ce que la politique recommande. Autrement dit, on attendra… Pas longtemps !

Au début de juin 1914, après un séjour au palais de Livadia, en Crimée, Nicolas II et sa famille s'embarquent pour une croisière en mer Noire dont la motivation n'est pas uniquement la détente. Si les voyages du tsar hors de Russie (comme celui qui l'avait conduit à Paris et à Compiègne en 1901) étaient dictés par la diplomatie et la convergence de vues entre deux pays alliés, cette fois il y a, en apparence, une raison privée à cette transhumance familiale. Mais chez les Romanov comme pour toute dynastie régnante, le comportement personnel a des causes et des conséquences publiques. Le tsar décide de donner à Olga et à Carol une seconde chance de se connaître. Qui sait si l'été sur la mer Noire ne serait pas plus efficace qu'un hiver russe pour faire naître un intérêt mutuel ? Le complot est naïf, mais politique, sous le prétexte d'une escale dans le port roumain de Constantza. Le 14 juin 1914, le yacht impérial russe *Standart* est à quai pour une escale de quatorze heures. Un programme à la minute près, épuisant, comme s'il s'agissait de rattraper du temps perdu. L'adolescence est si versatile… Parmi les témoins de ce marathon forcé, la princesse Marthe Bibesco, future gloire de la vie littéraire francophone, est effarée par l'aspect presque hagard du tsar et de la tsarine. Nicolas II semble ailleurs, Alexandra, livide, avance comme une somnambule, « paraissant écouter sans entendre et regarder sans voir[13] ».

Te Deum en deux langues (russe et roumain) à la cathédrale, banquet à la préfecture, revue militaire, cortège dans Constantza en voiture pour que la population puisse apercevoir le tsar et sa famille, réception des souverains roumains (thé à l'anglaise servi à 4 heures) et de leur suite à bord du *Standart,* réception dans la villa de la reine poétesse d'où elle harangue, la nuit, les navires de passage : dans la chaleur, il y aurait de quoi s'écrouler de fatigue. Nicolas II écrira : « Nous sommes restés debout tout le temps. Le roi est très gai, la reine l'est moins, mais d'une extrême gentillesse. » Mais pas question de flancher : le roi Carol, bien que souffrant, s'est déplacé avec la Cour et tout le gouvernement, car la visite du tsar est exceptionnelle et c'est un honneur pour la couronne de Roumanie. Dans cette journée, fiévreuse à tous égards, le prince héritier et la grande-duchesse sont très observés. Comme par hasard, ils sont toujours assis l'un à côté de l'autre, mais ce piège protocolaire les exaspère plus qu'il ne les amuse.

On avait remarqué, avec surprise, combien Olga et Tatiana avaient le visage hâlé. Pour elles, et bien que ce ne fût pas à la mode, ce teint était normal : la vie au grand air, la natation, les bains de soleil étaient toujours au programme des vacances de la famille impériale. Cela enchantait Nicolas II (à l'écart, il se baignait parfois nu avec ses officiers !) ; très bon nageur, il était heureux avec ses enfants. Seule Alexandra se tenait en retrait de ces plaisirs trop voyants. Une rumeur assura qu'Olga et Tatiana avaient noirci leurs faces afin de ressembler à des paysannes ! En réalité, elles avaient volontairement forcé sur les bains de soleil pour ne pas plaire au prince héritier ! Les quatre grandes-duchesses sont très farceuses et Anastasia est la plus déchaînée. Ce fut réussi ! Olga ne plut pas à Carol. Et cette visite du tsar de Russie au roi de Roumanie contraria autant Vienne que Berlin. En revanche, elle fit le bonheur du tsar et de la tsarine, très peu désireux de se séparer d'Olga et trop attachés à ce cocon familial si protecteur du petit Alexis.

12-13 juin 1914 : François-Ferdinand reçoit Guillaume II à Konopiště

Après quelques menus incidents entre un empereur et un futur empereur, deux tempéraments volcaniques, tous deux connus pour leurs caractères entiers, leurs relations s'étaient apaisées. Si le Kaiser avait des soupçons, voire du mépris, à l'égard du défunt débauché Rodolphe – avec lequel il avait pourtant passé quelques soirées agitées à Vienne –, il s'est toujours senti proche de François-Ferdinand. L'un comme l'autre se méfient des Slaves et des Hongrois. Par l'entourage de l'archiduc, l'empereur allemand sait bien que ce qu'il est alors convenu d'appeler la race germanique n'a que les Habsbourg comme seuls défenseurs dans les Balkans. Il faut donc soutenir leurs efforts, car les deux conflits récents ont modifié la carte des influences dans la région. Guillaume II s'est voulu rassurant en déclarant à l'héritier de François-Joseph : « L'Allemagne sera toujours aux côtés de l'Autriche ! »

Depuis le printemps, François-Ferdinand et les siens sont à Konopiště. Ils y sont heureux, loin de la Cour hostile et cancanière qui persiste à voir en la princesse de Hohenberg presque une usurpatrice. C'est à peine si on ne l'accuse pas d'avoir voulu entrer par effraction dans la famille impériale, et l'impossibilité pour elle de recevoir les honneurs militaires lui rappelle invariablement qu'elle en est exclue. Lors d'une cérémonie, si son époux est absent, elle n'a droit qu'au bras d'un chambellan. Son bonheur, leur bonheur, agace toujours.

Les nouvelles de Schönbrunn sont inquiétantes ; François-Joseph est victime d'une nouvelle bronchite. Une rechute. Depuis trois ans, à chaque fois, on craint le pire. Mais la robustesse légendaire de l'empereur vient encore de le sauver. À 84 ans, il fait toujours preuve d'une résistance qui tient du miracle. S'il survit, c'est sans doute aussi grâce à ses deux véritables remèdes : le travail – dit « allégé », bien qu'il se fasse toujours réveiller à 4 heures du matin – et ses nombreux petits-enfants, qui représentent son ultime véritable enchantement. Leur présence affectueuse le console des absences de Katharina Schratt, car celle-ci, enfin déliée de tout engagement théâtral, voyage beaucoup, même jusqu'au tapis vert du casino de Monte-Carlo, car elle est joueuse. Inquiet de la santé de l'empereur, François-Ferdinand était prêt à regagner Vienne au plus vite, mais l'alerte est passée. L'empereur s'est bien remis et s'apprête à partir pour sa chère villa de Bad Ischl, comme chaque année en cette saison. Un buste de Sissi est toujours sur son bureau. Il y fêtera son quatre-vingt-quatrième anniversaire, le 18 août. Une tradition que rien ne saurait écorner.

Le 12 juin 1914, Guillaume II arrive à Konopiště avec Augusta ; on la reconnaît sous un chapeau blanc hérissé d'une énorme plume. Une visite sans protocole, avec des enfants en costume marin ou jupes claires. François-Ferdinand est en civil, costume sombre malgré la chaleur, mais coiffé d'un canotier, Sophie en blanc. Guillaume II, en tenue campagnarde et couvre-chef assorti, visite tout. L'atmosphère est d'abord familiale. Et on le comprend lorsque, aujourd'hui, on visite le château. On a l'impression que ses hôtes viennent de partir. Et l'on remarque que les chambres des enfants communiquent avec celles des parents, ce qui est très rare à l'époque. Guillaume II se montre stupéfait et sans doute un peu jaloux des trophées de chasse décorant les galeries, les couloirs et même les plafonds de Konopiště. Le tableau est inimaginable : très bon tireur, capable de toucher d'un coup de carabine de la monnaie jetée en l'air, l'archiduc aligne le chiffre ahurissant de 274 889 pièces lors de battues officielles, dont 18 799 en une seule année ! Guillaume II est impressionné de savoir que François-Ferdinand a fêté son six millième cerf, son millième chamois et son centième aigle !

Mais le neveu de François-Joseph a une autre fierté dans son domaine de centaines d'hectares : la roseraie de Konopiště, très réputée, est en plein épanouissement ; les buissons se succèdent entre les allées bien tenues. Le Kaiser, la canne à la main comme l'archiduc, est émerveillé de cette promenade ; sa passion pour les roses est très connue. À Sanssouci, le vieux château de Potsdam, il est attentif au travail des jardiniers et des paysagistes qui entretiennent un bel univers végétal n'ayant plus rien de commun avec les compositions baroques du temps de Frédéric II. À Konopiště, ce jour d'été, on parle reboisement, collections d'armes et de montres. François-Ferdinand a meublé le château avec de nombreux souvenirs du duché de Modène, en particulier de la Villa d'Este. Dans une galerie, des statuettes de saint Georges – pas moins de 3 750 ! – stupéfient les promeneurs.

Mais, à l'évidence, le souverain Hohenzollern n'est pas venu pour une simple visite de courtoisie. Il est accompagné de l'amiral von Tirpitz, ministre de la Marine et véritable fondateur de la flotte impériale sur l'ordre de son empereur, obsédé par la suprématie britannique sur les mers. Tirpitz a fait de l'Allemagne la deuxième puissance maritime mondiale. François-Ferdinand écoute son impérial visiteur qui, connaissant ses soupçons à l'égard des Italiens rêvant d'une tardive grandeur coloniale, lui fait l'éloge du roi Victor-Emmanuel III et le conseille d'aller le voir. L'archiduc refuse. Il n'a pas confiance dans cet allié sud-alpin de la Triplice. Il pressent, avec une rare clairvoyance, que certaines alliances ne sont pas sûres et, secrètement, il recherche le soutien de la Russie pour calmer les ambitions panslavistes serbes. L'empereur et l'héritier se quittent en accord sur bien des points. Ils ont progressé sur la question des minorités, le véritable baril de poudre. Ils ne se reverront pas.

Après le départ de Guillaume II, François-Ferdinand et l'Europe apprennent par la presse un incident, *a priori* mineur et ridicule, mais qui met en lumière le paroxysme des susceptibilités dans les Balkans. Le roi Ferdinand Ier de Bulgarie se divertit souvent en prétendant conduire la locomotive de l'Orient-Express à chacun de ses passages sur le territoire bulgare. Il en fait un rite, attendant, avec son chauffeur, le train dès qu'il a franchi la frontière. Sa Majesté revêt une combinaison de mécanicien (confectionnée à Paris, elle est blanche, mais en quelques instants noircie par les escarbilles !), monte dans la cabine de la machine en prenant la place de l'équipe de traction, au début stupéfaite, mais désormais habituée à ce caprice. Il actionne le levier d'admission de la vapeur, déchire l'atmosphère avec des coups de sifflets impératifs. Mais, pardon, sire, l'Orient-Express n'est pas un jouet, même si « le roi des trains est le train des rois » ! De heurts en secousses, de démarrages laborieux en freinages brutaux, les voyageurs se plaignent. La Compagnie des Wagons-Lits aussi, avec un respect agacé. On craint un accident. Qu'importe ! Le tsar des Bulgares envoie une décoration aux représentants des chemins de fer ! Mais le 20 juin 1914, c'est une tout autre affaire qui est révélée. Par *L'Écho de Bulgarie*, quotidien paraissant à Sofia en français depuis deux ans, on apprend l'humiliation dont aurait été victime le souverain apprenti cheminot. Pour une fois, il s'est contenté d'être un passager occupant paisiblement les compartiments 7 et 8 d'une voiture-lit, tandis que sa suite est installée dans les compartiments 5 et 6, un aide de camp montant la garde dans le couloir. Le train roule de Belgrade à Sofia. Le contrôleur, un Serbe, ayant appris la présence du roi, veut s'en assurer. Pourquoi ? Mystère. Il tente d'ouvrir la porte, fermée, du compartiment provisoirement royal, mais est repoussé par l'aide de camp. On ne saurait déranger le roi ! Furieux, le contrôleur fait arrêter la rame entre les gares de Pirot et Soukhovo. La suite royale proteste, exige que l'on reparte immédiatement. Avisé de cet outrage, le président du Conseil des ministres de Bulgarie convoque l'ambassadeur de Serbie à Sofia. Le diplomate exprime ses plus vifs regrets et assure qu'on a exagéré. Le directeur des Chemins de fer de Serbie reconnaît qu'il y a eu « un excès de zèle et surtout un manque de tact ». Trois jours plus tard, le trop curieux chef de train est mis à la retraite et le gouvernement bulgare, comme le cabinet royal, se déclarent « satisfaits de cette mesure ». Pourtant, sous le titre *Une audace inconcevable*, l'éditorial du journal n'en reste pas là : « On nous assure que cet employé, extrêmement distingué, a choisi, comme sport préféré, de molester les Bulgares forcés de traverser la Serbie. Si cela se passait dans l'administration bulgare, on entendrait un beau tapage dans la presse europénne ! Comme c'est un Serbe, parions qu'on n'en dira rien ! » Suivent des commentaires exaspérés sur la supposée réputation de « brutes » du peuple bulgare qui serait entouré de « voisins chevaleresques et humains » ! Les Balkans sont un gigantesque et diabolique problème de voisinages où toutes les manipulations restent possibles…

Dès mai 1914, François-Ferdinand sait déjà qu'on va l'assassiner…

Pour l'héritier de François-Joseph, l'été 1914 s'annonce radieux. Il est enfin question de repos et de vacances avec Sophie et les enfants. Mais auparavant, l'archiduc doit assister à de grandes manœuvres en Bosnie-Herzégovine. Elles ont été fixées depuis longtemps afin de tester la capacité opérationnelle des contingents austro-hongrois sur le terrain montagneux de la région. Sachant que, par ses fonctions d'inspecteur général, l'archiduc doit se rendre dans la capitale de la province, Sarajevo, des menaces serbes sont proférées contre lui. Or, c'est exactement ce que l'héritier avait prévu : les populations serbes de Bosnie sont excitées et influencées par la Serbie humiliée depuis 1908. Sarajevo n'est qu'à une centaine de kilomètres de la frontière serbe. Ayant reçu des informations alarmantes, François-Ferdinand demande audience à l'empereur. Celui-ci convainc son neveu de ne pas annuler son voyage. Même si François-Joseph lui laisse le choix, que penseraient les sujets d'une région récemment incorporée à la Couronne si leur futur souverain jugeait inutile, voire méprisant, de leur rendre visite ? Aurait-il peur ? François-Ferdinand est courageux, mais lucide. Peu de temps avant de partir, le couple héritier avait reçu à dîner, au Belvédère, Charles de Habsbourg et son épouse, née Zita de Bourbon-Parme. Ils s'étaient mariés en 1911 et avaient déjà deux enfants. Depuis le 1er novembre 1906 et la mort de son père Otto, Charles, petit-neveu de François-Joseph, est le deuxième héritier du trône après son oncle François-Ferdinand. Lors de ce dîner au Belvédère, ce dernier fait part à Charles de son pressentiment : on va l'assassiner. Et, dans son fumoir à l'heure des cigares, il lui montre des papiers qui lui sont destinés s'il lui arrivait malheur. Zita révélera, plus tard, que ces mystérieux documents n'ont jamais été retrouvés... On peut penser qu'ils concernaient une transformation de la double monarchie[14].

Les risques envisagés par François-Ferdinand ne concernent pas les manœuvres elles-mêmes, qu'il suivra et inspectera fin juin. En revanche, sa visite officielle à Sarajevo et un horaire précis ont été annoncés trop longtemps à l'avance. La ville est le siège du gouvernement militaire autrichien en Bosnie-Herzégovine et les troupes en garnison sont commandées par un Hongrois. Mauvais présage. Mais au-delà de l'importance politique de ce voyage, François-Ferdinand y voit une raison d'honorer son épouse : elle va l'accompagner. À ses côtés, elle aura enfin droit aux honneurs militaires en territoire autrichien. Depuis plusieurs mois, le couple a voyagé en Europe et s'est fait apprécier. On les a reçus à Berlin avec d'aimables égards. À Bucarest, le roi Carol Ier a conquis François-Ferdinand en accordant à Sophie les honneurs qu'on lui refuse à Vienne. Le séjour à Sinaia avait été si enchanteur que la princesse de Hohenberg s'était sentie devenir « roumaine », en dépit de la différence de religion. Il faut rappeler que la reine Élisabeth, selon les *Mémoires* de la princesse Marie, « avait un faible pour les mariages morganatiques ». Elle avait traité l'épouse de l'archiduc en... archiduchesse, histoire de rappeler les usages qu'elle attendait de la cour de Vienne. Et en novembre 1913, à Londres puis à Windsor, le roi George V les avait accueillis avec chaleur, même si leur visite était de caractère privé. La reine Mary avait été enthousiasmée par la princesse de Hohenberg, cette femme aussi grande que son mari, un peu épaissie par ses maternités, mais non sans charme, avec un teint que beaucoup auraient pu lui envier – et ses magnifiques yeux sombres n'exprimant que la douceur.

À cette obsession de François-Ferdinand cherchant toujours à faire admettre son épouse s'ajoute une incroyable série de coïncidences dont une seule, *a priori* heureuse, participera, comme les autres, à la tragédie. Le dimanche 28 juin 1914 est, à deux jours près, le quatorzième anniversaire de leur mariage et il serait inconcevable qu'ils ne le fêtent pas ensemble. Mais il y a plus grave. C'est exactement l'anniversaire de la « douloureuse renonciation », quatorze ans plus tôt, de François-Ferdinand aux droits dynastiques de sa femme et de leurs enfants à naître. Encore plus grave, c'est aussi, pour les Serbes, la commémoration de la terrible bataille de Kosovo Polje (« Le champ des merles ») où, cinq cent vingt-cinq ans plus tôt, en juin 1389, l'armée du sultan Mourad Ier avait détruit l'Empire serbe. Enfin, c'est également le premier anniversaire de la paix signée après la victoire de la Serbie sur la Bulgarie lors de la seconde guerre balkanique. Oublier ces deux dates constitue deux affronts. Ils ne peuvent qu'exciter les passions nationalistes serbes et présenter la visite de l'archiduc comme une provocation. Ainsi, ce voyage est-il un mélange explosif d'éléments personnels, historiques et politiques, mais personne n'a su – ou voulu ? – en tenir compte. C'est allumer une nouvelle mèche dans la poudrière.

François-Ferdinand n'avait jamais approuvé l'annexion de la province ottomane et, avec Guillaume II, il avait multiplié les démarches d'apaisement auprès de Belgrade. Il s'était même opposé au ministre des Affaires étrangères de son oncle en l'avertissant de la colère des Serbes :

— Nous nous sommes fait des ennemis des Slaves.

L'archiduc sait que les Serbes ne pardonneront jamais ce coup de force et se vengeront en excitant les rancœurs des nouveaux annexés. Sa tante l'impératrice Élisabeth, la si belle et si critiquée Sissi, professait dès 1890 – donc vingt-quatre ans avant ce voyage à Sarajevo :

— L'orage éclatera dans les Balkans…

Personne n'avait écouté cette souveraine errante, obsédée par son tour de taille (moins de 50 centimètres !), anorexique, capricieuse, dont les éternelles absences de Vienne avaient tant irrité les Autrichiens et si satisfait les Hongrois, puisqu'elle venait chez eux. De quoi se mêlait-elle ?

Quelques jours avant le départ pour la Bosnie-Herzégovine, l'aide de camp de François-Ferdinand est informé que des anarchistes ont été signalés dans les rues de Sarajevo. Des menaces écrites et des lettres anonymes circulent. Il demande que des mesures soient prises. Elles sont dérisoires, limitées à cent vingt policiers – dans une ville d'environ 55 000 habitants – qui seront postés sur le parcours du cortège. Autour de la ville, il y a près de soixante-dix mille soldats, mais la police n'est pas leur métier. Avant de partir, François-Ferdinand avait dit à l'un de ses proches : « Cela ne m'étonnerait pas que quelques balles serbes m'attendent là-bas[15]. »

L'annonce de tous les détails de la visite a permis aux anarchistes de s'organiser. Qui sont-ils ? Depuis 1911, une société secrète s'est constituée à Belgrade, à l'instigation d'officiers, sur le modèle des Carbonari italiens. Son nom : La Main noire. Sa devise : « L'Union ou la mort. » Elle est très liée à la franc-maçonnerie. Son but est de créer, par tous les moyens, une Serbie agrandie. À Belgrade, La Main noire a recruté et formé trois tueurs, parmi lesquels le Serbe de Bosnie Gavrilo Princip, au nom prédestiné, qui n'a pas 20 ans. À ce commando, entraîné à Belgrade, le 27 mai, on a remis de l'argent, six grenades de fabrication serbe souvent confondues avec des bombes, quatre pistolets Browning chargés, modèle 1910, calibre 9 mm court, le dernier cri en armes de poing. Ces pistolets avaient été fabriqués et achetés en Belgique six mois plus tôt. À ce trio, on avait aussi fourni des capsules de cyanure pour qu'ils se suicident en cas de capture. Grâce à un itinéraire minutieusement préparé et des complicités à la frontière, ils étaient arrivés à Sarajevo. Trois autres conjurés, recrutés sur place, les avaient rejoints. Tous s'étaient préparés pendant près de un mois. Les six hommes ont eu le temps de lire attentivement l'appel du maire de Sarajevo, placardé sur les murs et appelant la population à pavoiser sur l'itinéraire du cortège. Une autre faute ! De plus, les conspirateurs ne se cachent pas et leurs rodomontades favorables à la Serbie auraient dû éveiller les soupçons d'une police digne de ce nom. Remarquons qu'en 1910, lors de la venue de François-Joseph, un dispositif considérable avait été mis en place. Son héritier n'a pas droit aux mêmes précautions. La vérité oblige à rappeler que le jeudi 25 juin, François-Ferdinand et Sophie sont déjà venus, de façon impromptue, à Sarajevo, simplement pour faire un tour en ville. L'ambiance était gaie et la population semblait désavouer les craintes. La foule, joyeuse et curieuse, voulait voir, toucher et entendre ce couple dont le roman d'amour conjugal était si émouvant. La présence de Sophie était très appréciée.

Sarajevo, 28 juin 1914 :
l'amour est la première victime du tueur

Au matin du dimanche, après les manœuvres, François-Ferdinand et son épouse quittent leur hôtel du sud de la ville et montent à bord d'un train spécial pour un court trajet. Un frein chauffe dans la voiture-salon, le convoi est immobilisé. Sept minutes de retard. Ce n'est pas grave, mais ce sont les retards et les décalages qui vont faire de cette journée un drame, prélude à un chaos mondial. Le couple est transféré à bord de l'express Belgrade-Vienne dont une voiture de première classe est réquisitionnée ; elle porte le numéro… 13. Le destin ? À la gare de Sarajevo, les illustres hôtes sont attendus par une suite de sept voitures, toutes privées, mises à la disposition des autorités militaires. Soleil éclatant, foule considérable et curieuse. Avec ses nombreux minarets (il y a même une « mosquée de l'Empereur ») et ses petites maisons de bois entourées de jardins, la ville s'étale à 600 mètres d'altitude dans un site magnifique, cerclée de montagnes boisées culminant à plus de 1 500 mètres. François-Ferdinand, en grand uniforme (dolman bleu, pantalon sombre), est coiffé d'un casque disparaissant sous un énorme bouquet de plumes verdâtres, rappelant celui des troupes italiennes de montagne. Sophie est en blanc ; la voilette de son grand chapeau doit la protéger de la poussière. Le couple prend place dans la troisième voiture découverte, dotée d'un toit de toile déplié, avec le général gouverneur de Bosnie. Il est 10 h 10. Le cortège démarre. Les six assassins sont en place. L'un d'eux demande à la foule :

— Où est l'archiduc ?

— Dans la troisième voiture !

Il n'y a pas d'erreur possible et tout le monde le sait ! À son passage, un des conspirateurs, typographe de profession, lance une grenade, qu'il avait amorcée en la frappant contre un réverbère, sous la voiture de François-Ferdinand. L'engin ricoche sur la capote du véhicule. Douze secondes s'écoulent entre l'amorçage et la déflagration : la grenade n'explose que sous la quatrième voiture. C'est le premier attentat de Sarajevo. Il ne fait que deux blessés légers et une vingtaine de personnes sont commotionnées, mais face à l'évidence meurtrière, aucune modification d'urgence n'est décidée. Inconscience ? Stupidité ? L'archiduc ricane :

— Voulez-vous parier que ce gaillard recevra une décoration en guise de châtiment ?

Sophie est plus pâle que sa robe, le visage défait. Le cortège continue jusqu'à l'hôtel de ville. Entre-temps, le lanceur de bombe a été arrêté, à moitié lynché. Il hurlait « Vive la Serbie ! » et se considérait déjà comme un héros. Quatre de ses complices pensent qu'ils ont échoué et disparaissent. Seul Princip juge qu'il a encore une chance. À l'hôtel de ville, une petite fille, issue de l'importante communauté juive, doit remettre un bouquet à la princesse. Le maire, qui accueille le couple et sa suite, commence un discours préparé depuis des semaines. Cette allocution doit marquer le sommet de sa vie.

— Votre Altesse impériale et royale, Votre Altesse [nuance restrictive pour Sophie], à l'occasion de la gracieuse visite dont Vos Altesses ont daigné honorer la capitale de notre pays, nos cœurs débordent de bonheur…

Furieux, François-Ferdinand l'interrompt :

— Monsieur le maire, à quoi bon ce discours ? Je viens à Sarajevo en visite amicale et on me lance une bombe ! C'est indigne !

Bouche bée, l'infortuné maire semble frappé par la foudre. On pense que, impressionné par la venue de l'archiduc héritier, il a confondu l'explosion de la grenade avec une salve d'honneur ! La duchesse, tout en douceur, s'avance et murmure quelques mots à l'oreille de son mari. On comprend sa colère, car le maire était dans la deuxième voiture. Serait-il sourd ? Aveugle ? Idiot ? Sophie plaide la cause du malheureux maire, confus et vexé. L'archiduc semble hésiter, puis, plus calme, il lit ce qu'il avait prévu et termine en improvisant des paroles à la fois dignes et surréalistes :

— C'est avec un plaisir tout particulier que j'ai reçu l'assurance de votre indéfectible attachement à Sa Majesté, notre gracieux empereur et roi, et je vous remercie du fond du cœur, monsieur le maire, de l'ovation enthousiaste que la population nous a réservée, à mon épouse et à moi-même. Je le dis d'autant plus volontiers que je vois l'expression de sa joie devant l'échec de l'attentat.

L'archiduc souhaite ensuite rendre visite aux officiers blessés à l'hôpital militaire. Intention louable, mais funeste, car cela oblige le cortège à reprendre une partie de l'itinéraire aller. François-Ferdinand demande au gouverneur, sur un ton fataliste :

— Pensez-vous qu'il y aura d'autres attentats contre moi ?

Le général hausse les épaules : tout danger est écarté !

François-Ferdinand désire que son épouse se rende à la résidence du gouverneur en compagnie de son chambellan, pour qu'elle se remette de ses émotions. Mais elle refuse de quitter son mari. Pourtant, il serait sage d'attendre que la troupe ait dégagé les rues. François-Ferdinand n'est pas un lâche. Ni un homme patient. Il n'attend pas. Il donne le bras à sa femme. Le couple, salué par une double haie de personnages en habits et gants blancs (certains, coiffés du fez, saluent militairement), descend les cinq marches de l'escalier.

Il est 10 h 45. On décide (tout de même !) d'éviter le centre ville en suivant le quai de la Miljacka où habitent surtout les Serbes orthodoxes, les catholiques romains et les juifs, tandis que les musulmans se sont établis sur les flancs des hauteurs. Mais à ce moment, ce ne sont plus seulement la bêtise et l'incompétence qui sont en cause. C'est pire ! On oublie de notifier au chauffeur de la première voiture ce changement de route. Et il n'y a toujours pas d'escorte ! Aussi, alors que l'automobile, qui devrait rouler à bonne vitesse, ralentit pour tourner et s'engager à droite, dans la rue face au pont, le général gouverneur lui intime l'ordre de continuer tout droit. Le lourd véhicule se trouve donc presque à l'arrêt, devant une boucherie. C'est alors que Princip, qui se trouve à cet endroit… par hasard, est prêt à intervenir. Lancer une grenade ? L'opération est trop visible et surtout trop lente. Le tueur serait vite repéré. Alors, il sort vite son arme et l'ajuste sur François-Ferdinand et Sophie. De tous les conjurés, il est, de loin, le meilleur tireur, s'étant entraîné sur des troncs d'arbre comme cible. Petit (1,60 mètre), le regard bleu de haine, coiffé d'un chapeau, il tire. Deux détonations, deux tirs précis. C'est d'abord Sophie qui est touchée, puis son époux. Le gouverneur, affolé, voit l'archiduc et sa femme soudain figés sur leurs sièges et hurle au chauffeur de se remettre en marche. La voiture roule enfin à toute vitesse, mais il est trop tard. À l'aide de son mouchoir, un aide de camp essuie le sang qui coule des lèvres de l'archiduc. La duchesse, blême, respirant mal, ne comprend pas…

— Pour l'amour de Dieu, qu'est-ce qui est arrivé ?

On assure qu'elle a tenté de se jeter entre son mari et l'assassin. Puis, Sophie glisse sur la banquette, la tête entre les genoux de son époux. On entend François-Ferdinand murmurer en l'appelant par son surnom :

— Sopherl ! Sopherl ! Ne meurs pas ! Vis pour mes enfants !

Ce sont ses dernières paroles, même si certains témoins assurent qu'il aurait ajouté, devant l'angoisse de son entourage :

— Ce n'est rien...

Son pressentiment, dont il avait fait part à Charles lors de leur dîner au Belvédère quelques semaines plus tôt, était, hélas ! fondé. La première balle a traversé la carrosserie de la voiture et atteint Sophie au ventre. Une mare de sang souille sa robe. Elle expire peu après alors qu'on la transporte au Konak, la résidence du gouverneur. La seconde balle a transpercé la gorge de François-Ferdinand, tranché la veine jugulaire et s'est fichée dans la colonne vertébrale. Il est mort. Immédiatement, la foule, déchaînée, s'est ruée sur Princip. Frappé, jeté à terre, piétiné, il a été transformé en loque sanglante par des coups de sabre. Un zèle tardif. La foule se déchaîne aussi dans les rues. Des boutiques, des échoppes, des entrées d'immeubles sont dévastées, des véhicules détruits. François-Joseph exigera du gouvernement viennois que les victimes de ces dégradations soient indemnisées. Des polémiques sans fin agitent la police, les responsables du cortège, de l'état-major. On ira jusqu'à accuser le grand maître des cérémonies de la Cour, l'intraitable prince de Montenuovo, d'avoir fait pression sur les autorités locales pour que la princesse de Hohenberg n'ait pas droit aux mêmes honneurs que l'archiduc, ce qui aurait réduit la protection du couple.

Personne ne peut encore imaginer que ces deux balles feront plus de 10 millions de morts[16]. Ce n'est pas seulement la Vieille Europe qui est assassinée – ce dont elle ne se remettra jamais –, c'est d'abord une belle histoire d'amour. L'archiduc et son épouse étaient inséparables dans la vie ; ils le sont restés dans la mort. Sachant que Sophie n'aurait jamais le droit d'être inhumée dans l'imposante crypte des

Capucins à Vienne, François-Ferdinand avait fait construire au château d'Artsetten (propriété de son père sur les bords du Danube et où il avait passé son enfance) une crypte ouverte sur la forêt. Leur inhumation eut lieu de nuit, par un orage wagnérien et une semi-clandestinité choquante, laissant croire que cette union avait apporté, outre, la honte d'une mésalliance, le malheur sur la maison d'Autriche. L'archiduc n'eut droit qu'aux honneurs réservés à son haut grade militaire. Sa tant aimée Sophie et lui y reposent côte à côte, pour l'éternité. À la fin de son entretien secret en mai avec l'archiduc Charles, au Belvédère, François-Ferdinand, qui pratiquait volontiers un humour morbide, lui avait parlé de sa sépulture dans un éclat de rire :

— Je suis tranquille ! Le caveau d'Artstetten est maintenant terminé[17].

Stupéfait, l'Empire est angoissé : François-Joseph va-t-il survivre ?

Arrivé à Bad Ischl ce même jour, François-Joseph s'apprête à rendre visite à Katharina Schratt dans la villa qu'elle occupe – une question de décence, mais tout le monde sait que la comédienne en retraite habite la Villa Felicitas. Rien ne devrait troubler la charmante station thermale voisine, qui est l'un des rendez-vous de la société aristocratique autrichienne, dans une atmosphère bercée par les mélodies de Franz Lehár, installé là depuis deux ans. La Kaiservilla est bien sûr fermée au public quand le souverain s'y trouve. Il n'est pas encore midi. Le comte Paar, premier aide de camp de Sa Majesté, se présente dans le petit bureau de François-Joseph où, sur un canapé rouge damassé, l'empereur a l'habitude de faire sa sieste après un déjeuner frugal. Paar est décomposé. Il tient une dépêche annonçant la tragédie de Sarajevo. Ce même officier avait déjà eu, le 10 septembre 1898, l'éprouvante mission d'apprendre au souverain le décès de Sissi à Genève, après une heure d'agonie. L'empereur avait murmuré : « Rien, décidément rien, ne me sera épargné... » En effet. Seize ans plus tard, il répète :

— Encore ? Encore ? J'aurai donc tout vu !

François-Joseph s'écroule sur son petit fauteuil cannelé, « comme frappé d'une décharge électrique » selon Paar, lui-même tétanisé, au garde-à-vous. Le vieux monarque, dont la famille semble maudite, a deux réactions successives. Il y a une énorme différence entre les drames. Autant la mort de Rodolphe puis la perte de Sissi l'avaient plongé dans des douleurs définitives, autant, passé le choc effroyable, le souverain sera grave, mais sans l'émotion ni le chagrin qu'on aurait pu attendre de cet homme digne, accablé par tant de catastrophes dynastiques. Une sorte de résignation suivie d'une mise en garde face au dessein du ciel, car le plus significatif est sa réaction d'empereur et de roi chrétien, qui balaie celle du souverain et de l'oncle. Il se lève, marche à travers la pièce et psalmodie :

— C'est affreux. On ne défie pas impunément le Tout-Puissant. Une puissance plus haute a rétabli l'ordre que je n'avais pas su maintenir[18].

Le lendemain, Marie-Valérie, la dernière fille de François-Joseph et de Sissi, remarquera que son père est comme soulagé. Une funèbre libération. Certes, l'épreuve est insoutenable, mais l'empereur a réagi en considérant l'avenir immédiat qui se nomme Charles, son nouveau successeur, un petit-neveu avec lequel il s'entend bien – alors qu'avec François-Ferdinand, l'affrontement était presque permanent, car cet héritier avait des idées, trop d'idées réformatrices, tout en étant un catholique rigoureux et hostile aux Hongrois. À son oncle, il n'avait posé que des problèmes, à commencer par son mariage qu'il jugeait indigne de son rang.

Deux certitudes apparaissent. La première est que la tristesse n'est constatée que chez quelques proches du couple abattu. La cour de Vienne, le gouvernement et la population ne pleurent guère l'archiduc, très peu apprécié en dehors des milieux militaires. En Hongrie, on se dit débarrassé d'un ennemi. Cependant, son courage et son énergie étaient incontestables et il était entièrement au service de l'État. La seconde réalité est qu'en sa personne, c'est la double monarchie que l'on a visée. Pour l'abattre elle aussi. Et c'est politiquement et diplomatiquement beaucoup plus grave. Le comte Berchtold, ministre des Affaires étrangères, très affecté – il est le seul à l'être du gouvernement de Vienne –, dira à l'ambassadeur de France venu présenter les condoléances de la République :

— L'archiduc était la boussole sur laquelle s'orientait tout ce qui tenait à l'ancienne Autriche... Il a été injustement accusé de méditer une politique agressive contre la Russie. Au contraire, l'archiduc se serait montré russophile s'il avait régné.

Dans l'immédiat, on s'inquiète de la santé de François-Joseph. La rumeur de son trépas se répand dans Vienne au moment de son retour. Mais on le voit debout, stoïque, puis marchant de son pas souple, aux funérailles des disparus célébrées dans la cathédrale Saint-Étienne. Celles-ci donnent lieu à d'ultimes mesquineries protocolaires du grand maître des cérémonies, qui s'est toujours acharné à rabaisser la princesse de Hohenberg à son « rang » de dame d'honneur, et qui ordonne alors que ses gants blancs et son éventail noir soient déposés sur son cercueil, en rappel, selon lui, de sa réelle condition. Son corbillard, ordinaire, n'est pas un de ceux de la Cour. C'est encore pire lorsqu'il tente d'interdire aux trois orphelins de se recueillir devant leurs parents mis en bière – même uni dans la mort, le couple assassiné n'est pas épargné par la petitesse des comportements. Outré, l'archiduc Charles interdit cette odieuse vexation. Il est le nouvel héritier et impose son élégance morale.

Mais il faut étudier d'urgence la réaction appropriée au complot fomenté par des Serbes de Belgrade appartenant à La Main noire et qui ont des complices en Bosnie-Herzégovine. Des exécutants pour égarer les pistes.

L'Europe s'interroge : la Serbie est-elle la vraie et la seule coupable ?

Notons que dans la liste des innombrables assassinats politiques, on parlera plus, en priorité, de « l'attentat de Sarajevo » que de ses deux victimes. C'est dans l'après-midi du 28 juin que le Kaiser est informé de la tragédie. Cinq jours plus tôt, une escadre britannique lui a fait une visite de courtoisie à Kiel, sur les bords de la Baltique. Guillaume II s'y trouve encore, voguant à bord du *Hohenzollern.* Sa Majesté est accoudée au bastingage. À cause du vent, l'amiral Müller, chef du cabinet naval de l'empereur, est obligé de hurler l'affreuse nouvelle avant de lui remettre le télégramme. Il en est assommé. Comment ne pourrait-il songer à ses entretiens avec François-Ferdinand à Konopitště – c'était il y a à peine deux semaines – où les deux hommes s'étaient réconciliés (avant, sans doute, un nouvel esclandre !) et avaient parlé des Serbes, certainement soutenus par la Russie, leur grand frère orthodoxe ? Ils avaient peut-être regretté de ne pas avoir sanctionné la Serbie cinq ans plus tôt. Mais la question est de savoir si le roi Pierre Ier ou son gouvernement avaient été informés, et même – la pire des hypothèses – s'ils n'avaient pas été les instigateurs de l'attentat. Or, quatre jours plus tôt, le 24 juin, le libéral et populaire roi Pierre Ier, 70 ans, très malade et lassé par les luttes politiques internes, le visage creusé derrière ses célèbres moustaches blanches, vient d'abdiquer en faveur de son second fils, Alexandre, 26 ans, avec le titre de prince régent. Né en exil au Monténégro, élevé en Russie, Alexandre est partisan d'un régime autoritaire. Pour l'instant, son père se met officiellement en retrait, mais en secret, bouleversé, il suit attentivement les réactions européennes et celles de l'opinion serbe. Des dépêches lui apprennent qu'à Belgrade et dans son pays, la stupéfaction l'emporte sur la compassion. Et rapidement, le roi se dit certain que son gouvernement, dirigé par Nikola Pašić, n'a pas commandité l'assassinat de François-Ferdinand, qu'il s'agit d'une réaction clandestine à la provocation de cette visite ; mais tout le monde n'est pas aussi convaincu que Pierre Ier.

L'empereur d'Allemagne est si perturbé par ce qu'il considère comme un « sacrilège » qu'il ne sent pas la force d'assister aux obsèques de François-Ferdinand. Il se dira choqué d'apprendre que lors de l'office funèbre, « un char splendide, à roues dorées et surmonté de la couronne archiducale, a transporté la bière du prince héritier », tandis que « le cercueil, très simple, de son épouse, portant une minuscule couronne, suivait dans un corbillard bas et modeste ». Un « corbillard bas » ? Quelle faute de goût que cette humiliation posthume ! Elle est d'autant moins admissible que François-Joseph avait fini par consentir à élever la princesse de Hohenberg au rang de duchesse, dernière marche avant le prédicat d'archiduchesse.

Rentré d'urgence à Berlin, le Kaiser s'emporte contre son ambassadeur à Vienne et ses ministres qui lui recommandent la prudence et le calme. Guillaume II tonne :

— Il faut en finir avec les Serbes et au plus vite !

Au siècle précédent, le chancelier Metternich, artisan du Congrès de Vienne et qu'on avait surnommé « le cocher de l'Europe » puisqu'il la conduisait, pour une fois plus réaliste que diplomate, avait résumé le problème : « Il faut que la Serbie soit turque ou autrichienne. »

Guillaume II a sa réponse. Le 5 juillet, avec son chancelier Bethmann Hollweg, il assure l'Autriche-Hongrie de son inconditionnelle fidélité à son alliance. L'ambassadeur autrichien à Berlin, le comte Szőgyény-Marich, lui remet une lettre de François-Joseph approuvant l'élimination de la Serbie qui ourdit des complots et ne provoque que le désordre dans les Balkans. Et l'Allemagne de répondre, dans un télégramme, qu'il serait regrettable « de laisser passer cette occasion si favorable pour nous ». Autrement dit, même si l'archiduc n'était pas aimé, il faut venger sa mémoire. L'attentat de Sarajevo en est le prétexte légitime.

Les souverains sont partagés :
le conflit peut-il être limité à la région ?

En Roumanie, le roi Carol Ier, très affaibli physiquement, amaigri et, malgré les piqûres de morphine, souffrant de son estomac rongé par le cancer, est scandalisé par ce double assassinat. Il sort peu de sa chambre et la reine poétesse ne le quitte plus. Un dévouement qui n'est pas de tout repos ! Elle lui tient des propos étranges, soudain favorables aux intérêts germano-autrichiens, oubliant sa francophilie et son anglophilie viscérales. Entre deux douleurs – qu'il ressent comme de vrais coups de poignard –, Carol Ier retourne à sa femme la réponse, immuable, qui est la sienne et la seule depuis des années :

— C'est absurde, Élisabeth... Absurde !

Une cuirasse contre les délires de son épouse, toujours excentrique. Van Gogh, aux prises avec la folie, s'était reconnu dans une des pensées de la reine sur la souffrance. Carmen Sylva serait-elle en train de perdre l'esprit ? Elle aussi ?

Mais, informé des projets vengeurs de l'Autriche, Carol Ier les désapprouve. Il se renseigne et arrive, lui aussi, à cette conviction qu'il note dans son journal : « Je sais que le gouvernement serbe est étranger à l'attentat ; il n'est pas établi que l'assassinat ait été préparé à Belgrade. » En clair, l'affaire est horrible, mais François-Joseph n'est pas fondé à demander réparation. Guillaume II, certain du contraire, convoque les responsables militaires, car des ministres sont en vacances. Le chancelier d'Allemagne a toutes les peines du monde à convaincre son empereur de poursuivre sa cure de détente avec sa croisière en Scandinavie. L'entretien dure des heures ! Le chef du gouvernement insiste pour que l'Autriche paraisse agir seule. Ainsi, au cas où la situation s'envenimerait, le Kaiser en serait l'arbitre. Celui-ci montre toutes les facettes de son personnage théâtral, du matamore menaçant au romantique dépressif. Mais il part, enfin, ce 6 juillet ; il est 9 h 15 quand Sa Majesté impériale franchit la coupée du *Hohenzollern*. Le chancelier Bethmann Hollweg respire mieux : si son souverain avait renoncé à son habituelle croisière estivale, l'Europe l'aurait interprété comme un signe de gravité. Cap au nord et ses nuits blanches magiques pour Guillaume II. Celui-ci se dit assuré que le conflit restera localisé. Et que le tsar de Russie, qui a bien des soucis, ne bougera pas.

Ce dernier aussi apprend la nouvelle alors qu'il est en croisière sur son yacht, le *Standart,* sur une mer Baltique décidément très fréquentée par les souverains en cet été. Nicolas II estime – il n'a pas tort – que dans les Balkans, depuis toujours, les complots, les assassinats et autres meurtres politiques sont fréquents. Encore un conflit interne. C'est terrible, mais il n'y a pas de raison de s'inquiéter. Si le tsar se veut aussi rassurant, sans doute pour se convaincre lui-même, c'est parce que son fils le tsarévitch, en embarquant, s'est tordu une cheville et que, comme on le redoute sans cesse, une hémorragie a noirci sa jambe. L'enfant hurle de douleur. Raspoutine n'est pas à bord, mais le docteur Botkine parvient à calmer l'enfant et on pense que l'hématome va se résorber. Enfin, on espère. L'impératrice est torturée par l'angoisse. Ce cauchemar ne finira-t-il donc jamais ? Nicolas II réfléchit au drame de Sarajevo puis, l'esprit sans doute apaisé par l'amélioration – relative – de l'état de santé de son fils, décide de poursuivre sa navigation.

C'est en regagnant les eaux territoriales russes qu'il apprend la colère belliqueuse de Vienne, certainement encouragée par Berlin. Si le tsar est surpris, on peut penser que l'état d'Alexis a largement troublé son discernement. Comme souvent. Or, la Serbie est liée à la Russie par un traité et la Russie est elle-même liée à la Grande-Bretagne et à la France. Un embrasement européen est-il possible ? Aucune réaction en ce sens à Londres. George V, couronné il y a trois ans, reçoit son Premier ministre le libéral Herbert Asquith, en fonction depuis six ans. Celui-ci recommande l'apaisement et le roi, qui n'a pas le tempérament de son père Édouard VII, n'entend pas sortir de son rôle constitutionnel. Gentleman, timide, rigide, ponctuel au point d'en être maniaque, l'ancien officier de marine retourne à ses collections de timbres, en demandant à être informé sans retard des événements. En dehors des condoléances officielles et des correspondances privées de circonstance, l'insularité britannique favorise ce qui ressemble à de l'indifférence.

En Albanie, cet échantillon balkanique où l'Autriche et l'Italie mesurent leurs influences, le pitoyable prince Vidi vit pratiquement enfermé dans son palais de Durrës. Un « exilé intérieur », dit Guy Gauthier. Il ne compte plus. Il a politiquement et diplomatiquement disparu. Un universitaire américain, observant cette curiosité qu'est « le pays des aigles », en pleine anarchie, résume l'échec de Guillaume de Wied : « L'Albanie peut tout juste être considérée comme une plaisanterie[19]. »

En Italie, la reine Hélène est enceinte de son cinquième enfant, la future Marie-Françoise de Savoie. Victor-Emmanuel III est dans une situation complexe, puisque son royaume est à la fois un allié de l'Autriche et un rival, notamment du côté de l'Albanie. Les condoléances officielles n'effacent pas le sentiment d'une… heureuse nouvelle ! Le roi, dont le père avait lui-même péri sous les coups de feu d'un anarchiste, est mal à l'aise et scandalisé quand on lui rapporte, en fin d'après-midi, que les spectateurs sortant d'un cinéma ont applaudi en découvrant l'édition spéciale des journaux. Pourquoi ? Parce que François-Ferdinand considérait les Italiens aussi peu fiables que les Hongrois. « À l'issue d'une conversation avec l'ambassadeur de Serbie, un journaliste italien résume ses sentiments ainsi : “Merci, la Serbie !”[20] »

Au bout d'une dizaine de jours, la menace de représailles circule dans les allées du pouvoir à Vienne et à Berlin. Ailleurs, si l'on condamne l'horreur de l'attentat, on ne veut pas croire à des conséquences européennes. À l'ambassadeur de Serbie à Rome, le ministre des Affaires étrangères de Victor-Emmanuel III déclare : « Ces crimes sont atroces, mais la paix du monde n'en sera pas affectée. »

Les dépêches diplomatiques sont édifiantes : on y trouve des monuments d'hypocrisie, de crainte, de naïveté et aussi de désinformation qui vont varier pendant le mois de juillet. De même, on observe que le monarque peut être en phase avec son opinion publique ou, au contraire, opposé à ce que pense son gouvernement ou la population. On sait, aujourd'hui, comme le souligne Christopher Clark, que « ce que suggère la diversité de ces réactions, c'est que l'attentat est perçu sous des angles différents en fonction de la position des différents pays sur l'échiquier géopolitique[21] ».

République cernée de monarchies – si l'on excepte la Confédération helvétique –, la France n'est pas, du moins extérieurement, agitée par les rumeurs, suppositions et hypothèses sur les responsabilités du drame, sans doute parce que c'est loin et toujours incompréhensible dans les Balkans. Il faut dire que le procès de Mme Caillaux va bientôt s'ouvrir devant les Assises de la Seine. Pour la presse, ce scandale est une affaire idéale : trois mois plus tôt, l'épouse du ministre des Finances a abattu de six balles le directeur du *Figaro* qui avait publié les lettres d'amour qu'elle avait écrites à Joseph Caillaux alors qu'il était encore marié à sa première femme. D'un côté, l'assassinat d'un archiduc et de sa femme dans les Balkans si compliqués, c'est une affaire évidemment très grave, mais la presse se demande si Vienne n'exagère pas en accusant Belgrade. D'un autre côté, un fait divers sensationnel à Paris, c'est une aubaine : une femme en vue, qui tue le patron d'un grand journal menant une campagne diffamatoire contre son mari, c'est romanesque. Et tellement français ! Trois mois plus tôt, le 16 mars 1914, Mme Caillaux avait dissimulé son revolver dans son manchon. Un subterfuge de femme du monde qui avait passionné ou scandalisé. Pouvoir, politique, passion amoureuse, l'affaire partage les pages de journaux, mais en lui accordant plus d'importance qu'à la mort de François-Ferdinand. L'attentat ? Un fait divers lointain. Le conflit austro-serbe ? Encore une histoire balkanique…

Russie, 16 juillet :
Nicolas II reçoit Raymond Poincaré. Guerre ou paix ?

Le président de la République française, un Lorrain de 54 ans, élu un an plus tôt, arrive en visite officielle dans l'Empire du tsar, accompagné du président du Conseil, René Viviani, né en Algérie, ancien avocat et toujours socialiste. Dans cette crise jonchée d'incertitudes, la France est le seul État non monarchique soucieux des conséquences de l'attentat, car elle a des accords avec des souverains et leurs gouvernements. L'Alliance franco-russe, initiée vingt ans plus tôt entre deux États que tout séparait politiquement, a été consolidée, mais la République tient à reconnaître l'importance qu'elle accorde à la Russie impériale devenue ardemment francophile. Raymond Poincaré a une grande expérience des affaires publiques – il a été plusieurs fois ministre, notamment titulaire du portefeuille des Affaires étrangères, et président du Conseil. Républicain modéré, portant une barbichette, il est, depuis 1912, particulièrement attaché aux liens entre Paris et Saint-Pétersbourg, mais aussi à ceux tissés avec Londres, en dépit d'un ancien contentieux colonial apaisé par l'Entente cordiale. Lorsqu'il est accueilli par le tsar, lors de ce deuxième voyage en deux ans, ce patriote se veut le champion de l'Union sacrée, ferme à l'égard de l'Allemagne. L'hôte officiel, navré que sa visite tombe à un aussi mauvais moment, tient d'abord des propos mondains, vantant le charme et l'élégance de la tsarine. Puis, s'entretenant en aparté avec le tsar, il entend ce dernier lui dire qu'il ne croit pas que son cousin Guillaume II veuille la guerre, malgré ses attitudes déconcertantes et ses colères :

— À moins d'avoir perdu complètement la raison, l'Allemagne n'osera jamais attaquer la Russie, la France et la Grande-Bretagne réunies. Quant à l'empereur François-Joseph, si éprouvé, il ne demande plus qu'à mourir en paix…

Mais le président ne sait pas que Nicolas II est prêt à décréter une mobilisation partielle.

S'il vient en Russie, c'est afin d'assurer Nicolas II de son appui, ce qui vaut au président français, en jaquette, haut-de-forme et gants blancs (et qui aime aussi, souvent, porter une casquette), le surnom, injuste, de « Poincaré la guerre », alors qu'il vient essayer d'éteindre l'incendie. Nicolas II, qui le reçoit en uniforme, apprécie son intelligence supérieure, l'étendue de ses connaissances et son désintéressement. Les deux hommes se connaissent.

Au palais de Peterhof, sur les bords de la Baltique, étincelant de beauté dans la lueur nacrée des nuits blanches, l'ancien avocat Poincaré s'incline devant l'impératrice Alexandra et trouve un Nicolas II fier de l'enthousiasme qu'a déclenché cette arrivée du président, alors que l'Europe hésite dans ses contradictions. Poincaré voudrait être rassuré. Deux jours plus tard, au camp militaire de Krasnoïe Selo, il a d'abord été ému par la ferveur qui entoure le tsar au milieu d'une forêt de drapeaux, d'icônes et d'acclamations, tandis que soixante mille hommes défilent dans un ordre impeccable, en tenue d'été. Nicolas II semble avoir renoué avec le peuple, le vrai peuple russe. Suit un premier dîner de gala. La visite officielle de Raymond Poincaré dure une semaine. Avant de repartir à bord du paquebot *France*, Poincaré accorde une audience à l'ambassadeur de France, Maurice Paléologue, un homme de petite taille que le grand-duc Michel, un géant, général en chef des armées impériales, très francophile, a failli étouffer en le serrant dans ses bras au nom de la belle Alliance franco-russe ! Paléologue consignera ses impressions du dernier dîner de gala, où l'impératrice était à la droite du président : « La tête constellée de diamants, le torse décolleté dans une robe de brocart blanc, elle est assez belle à voir. Ses 42 ans la laissent agréable de visage et de ligne. Dès le premier service, elle se met en frais de conversation avec Poincaré. Mais bientôt son sourire se crispe, ses pommettes se marbrent. À chaque instant, elle se mord les lèvres. Et sa respiration haletante fait scintiller le réseau de brillants qui lui couvre la poitrine. Jusqu'à la fin du dîner, qui est long, elle lutte visiblement contre l'angoisse hystérique[22]. » L'ambassadeur ajoute que, sans aucun doute, la tragédie familiale que constitue la santé du tsarévitch ne cesse de torturer l'esprit de sa mère. Poincaré redoute que ce drame permanent trouble aussi le jugement du tsar sur la gravité de la situation. Le lendemain, le Français reçoit l'ambassadeur d'Autriche-Hongrie. Le ton de Poincaré est conciliant :

— Avec un peu de bonne volonté, cette affaire serbe est facile à régler. Mais facilement aussi, elle s'envenimerait. La Serbie a des amis très chauds dans le peuple russe. Et la Russie a une alliée, la France. Que de complications à craindre !

Le représentant de François-Joseph, le comte Szápáry, ne dit rien. Son visage semble figé dans le marbre. À Maurice Paléologue, Raymond Poincaré confie, quelques instants plus tard :

— Je n'ai pas bonne impression de cet entretien. L'ambassadeur avait manifestement la consigne de se taire. L'Autriche nous prépare un coup de théâtre !

Nicolas II est trop optimiste, Guillaume II trop imprévisible, François-Joseph trop humilié et George V trop absent. Seul Poincaré mesure l'ensemble des risques. Or, au même moment, à Londres, l'émotion gagne les autorités britanniques, jusque-là très réservées. Le roi George V avait affirmé à Guillaume II qu'il n'y aurait jamais de conflit entre eux. Pas entre cousins ! Mais son secrétaire d'État au Foreign Office, lord Edward Grey, informé des intentions de François-Joseph d'adresser un ultimatum imminent à la Serbie, prie l'ambassadeur allemand, le prince Lichnowski, pacifiste convaincu, de faire intervenir Guillaume II pour que l'Autriche-Hongrie ne commette pas l'irréparable. Réponse furieuse de Guillaume II, mécontent qu'on ose s'adresser directement à son gouvernement :

— C'est bien la façon britannique de donner des ordres sur un ton raisonneur et condescendant !

En pleine nuit, on se borne à apprendre que Raymond Poincaré étant en mer, on attendra qu'il ait regagné la France pour que l'ultimatum soit envoyé à Belgrade. Le compte à rebours fatal a commencé. Qui pourrait l'arrêter ?

23 juillet 1914 :
François-Joseph adresse un ultimatum à la Serbie

Quatre jours plus tôt, l'empereur en a fait étudier le texte en Conseil des ministres. Il l'a approuvé le 19. Le comte Berchtold, chargé des Affaires étrangères, écrira dans ses *Mémoires* l'impression que le vieux souverain lui a laissée dans cette heure dramatique : « L'empereur était pleinement conscient de la profonde gravité, je dirais même du tragique de cet instant historique… Si difficile qu'il lui ait peut-être été de prendre une décision dont il ne pouvait douter qu'elle serait lourde de conséquences, il l'a prise digne et serein et a donné, sans hésiter, l'ordre d'exécution. »

Si François-Joseph se montre aussi inflexible, c'est en raison des premiers résultats de l'enquête, peu satisfaisants, et des réactions irritantes de Belgrade. Trois jours après l'attentat, la police austro-hongroise a arrêté un des conspirateurs, Danilo Ilić, nationaliste serbe infiltré dans les milieux bosniaques. Pour Vienne, ce n'était pas une surprise. En revanche, que le gouvernement serbe, qui avait annoncé un deuil officiel de huit semaines, l'ait réduit à huit jours est une insulte. Et que la population, excitée par la presse, se déchaîne contre les Habsbourg est intolérable. Cette façon de célébrer la mort de François-Ferdinand est indécente. La mollesse des enquêteurs est aussi inadmissible. Pourtant, aucune preuve tangible d'une implication réelle de la Serbie n'est rapportée. Pour le vieil empereur, l'absence de zèle et de résultats aggrave l'odieux assassinat de son héritier.

Que dit ce tristement fameux ultimatum envoyé ce samedi 23 juillet, rédigé en français ? En résumé, il s'agit de deux documents, une note diplomatique et l'ultimatum proprement dit, l'ensemble étant adressé à Belgrade, mais en même temps à Berlin, à Saint-Pétersbourg, Paris, Londres et Rome. Autrement dit, la réaction de François-Joseph concerne toute l'Europe. C'est une première gravité. La deuxième est que Vienne donne quarante-huit heures à la Serbie pour répondre. Quarante-huit heures, pas une de plus… malgré une demande russe de prolongation, qui reste sans réponse. Vienne exige que la Serbie châtie sévèrement tous ses ressortissants qui se sont livrés à une propagande antiautrichienne, et – ce qui est le plus délicat – que la police autrichienne et d'autres organismes impériaux collaborent avec la police serbe pour rechercher tous les complices des coupables.

Lundi, 25 juillet, François-Joseph, toujours à Bad Ischl, veille à ne pas modifier son programme. À la Kaiservilla, la fontaine de marbre blanc déverse, depuis trente ans, l'eau captée sous les glaciers. Dans la salle des trophées où il avait accueilli le roi Édouard VII et l'impératrice Eugénie, le souverain reçoit à déjeuner, comme prévu, le prince Ernst-August II de Hanovre, duc de Cumberland, et son épouse Thyra, princesse de Danemark, dont le fils Ernest a épousé Victoria-Louise, fille de Guillaume II. Un autre exemple de mélange dynastique. L'entourage de l'empereur observe qu'il est tout de même un peu « distrait ». Pendant ce temps, son ministre des Affaires étrangères, le comte Berchtold, a sauté dans le premier train reliant Vienne à Bad Ischl. Dans l'après-midi, les réactions à l'envoi de l'ultimatum commencent à être supposées. Le pire est sérieusement envisagé. Mais pas partout.

Le chancelier allemand :

— Le tsar ne peut accorder son soutien à des régicides.

Le secrétaire d'État au Foreign Office :

— Le ton et le délai de l'ultimatum sont déplorables.

Guillaume II :

— Une conférence internationale avec l'Allemagne, l'Angleterre, l'Italie et la France ? Superflu !

Et à son chancelier qui lui présente sa démission – qu'il refuse –, le Kaiser hurle :

— Vous m'avez préparé ce bouillon, vous le boirez !

Le ministre russe des Affaires étrangères, Sazonov, à l'ambassadeur d'Autriche-Hongrie auprès du tsar :

— Vous voulez la guerre !

L'ambassadeur allemand à Paris, Wilhelm von Schoen, fait savoir au Quai d'Orsay – où un intérim des Affaires étrangères est assuré en l'absence de Raymond Poincaré – que seules Vienne et Belgrade sont en querelle. Il n'est pas question d'alliances, donc d'interventions étrangères.

Bad Ischl, milieu d'après-midi. La jaune Kaiservilla néo-classique est dorée sous le soleil. Enfin arrivé, le comte Berchtold trouve l'empereur « préoccupé et agité ». L'attente, insupportable, aurait-elle eu raison de sa résistance nerveuse ? A-t-il déjà reçu la réponse de Belgrade par télégraphe ? Et quelle est-elle ? Oui, il l'a reçue, exactement à 17 h 50, soit dix minutes avant l'expiration du délai. Et elle est aussi conciliante que possible : la Serbie accepte la quasi-unanimité des exigences de François-Joseph. Sauf une : la présence de policiers et d'agents autrichiens pour enquêter en Serbie, ce que Belgrade considère comme une ingérence dans ses affaires intérieures. Les réserves formulées par Belgrade, dans un souci légitime d'indépendance, deviennent, aux yeux de François-Joseph, un refus de coopérer. Une condition, une seule condition... Est-ce assez pour sauver la paix ? Est-ce suffisant pour déclencher une guerre ? Ce sera d'abord une guerre de dépêches secrètes, de mots ambigus, de fausses puis vraies nouvelles dans les journaux, d'attitudes qui vont osciller entre la détermination, l'hésitation, l'inquiétude et la résignation, sincère ou feinte. Pour François-Joseph et ses ministres, la réponse est insuffisante et le refus d'admettre des policiers et enquêteurs choisis par Vienne est suspect. Et si c'était sur une intervention russe ? Le doute plane...

On sait aujourd'hui que le ministre russe Sazonov a conseillé à la Serbie d'accepter toutes les demandes de Vienne, à l'exception de celles nuisant à l'indépendance serbe. Pourquoi ? Si la Serbie refuse la présence d'enquêteurs autrichiens, civils et militaires, ce n'est pas seulement par orgueil national. C'est une restriction très adroite qui paraît accessoire alors que Belgrade donne l'impression d'avoir accepté l'essentiel. En réalité, le gouvernement de Nikola Pašić était parfaitement au courant du projet d'assassinat de l'archiduc héritier. Deux officiers serbes ont techniquement organisé le recrutement, l'entraînement, l'armement et le voyage de trois conspirateurs serbes, dont Princip. Au-dessus de ces deux officiers se trouvait le redoutable chef des services de renseignement militaire serbes, mais aussi membre fondateur de La Main noire, le colonel Dragutin Dimitrijević, un chauve massif bien surnommé « Apis » (qui avait déjà trempé, en 1903, dans l'assassinat shakespearien d'Alexandre Ier, le dernier des Obrenović). Le gouvernement en était informé, puisque des documents du Premier ministre Nikola Pašić le prouvent. Mais il semble que si le chef du gouvernement serbe était, dans l'ensemble, en accord avec le rêve d'Apis de former un royaume yougoslave, il se soit opposé à la mise en œuvre de l'attentat, redoutant la réaction de Vienne. Il donna donc l'ordre d'arrêter Princip et ses deux premiers complices à la frontière austro-serbe, mais son cabinet était aussi désordonné que sa barbe et il fut trahi. Apis était le plus fort. Il est peu vraisemblable – mais toujours possible, en raison de son état de santé et de son âge – que le roi Pierre Ier n'ait rien su du complot[23].

En début de soirée, les relations diplomatiques sont rompues avec la Serbie et l'ambassadeur autrichien quitte Belgrade en courant comme un voleur, selon les témoins, jusqu'à la gare. Il ne sera tranquille qu'à la frontière, mais ce départ du baron Giesl n'est ni glorieux ni cohérent. L'empereur signe un décret de mobilisation partielle (huit corps d'armée), ce qui est conforme au plan arrêté par l'état-major. Pour François-Joseph, plus vite l'affaire sera réglée par une opération militaire en Serbie, moins il y aura de risques d'extension des hostilités. Un règlement de comptes régional. Est-ce réaliste ?

À cause de François-Joseph, Pierre Ier de Serbie sort de sa retraite

26 juillet. Le roi de Suède, Gustave V, 56 ans, est très déçu que la visite du président Poincaré et du président du Conseil français en Scandinavie, au retour de Russie, soit annulée. Champion de tennis (il joue sous le pseudonyme de M. G.), le souverain déplore que le sport ne calme pas les crises politiques. La neutralité nordique est évidemment reposante. Alors qu'on attend l'ultime décision de Vienne, les bonnes manières conservent encore leurs droits, car la mobilisation n'est toujours pas la guerre. François-Joseph est informé d'un problème à la fois mondain et diplomatique : ce 26 juillet, le maréchal serbe Radomir Putnik, 67 ans, héros des guerres serbo-ottomanes de la fin du siècle dernier et de la victoire serbe contre la Bulgarie un an plus tôt, soigne ses rhumatismes dans une des réputées villes d'eaux hongroises. Très fâcheux hasard ! À Budapest, on envisage immédiatement de le prendre en otage ! L'empereur, gentilhomme, heurté par ces manières de soudards, le fait libérer, puis raccompagner à la frontière serbe avec les honneurs dus à son rang ! On se conduit bien avant de s'étriper.

27 juillet. François-Joseph fait remettre par télégramme une note à Belgrade, destinée au ministère serbe des Affaires étrangères : « Le gouvernement royal de Serbie n'ayant pas répondu d'une manière satisfaisante à la note remise précédemment, par le ministre d'Autriche-Hongrie à Belgrade à la date du 23 juillet 1914, le gouvernement impérial et royal se trouve dans la nécessité de pourvoir lui-même à la sauvegarde de ses droits et intérêts et de recourir, à cet

effet, à la force des armes. L'Autriche-Hongrie se considère donc de ce moment en état de guerre avec la Serbie. » La guerre ! Nikola Pašić, chef du gouvernement serbe, dit : « Notre cause est juste. Dieu nous donnera la victoire. » Il se rassure, mais, souligne Jean-Christophe Buisson, il est « conscient que les deux guerres balkaniques ont laissé son armée épuisée[24] ».

Le prince héritier Alexandre, qui exerce la fonction de régent, lance une proclamation à son armée : « Soldats, il n'y a pas de devoir plus sacré au monde que celui de défendre son foyer, les vieillards et les faibles. Espérant donc dans la grâce de la Providence et dans notre droit, marchons en avant, convaincus que nous aurons la victoire qui ornera nos drapeaux de nouveaux lauriers[25]. » Le vieux roi Pierre Ier, furieux, sort de ses appartements, renvoie ses médecins affolés qui le supplient de se reposer. Se reposer en un tel moment ? Jamais ! Il monte à cheval et part pour déchaîner l'enthousiasme de ses troupes.

— La parole n'est plus aux médecins, elle est aux canonniers ! hurle-t-il, déjà au galop.

François-Joseph, toujours à Bad Ischl, peut-il encore espérer que cette guerre restera limitée aux deux monarchies ? Il en a tant perdu… Solferino, Magenta, Sadowa… Dans sa résidence de la Villa Giusti, Victor-Emmanuel III est réticent. Certes, la Triplice engage le roi d'Italie, mais pour récupérer Trieste et Trente, le prix n'est-il pas trop élevé ? À Londres, George V est interrompu dans le classement méticuleux de sa collection de timbres. La guerre ? Ce n'est pas possible ! Que le cabinet cherche à éviter le conflit par tous les moyens. C'est sûrement ce qu'aurait recommandé la reine Victoria en usant d'une de ses trois prérogatives, celle de la « mise en garde ». C'est ce qu'aurait aussi recommandé même Édouard VII qui, en dépit de ses interventions peu constitutionnelles, était trop fin connaisseur des Balkans pour ne pas comprendre que cette haine austro-serbe est, en réalité, un engrenage.

28 juillet, 10 heures du matin. À Berlin, Guillaume II, en colère, apprend qu'un journal annonce la mobilisation allemande, ce qui est faux. Le Kaiser fait savoir à François-Joseph, par une note de sa main, que « tout motif de guerre s'est évanoui, mais qu'une garantie que les promesses seront tenues est incontestablement nécessaire ». Malheureusement, c'est trop tard. Il insiste, hypocritement, sur un résultat « qui pourrait être obtenu par une occupation temporaire de la Serbie », ce qui n'est pas l'objectif de Vienne. Et dire qu'il y a encore vingt-quatre heures, François-Joseph remarquait que la mobilisation n'est pas la guerre ! Il avait insisté sur cette nuance. Pour s'en persuader ? À Bucarest, le roi Carol Ier, qui a toujours désapprouvé l'attitude de Vienne à l'encontre de la Serbie, se sent paralysé : la Constitution ne lui permet pas de prendre seul la décision d'entrer en guerre. En Russie, Nicolas II échange d'innombrables dépêches avec Guillaume II. « J'espère, écrit le Kaiser avec confiance, que tu m'aideras dans mes efforts pour aplanir les difficultés qui peuvent encore surgir. Ton ami et cousin sincère et dévoué. Willy. » Réponse du tsar : « Dans ce moment très grave, je t'appelle à l'aide. Une guerre ignoble a été déclarée à un pays faible. En Russie, l'indignation est énorme et je la partage. Je prévois que je vais être bientôt dépassé par la pression exercée sur moi et que je serai forcé de prendre des mesures extrêmes qui conduiront à la guerre... Je te demande, au nom de notre vieille amitié, de faire tout ce que tu peux pour arrêter tes alliés avant qu'ils n'aillent trop loin. Nicky. » Pour Guillaume II, le tsar est un faible ou un fourbe, il ne sait, mais il n'a pas confiance en lui. Au palais de Peterhof, où la famille impériale achève de dîner en silence, la tsarine Alexandra, exaspérée, hors d'elle, supplie son mari d'arrêter cette machine infernale bourrée de mensonges, de prétentions, de faux problèmes, de prétextes. Et Raspoutine qui n'est pas là pour répandre sa sagesse bienfaitrice !

Bad Ischl, Kaiservilla, 28 juillet 1914 :
François-Joseph face à l'histoire

D'intenses et secrètes négociations, propositions, recommandations et mesures circulent entre les chancelleries et les cabinets des monarques. Leurs gouvernements se jaugent, les caractères se défient. Et se révèlent. À Londres, George V suggère une médiation avec le concours de la France et de la Grande-Bretagne. C'est, en fait, le souhait de rester en dehors du conflit. À Berlin, l'amiral Tirpitz n'y croit pas. Une neutralité britannique ? Allons donc, Sire !

— J'ai la parole d'un roi, cela me suffit ! réplique le Kaiser.

Il faut remarquer qu'à ce moment, la responsabilité supposée de la Serbie dans l'attentat de Sarajevo n'est plus la question essentielle. Après plus de trois semaines de confusions et de menaces, c'est la responsabilité du déclenchement des hostilités qui l'emporte dans les états-majors. À 11 heures du matin, François-Joseph est assis à son bureau, simple, comme lui. Face à l'empereur d'Autriche et roi de Hongrie, le buste de Sissi. Elle est là, comme si elle ne voyageait plus. Des papiers, des plumes d'oie, une pendule, une lampe. Derrière le souverain, le canapé de ses siestes. La pièce est en angle, à l'extrémité de l'aile orientale de la villa impériale (Kaiservilla), qui ne comporte qu'un étage. Chaque matin, à son réveil qui défie l'aube, François-Joseph compulse son baromètre, fixé sur le balcon à l'extérieur. Depuis plus de cinquante années, ici, c'est une habitude d'ordre, une manie, une précaution qui devrait avoir la vertu d'éliminer toute surprise. Quel temps allait-il faire ? Ici et dans les Balkans ?

Ce matin, il signe l'ordre de mobilisation des armées austro-hongroises. À 84 ans, le monarque sait-il que « l'orage balkanique » annoncé par son épouse vingt-quatre ans plus tôt ne sera pas qu'un orage, mais un interminable cyclone qui dévastera l'Europe, brisera la plupart des Couronnes, saignera les peuples et modifiera définitivement le monde ? Le baromètre diplomatique était-il fiable ? Détraqué ? Au fond, sans le savoir, François-Ferdinand avait appliqué, par anticipation, tant dans sa vie privée que dans sa vie publique, la célèbre remarque du vieux prince de Salina dans *Le Guépard* : « Il faut que tout change pour que rien ne change. »

Le paradoxe tragique est que la mort de l'archiduc François-Ferdinand, qui avait réarmé l'Autriche pour la rendre plus forte dans le seul dessein de préserver la paix, allait entraîner le cataclysme qu'il avait tant redouté.

Ce même jour, à Paris, Henriette Caillaux est acquittée de son crime, présenté par son avocat comme passionnel. À l'annonce du verdict, de petites manifestations agitent les étudiants entre les partisans et adversaires politiques pour lesquels Mme Caillaux est, selon le point de vue, soit une victime, soit une héroïne. Or, en dehors de ces échauffourées, la nouvelle est passée, cette fois, presque inaperçue. L'opinion craint – ou espère – la guerre. Mais le scandale gouvernemental est tel que la décision du jury des Assises oblige Joseph Caillaux à démissionner. C'est le seul soulagement de la journée pour Raymond Poincaré.

3

Alliées ? Ennemies ? Neutres ?

Les monarchies face à la guerre 1914-1916

Qui a mis en route l'engrenage infernal ? Les alliances, souvent conclues dans la seconde moitié du siècle précédent, reflètent les rivalités entre les grands États européens – jusque dans les conquêtes coloniales – autant qu'elles affichent des soutiens. Empereurs et rois, s'estimant tenus par leurs engagements qui doivent aussi les protéger, n'osent pas s'y soustraire. En principe. Leurs gouvernements, leurs diplomates ont souvent une vision différente de celle des états-majors, ce qui ajoute à la complexité de la situation. Une cascade d'intimidations, de démonstrations de force ou de faiblesse, de malentendus spontanés ou organisés, de bonnes volontés vraies et fausses, de contradictions, d'ignorances et de suppositions ont suivi l'attentat de Sarajevo. « En même temps, la guerre n'est pas inévitable. Mais un certain nombre de hasards, de maladresses, de mauvaises estimations de la part des dirigeants vont s'additionner et conduire au conflit[1] », souligne Michel Winock.

Guillaume II et François-Joseph commettent la même erreur : ils estiment que la Russie n'osera pas se lancer dans une guerre, car il y a à peine dix ans, en 1904, le conflit contre le Japon s'est achevé en désastre et a servi de prétexte à la révolution, finalement avortée, de 1905. Une sévère alerte. Depuis, même si les progrès économiques sont réels – la visite de Raymond Poincaré atteste la confiance renouvelée de la France –, le tsar a plus intérêt à sauver la paix qu'à prendre les armes. En effet, son Empire, qui dispose d'une excellente armée, est, en fait, handicapé par deux réalités : l'une structurelle, l'immensité géographique (40 fois la France) posant d'insolubles problèmes logistiques malgré le chemin de fer transsibérien, et l'autre conjoncturelle, une expansion étant trop fragile pour affronter une guerre. La Russie aurait besoin de vingt ans de paix pour être réellement solide. Mais ce serait oublier que si François-Joseph attaque la Serbie, c'est parce qu'il est obligé de se maintenir dans les Balkans et les pays danubiens puisqu'il ne peut plus intervenir au nord et à l'ouest de l'Europe centrale. Or, selon Nicolas II, la progression austro-hongroise balkanique ne peut que menacer la Russie, laquelle doit soutenir la Serbie orthodoxe par solidarité avec les Slaves du Sud. Entre Bucarest, Belgrade et Corfou, il n'y a pas de place pour deux empires. Qui va céder ? Les nationalismes sont à vif. François-Joseph a signé l'ordre fatal contre la Serbie en sachant que l'Allemagne est solidaire de sa décision. C'était déjà dépasser le cadre balkanique du conflit. Paradoxalement, il avait fallu beaucoup de sagesse (et un peu de chance !) aux chefs d'État lancés dans les deux guerres balkaniques précédentes pour les limiter à une zone sud-européenne.

28-31 juillet 1914 :
duels télégraphiques entre deux empereurs

De son côté, Nicolas II n'a cessé d'espérer que Guillaume II apaiserait l'empereur d'Autriche. Le Kaiser affirme, dans une dépêche à Nicolas II, que le tsar, en mobilisant partiellement, portera la responsabilité de la guerre ou de la paix. « Personne ne menace l'honneur et la puissance de la Russie. » Et, le lendemain, sur un ton plus personnel : « La paix peut encore être sauvée par toi si tu consens à arrêter les préparatifs militaires menaçant l'Allemagne et l'Autriche-Hongrie. » Or, Guillaume II, depuis le 24 juillet, a fait préparer secrètement, par le chancelier Bethmann Hollweg, un ultimatum… à la Russie ! Ce document n'a cessé d'être annoté et raturé. Un concours de mensonges, de défis où la sagesse d'un seul pourrait bloquer l'engrenage. En mobilisant partiellement, Nicolas II s'attire les critiques du Kaiser qui l'avertit : « Alors l'action médiatrice que tu m'as confiée devient inutile. » Nicolas II maintient sa mobilisation partielle. Le souverain Romanov compte toujours – il faut le dire – sur le Hohenzollern pour être le messager de la paix entre Vienne et Belgrade. Trop tard : le 29 juillet, l'artillerie austro-hongroise bombarde la capitale serbe. Près de sept cent mille hommes avancent vers Belgrade. Ils sont Bosniaques, Slovènes, Croates. En guerre contre les Serbes[2]. Les autorités, craignant que la « ville blanche » ne soit vite prise, se replient à Nis, au sud.

Cependant, la mobilisation russe continue, elle est générale dans la nuit du 30 juillet. À Berlin, Guillaume II l'apprend de son ambassadeur le 31 juillet. Il est consterné, extrêmement atteint. Son état-major doit presque le pousser dans ses derniers retranchements pour qu'il accepte de décréter l'état de « danger de guerre », ordre qui sera transmis à l'armée. C'est le premier stade de la mobilisation. Cette décision est apparemment très bien acceptée par la population. Dès lors, le mécanisme de la machine infernale est enclenché. Le 1er août 1914, le gouvernement russe refuse d'annuler l'ordre de mobilisation.

Ce même soir, sur les bords nacrés de la Baltique, la famille impériale russe achève de dîner dans la salle à manger privée du palais de Peterhof. En silence. Nicolas II se demande si le Kaiser osera lui adresser un ultimatum. Soudain, le ministre de la Cour demande audience au tsar. D'extrême urgence. Nicolas II sort et revient pâle, le visage défait. Guillaume II a osé ! À l'impératrice Alexandra et à ses enfants, il dit, d'un ton à la fois incrédule et catastrophé :

— C'est arrivé quand même ! L'Allemagne nous déclare la guerre !

Un témoin de la Garde impériale, le général Spiridovitch, écrira : « La tsarine faisait des efforts inouïs pour ne pas éclater en sanglots. La grande-duchesse Olga avait les yeux pleins de larmes. »

Le recul de l'histoire nous rappelle le rôle non maîtrisable et terrifiant des alliances, car l'Allemagne et la Russie n'étaient opposées par aucun conflit direct. Alexandra est pétrifiée. Elle se déchaîne contre Nicolas II, lui serinant que le cher Raspoutine a prédit que la guerre serait la fin de la Russie et qu'elle serait « toute noyée de sang ». Comble de malchance, le guérisseur n'est pas là, mais en Sibérie où il reprend des forces après avoir été victime d'un nouvel attentat. Mais, on ne sait comment, il reste informé des événements. Raspoutine envoie, lui aussi, des télégrammes au tsar, sous forme de prédictions, annonçant la tempête dévastatrice que sera la guerre : « Un nuage terrifiant couvre la Russie, malheur et chagrin immenses, nuit sans éclaircie sur une mer de larmes sans bornes. » Pour le mentor-médium de l'impératrice, c'est une évidence ; dès 1908, dès l'annexion de la Bosnie-Herzégovine par François-Joseph, il avait dit : « Les Balkans ne valent pas une guerre. » On sait aujourd'hui que le tsar a mobilisé à la suite de la parution d'une annonce dans un journal allemand, *Der Lokal-Anzeiger*, de la mobilisation allemande. Le 30 juillet, c'était faux ! On ne déterminera jamais exactement qui a propagé cette fausse nouvelle, en tout cas prématurée : Guillaume II lui-même ou un membre zélé de la chancellerie ? Dans le climat de surenchère entre les deux souverains se défiant, c'est la dernière étincelle avant l'explosion. La guerre est ordonnée sur un mensonge !

Nicolas II et sa famille regagnent Saint-Pétersbourg, tôt le lendemain matin. Alexandra a prié toute la nuit, particulièrement inquiète pour son fils qu'elle n'imagine pas pouvoir survivre au chaos. Elle en veut au tsar : sa mobilisation partielle ne pouvait qu'exaspérer Guillaume II et le pousser à être agressif, ce qui n'était guère difficile ! Le Kaiser a donné douze heures à Nicolas II pour démobiliser. Trop tard. Alexandra a raison : l'entrée en guerre de la Russie lui confère un rôle écrasant qui peut l'emporter, mais personne ne veut y croire. Au Palais d'hiver, dans l'immense galerie Saint-Georges, la Cour et le corps diplomatique, en costumes d'apparat, accueillent le couple souverain. Émotion, vénération, religion. L'icône miraculeuse de la Vierge de Kazan a été disposée sur un autel. C'est elle que le général Koutouzov, en 1812, avait appelée à l'aide pour sauver la Russie de l'invasion napoléonienne. Cent deux ans plus tard, le miracle se reproduira-t-il ? Un *Te Deum* est célébré. Les personnalités remarquent la ferveur mystique du tsar, mais s'inquiètent de l'apparence d'Alexandra. L'ambassadeur de France, Maurice Paléologue, la décrit : « Le buste raide, la tête haute, les lèvres violacées, le regard fixe, les prunelles vitreuses. Par instants, elle ferme les yeux et sa face livide fait alors penser au masque d'une morte. » On entend la voix grave d'un haut dignitaire religieux qui lit la déclaration de guerre signée par le tsar. Les hostilités seront sous le signe de Dieu. Puis, la voix de Nicolas II se veut ferme. Curieusement, il place l'engagement de son pays sur le thème de la défense de la terre russe, menacée, selon lui, d'une invasion :

— Je déclare ici que je ne signerai pas la paix avant que le dernier ennemi n'ait quitté notre sol.

L'esprit de 1812. Mais n'est-ce pas une grave erreur ? Amplifier le contentieux austro-serbe en conflit européen n'est-il pas une folie ? La foule hurle : « Dieu protège le Tsar ! », et les officiers jettent leurs casquettes en l'air. Le grand-duc Nicolas, ce géant généralissime des armées impériales, crie : « Vive la France ! » Déjà, la Russie sait qu'elle aura besoin d'aide. La tsarine est affolée. En robe blanche, les yeux humides, les joues marbrées de taches rouges, elle est impressionnante. Tétanisée, elle parvient à s'avancer avec Nicolas II jusqu'au balcon donnant sur l'immense place. Près de dix mille personnes acclament les souverains. Pour Nicolas II, voici enfin, après tant d'échecs et de fautes, l'union du peuple russe avec la dynastie. L'atmosphère est incroyable, car en moins d'une heure, la Russie des grèves du prolétariat, des émeutes, des mutineries et des anarchistes semble dissoute dans une union sacrée. Le député d'extrême gauche Kerenski note que le peuple approuve la guerre, que cette guerre « est la sienne ». Avec un objectif : vaincre l'Allemagne. Sarajevo, l'affaire austro-serbe semblent très loin ; le contentieux a pris une dimension anormale, à un point tel qu'on en oublie son origine immédiate, bien loin de Berlin et de Saint-Pétersbourg. La Russie est impatiente. Et presque unie, mais avec des raisons et des espoirs différents. Ainsi Lénine espère-t-il un désastre militaire qui seul favorisera la révolution.

Autre palais, autre balcon. Du « château de Berlin », le Kaiser s'adresse à la foule électrisée. C'est la même hystérie qu'à Saint-Pétersbourg : il n'y a plus, officiellement, de clans politiques, d'opposants, de désaccords. Et Guillaume II trouve une formule digne d'entrer dans l'histoire :

— Je ne connais plus de partis. Je ne connais que des Allemands.

Il est ardent, exalté, conquérant, l'incarnation renouvelée des « rois-conquérants » de Prusse dans le souvenir du grand Frédéric II. Le Kaiser n'attendait que ce moment, même s'il ne cessera de répéter, plus tard, devant des millions de tombes : « Je n'ai pas voulu cela ! » Trop tard encore : le dimanche 2 août, une édition spéciale du *Berliner Morgenpost* appelle les Allemands aux armes. On ne sait pas encore qu'à Paris, peu après 21 h 30, le député socialiste Jean Jaurès, orateur prestigieux, qui finissait de dîner au Café du Croissant, est assassiné par un patriote déséquilibré. Jaurès luttait contre la guerre et se battait pour la réconciliation franco-allemande. Il est la première victime française d'une guerre où la France n'est pas encore impliquée.

Buckingham Palace, 1er août, 1 h 30 du matin : on réveille George V !

Parallèlement aux innombrables échanges de dépêches avec son cousin Nicolas II, pour tenter d'éviter la guerre, Guillaume II voulait tester les intentions britanniques. Le Royaume-Uni est une grande préoccupation pour lui. Il est dans une relation d'admiration et de jalousie avec ce pays à qui l'attachent tant de liens de famille, sa grand-mère Victoria et sa propre mère. L'Empire britannique est un modèle qu'il tente d'égaler, voire de surpasser. Il est presque certain que son cousin le roi George V ne souhaite, en aucun cas, se mêler du conflit qui oppose l'Autriche à la Serbie. Cette affaire balkanique ne concerne ni n'intéresse Albion. Or, le 30 juillet, le secrétaire d'État au Foreign Office, lord Edward Grey, prévient l'ambassadeur d'Allemagne à Londres que si le conflit se limite à l'Autriche, à la Serbie et à la Russie, l'Angleterre ne bougera pas. Mais si l'Allemagne et la France s'engageaient, la Couronne britannique se rangerait du côté de l'Entente avec Paris et Saint-Pétersbourg. Transmise à Berlin, cette menace plonge le Kaiser dans une de ses colères mémorables. Il traite les diplomates de « crapules et de minables boutiquiers » ! En fait, la situation est beaucoup plus complexe. Grey hésite. Sa démarche est intellectuelle : il imagine même que, « en cas de guerre russo-allemande, les armées française et allemande puissent rester face à face sans passer à l'offensive » ! Une vue de l'esprit ! Combien de temps cela pourrait-il durer ? Cette volonté de lord Grey privilégiant la neutralité britannique va encore plus loin : il soumet le pauvre ambassadeur de France à Londres, en poste depuis 1898, Paul Cambon, à une véritable torture, lui laissant entendre qu'en aucun cas la Grande-Bretagne n'entrera en guerre pour une question balkanique. Le ministre de George V est profondément perturbé et ne peut imaginer qu'une petite guerre balkanique comme il y en a déjà eu tant puisse se transformer en conflit impliquant tout le continent européen.

L'annonce, tard dans la nuit du 31 juillet au 1er août, que l'Allemagne, à la suite de la mobilisation russe du 30, a déclaré l'état de « danger de guerre » et va donc mobiliser plonge le cabinet britannique dans la panique, au point que le Premier ministre Herbert Asquith – il l'est depuis 1908 – se précipite, en jaquette, à 1 heure du matin, à Buckingham Palace et prie le secrétaire particulier puis le valet de chambre personnel de George V de faire réveiller le roi. Ce dernier apparaît, les paupières plus lourdes que d'habitude, visiblement perturbé par ce réveil nocturne, le regard sans doute incrédule vers les cadrans des horloges et pendules qu'il veille toujours à avancer afin de ne pas être en retard… « Le pauvre roi fut tiré du lit et ce fut l'une des plus étranges expériences (même si, comme vous savez, j'en ai vu bien d'autres) que de me retrouver ainsi à ses côtés, lui vêtu d'une robe de chambre marron, enfilée sur sa chemise de nuit, montrant tous les signes d'avoir été réveillé dans son premier sommeil, et moi lui lisant le message et le texte de la réponse. Il se contenta de suggérer de la rendre plus personnelle et directe, en rajoutant les mots "Mon cher Nicky" et en signant "Georgie"[3] ! » Que dit cette lettre qui se voudrait familiale ? Elle demande au tsar d'arrêter la mobilisation des armées impériales. Ce souhait restera sans effet. C'était bien la peine de réveiller Sa Majesté !

L'ambassadeur de France, atterré de voir le cabinet britannique pencher pour la non-intervention, rappelle à lord Grey que depuis 1912, c'est la Royal Navy qui assure la sécurité maritime de la France dans la Manche et la mer du Nord, la France déployant une escadre en Méditerranée. Et cela, bien sûr, en application de l'Entente cordiale, à laquelle Paul Cambon a beaucoup travaillé, conclue dix ans plus tôt et imposant au Royaume-Uni de faire face à ses obligations. C'est donc un Guillaume II pas du tout fixé sur les intentions britanniques qui déclare la guerre à la Russie le 1er août.

Mobilisations, entrées en guerre, hésitations… et une grande absente

Le dimanche 2 août, sans aucune déclaration de guerre, l'armée allemande franchit la frontière du Grand-Duché de Luxembourg et pénètre en France, près de Longwy, une ville qui avait déjà été assiégée en 1870. Les batteries du fort arrêtent les troupes allemandes. Dès lors, les choses vont se précipiter. Ce même jour, la France, qui, la veille, a déclaré la mobilisation générale, commence à la mettre en route. C'est à ce moment que le gouvernement italien est informé par l'ambassadeur allemand à Rome de l'état de guerre entre l'Allemagne et la Russie. On attend la réponse de Rome dont on ne saurait douter, puisque l'Italie est liée à Berlin et à Vienne par la Triplice. Au soir du 2 août, l'Allemagne adresse à la Belgique un ultimatum lui demandant de laisser passer ses troupes sur son territoire. En contrepartie, Guillaume II s'engage à maintenir l'intégrité et l'indépendance du territoire belge, à l'évacuer à la fin des hostilités et à rembourser tous les dommages qui seraient occasionnés par cette occupation. L'ultimatum est transmis à 7 heures du soir au ministre belge des Affaires étrangères. Il donne douze heures à la Belgique pour répondre. Le roi des Belges, Albert Ier, qui avait déjà convoqué un Conseil des ministres deux jours plus tôt, ne peut qu'être en accord avec son Premier ministre Charles de Broqueville ainsi que l'ensemble du gouvernement : cet ultimatum est inacceptable. La réponse sera un sommet d'élégance et de droiture : « Le gouvernement belge, en acceptant les propositions qui lui sont notifiées, sacrifierait l'honneur de la nation en même temps qu'il trahirait ses devoirs vis-à-vis de l'Europe. » Elle est transmise le 3 août, à 7 heures du matin. La suite est évidente : Berlin déclarera la guerre au royaume d'Albert Ier le lendemain.

Ce même 3 août, à Londres, les choses ont beaucoup évolué et l'ambassadeur de France, le malheureux Paul Cambon, qui vient de vivre des moments atroces, va pouvoir respirer un peu mieux. Et la France avec lui.

Ce même 3 août, le secrétaire d'État Edward Grey fait une déclaration à la Chambre des communes annonçant que la Royal Navy garantira les côtes de France contre la flotte allemande et que le Royaume-Uni, saisi d'un appel du roi des Belges, sauvegardera la neutralité belge. Le Parlement britannique vote immédiatement un budget de 100 millions de livres. Si les choses ont changé, c'est parce que les pacifistes du cabinet de Londres, bien que majoritaires, ont été débordés par la fougue de ceux qui estiment que le Royaume-Uni doit entrer en guerre, à commencer par le Premier lord de l'Amirauté depuis 1911, Winston Churchill. La Belgique et la France savent que, désormais, elles peuvent compter sur le soutien de la Grande-Bretagne. Cela vaut mieux...

Ce même lundi 3 août, en effet, Guillaume II déclare la guerre à la France. Son ambassadeur quitte Paris à 10 heures du soir, par un train spécial. Mais la tension diplomatique se moque désormais des usages. Ainsi, l'impératrice douairière de Russie, Maria Feodorovna, veuve d'Alexandre III et mère du tsar Nicolas II, qui regagnait Saint-Pétersbourg après des vacances chez sa famille danoise, est arrêtée sur le territoire allemand et reconduite à la frontière du Danemark. La courtoisie n'est plus de mise, même entre cousins. L'état de guerre entre la Russie et l'Allemagne gomme les parentés. Nicolas II est furieux.

Le mardi 4 août, le gouvernement britannique adresse à l'Allemagne un ultimatum exigeant qu'elle respecte la neutralité belge. Il est aussitôt rejeté par Berlin. L'impensable est arrivé : les deux petits-fils de la reine Victoria sont en guerre l'un contre l'autre ! Les liens de famille n'ont pas empêché les Balkans de mettre le feu à l'Europe.

Les principaux acteurs de la tragédie sont en place : d'un côté l'Empire russe, le Royaume-Uni et son prolongement l'Empire britannique, la République française, les royaumes de Serbie et de Monténégro. Dans ce dernier cas, le roi Nicolas Ier ne partage pas l'enthousiasme de son peuple pour l'entrée en guerre, car il pressent que si la Serbie est dans le clan des vainqueurs, elle risquerait de fédérer tous les Slaves du Sud, à commencer par son petit royaume, qui disparaîtrait. En face, l'Empire allemand et l'Empire austro-hongrois et, on l'oublie souvent, l'Empire ottoman, un « homme malade » dont l'agonie est à l'origine du réveil des nationalismes dans les Balkans.

Mais il y a quelques absents remarqués, à commencer par le troisième membre de la Triplice, l'Italie, que les accords, signés en 1882 et régulièrement renouvelés jusqu'en 1914, auraient dû, logiquement, faire entrer en guerre auprès des Empires centraux. Et pourtant, dès le 3 août, le roi Victor-Emmanuel III a affirmé la neutralité du royaume italien. François-Ferdinand avait eu raison de soupçonner les Italiens et la maison de Savoie. L'archiduc assassiné à Sarajevo savait que l'Italie avait adhéré à la Triplice notamment pour manifester son hostilité à l'établissement du protectorat français en Tunisie, lequel avait contrecarré les ambitions coloniales italiennes en Libye. Par la suite, l'Italie s'était rapprochée de la France et de la Grande-Bretagne pour mener à bien son annexion de la Tripolitaine. Or, la majorité du peuple italien est pour la neutralité, jugeant qu'elle leur apporterait plus d'avantages, notamment économiques, que les éventuelles acquisitions territoriales comme le Trentin et Trieste. La société italienne souffre de l'absence d'un idéal commun. La partie de l'opinion favorable à l'entrée en guerre a une excellente raison qui est son vieux contentieux avec l'Autriche, l'ennemie du *Risorgimento.* Quant au roi Victor-Emmanuel III, bien qu'il se soit rallié à l'idée de la neutralité, c'est un Savoie et le petit-fils de Victor-Emmanuel II, qui avait forgé l'Unité italienne par la guerre. La gloire militaire est donc un élément fondateur de la monarchie italienne. Le roi pense que son rôle, son autorité et sa légitimité auront tout à gagner d'une participation à un conflit qui risque de modifier l'équilibre européen. Mais entre divers accords conclus avec des États qui sont maintenant en guerre l'un contre l'autre, la situation est paradoxale. Le souverain, dont la vie est si modeste qu'il s'arrange pour traverser Rome sans être reconnu, qui tient son journal quotidiennement comme avant d'accéder au trône, mange peu et vite (mais savoure les recettes monténégrines de son épouse), ne peut que songer, amèrement, aux retournements diplomatiques. Presque dix années plus tôt, le 4 décembre 1904, son fils Umberto, le prince de Piémont, héritier du trône d'Italie, né après les princesses Yolande et Mafalda, avait été baptisé dans la grande salle du Quirinal par le chapelain de la Cour. Outre ses grands-parents, les souverains du Monténégro, l'enfant avait eu deux prestigieux parrains d'honneur, le roi Édouard VII de Grande-Bretagne et l'empereur Guillaume II d'Allemagne, représentés respectivement par le duc de Connaught et le prince Albert de Prusse venus à Rome. Les monarchies étaient en paix. Et maintenant, à cause d'une cascade démentielle d'alliances et d'engagements, la guerre allait opposer leurs pays ! Victor-Emmanuel III se trouve dans une situation inconfortable. Fidèle à sa décision, le souverain ne se mêle pas directement des affaires de l'État. Mais la neutralité de son gouvernement n'est pas une trahison, elle s'explique juridiquement : l'Autriche-Hongrie a déclaré la guerre à la Serbie sans consulter l'Italie, et l'Allemagne a fait de même avec la France. L'Italie ne se sent donc pas concernée et elle n'est pas tenue de suivre les décisions de Vienne et de Berlin. Le royaume de la maison de Savoie est donc neutre. Mais pour combien de temps ?

Des neutralités volontaires aux neutralités forcées

Si la déclaration de neutralité des Pays-Bas, du Danemark, de la Norvège, de la Suède et de la Confédération helvétique, le 9 août 1914, ne surprennent personne puisqu'elles sont absentes de tous les événements ayant engendré la crise, beaucoup plus étonnant est le refus de s'engager des principaux acteurs des guerres balkaniques, la Grèce, la Roumanie et la Bulgarie. Constantin, roi des Hellènes, beau-frère de Guillaume II (il a épousé sa sœur Sophie), déclare immédiatement la neutralité de la Grèce. Il a plusieurs raisons pour justifier son attitude : la Grèce avait beaucoup gagné et lui-même s'était glorieusement comporté dans les deux guerres balkaniques de 1912 et 1913 ; ces conflits avaient néanmoins coûté très cher sur le plan humain, avec des milliers de morts, et sur le plan économique, ce dont ce jeune État, pauvre, n'avait pas besoin. Ce n'est pas le moment de se lancer dans un nouveau conflit. Ce prince danois suit, en cela, l'attitude de tous ses cousins scandinaves. Sa parentèle très proche avec le Kaiser ne le contraint pas. Il n'aime pas Guillaume II qui n'a de passion, voyante, que pour la Grèce antique et ses héros mythologiques comme Achille, mais beaucoup moins pour le récent royaume de Grèce qu'il juge arriéré. Par ailleurs, l'engagement de l'Empire ottoman, l'ennemi juré des Grecs, auprès des Empires centraux, ne peut que conforter son choix. À toutes ces considérations, il convient de mettre un bémol : son Premier ministre, le redoutable Venizélos, politicien réformateur de grande valeur qui ne rêve que d'instituer une République en Grèce, commence à déverser sur l'Entente, et particulièrement la France, des accusations sur la germanophilie de son roi. C'est sans fondement, mais le travail de sape et de désinformation est efficace. Venizélos fait croire que si Constantin Ier est neutre, c'est parce qu'il est intimement lié à l'Allemagne, alors que lui-même est favorable à l'entrée de la Grèce en guerre aux côtés de la Grande-Bretagne et de la France. Le conflit entre les deux hommes est sans pitié.

En Roumanie, Carol Ier se trouve dans une situation extrêmement dramatique. Sa santé s'est encore dégradée ; le cancer dont il est atteint mine ses ultimes forces. La Constitution ne lui permettant pas de prendre seul la décision d'entrer en guerre, il convoque un conseil de la Couronne au château de Peleş qui, après l'achèvement de longs travaux, vient de prendre son aspect actuel. La réunion se tient dans la salle des Conseils, récemment aménagée et dont la décoration, on ne sait pourquoi, est inspirée d'une salle de la mairie de Lucerne, en Suisse centrale. Les sculptures, la marqueterie et les plafonds à caissons confèrent à la pièce une atmosphère sombre et chargée. La séance est orageuse. Les débats sont dirigés par Ion Brătianu, 50 ans, chef du parti libéral comme l'avait été son père qui avait négocié l'indépendance de la Roumanie au Congrès de Berlin en 1878. Le roi, qui est un Hohenzollern-Sigmaringen, souhaite engager son royaume aux côtés de Guillaume II, conformément à un traité secret de 1883 le liant aux Empires centraux. Or le vieux monarque, qui vient de quitter sa chambre où il subit son calvaire, se trouve ainsi en contradiction totale avec la majorité du peuple roumain favorable à une entrée en guerre aux côtés de la Grande-Bretagne et de la France.

« Comme en 1871, des manifestations d'hostilité eurent lieu contre le roi à Bucarest, où la foule chantait *la Marseillaise* sous les murs du palais royal en agitant des drapeaux français[4]. » La princesse Marie soutient ardemment la France, la Grande-Bretagne et la Russie, car elle est une cousine germaine de George V et de Nicolas II. Et son oncle, le roi Édouard VII, le plus francophile des souverains britanniques, lui avait joyeusement vanté son amour de la France… et des Parisiennes ! Carol Ier, physiquement très affaibli, se trouve donc isolé diplomatiquement. Homme d'honneur, il est déchiré entre son engagement, sa famille et la réalité de l'opinion. Seul le ministre Petre Carp, chef du Parti conservateur et germanophile, le soutient. Carol Ier est au bord de l'abdication. Il menace de rendre sa couronne. Pour éviter ce drame supplémentaire qui serait catastrophique, le Conseil propose d'adopter une neutralité provisoire, révisable en fonction des événements. Le roi, péniblement, la mort dans l'âme, ratifie cette décision. Il se sent déshonoré. La tension est insoutenable. Pour ménager le souverain, et bien qu'il ait officiellement apposé sa signature à la déclaration de neutralité de la Roumanie, le ministre Jean Lahovary recommande que ce soit le conseil de la Couronne qui adopte la position neutre et non le roi. Une élégance indispensable. Et en regardant le prince héritier Ferdinand, qui fait face au monarque, il déclare d'une voix calme :

— Nous avons toute confiance dans le patriotisme de Son Altesse royale.

« Paroles très graves qui opposaient directement le neveu à l'oncle[5]. »

Ce conflit met en lumière un problème qui ne se posait pas en temps de paix. Tous les souverains d'Europe centrale et orientale sont d'ascendance germanique. Ils règnent sur des États récents. Sont-ils pour autant devenus Roumains, Bulgares, Grecs ? Entre leur sang et leur pays, quelle est leur nationalité réelle ? Ainsi la guerre est-elle, on le vérifie encore, une souffrance dynastique, un épouvantable dilemme entre la fidélité et la trahison. Bien entendu, la reine Élisabeth, qui est d'abord une poétesse, se met elle-même dans une situation invraisemblable, car elle doit se montrer originale. Alors qu'elle n'aimait que ce qui venait de Grande-Bretagne ou de France, Sa Majesté devient, dans un lyrisme wagnérien échevelé, proallemande ! Sans discrétion ! Elle se proclame *Die Rheintöchter* (« La fille du Rhin ») et, ainsi que le racontera plus tard la reine Marie dans ses *Mémoires,* Carmen Sylva annonce que « le jour de l'Allemagne était arrivé, que l'ère des Teutons commençait. Ils devaient devenir les maîtres du monde, pour le bien de l'humanité ». Son pauvre époux n'a plus l'énergie de lui répondre, comme d'habitude en allemand :

— C'est absurde, Élisabeth !

Ce 3 août 1914, Shakespeare s'est invité au château de Peleş. Et loin d'apaiser les esprits, la neutralité vient de réveiller les fantômes des haines oubliées.

Ferdinand Ier de Bulgarie, le renard de Sofia, fait attendre sa réponse...

Il est le roi de l'intrigue, ne s'estimant jamais lié par sa parole ou sa signature. Parce qu'il avait été trop gourmand à l'issue de la première guerre balkanique s'attribuant trop de territoires convoités par ses alliés, ceux-ci s'étaient retournés contre lui dans la seconde guerre balkanique, en 1913. La Serbie et la Grèce, à laquelle s'était jointe la Roumanie (absente de la première guerre en 1912), l'avaient battu à plate couture. Non seulement il s'était humilié en demandant un armistice puisque ses armées étaient vaincues, mais, par le nouveau traité de Bucarest, la Macédoine, qu'il estimait lui revenir de droit, se trouvait, de nouveau, partagée en trois, entre la Grèce, la Serbie et la Bulgarie. Une autre Pologne. Un an plus tard, à l'été 1914, Ferdinand Ier, l'excentrique tsar des Bulgares, rumine encore une fois sa vengeance. Toujours la même : récupérer toute la Macédoine, alors que pour les autorités d'Athènes, cette région fait partie du patrimoine historique de la Grèce depuis Alexandre le Grand. Capricieux, inconstant et peu fiable, Ferdinand Ier, 53 ans, n'a pas bonne réputation en Europe, aussi bien politiquement que dans sa vie privée. Ces critiques ne sont pas nouvelles puisque, déjà, la reine Victoria le jugeait incapable de régner sur un trône qu'elle jugeait, dans une jolie formule, « peu assuré » avec un tel personnage[6]. Selon Victoria, Ferdinand était peu digne de sa chance, instable et efféminé. *Shocking* ! Elle y voyait un souverain faible portant une couronne trop récente pour ne pas chanceler. Que Ferdinand, né dans une branche cadette des princes de Saxe-Cobourg, préfère la botanique à l'équitation et l'ornithologie à la gymnastique avait fait de lui davantage un prince de salon, mondain, dandy raffolant des festivités du Gotha, fier de représenter sa double ascendance franco-germanique dans les mariages, ce qui lui avait permis de beaucoup voyager, jusqu'au Brésil. Cependant, on aurait tort de sous-estimer son intelligence. Ferdinand a de nombreux dons, celui des langues (il en parle cinq et s'est exprimé très tôt en hongrois et en italien), une curiosité et une compétence reconnues pour les sciences naturelles. Mais à sa réputation d'indolence, peut-être due à son enfance dans un milieu principalement féminin, Ferdinand ajoute un navrant manque de caractère. Il est opportuniste, menteur, versatile et capable de renier sa parole. Aucun gouvernement ne peut compter sur lui. Cela suffirait à le discréditer, mais le mépris dont il est entouré après sa forfaiture dans la seconde guerre balkanique est alourdi par les mystères de sa vie privée, et les rumeurs les plus épicées qui circulent. Depuis le décès de son épouse en 1899, qui lui avait donné quatre enfants en six ans de mariage, mais était morte lors de la naissance de la petite Nadeja, le souverain bulgare ne passe pas pour un veuf inconsolable et il est ostensiblement attiré par les jeunes gens, blonds de préférence. Comme se le permettait feu le roi Louis II de Bavière, bien qu'ayant une audience, il disparaît soudainement avec un gentilhomme de sa suite. Les Cours européennes se gaussent ou se scandalisent de sa probable bisexualité. Guillaume II, entre autres, avait alimenté ces commérages et s'était même, dit-on, permis une claque sur le postérieur de Sa Majesté Ferdinand Ier penché à une fenêtre ! Susceptible, Ferdinand avait exigé des excuses du Kaiser. En fait, le souverain de Bulgarie savait fort bien qu'un chef d'État célibataire suscite d'innombrables ragots et qu'il complique le protocole. Après neuf années de veuvage, Ferdinand Ier s'était donc remarié, par convention, à la princesse Éléonore de Reuss-Köstritz. Le roi étant catholique et la nouvelle reine de confession protestante, la cérémonie avait eu lieu en deux temps, les

28 février et 1er mars 1908. À 46 ans, Ferdinand cherchait une seconde mère pour ses enfants. Elle en avait 47, était peu souriante, dévouée, sincère et de santé fragile. Elle ne devint pas une épouse, elle était une belle-mère attentive et aimée de ses quatre beaux-enfants, politiquement une figurante de haut lignage, capable de colères, en particulier contre la Roumanie qu'elle accusait, comme Ferdinand, d'avoir trahi la Bulgarie ! Un comble ! Et depuis un an, rêvant, elle aussi, d'une revanche contre la monarchie de Bucarest, la sévère reine Éléonore répétait d'une voix cinglante :

— Si nous avions une nouvelle et vraie guerre avec la Roumanie, je serais capable de m'atteler moi-même à un canon !

En ce début d'août 1914, Ferdinand de Bulgarie entrevoit dans le conflit européen une nouvelle chance d'annexer la Macédoine du Nord et du Centre, attribuée à la Serbie, et la Macédoine méridionale, donnée à la Grèce. L'obsession du souverain. Commence alors une période où « Foxy Ferdy », le renard qui s'est pris à son propre piège, donne le meilleur de lui-même, c'est-à-dire qu'il promet tout à tout le monde. Le palais royal de Sofia est le théâtre de tous les compromis. Et rien n'est annoncé, Ferdinand Ier fait monter les enchères. Sera-t-il du côté du Kaiser qui s'était autorisé un geste déplacé ? Sera-t-il du côté des Britanniques ? Ceux-ci espèrent que la princesse Marie de Roumanie, fille du duc d'Édimbourg, saura apaiser le contentieux entre Sofia et Bucarest. Or, comme on l'a vu, nul ne sait qui l'emportera après la décision roumaine de neutralité provisoire. Quant à Nicolas II de Russie, on comprend qu'il ne veuille plus entendre parler de ce traître de Ferdinand ! Celui-ci attend, négocie, tempère, évalue, se met en valeur et ne décide rien. Un marchandage secret. Peu glorieux. Et long. Chaque belligérant se répand en propos peu aimables, comme d'habitude. Le monarque est-il lâche ? Indécis ? Que veut-il exactement ? Il jauge ses possibilités de revanche sur la Macédoine, car il ne peut plus perdre. Peu lui importe le reste. À son idée fixe on peut ajouter, selon Guy Gauthier, une folle ambition : « Depuis longtemps, en effet, le roi de Bulgarie voulait restaurer l'Empire byzantin et coiffer la couronne de Constantinople[7]. » Ce n'est pas avec ce rêve insensé que Ferdinand obtiendra le soutien de Saint-Pétersbourg ni même le pardon de la Russie car, depuis toujours, les tsars surveillent très attentivement les Détroits qui gardent la mer Noire. À Sofia, le monarque fait attendre sa réponse et celle de son gouvernement, satisfait de donner à sa décision une importance que, selon lui, on aurait eu tendance à oublier. On le méprise, mais il tient peut-être sa victoire sur la Macédoine...

Une entrée en guerre inattendue – et souvent oubliée : celle du... Japon !

À environ 10 000 kilomètres de Sarajevo et de ses sinistres implications, en ce mois d'août 1914, l'empire longtemps le plus secret suit attentivement les réactions et engagements occidentaux. Depuis 1912, le cent vingt-troisième empereur du Japon, Yoshihito, incarne « l'ère Meiji », c'est-à-dire le « gouvernement éclairé », inauguré par son père, qui a bouleversé les structures traditionnelles. La guerre russo-japonaise de 1904-1905 avait stupéfié l'Europe à double titre puisque, d'une part, sans aucune déclaration, la flotte japonaise avait torpillé sept bâtiments de Nicolas II en rade de Port-Arthur et, d'autre part, l'écrasante victoire nippone avait révélé que le Japon était la première puissance asiatique. Elle avait aussi gagné une guerre contre la Chine et venait d'annexer la Corée. Face à une modernisation rapide et à une poussée démographique spectaculaire (plus de 50 millions d'habitants avant 1900), l'empire du Soleil-Levant cherche à étendre son influence et a noué des contacts diplomatiques avec l'Europe. Depuis le 30 janvier 1902, l'Angleterre a signé un traité d'alliance avec le

Japon. Si l'assassinat de l'archiduc François-Ferdinand et les déclarations de guerres successives depuis le 1er août suscitent peu d'émotion au Japon, le gouvernement impérial de Tokyo, après une hésitation, voit une possibilité d'intervention qui sera le plus original – et le plus intelligent ! – de tous les engagements dans le conflit. Dès le 8 août, Londres reçoit une proposition d'« action commune » en Extrême-Orient.

Comme son Premier ministre, George V, surpris, se méfie de l'offre japonaise, suspectant des arrière-pensées hégémoniques qui pourraient gêner les intérêts britanniques au-delà de l'Inde. Informé, le tsar Nicolas II, oubliant et la blessure à la tête que lui avait infligée le sabre d'un samouraï lors de son voyage officiel en 1891 et son humiliant contentieux neuf ans plus tôt, soutient l'initiative de Tokyo ; elle permettrait l'ouverture d'un front extrême-oriental dans la région de Vladivostok et la protection du grand port. L'opinion russe s'enthousiasme pour cet appui surprenant et, sous la pression de Saint-Pétersbourg, Londres accepte la participation japonaise à l'Entente. Le 23 août 1914, il est midi à Tokyo. L'empire du Japon, dont le souverain a l'originalité d'être à la fois de droit divin et de respecter une Constitution, déclare la guerre à l'Empire allemand, car il n'a pas reçu de réponse à un ultimatum envoyé le 15 août, exigeant la reddition des bâtiments de guerre armés par Berlin et croisant dans les eaux extrême-orientales. Guillaume II, dit-on, en avait été stupéfait, et la position russe n'avait pas amélioré son sentiment à l'égard de Nicolas II.

Une curiosité ! En réalité, si le Japon entre en guerre aux côtés de l'Entente, c'est sans avoir la moindre intention de se battre en Europe. La Grande-Bretagne, agissant comme mandataire, donne mission au Japon de prendre possession des comptoirs et colonies allemands en Chine et dans le Pacifique, en particulier les îles Mariannes, les îles Marshall et les îles Carolines. Ainsi, la Première Guerre mondiale (désormais, elle porte bien son nom) se déroule-t-elle aussi

– et rapidement – sur le terrain colonial. On aura vite compris que pour Tokyo, il ne s'agit que d'un prétexte afin d'agrandir son territoire insulaire et d'en retirer divers avantages. Et à tous ceux qui aimeraient que le Japon montre sa puissance sur le sol européen, il est répondu qu'il ne s'agit que de maintenir la paix en Extrême-Orient ! Un chef-d'œuvre diplomatique puisque, *a priori*, les risques sont faibles et les gains espérés immenses.

Albert Ier, le courageux roi des Belges, fait face à l'invasion allemande

Dès le 31 juillet, le successeur et neveu de Léopold II, redoutant l'invasion allemande, avait convoqué le Conseil des ministres et décidé, contre l'avis du gouvernement, la mobilisation générale. Le mardi 4 août 1914, à 8 h 02, le territoire belge est violé par les troupes de Guillaume II. Peu avant 10 heures, alors que va débuter une séance au Parlement, les ministres sont informés. Devant les Chambres réunies, le roi Albert Ier fait une déclaration ; ensuite, le baron Charles de Broqueville, chef du gouvernement, annonce officiellement la violation de la neutralité belge. La situation du souverain est très délicate et même pénible. À 39 ans, il est sur le trône depuis un peu moins de cinq années. Apparenté au Kaiser qui vient de se rendre coupable d'une opération odieuse, le roi porte, entre autres, le titre de duc de Saxe ! Son épouse depuis octobre 1900, née duchesse Élisabeth de Wittelsbach en 1876, pourrait être affectée dans son statut de reine par sa parentèle germanique. Mais cette femme délicieuse, musicienne et artiste, n'hésite pas à dire, avec une expression qui prendra, plus tard, un sens également tragique :

— Un rideau de fer est tombé entre moi et ma famille.

Reine des Belges, Élisabeth renie le pays de sa naissance. Qui aurait pu deviner une telle énergie patriotique chez cette femme petite, brune et fine qui, dès son mariage, a transformé sa résidence en foyer de l'effervescence culturelle belge où elle reçoit peintres, musiciens, sculpteurs et écrivains tels Émile Verhaeren et Maurice Maeterlinck. Si Albert Ier est grand, blond, athlétique et d'une belle stature, ils ont les mêmes yeux bleus et la même droiture de caractère. Ils avaient respectivement 23 et 22 ans quand ils étaient tombés amoureux l'un de l'autre dans de tristes circonstances, aux obsèques de la duchesse d'Alençon, tante d'Élisabeth et sœur de Sissi, morte brûlée vive dans l'incendie du Bazar de la Charité à Paris, le 4 mai 1897.

Ce 4 août 1914, la reine se vêt de noir, tandis que le roi est en uniforme. Les souverains époux sont en guerre, malgré eux, pour tenter de défendre le royaume qui voulait demeurer en paix. Très unis, ayant en commun l'amour de la montagne, parents de trois enfants (Léopold, né en 1901, Charles en 1903 et Marie-José née en 1906), Albert et Élisabeth savent qu'une partie de l'Europe les considère comme des princes allemands, et l'on rappelle sournoisement qu'ils se sont mariés à Munich. Le roi lui-même met les choses au point en écrivant : « Je suis Saxe-Cobourg [...], mais je ne saurais oublier que je suis surtout Belge. » Il a souvent prouvé ses qualités de médiateur neutre en arbitrant des conflits internationaux, comme celui qui avait opposé l'Italie à l'Uruguay. Et il n'a cessé d'établir de bonnes relations avec ses voisins en multipliant les voyages à Paris et à Berlin, ce qui ne l'avait pas empêché, par prudence, de porter, par la réforme militaire de 1913, les effectifs de son armée à 350 000 hommes. Face à l'affrontement, Albert Ier a martelé son ambition : « Il faut résister à l'Allemagne et faire appel aux puissances garantes de la Belgique dès que les frontières seront violées. » Avec courage et dignité, le souverain se commet d'office l'avocat de son pays. L'adversité lui confère une légitimité supplémentaire. Mais sa position est compliquée par les opinions parfois réticentes de ses ministres. Que son cabinet l'approuve ou non, le roi s'appuie sur l'article 68 de la Constitution qui stipule : « Le Roi commande les forces de terre et de mer, déclare la guerre, signe les traités de paix, d'alliance et de commerce. » On peut remarquer qu'Albert Ier déplore que, selon lui, certains monarques, par exemple George V et Nicolas II, aient abdiqué une partie de leur pouvoir politique.

Dès le 5 août, le roi, commandant en chef des armées, se rend à Louvain où est installé son quartier général. S'adressant à ses soldats, il leur dit :

— Vous triompherez, car vous êtes la force mise au service du droit.

Résidant, selon les circonstances, chez le bourgmestre, il est accompagné des officiers de sa maison militaire et d'un seul civil, son secrétaire, qui est aussi celui de la reine. Cette dernière, comme la Cour, est restée à Bruxelles à la demande du roi.

La reine Élisabeth, infirmière diplômée, organise des hôpitaux

Au palais royal, Élisabeth retrouve ses activités d'infirmière diplômée. Avant l'âge de 20 ans, elle avait travaillé dans la clinique de son père, le duc Charles-Théodore en Bavière, frère de Sissi, ophtalmologue réputé. Pour la descendante d'une si noble famille, une telle situation n'était pas courante avant 1900. Elle fait aménager un hôpital dans le Palais de Bruxelles, mis à la disposition de la Croix-Rouge, avec une salle d'opérations, treize salles pour les malades et les blessés, totalisant deux cent dix-neuf lits, sous la double direction du chirurgien Antoine Depage et du docteur Le Bœuf, médecin du roi. La reine accueille les premières victimes le 16 août, dès le lendemain de l'attaque allemande sur les forts de Liège. Ceux-ci, une douzaine édifiés en 1890 pour constituer une ceinture à 7 kilomètres du centre de la ville, ont résisté pendant quatre jours, retardant de quatre-vingt-seize heures l'offensive ennemie sur la France.

L'avance allemande menace Bruxelles. Les ambassadeurs de France, du Royaume-Uni et de Russie quittent la capitale. Albert Ier déplace son quartier général et le gouvernement se replie à Anvers. Le 17 août, Élisabeth quitte aussi Bruxelles avec les princes Léopold (13 ans), Charles (11 ans) et Marie-José (8 ans) pour s'installer à Anvers, dans le palais royal, un bâtiment du XVIIIe siècle, peu confortable et assez petit. Lorsqu'elle manifeste l'intention de retourner à Bruxelles, le quartier général le lui déconseille vivement, comme le font ses deux dames d'honneur, la comtesse de Caraman-Chimay et la comtesse Van den Steen de Jehay[8]. Élisabeth obéit, à regrets.

Le 19 août, un ministre plénipotentiaire de France, Antony Klobukowski, est reçu par le roi à 10 h 30. Il informe Sa Majesté que de petites unités françaises, opérant dans le sud de la Belgique, apportent du renfort à l'armée belge, mais sans que les unes et l'autre puissent encore joindre leurs efforts. La liaison sera très difficile à établir. Le 20 août, le roi installe son quartier général à Anvers. À 2 heures, en prenant la décision de faire reculer ses troupes jusqu'aux forts, Albert Ier n'écoute pas les vœux du commandement français qui souhaite défendre Bruxelles. Le roi, initiateur de cette retraite, sauve ses soldats de l'extermination. Le président Poincaré en prend acte en disant : « Sire, vous n'étiez pas en nombre pour supporter le choc des énormes masses qui allaient vous attaquer. » Si Albert Ier n'a pas la réputation d'un stratège – il le reconnaît –, il démontre qu'il en a les qualités, agissant avec calme, en mathématicien et ingénieur ayant eu un long service actif chez les grenadiers. Et il prouve son esprit de commandement. Le 20 août, Bruxelles tombe sans résistance sous l'avancée des troupes du général von Kluck. Celui-ci impose une indemnité de 200 millions de francs à la ville. Bruxelles est prise, mais l'armée est sauvée.

Le 31 août, le port et la ville d'Anvers sont bombardés. La famille royale est en danger. Albert Ier décide d'évacuer ses proches en Grande-Bretagne. À 8 heures, la reine s'embarque sur la malle[9] *Jan Breydel*, escortée par deux croiseurs et deux contre-torpilleurs de la Royal Navy à partir de l'embouchure de l'Escaut. Avant le départ, accompagnant son fils aîné Léopold en tenue de marin, le roi le prend à part sur la passerelle et lui dit :

— Tu veilleras sur l'armée...

Le prince, auquel son père s'adresse pour la première fois comme à un adulte, est très impressionné[10]. Mais le bateau emporte aussi, sur ordre du gouvernement, une très précieuse cargaison constituée d'une partie des réserves de la Banque nationale de Belgique, la totalité de son encaisse métallique, des billets, des poinçons, des clichés pour la photogravure et des valeurs d'État. Un trésor qui échappe aux Allemands. Débarqués à Folkestone, prenant un train pour Londres, la reine et ses enfants arrivent au château de Hackwood, dans le Hampshire, propriété de lord Curzon de Kedleston, politicien conservateur, chancelier de l'université d'Oxford et ancien vice-roi des Indes de 1898 à 1905. Ayant rencontré les souverains belges sur la Côte d'Azur en 1912, il était devenu un véritable ami. Élisabeth ne compte pas rester longtemps chez lui car, inquiète, elle tient à être aux côtés de son mari. Mais les princes, accompagnés d'un officier d'ordonnance, d'un précepteur et d'une gouvernante, sont maintenant en sécurité, au milieu d'un domaine de 1 000 hectares de forêts et de prairies.

À Anvers, de nouveau bombardée dans la nuit du 2 au 3 septembre, le roi doit surmonter des divergences de vue entre le haut commandement et le ministère de la Guerre. Pour coordonner l'effort des différentes unités, Albert Ier crée un Conseil supérieur de la guerre, qu'il préside. Revenue à Anvers, Élisabeth, qui ne quittera plus son époux jusqu'à la fin de la guerre, est témoin des tensions, impatiences et discussions entre le monarque-chef militaire respecté et son entourage. Voyant le roi et l'inspecteur général de l'artillerie, qui est aussi le nouvel aide de camp du souverain, elle écrit dans son agenda : « Dans la cour, Albert fait les cent pas avec le général Hanoteau : deux lions en cage... » Pour soutenir les Franco-Britanniques lors de la bataille de la Marne, le roi oblige cinq divisions allemandes à se retirer du front français ; l'offensive du général von Moltke est stoppée (grâce, aussi, à une manœuvre identique de l'armée russe) et Paris, qui était très menacé, est sauvé. La reine entreprend des démarches auprès du roi George V et du Premier ministre britannique et obtient leur accord pour évacuer des réfugiés vers la Grande-Bretagne. Élisabeth ne se ménage pas, faisant preuve d'un grand sens pratique et vérifiant chaque détail de l'opération, courant d'un hôpital à une clinique, en voiture ou à cheval. Aux blessés légers, qui pourraient retourner au front, elle fait remettre un nécessaire avec des boutons, du fil et des épingles de sûreté. C'est un don du roi et de la reine.

Le gouvernement fuit en France, les souverains restent en Belgique

Début octobre, Anvers est un camp retranché défendu par vingt mille soldats. Une grande confusion caractérise cette période, mais le couple royal est remarquablement soudé. Le 3, la reine rencontre Winston Churchill, Premier lord de l'Amirauté ; celui-ci n'a cessé de demander aux Alliés d'envoyer des armes et des renforts à Anvers, qui est aussi une position capitale pour la Grande-Bretagne. Après un entretien avec le baron de Broqueville, chef du gouvernement et ministre de la Guerre, Churchill rencontre le roi qui l'impressionne. « Je n'avais pas discerné dans la Belgique du roi précédent, Léopold, la nation héroïque du roi Albert[11]. »

On craint qu'Albert Ier ne soit enfermé dans la forteresse et prisonnier des Allemands. Élisabeth supplie le roi de quitter Anvers. Le couple royal atteint Ostende. Il y a plus de dix mille blessés, dont beaucoup dans un état grave. La reine est partout, cherchant des médecins, des infirmières, des lits, des couvertures, du pain et du lait. Une rencontre inattendue détend la souveraine : c'est le violoniste et compositeur belge Eugène Ysaÿe, revenu de

Londres où il a mis sa famille en sécurité. Autrefois, Élisabeth avait pris des leçons chez le virtuose. « Grande joie de se revoir », note-t-elle dans son agenda.

Le samedi 10, alors qu'Anvers tombe après dix jours de siège, le roi se rend à cheval à Bruges. La reine le suit en auto avec une pharmacie de campagne qu'elle va distribuer. À Bruges, Albert Ier monte dans la voiture de la reine. Direction Ostende. Pendant quelque temps, il est prévu que l'armée belge se retirera du sol national, en France, dans la région de Saint-Omer. Mais les généraux français Foch et Joffre promettant au roi des renforts, ces ordres sont annulés. Le 13, Albert Ier indique que ses soldats doivent garder la position de l'Yser. Il leur demande, où qu'ils soient, de regarder vers l'avant, car on ne sait pas où la bataille aura lieu. Le 15, arrivant à La Panne, charmante petite station balnéaire, il prononce à 9 heures une allocution qui, en ces heures sombres, est un ordre à l'armée et restera dans la mémoire de la Belgique : « Que dans les positions où je vous placerai, vos regards se portent uniquement en avant, et considérez comme traître à la patrie celui qui prononcera le mot “retraite” sans que l'ordre formel en soit donné ! » Puis, écrit la reine, « par une route très encombrée où le passage des ponts et des canaux est laborieux au milieu des chevaux, de réfugiés qui essaient de partir pour la France, de gens qui portent leurs sacs, coffres, enfants, chiens, c'est un véritable exode ». Après bien des difficultés et sous des pluies diluviennes, la reine « passe la nuit dans une chambre qui sentait le moisi et était toute noire de mouches ». Mais avec sa gaieté naturelle, Élisabeth fait la chasse aux mouches avec des serviettes mouillées. « On rit beaucoup et on se coucha fort tard. » Malgré une résistance héroïque des troupes franco-belges, les Allemands franchissent le fleuve côtier. Face à ce désastre, la stratégie du roi Albert est efficace et même inattendue : pour tenir la ligne de l'Yser, le 27 octobre il ordonne l'ouverture des vannes de deux écluses ; l'eau recouvre même une voie ferrée. Et noie toute la région, de Nieuport à Dixmude. Les troupes allemandes, surprises par cette marée du soir très forte et inattendue, s'embourbent et doivent se retirer. Leur progression en direction de Calais est arrêtée. L'ennemi n'a pu atteindre la mer pour couper les Français de la mer du Nord où débarque l'aide britannique, et la mer a figé l'envahisseur dans la vase. C'est un grand succès pour les Belges. Foch, saluant l'astuce du roi, confirme que « c'était une question de vie ou de mort de tenir la ligne de l'Yser ». Les souverains s'installent dans une modeste résidence, la villa Maskens, qui devient la « Villa royale ». Immédiatement, la reine Élisabeth transforme l'hôtel L'Océan en hôpital où – c'est à peine croyable ! – elle installe mille huit cents lits. Le poète Émile Verhaeren fixe l'instant, saluant l'héroïsme des monarques :

« Ce n'est qu'un bout de sol dans l'infini du monde,
Ce n'est qu'un bout de sol étroit,
Mais qui renferme encore sa reine et son roi,
Et l'amour condensé d'un peuple qui les aime. »

Sans doute parce que leur mariage est une véritable histoire d'amour, à l'opposé de la plupart des unions princières d'autrefois, Élisabeth, troisième reine des Belges, est la première apparaissant au premier plan de la vie monarchique, égale de son époux dans le devoir et l'épreuve. Elle aussi est « l'héroïne opiniâtre du front de l'Yser. [...] Et c'est ensemble qu'Albert et Élisabeth piloteront le pays pendant les premières décennies, ô combien mouvementées, du XXe siècle[12] ». Alors que, depuis le 10 octobre, le gouvernement belge s'est réfugié en France – à Sainte-Adresse, faubourg du Havre –, les souverains s'accrochent au seul morceau du territoire belge qui ne soit pas occupé. Albert Ier et Élisabeth règnent sur un royaume se limitant à une plage et à quelques dunes. La Panne est la capitale improvisée de la Belgique libre. Pour combien de temps ?

Le roi d'Albanie part :
Guillaume de Wied était Guillaume « du vide » !

Ce royaume, créé dans l'urgence pour que l'Albanie échappe aux appétits de la Serbie et de ses alliés dans les guerres balkaniques, va disparaître aussi vite qu'il avait été enfanté par les grandes puissances. Elles avaient été naïves, elles perdent la mémoire. Qui peut encore se soucier de ce qui se passe du côté de Durrës ? Guillaume de Wied – le roi Guillaume Ier –, qui avait été soutenu financièrement par Vienne et par Berlin, n'a plus de ressources. La guerre civile entre musulmans, orthodoxes et catholiques l'avait discrédité ; la guerre mondiale le raye des préoccupations des empires. Plus de liste civile, plus de gendarmerie néerlandaise, rapatriée aux Pays-Bas. Le 3 septembre 1914, le prince qui a échoué quitte ce pays déjà oublié dans la guerre déchirant l'Europe. Direction la Roumanie, où l'accompagnent son épouse la princesse Sofia (qui insistait lourdement pour être appelée « reine »), leur fils, Charles-Victor (1 an), filleul du roi Carol Ier, et leur fille Marie-Éléonore (5 ans). Guillaume Ier n'abdique pas, il laisse une régence, se promet de revenir, aidé par la famille royale de Roumanie, puisqu'il est parent de la reine Élisabeth, la poétesse embourbée dans la politique pour laquelle elle n'a aucun don. L'expérience albanaise a duré moins de six mois, un record de brièveté. Son échec est largement dû à l'absence de charisme, de sens des réalités et de compréhension de son souverain. Il n'avait jamais été accepté. Il eût fallu un homme subtil pour faire oublier ses origines étrangères et chrétiennes. Guillaume n'avait aucun tact et fut accusé d'être, alternativement, un agent autrichien et un partisan italien, mais il n'était habité ni par l'esprit de Metternich ni par celui de Cavour. On comprend pourquoi les observateurs de la si compliquée vie balkanique, relayés par les chansonniers et les caricaturistes français dans un jeu de mot cruel sur son patronyme, l'avaient surnommé « Guillaume du vide » !

Le vide est vite occupé par l'entrée d'insurgés à Durrës, dans le calme, puis par une dictature, sous les regards perplexes des voisins, la Serbie, l'Italie et la Grèce. À Bucarest, les exilés arrivent dans un pays dont le roi est mourant. Carol Ier s'éteint le 27 septembre à 5 heures du matin, dans sa chambre du château de Peleș qu'il n'avait plus quitté depuis le Conseil des ministres orageux lui ayant arraché la neutralité de son royaume. Il avait 76 ans et avait régné quarante-huit ans, apportant la reconnaissance internationale de l'État roumain. La comparaison avec le neveu défaillant de son épouse est accablante. Et pourtant, Carol Ier n'a pas disparu dans la sérénité. Au comte de Wedel, représentant de Guillaume II aux funérailles du roi, la reine Élisabeth confiera que son mari était mort « du douloureux conflit moral qui l'avait empêché d'entrer en guerre au côté de l'Allemagne ».

Deux jours plus tard, son successeur et neveu, Ferdinand Ier, accompagné de sa femme, la nouvelle, belle et entreprenante reine Marie, prête serment à la Constitution devant les deux Chambres réunies du Parlement de Bucarest. Élisabeth-Carmen Sylva n'y assiste pas. On ne sait si elle parvient à écrire un poème aux accents du désespoir… Après les obsèques officielles, elle se retire de la vie publique, toute vêtue de noir après tant d'années de blanc. La poétesse amie de Pierre Loti qui soignait ses apparitions fantomatiques a maintenant l'aspect d'une nonne orthodoxe.

Transportant le cercueil du monarque, un train spécial quitte Sinaia pour Bucarest, puis gagne la Valachie et s'arrête à Curtea de Argeș, au pied des contreforts des Carpates. Le palais épiscopal et la splendide église Saint-Nicolas en forme de croix grecque, édifiée à la fin du XVIe siècle, sont des trésors artistiques magnifiant l'empreinte byzantine et les goûts de la Renaissance. Le défunt roi avait restauré l'ensemble dans les années 1870. C'est la nécropole princière des premiers souverains de la Roumanie unifiée. Et c'est en ce lieu, chargé de légendes, que Carol Ier avait souhaité être inhumé. Élisabeth s'installe dans le palais épiscopal, le plus près possible du tombeau de son époux, songeant à créer un orphelinat. La Roumanie, toujours neutre malgré les impatiences de la reine Marie de la voir s'engager aux côtés de l'Entente, négocie discrètement pour tirer le plus grand profit possible de cette décision capitale.

Le tsar de Russie sauve Paris lors de la bataille de la Marne

Nicolas II n'est pas à la tête de ses armées. Il le regrette peut-être, car il aime la compagnie des officiers et des soldats. Il ne se sent à l'aise que dans leur univers ; il y a d'ailleurs été élevé. Et il y a fait preuve – ce qui était insoupçonné – d'un réel courage physique. L'homme qui va commander les troupes du tsar est son oncle, l'immense grand-duc Nicolas (2 mètres !), 57 ans, mince, les yeux bleus et la barbe soigneusement taillée, marié à la princesse Anastasia de Monténégro (séparée d'un premier mari, fille du roi Nicolas Ier et sœur de la reine Hélène d'Italie). Le grand-duc est une légende vivante, l'incarnation du courage et du prestige russes. C'est lui qui a supervisé toutes les commandes d'armes passées à la France et fabriquées par la Manufacture de Châtellerault, donnant à cette prestigieuse entreprise un travail bienvenu[13]. Le fusil du combattant russe est français, après quelques modifications. Deux ans plus tôt, en septembre 1912, le grand-duc, accompagné de son épouse, a présidé avec Raymond Poincaré les grandes manœuvres en Poitou. Ce généralissime des armées impériales est très populaire. Son neveu veut maintenir l'enthousiasme, cet élan russe ressenti au moment de la déclaration de guerre. Pour cette raison, le tsar débaptise immédiatement Saint-Pétersbourg, à la consonance trop germanique. La capitale devient Petrograd, un vrai nom russe, mais sans connotation religieuse. Nicolas II se sent inutile, craignant qu'on le prenne pour un lâche n'ayant pas réclamé le grade de commandant en chef des armées. On l'a assuré que la vie du tsar était trop précieuse pour l'exposer au danger. Mais sa popularité retrouvée est un baume. Le 20 août, il dit à ses proches constater « l'union de sentiments de pensées entre lui-même et son peuple à propos du conflit ». Le patriotisme est un nouveau sacre.

Plus délicate est la situation de l'impératrice Alexandra. Elle est allemande de naissance, et son pays fait la guerre à l'Empire russe. D'une certaine façon, elle se trouve dans la même condition que la reine des Belges, moins dramatique cependant, puisque la Russie n'est pas envahie. À la différence d'Élisabeth de Belgique, elle n'aura pas l'idée de couper les ponts avec sa famille. Néanmoins, la tsarine souffrira de ce déchirement. Pire encore : elle sera soupçonnée de connivence avec l'ennemi, comme l'avait été Marie-Antoinette, reine de France surnommée « l'Autrichienne ». Un poids de plus à supporter pour cette profonde dépressive qu'est Alexandra, perpétuellement en prières en espérant la guérison, pourtant improbable, de son fils, si faible qu'un cosaque doit le porter dans ses bras. En ce début de guerre, la tsarine peut utilement détourner ses angoisses en se mettant, avec ses filles, au service des blessés.

Nicolas II est fidèle à l'Alliance franco-russe. Apprenant que la rapidité de la progression allemande menace Paris à la mi-août, le tsar exige de ses généraux que les troupes russes harcèlent l'arrière des régiments allemands, en Prusse-Orientale. Berlin est donc obligé de retirer deux corps d'armée et de les faire reculer vers le nord-est au lieu de soutenir le plan initial d'encerclement de Paris. Les troupes de von Moltke sont donc affaiblies. L'intervention russe, souvent oubliée ou minimisée, est décisive puisqu'elle a soulagé le dispositif qui devait étouffer la capitale française. La bataille de la Marne stoppe l'avance allemande à moins de 50 kilomètres de Paris. Rendant hommage à l'action russe qui précède l'arrivée des célèbres « taxis de la Marne », le maréchal Foch écrira plus tard : « Si la France existe encore, c'est beaucoup grâce à la Russie qui a permis de desserrer l'étau de l'ennemi sur la Marne. » Et le maréchal Joffre confirmera dans ses *Mémoires* que « la France a le devoir de ne pas oublier le service que nos Alliés nous ont rendu ». Sur le bureau de Nicolas II, le rapport qu'il attendait est très clair : sans la contribution cruciale des Russes, la France aurait été vaincue dès l'été 1914, comme en 1870. Et Paris aurait été assiégé. Encore une fois...

Le tsar affronte victoires et défaites, l'impératrice devient infirmière

Auréolées de ce succès, les armées impériales reçoivent le surnom de « rouleau compresseur russe ». On attend d'elles triomphes et merveilles. Pourtant, le comte Witte, ancien ministre des Voies de communications (nous dirions des Transports), chargé de la construction du Transsibérien et l'un des artisans de l'Alliance franco-russe, en disgrâce depuis 1906, est très inquiet. À l'ambassadeur de France Maurice Paléologue, qui a eu l'honneur de remercier Nicolas II de la réussite de la manœuvre russe dans la bataille de la Marne, il dit : « Cette guerre est une folie. Notre prestige dans les Balkans, notre vieux rêve de protéger nos frères de race ? Mais c'est une chimère romantique et démodée ! Il fallait laisser les Serbes recevoir la correction qu'ils ont méritée [...]. Je préfère garder pour moi l'hypothèse de notre défaite... Ma conclusion pratique est qu'il faut liquider le plus vite possible cette stupide aventure[14]. »

Arrivent les mauvaises nouvelles. Fin août, le désastre de l'armée du général Samsonov à Tannenberg, puis la supériorité allemande dans la région, difficile, des lacs de Mazurie début septembre se chiffrent à 70 000 tués et 100 000 prisonniers. Samsonov se suicide sur le champ de bataille, les Russes sont chassés de Prusse-Orientale.

À Petrograd, l'immense galerie des armes du Palais d'hiver est convertie en hôpital. La même installation est organisée dans la salle des fêtes du palais vert et blanc de

Krasnoïe Selo. L'impératrice, comme les grandes-duchesses, porte l'uniforme des infirmières : voile et jupe blanche, blouse grise, croix rouge très visible sur le ventre. Alexandra, Olga, Tatiana, Marie et Anastasia ne quittent plus Krasnoïe Selo, les deux plus jeunes filles du tsar étant affectées à un hôpital villageois proche du palais. Leur formation complète devrait durer deux mois, mais l'afflux des blessés exige qu'elles soient opérationnelles plus vite. On voit l'impératrice assister un chirurgien qui ampute des jambes et des bras. Alexandra manie les instruments stériles, applique les bandages, lave des mourants. Les ragots des courtisans, qui ne se rendent pas compte de la gravité de la situation et se disent choqués qu'une impératrice de Russie se métamorphose en infirmière, n'atteignent pas la tsarine. À Nicolas II, elle écrit : « J'ai soigné un homme qui n'en est plus un. Il est en morceaux. » De nombreux blessés sont stupéfaits de découvrir que leur infirmière est Sa Majesté l'impératrice. Certains se risquent à dire : « Tsaritsa ! Viens près de moi. » Mais beaucoup d'autres, intimidés ou ne lui pardonnant pas son origine allemande, restent silencieux et suivent du regard cette silhouette blanche parmi d'autres.

L'action de l'impératrice est très efficace (et oubliée), car dans les trois premiers mois de la guerre, elle a créé quatre-vingt-cinq hôpitaux et préparé vingt trains sanitaires, très bien équipés, peints de gigantesques croix rouges sur leurs toits. Ces convois ont déjà transporté des milliers de rescapés. Même les traditionnels œufs de Pâques offerts par la famille impériale sont ornés d'une croix rouge avec les portraits de la tsarine et de ses filles en infirmières ! Pour Alexandra, secourir les blessés est un nouveau sacerdoce. Si, bizarrement, Nicolas II ne mentionne pas les effroyables revers subis par ses armées, c'est sans doute parce qu'il se concentre sur l'annonce de bonnes nouvelles, en particulier en Galicie[15]. Les Russes ont pris Lvov[16] et chassé les Austro-Hongrois.

Mais voici d'autres inquiétudes : sans avoir déclaré la guerre, l'Empire ottoman bombarde la flotte russe en mer Noire. Le comble est que cette attaque provient de navires achetés à l'Allemagne et qu'ils ont réussi à franchir les barrages français et britanniques des Dardanelles. Cette agression oblige la Russie, la France et Grande-Bretagne à déclarer la guerre à la Turquie, car les positions britanniques en Méditerranée orientale sont menacées, en particulier sur le canal de Suez, et l'accès des Russes à cette même Méditerranée est coupé. Cinq empires sont impliqués dans un conflit mondial ! Mais pour la Russie, qui avait dû diviser ses forces pour secourir la France, le prix de la fidélité et de l'engagement est particulièrement lourd : à la fin de 1914, Nicolas II est informé que l'on compte déjà en Russie un million deux cent mille tués, blessés, prisonniers ou disparus. Mais rares sont ceux qui connaissent cette épouvantable réalité. Il va falloir lever de nouvelles troupes.

François-Joseph bénéficie du loyalisme des peuples de son empire

Les relations complexes entre les monarques ennemis, qui avaient été parfois intimes, parfois distantes, mais courtoises à défaut d'être chaleureuses, expliquent certaines réactions. L'empereur d'Autriche et roi de Hongrie, qu'un contentieux vieux de plus d'un demi-siècle oppose à la Russie, détache de sa poitrine la belle croix de Saint-Georges que le tsar Nicolas Ier lui avait remise en 1849. Monté un an plus tôt, à l'âge de 19 ans, sur le trône alors vacillant des Habsbourg, François-Joseph avait été obligé d'appeler au secours le « tsar de fer » pour mater durement la révolte hongroise. À Vienne, il avait même été victime d'une agression par un patriote magyar qui lui avait enfoncé un couteau dans la gorge, mais la lame avait glissé sur le col de son uniforme, sauvant le jeune souverain de la mort. Depuis, principalement pour cette raison et par esprit de solidarité militaire, on ne voyait l'empereur qu'en uniforme. Il avait fallu des retrouvailles tendres avec Sissi, dans une ville d'eaux, pour que l'on aperçoive le souverain en civil, coiffé d'un chapeau melon. Le jour de la déclaration de guerre à la Russie, en retirant la médaille russe qu'il portait depuis soixante-cinq ans, François-Joseph scelle la rupture totale avec les Romanov. Une page est définitivement tournée.

Au soulagement du vieux monarque, les diverses ethnies intégrées dans l'Empire n'ont pas profité de la mobilisation puis des premiers combats pour entrer en dissidence, refuser de s'engager, voire déserter. Sans doute le prestige personnel de François-Joseph a-t-il dissous les tentatives de rébellion. Tchèques, Hongrois, Croates, Slovènes, Bosniaques et bien d'autres populations se montrent fidèles. On relève quelques défections, mais comme partout. Sans doute aussi, il est alors impossible d'envisager une guerre longue qui lasserait des loyautés. « Le loyalisme monarchique a pu encore rassembler les peuples de l'Empire », souligne Jean-Paul Bled[17]. Pour l'état-major et la famille du souverain Habsbourg, la vieille prédiction de Bismarck est vérifiée : « Que l'empereur François-Joseph monte en selle et vous verrez que tous les peuples de son empire le suivront. » Les deux hommes étaient d'ailleurs d'accord sur la quasi-impossibilité de résoudre les problèmes des nationalismes dans les Balkans et qu'il serait sage de ne pas s'en mêler. Mais Bismarck était mort depuis seize ans...

Charles, le neveu de François-Ferdinand et petit-neveu de François-Joseph, nouvel héritier du trône, qui a été tenu à l'écart de toutes les négociations menées par l'empereur et son cabinet entre l'attentat de Sarajevo et l'ultimatum adressé à la Serbie, était en fait aux côtés de l'empereur à Bad Ischl lors de la déclaration de guerre. Dès cet instant, François-Joseph souhaitera que son successeur soit étroitement associé aux décisions gouvernementales. Et il lui demande de s'installer avec Zita et leurs enfants auprès de lui à Schönbrunn.

Un vieil empereur, un trop jeune archiduc, un roi de Serbie enflammé

C'est alors que Zita va exercer le rôle de maîtresse de maison dans ce château où la place de la souveraine était restée vide depuis la mort de Sissi. Dès le 16 août 1914, Charles quitte Vienne pour le front en Galicie.

Quelques succès permettent à Zita d'en féliciter l'empereur. Celui-ci lui répond : « Oui, mes guerres ont toujours commencé par des victoires et fini par des défaites. Et cette fois, ce sera pire encore, et on dira de moi : "Il est vieux, il ne maîtrise plus la situation. Alors éclateront des révolutions et ce sera la fin."[18] »

Cette lucidité doit glacer le sang de la jeune archiduchesse qui, pourtant, ne manque ni de courage ni de détermination. Très vite, grâce à ses inspections sur le front, Charles comprend que la nature du conflit a tout changé. À Zita, il écrit : « Les gens, ici, croient toujours qu'une grande bataille peut être terminée en quelques jours, comme autrefois à Sadowa. Mais aujourd'hui, les batailles durent des semaines et des semaines, comme actuellement en France. »

Charles est lucide, mais ce n'est pas en semaines ni même en mois que les combats vont se mesurer : c'est en années. Depuis la bataille de la Marne, le conflit est devenu une guerre de tranchées et de positions. Pour l'instant, les armées austro-hongroises sont déployées sur deux fronts ; le front oriental face à la Russie où, après les quelques victoires du début, le front va être rapidement enfoncé par les Russes, les hostilités se déroulant sur tout le territoire de l'Empire. Vers le sud et les Balkans, le deuxième front concerne la Serbie. Là aussi, si Belgrade a été rapidement prise, elle sera tout aussi rapidement reperdue. Malgré les deux guerres balkaniques ayant précédé celle-ci, l'armée serbe se révèle très offensive. Si, à la fin de l'année, Belgrade relève l'honneur serbe, c'est certainement grâce au discours flamboyant du roi Pierre Ier, âgé de 70 ans. Après avoir évoqué les héroïques combats d'autrefois contre les Turcs, les Bulgares et les Albanais, le souverain ranime l'énergie de ses troupes épuisées qui voudraient rentrer dans leurs foyers : « La patrie a besoin de votre protection, vous lui avez juré, ainsi qu'à moi-même, de vous battre jusqu'à la dernière goutte de sang. [...] Quant à moi, votre vieux roi, je reste ici avec mes enfants pour mourir sur ces positions, car l'ennemi ne pourra se rendre maître de la Serbie que par-dessus les corps de votre roi et de ses fils[19] ! » L'effet de ces mots galvanisants est immédiat : 130 canons, 270 officiers et 40 000 soldats austro-hongrois sont capturés et, le 15 décembre, le drapeau serbe est de nouveau hissé au mât du palais-royal de Belgrade. Décidément, les choses ne tournent pas bien pour l'Empire austro-hongrois.

Guillaume II : un empereur craintif et dépassé par les événements

Les revirements, les hésitations et les vantardises de Guillaume II ont jeté le doute dans son état-major. Le Kaiser est-il capable de gagner une guerre autrement que dans un salon ou lors de manœuvres où « l'ennemi » perdait pour plaire à Sa Majesté ? Son uniforme extravagant en fait-il un chef ? Il a beau répéter : « Sur moi, empereur allemand, l'esprit divin est descendu. Je suis l'armure de Dieu, son épée et son instrument », l'échec de la Marne a valu à von Moltke d'être démis de ses fonctions sans que le Kaiser ne songe à sa propre responsabilité. En réalité, la santé de l'empereur n'est pas rassurante. Sa gorge est irritée (sans doute par ses éclats de voix, car il hurle plus qu'il ne parle !), il se plaint du froid et de l'humidité. Il se fait aménager un train spécial équipé d'un véritable appartement avec une baignoire en cuivre, une décoration de boiseries et un parquet étanche pour maintenir une température qui convient à cet homme devenu douillet et frileux. Un personnel, civil et militaire, affecté à son service est logé dans d'autres voitures du train, un couloir permettant les communications. L'ancien chancelier Bernhard von Bülow, que Guillaume II avait accusé d'être à l'origine de l'incident ravageur du *Daily Telegraph*[20], écrira dans ses *Mémoires* que le Kaiser ne quitte plus son train que pour s'engouffrer dans une limousine qui suit la rame impériale. L'amiral Tirpitz est encore plus critique, jugeant que Guillaume II est désormais inapte à diriger les opérations, qu'il ne s'extrait de sa passivité que pour être arrogant ou apaisé par les flatteurs. En décembre 1914, Tirpitz note : « L'empereur voit partout des victoires gigantesques, mais il veut seulement calmer son inquiétude. Selon le médecin en chef de l'état-major, son souhait est qu'on le libère de toute obligation. » Il est clair que, rapidement, le Kaiser, déstabilisé par la réalité d'une guerre qu'il prétend ne pas avoir voulue, laisse s'affronter les chefs militaires et politiques. La guerre n'est plus sa guerre, c'est celle de Hindenburg et de Ludendorff, les deux généraux ayant remporté la victoire de Tannenberg contre les Russes, pourtant plus nombreux que les Allemands. La comparaison entre le comportement du Kaiser en léthargie et l'actif roi des Belges Albert Ier est accablante pour le Prussien. Et les bilans humains sont déjà effrayants. « Au cours de la bataille pour contrôler la ville belge d'Ypres, les Allemands perdent plus de 130 000 hommes entre le 13 et le 25 octobre ; Anglais et Français plus de 100 000. La bataille s'arrête le 22 novembre, sur l'échec d'une ultime tentative de percée allemande[21]. » L'ennemi est toujours haï. Guillaume II ne manque pas de l'être, comme l'avait été son grand-père Guillaume Ier en 1870.

Néanmoins, les méthodes guerrières allemandes vont aggraver considérablement la réalité du conflit pour les populations civiles. Le zeppelin allemand qui bombarde Paris le 22 mars 1915 constitue une première. Il y aura bien d'autres bombardements obligeant la population parisienne à se réfugier dans des caves. Les Britanniques subissent le même sort à cause d'aérostats géants et Varsovie aussi. Les Allemands seront aussi les premiers à utiliser, en avril 1915, les gaz asphyxiants, des armes interdites par la Convention de La Haye. Cette surenchère en entraîne d'autres et exacerbe la haine de part et d'autre. La guerre sous-marine, grâce aux efforts permanents du Kaiser qui a exigé le développement de cette technique, va elle aussi faire des ravages, non seulement sur les bâtiments de guerre, mais aussi sur les cargos et les paquebots. L'exemple le plus traumatisant est certainement le torpillage du *Lusitania*, navire civil sous pavillon britannique, à huit milles de la côte sud-est de l'Irlande, par un sous-marin allemand, le 7 mai 1915. Ce paquebot à quatre cheminées de la Cunard, venant de New York, faisait route vers Liverpool avec 1 900 passagers et hommes d'équipage à bord, dont seulement 760 purent être sauvés. Le bateau coule par l'avant en 18 minutes. Cette attaque est perçue par les pays de l'Entente comme une lâcheté qui provoque, entre autres, la colère des Américains, car 120 passagers de nationalité américaine étaient à bord, et seulement 35 survécurent. Parmi les victimes, le milliardaire Alfred Vanderbilt, qui périt en ayant offert sa ceinture de sauvetage à une femme. Évidemment, Guillaume II n'avait pas ordonné personnellement de torpiller le *Lusitania*. Mais la politique de terreur maritime instaurée dans l'Atlantique est bien celle de l'Allemagne. Pour ses adversaires, elle est toujours incarnée par la personne, contrastée, de son empereur[22].

Le roi Victor-Emmanuel III d'Italie renonce à la neutralité

Depuis le début de la guerre, le gouvernement italien n'avait cessé de négocier avec les deux camps, tentant de faire monter les enchères ; François-Joseph refusait de restituer à Victor-Emmanuel III Trieste et le Trentin, voire une partie du Tyrol. Les Français et les Britanniques se montrent plus généreux et l'Italie signe avec eux un traité, à Londres, le 26 avril 1915. En échange de son engagement, l'accord promet à l'Italie non seulement Trieste et le Trentin, mais aussi l'Istrie et une partie de la côte dalmate dont, bien sûr, le port de Fiume. Pour le Premier ministre Antonio Salendra, que le roi vient de nommer, il s'agit de faire accepter à une majorité plus que réticente l'entrée en guerre de l'Italie sept mois après le début des opérations. On laisse les nationalistes organiser des manifestations dans plusieurs grandes villes dont le mot d'ordre est : « La République ou la guerre. » Salendra démissionne, laissant au roi le choix. Victor-Emmanuel III refuse la démission du chef du gouvernement, lequel est renommé et obtient les pleins pouvoirs d'une Chambre terrorisée par la possibilité d'une révolution. La mobilisation générale est décrétée le 22 mai et la guerre effectivement déclarée le 24. Immédiatement, Berlin déclare la guerre à Rome. Pour François-Joseph, furieux, et qui proclame publiquement que l'Italie a trahi l'Autriche, un nouveau front va donc s'ouvrir dans une région montagneuse, d'accès difficile, mais déjà bien défendue par les Autrichiens. Vienne constate que la guerre contre l'Italie voisine est plus populaire que celle contre la lointaine Russie. Et l'on assure que l'armée du roi d'Italie n'est pas assez préparée. Pour elle, il y a deux possibilités de chemins : les vallées de l'Adige ou de l'Isonzo. C'est dans celle-ci que va se passer l'essentiel de la lutte. Si le haut commandement est assuré par le général Cadorna, le roi se considère comme personnellement responsable des opérations et s'installe avec son état-major à Udine, dans le Frioul, très près du front. Pour ceux qui ne le connaissent pas, Victor-Emmanuel III est un faible. Pour ceux qui l'approchent, c'est un homme réservé qui se conduit avec un grand courage.

Un témoin privilégié de ces affrontements terribles va les décrire avec une justesse et une précision stupéfiantes. C'est un jeune journaliste américain, combattant réformé à cause d'une blessure à l'œil, ambulancier de la Croix-Rouge italienne[23]. Il résumera cette expérience dans un roman magnifique, *L'Adieu aux armes* (1929). Il s'agit bien sûr d'Ernest Hemingway. Il note : « Il y avait des petites automobiles grises qui filaient très vite [...]. Elles éclaboussaient plus que les camions eux-mêmes, et si l'un des officiers, à l'arrière, était tout petit et assis entre deux généraux, si petit qu'on ne pouvait voir sa figure, mais juste le haut de son képi et le haut de son dos étroit, et si l'auto filait particulièrement vite, alors il y avaient bien des chances pour que ce fût le roi. » Le roi d'Italie, dont Guillaume II juge la petite taille ridicule, cherche toujours à être *incognito*, mais on ne cesse de le reconnaître : dans un groupe d'hommes, il est toujours le moins grand. Hemingway poursuit : « Il logeait à Udine et circulait ainsi presque chaque jour pour voir comment allaient les choses. Mais les choses allaient très mal. » Plus loin, Hemingway décrit « les combats dans les montagnes derrière la ville, l'acier du pont de chemin de fer cabossé par les obus, le tunnel écroulé près de la rivière là où l'on s'était battus, les arbres autour de la place et la longue avenue d'arbres qui conduisait à cette place, tout cela sans parler des femmes de la ville, du roi qui passait en auto et dont on pouvait maintenant entrevoir le visage, le long cou et la barbiche grise, telle une barbe de bouc »...

Les Italiens ont une supériorité numérique, mais les Autrichiens tiennent fermement leurs positions. Pendant l'année qui suit leur rupture avec la Triplice, le général Cadorna va lancer cinq offensives en direction de Trieste et de Gorizia en ne déplaçant le front que d'une trentaine de kilomètres au-delà de la frontière. C'est une des caractéristiques de ce conflit qui est une guerre de positions en montagne, extrêmement meurtrière, décourageante et épuisante pour les troupes qui opèrent dans des zones escarpées.

22 août 1915 :
Nicolas II prend la tête des armées impériales russes

En Russie également, le moral est au plus bas. L'offensive allemande de mai 1915 a provoqué la déroute des armées du tsar ; elles abandonnent la Pologne et la Lituanie. Une partie du territoire russe est occupée et les pertes humaines sont impossibles à dénombrer, mais on estime à plus de trois millions huit cent mille le nombre de morts, blessés et prisonniers. Le maréchal von Hindenburg lui-même raconte que, parfois, pour tirer, les canonniers doivent d'abord déplacer des entassements de cadavres russes. Les transports sont désorganisés, l'approvisionnement en armes et en munitions est insuffisant. La Russie n'était pas prête pour une guerre aussi longue et sur une superficie aussi étendue. Le tsar est donc acculé à d'obligatoires changements. En juillet, la Douma (Parlement) est réunie, contre l'avis de l'impératrice et de Raspoutine. L'opposition constitue le bloc progressiste et réclame un gouvernement qui ait la confiance de la nation. L'ambassadeur de France écrit : « Le duel est engagé entre la caste bureaucratique et la représentation nationale. Se réconcilieront-elles ? Tout l'avenir de la Russie en dépend[24]. »

Au lieu de faire face et de tenter d'apaiser la crise, Nicolas II estime que la responsabilité des échecs militaires incombe au commandant en chef, son oncle, le grand-duc Nicolas. Le 25 août 1915, il le révoque et décide de le remplacer lui-même. L'ensemble des ministres et l'impératrice douairière Maria Feodorovna supplient le souverain de renoncer à cette décision catastrophique qui va éloigner Nicolas II de la capitale et donc du centre politique, puisqu'il s'installe à son quartier général à Mogilev, sur les bords du Dniepr. Quitter Petrograd est une très grave faute du tsar, analogue à celle de Napoléon III laissant Paris à l'été 1870. Seuls l'impératrice et Raspoutine, qui ont poussé le tsar à sa résolution, sont enchantés. Alexandra hait le grand-duc Nicolas, qui avait percé à jour les manœuvres et l'influence désastreuse de Raspoutine. Le généralissime avait même menacé de tuer lui-même l'importun. La tsarine a donc soutenu son mari pour un double but : éliminer un ennemi de son mentor dont elle a plus que jamais besoin dans ces temps tragiques, et permettre à Raspoutine de sauver la Russie (car seul le moine-guérisseur, selon elle, en a le pouvoir). En réalité, le tsar va désormais prendre personnellement la responsabilité des échecs militaires, tandis qu'Alexandra, sous l'influence de Raspoutine, va peser lourdement sur l'esprit de son époux à qui elle écrit chaque jour, et donc sur la politique impériale qu'elle souhaite la plus autocratique possible. On pourrait s'étonner qu'elle laisse son fils Alexis rejoindre son père à Mogilev en décembre. Il y séjournera trois mois avant d'être rapatrié à Petrograd à cause d'une hémorragie nasale. Nicolas II veut associer l'héritier à sa vie militaire, espérant rassurer l'état-major sur la continuité dynastique, et peut-être aussi se rassurer lui-même sur la santé du tsarévitch qui ne l'empêche pas de vivre cette expérience. Une hémorragie plus grave lui imposera de revenir quelque temps à Petrograd, mais il retournera à Mogilev. Ses sœurs les grandes-duchesses viendront aussi très détendues dans une atmosphère familiale et champêtre qui contraste avec la réalité d'une guerre de plus en plus difficile. L'arrivée du tsar à son quartier général est accompagnée d'une propagande d'affiches où Nicolas II est représenté en chevalier conquérant de Moscovie des temps anciens et, en même temps, en chef de guerre conduisant les armées de la Russie du XXe siècle.

En Grande-Bretagne, George V et sa famille sont en première ligne

Les premières troupes britanniques avaient débarqué sur les côtes de Belgique et de France dans la nuit du

7 au 8 août 1914. Le roi et la reine Mary sont des gens de devoir. L'entrée en guerre, à laquelle ils avaient tant espéré échapper, est pour eux comme une entrée en religion. Les souffrances du royaume seront les leurs. Leur premier sacrifice est la participation active de leurs deux fils aînés, Édouard, prince de Galles, héritier du trône, âgé de 20 ans, et son cadet Albert[25], qui en a 19. Après deux semaines d'entraînement, Édouard, officier des grenadiers de la Garde, demande à être envoyé au front. Le gouvernement n'y est pas favorable, car, naturellement, le prince constitue une cible de choix. Il justifie sa volonté de s'exposer et son comportement casse-cou par le fait que sa mort ne nuirait pas à la Couronne puisqu'il a quatre frères, parfaitement capables de le remplacer. À cette explication, à la fois morbide et provocante, le secrétaire d'État à la Guerre, lord Kitchener réplique fermement :

— Monseigneur, ce n'est pas votre décès qui serait le pire. Je serais beaucoup plus ennuyé si vous étiez fait prisonnier.

Le prince héritier part donc faire son devoir. Le 16 novembre, il rejoint en France l'état-major du commandant en chef du corps expéditionnaire britannique, sir John French, chef d'état-major impérial depuis 1911, qui le verra au plus près des combats dans la Somme. Son jeune frère, Albert, tout jeune *midship* (aspirant), est affecté à la flotte de la mer du Nord, mais sa mauvaise santé l'oblige à quitter assez rapidement le service en mer. Il est d'abord opéré d'une appendicite aiguë, puis on diagnostique un ulcère à l'estomac qui ne guérira jamais complètement. Inapte au service actif, il travaille auprès de son père, le plus souvent à Sandringham, la résidence préférée de George V, et apprend ainsi le fonctionnement de l'État. Un apprentissage qui lui sera bien utile par la suite, alors que son aîné Édouard n'aura jamais bénéficié d'une telle formation.

Le roi George V rend fréquemment visite aux troupes qui se battent en France, souffrent et subissent de lourdes pertes. On le verra très souvent en tournée d'inspection en compagnie du président Poincaré, du roi des Belges Albert Ier et du général Foch, commandant en chef de l'armée du Nord. Lors d'une revue, le 28 octobre 1915, le cheval du roi, pourtant bien entraîné par le maréchal Haig, prend peur lors du survol, très bruyant, de vingt avions. Il se cabre, faisant tomber George V ; cette chute lui cause de nombreuses fractures qui le feront souffrir toute sa vie, mais dont il ne parlera jamais. Il refuse d'écouter ses médecins qui lui recommandent le repos « jusqu'à la fin de la guerre » ! Toujours en uniforme modeste, montrant l'exemple d'un souverain proche des combattants et s'excusant de ne pouvoir les aider davantage, il leur dit : « Il n'est pas en mon pouvoir de partager votre calvaire, mais je suis avec vous de tout cœur et à chaque heure qui passe[26]. »

Se contentant du minimum, le roi et la reine exigent d'eux-mêmes le maximum. Ainsi, le couple royal se soumet aux mêmes restrictions que la population, et cela dans tous les domaines, depuis la diminution du chauffage et de l'éclairage à Buckingham Palace jusqu'à l'utilisation de ronds de serviettes à leurs noms pour éviter les lessives inutiles, en passant par la suppression du vin à table et la lutte contre le gaspillage de l'eau lors des ablutions de Leurs Majestés. La ponctualité du roi tourne à la manie, et une minute de retard est considérée comme une inacceptable désinvolture qui risque de vous priver d'une pomme de terre cultivée – guerre oblige – dans les parcs de Windsor. Réclamer deux œufs au petit déjeuner est plus qu'une indécence, rapporte sir Frederick Ponsonby, témoin de trois règnes : c'est une trahison ! Le roi et la reine ne donnent pas l'exemple, ils incarnent l'exemple. Ils savent que la guerre coûte à leur royaume 3 millions de livres par jour.

George V est aussi préoccupé par la situation du corps expéditionnaire envoyé dans les Dardanelles. En effet, au début de l'année 1915, Churchill, déjà Premier lord de l'Amirauté, avait décidé d'ouvrir un nouveau front contre la Turquie, à la demande des Russes qui souhaitaient soulager leurs contingents du Caucase, et aussi parce que les croiseurs allemands naviguaient dans les Détroits et rendaient difficile la liaison entre la Russie et ses alliés. Une tentative, purement navale, échoue en mars, coûtant un cuirassé à la France et un à la Russie, coulés par la flotte du Kaiser. Un corps expéditionnaire, constitué de quatre bataillons britanniques et d'un bataillon français, est débarqué en avril, à deux endroits de la presqu'île de Gallipoli, sur la rive européenne des Dardanelles, point stratégique de la mer Égée, où, déjà pendant la guerre de Crimée, Français et Anglais avaient établi leurs cantonnements. C'est un coup de poker de Churchill pour sortir de l'impasse sanglante du front occidental enlisé depuis l'automne précédent dans une effarante guerre de tranchées. L'opération est improvisée en quelques semaines et c'est la première intervention amphibie de l'histoire. Les forces turques dirigées par un général allemand et le très efficace général Mustafa Kemal empêchent les troupes débarquées d'opérer leur jonction. C'est une opération très coûteuse en vies humaines et qui n'apporte pas grand-chose car, outre les Franco-Britanniques, des Australiens et des Néo-Zélandais y vivent leur baptême du feu, aucune unité ne parvient à pénétrer profondément en territoire ottoman. Ce qui devait être une victoire facile se transforme en carnage. Le front est stabilisé à 5 kilomètres de la côte en juillet 1915. Les Français, le roi George V, son gouvernement et Churchill s'interrogent : faut-il poursuivre l'opération ou rapatrier les troupes débarquées ? Cet enfer va durer jusqu'en décembre. On comptera environ 140 000 victimes du côté de l'Entente. Ce fiasco, cuisant, coûte à Churchill son poste de commandant en chef de la Royal Navy. George V, dont la vocation d'officier de marine a été contrariée par son accession au trône, reçoit avec consternation la démission du Premier lord de l'Amirauté le 15 novembre 1915. Et longtemps le nom de Churchill restera associé à ce désastre.

Ferdinand de Bulgarie entre en guerre, Pierre Ier de Serbie est vaincu

L'Entente (France, Russie, Grande-Bretagne) ne lui ayant donné aucune assurance d'extension territoriale, après des mois de laborieuses tractations, le roi Ferdinand Ier de Bulgarie choisit finalement le camp du Kaiser et de François-Joseph. Le 14 octobre 1915, le monarque bulgare déclare la guerre à la Serbie dans l'espoir d'annexer, enfin, la partie serbe de la Macédoine. Son obsession ! Cet amateur de bijoux historiques a été obligé de renoncer à son rêve fou de restaurer le trône de Byzance et de s'y asseoir, puisque la Turquie est l'alliée des Empires centraux ! Deux semaines avant son entrée en guerre, le roi avait déjà envoyé, clandestinement, un détachement en Macédoine. En récompense de son engagement, Ferdinand de Bulgarie a obtenu de Guillaume II et de François-Joseph un emprunt d'une valeur de 200 millions de francs. C'est une catastrophe pour Belgrade. La capitale serbe est prise en étau, entre les troupes austro-hongroises au nord et les quatre divisions bulgares au sud, composées d'éléments frais n'ayant pas combattu depuis 1913 et parfaitement équipés par l'industrie allemande de l'armement. Bénéficiant de ce soutien inattendu, les Autrichiens reprennent Belgrade, tandis que les Serbes avancent rapidement au sud. En vain, le roi Nicolas de Monténégro essaie de soutenir les Serbes, mais les Autrichiens encerclent vite l'armée monténégrine et l'obligent à capituler le 29 décembre. L'armée du roi Pierre Ier de Serbie, vaincue, fait retraite pendant l'hiver 1915-1916 à travers les sommets enneigés d'Albanie avant de redescendre sur Corfou. C'est un véritable exode du peuple serbe, civils et militaires confondus, en haillons, dans un encombrement de chariots tirés par des bœufs. Une armée de fantômes épuisés par la faim et le typhus. De novembre à décembre, le vieux roi Pierre Ier, qui avait tant soutenu le moral de la Serbie, est à la tête d'une odyssée de cent vingt mille spectres, « partage les souffrances de son peuple et marche derrière les reliques du voïvode Étienne, recueillies par les popes au monastère de Studenica. Elles sont pieusement portées sur les épaules de soldats, par des sentiers abrupts et enneigés, pendant que les plus vaillants chantent des cantiques à la gloire des saints et des héros du passé[27] ». Désespéré, l'ancien souverain, qui avait vécu la douleur populaire, s'écrie : « La vieillesse m'a arraché l'épée des mains. Moi qui suis votre roi, je n'ai plus la force de me mettre à la tête de mon armée[28]. » Le pauvre monarque, jadis si conquérant, est tellement abattu qu'on doit l'évacuer. Un cauchemar absolu. Arrivé à Durrës, en Albanie, le prince Alexandre de Serbie, second fils du roi et âgé de 27 ans, aussi francophile que son père, envoie ce télégramme pathétique au président Poincaré : « La Serbie n'est plus, mais son armée reste. Nous sommes prêts à venir continuer la lutte sur le sol français. » Le souverain du Monténégro se joint à cette proposition. Mais la France fait un autre choix après le désastre des Dardanelles. Alors que son principal allié dans la région, la Serbie, est anéanti, elle décide d'installer dans les Balkans, qui sont en train d'échapper à l'Entente, une armée, baptisée « armée d'Orient », et dont la base sera Salonique, port sur la mer Égée en territoire grec.

En Grèce, un combat sans pitié entre le roi et son Premier ministre

Le roi Constantin de Grèce est furieux. Ne rejetant pas ses parentèles étrangères (son père était un prince danois, sa mère une princesse russe et son épouse, petite-fille de la reine Victoria, est la sœur de Guillaume II), mais refusant de s'engager, le souverain, qui savait combien la Grèce avait été affaiblie par les deux guerres balkaniques, avait choisi la neutralité, autant par réalisme que par conviction, alors que le chef du gouvernement, Elefthérios Venizélos, partisan de l'Entente, poussait à l'entrée en guerre. Venizélos est le pire ennemi du roi, ne cessant d'insinuer la germanophilie du souverain pour le discréditer. La monarchie grecque est alors le théâtre d'un duel implacable, le Premier ministre n'ayant qu'un but : compromettre le roi en donnant de lui une image peu flatteuse de faiblesse, dénigrant son épouse soupçonnée d'être restée très proche de son frère le Kaiser. Pour désamorcer les rumeurs, la reine Sophie répond en grec ancien, appris avec un universitaire, quand on lui parle allemand… Elle souffre de la permanente rivalité au sommet du pouvoir. C'est une situation étonnante si l'on se souvient que le roi, monté sur le trône en 1913, et son Premier ministre étaient à cette époque deux héros grecs victorieux de la seconde guerre balkanique, au sommet de leur popularité et de leur entente. Depuis, ils se haïssaient.

Le très habile Venizélos propose d'envoyer une division de l'armée grecque pour appuyer les Alliés aux Dardanelles sans en informer le souverain. C'était à l'instigation des autorités britanniques qui promettaient à la Grèce des compensations en Asie Mineure. Exaspéré, Constantin l'oblige à démissionner le 5 octobre 1915. Le 7, il le rappelle pour former un nouveau gouvernement. À peine revenu, Venizélos, soutenu par une victoire électorale, annonce aux ministres, toujours sans prévenir son monarque, que l'armée d'Orient s'est installée sur le territoire grec, à Salonique, depuis quarante-huit heures. Bien que stupéfait et vexé, Constantin ne s'y oppose pas, alors que la Grèce est officiellement neutre.

Le roi se trouve devant un problème délicat. Le débarquement de l'armée d'Orient, avec un matériel très lourd et des combattants qui ne passent pas inaperçus (zouaves marocains, tirailleurs sénégalais, chasseurs alpins et fantassins annamites), peut être considéré comme une violation de la neutralité grecque, voire un début d'engagement indirect de la Grèce. Constantin ne peut se résoudre à prendre des mesures bloquant ce débarquement, car il redoute que les Alliés de l'Entente ne répondent par un blocus commercial de la Grèce, qui serait catastrophique. Cette ambiguïté, avec laquelle joue Venizélos, empoisonne quotidiennement les relations entre les deux hommes. La dissidence interne se mue en schisme national. Le roi est dans une situation de plus en plus inconfortable, car quand la Bulgarie a attaqué la Serbie, le souverain des Hellènes avait déclaré qu'il observerait la plus stricte neutralité, bien qu'il eût pris l'engagement de venir en aide à son allié serbe en cas de guerre !

Arrive un troisième homme, un Français énergique, dur, intelligent, au fort tempérament radical-socialiste des environs de Carcassonne, le général Sarrail, qui vient d'être écarté de la IIIe armée par Joffre[29]. Sous son commandement, les Français ont débarqué à Salonique alors que leur évacuation des Dardanelles n'était pas achevée. Sarrail, que l'on sait viscéralement républicain, anticlérical et franc-maçon, prend immédiatement le parti de Venizélos pour jouer un rôle plus politique que militaire, sa véritable ambition. Venizélos se livre à une campagne de plus en plus dure, inouïe et systématique de dénigrement du roi, à laquelle le général français prête une oreille très complaisante. À Paris, le président du Conseil et ministre des Affaires étrangères Aristide Briand soutient le roi Constantin. Tout occupé à ces querelles quasi byzantines dont il s'estime l'arbitre, le général Sarrail laisse les Bulgares laminer la Serbie ; l'armée d'Orient n'a rien pu faire. Le véritable objectif de Sarrail est le même que celui de Venizélos : l'élimination du roi. Ce dernier se défend, démet une nouvelle fois Venizélos de ses fonctions, lequel se promet de former un contre-gouvernement à Salonique, aidé par Sarrail, pour renverser Constantin. Sarrail, qui se mêle, avec perversité, de la politique intérieure grecque, est soutenu par ses réseaux, tandis que le roi supplie Aristide Briand de le débarrasser de ce général dont les Alliés et même Joffre ont déjà demandé le rappel. En attendant, le souverain, furieux, a signé le décret de dissolution du Parlement et prend lui-même la tête du Conseil des ministres. Va-t-il tenir ? Et qui va l'emporter ?

Fidèle à l'Alliance franco-russe, le tsar envoie des troupes en France

C'est une décision personnelle de Nicolas II, inquiet d'une offensive allemande qui se prépare à Verdun. Il faut aider la France. Le 13 février 1916, une première brigade russe (huit mille hommes, deux régiments) commence un périple incroyable. Partis de Moscou, des Transsibériens spéciaux arrivent, après quinze jours de voyage, à Dairen, en Mandchourie. Officiers et soldats du tsar embarquent sur des navires français et russes à destination de la France, via Hong Kong, Singapour, Colombo, Port-Saïd et le canal de Suez. Le 20 avril, les inattendus bateaux atteignent Marseille. Au nom de l'Alliance, les premiers combattants russes sont sur le sol français. Les deux régiments prennent leurs quartiers à Mailly-le-Camp, en Champagne. Le 26 mai, ils reçoivent la visite du président Poincaré, ému du geste de Nicolas II. Les deux brigades sont sous les ordres du général Palitzyne, attaché militaire auprès de l'ambassade russe à Paris, et du général Zankevitch. En juin, ils s'entraînent en vue d'un départ pour le front et se regroupent à Mourmelon (Marne). Le 7 juillet, les deux régiments, rattachés au 17e corps d'armée français, montent au front.

Le moment le plus attendu est le défilé du 14 Juillet. Il surprend les Parisiens, peu informés de la présence des Russes. Quand on apprend cette formidable nouvelle, ils sont acclamés sur les Grands Boulevards et sur les Champs-Élysées, encore plus que les Écossais avec leurs cornemuses. On s'arrache les cartes postales figurant l'Alliance entre l'Empire et la République. Cent deux ans plus tôt, les Cosaques assoiffés et affamés du tsar Alexandre Ier défilaient au même endroit avec des Anglais pour occuper Paris. Leurs uniformes insolites avaient fait sensation auprès des femmes. Cette-fois, on crie : « Vive le tsar ! Vive la Russie ! » Le télégramme envoyé de l'ambassade au quartier général de Moghilev rassure Nicolas II. Ses soldats sont engagés dans les premiers combats dès le lendemain. Le 5 septembre, la 212e divison d'infanterie allemande lance de forts assauts contre les Russes ; la première brigade perd six cents hommes (tués et blessés). Pour la première fois en deux ans de guerre, le sang russe coule sur le sol français. À Petrograd où tout manque – la vente de la vodka est désormais interdite et cette mesure est évidemment très mal acceptée ! –, la rumeur de l'absurdité de la guerre enfle dans les milieux ouvriers. L'incapacité du tsar dans son rôle de commandant en chef est flagrante et on ne lui reconnaît que les qualités d'un bon père, d'un mari tendre, mais trop soumis à sa femme « d'origine allemande », laquelle est sous l'influence de l'omniprésent Raspoutine. Une opinion trouble les esprits, déjà agités par la propagande révolutionnaire : et si le tsar n'avait déclaré la guerre que pour rassurer la France qui était incapable de se défendre seule ? La bataille de la Marne l'avait démontré…

1916 : la Roumanie perd sa reine poétesse et entre en guerre. Enfin !

Depuis longtemps, la reine Élisabeth, maintenant veuve de Carol Ier, souffre de troubles de la vue. Un peu avant Noël 1915, elle est opérée de la cataracte pour la quatrième fois, par le même chirurgien. Autant les trois précédentes interventions avaient échoué, autant celle-ci est un succès. À 73 ans, elle recouvre la vue. Mais pour voir quoi ? Qui ? Une Europe sanglante où les poètes n'ont pu empêcher ce cataclysme ? Une correspondante russe lui certifie que son pays compte déjà près de 2 millions de morts, 4,5 millions de mutilés, et que pas une seule famille russe n'est épargnée. Pour la nouvelle année, au ministre des Cultes venu lui faire une visite de courtoisie, la reine douairière, grabataire, lasse, détachée de la vie, dit :

— Pourquoi ne me laissez-vous pas mourir ? Vous ne voyez pas que dans ce monde, je n'ai plus de place ni de rôle à jouer[30] ?

Un rhume se révèle être une pneumonie et l'emporte en deux jours. C'est dans son atelier, mal chauffé, sous les toits du palais royal de Bucarest, que s'éteint, le 18 février, Carmen Sylva, l'amie des forêts. Elle meurt en artiste, là où elle écrivait, peignait et glorifiait l'art, le sien et ceux de ses innombrables amis et admirateurs, au milieu de ses livres, dont certains avaient été préfacés par Pierre Loti, cet officier de marine au visage pommadé de rose, aux lèvres peintes et aux talons hauts qu'elle avait reçu à Peleş. Ils avaient en commun de n'être à l'aise nulle part. La défunte reine n'a droit qu'à des funérailles normales, en l'église de Curtea de Argeş, avec un office orthodoxe et un culte protestant. Après de pénibles recherches qu'avait demandées Élisabeth dans ses dernières volontés, le cercueil de sa fille unique, la petite Marie, dont le décès, alors qu'elle était enfant, avait infligé un traumatisme définitif à Élisabeth, est retrouvé. La princesse reposera aux côtés de ses parents. Mais à la fin de la cérémonie, un aide de camp du roi Ferdinand lui glisse à l'oreille que Guillaume II s'est fait représenter par l'un de ses fils, le prince Auguste-Guillaume, arrivé de Berlin. Une façon de rappeler au roi de Roumanie son ascendance allemande et sa solidarité espérée avec le Kaiser, alors que Bucarest se cantonne toujours, officiellement, à une laborieuse neutralité. Mais les exactions de l'armée du Kaiser en Belgique et l'intensification de la guerre sous-marine dont Guillaume II semble si fier ont fini par exaspérer Ferdinand. Le 27 août 1916, le roi de Roumanie signe le décret de déclaration de guerre de son royaume à l'Autriche-Hongrie. La séance du conseil de la Couronne est tendue et houleuse, comme l'avait été celle où le roi Carol Ier s'était fait arracher une décision de neutralité[31]. Et comme l'autre fois, le ministre germanophile Petre Carp est le seul à tenter de faire revenir Ferdinand sur sa décision, qu'il estime à la fois traître et suicidaire, en lançant ce défi au roi :

— On ne pas vaincre les Hohenzollern !

Celui-ci, glacial, répond :

— Vous vous trompez, monsieur Carp... J'en ai déjà vaincu un : moi.

Un grand mot d'un grand roi. Un combat terrible pour celui qu'on présumait allié de Berlin et de Vienne s'il renonçait à sa neutralité. Son épouse, la reine Marie, nièce d'Édouard VII, n'avait cessé de militer auprès de lui en faveur de l'Entente. Elle ne pouvait s'imaginer être la femme d'un souverain se battant contre l'Angleterre, encore si victorienne, ni contre la Russie de son cousin Nicolas II qui la surnommait « Missy ». Elle a été fortement aidée par les demandes politiques du Premier ministre Ion Brătianu, qui voulait que l'Entente promette à la Roumanie certains territoires que l'Autriche-Hongrie lui avait subtilisés. Depuis deux ans, le gouvernement négociait, vendant du blé et du pétrole aux deux blocs, de préférence à Berlin. Il finit par avoir la promesse de l'annexion des régions que la Roumanie exigeait en échange de sa participation à la guerre. Parmi elles, la Transylvanie. Il était hors de question que le comte Dracula ne soit pas Roumain ! Et c'est dans les montagnes où naquit la légende de ce personnage inquiétant et fascinant que les troupes roumaines franchissent la frontière jadis fixée par Vienne. Il y avait urgence, car « Verdun faisait rage depuis février : Joffre finissait ses télégrammes concernant la Roumanie par "maintenant ou jamais" » !

Ainsi, la décision, courageuse, de Ferdinand est-elle une synthèse d'intérêts politiques, militaires et économiques et de raisons sentimentales. La date de cette entrée de la Roumanie dans le conflit n'est pas un hasard : le lendemain, 28 août, les orthodoxes fêtent la sainte Marie, donc la belle reine Marie. Une reine guerrière, mais, selon elle, du bon côté. La colère de François-Joseph est à la mesure de sa surprise. Il ne pouvait imaginer qu'un Hohenzollern deviendrait son nouvel adversaire. Par délicatesse, le Premier ministre a insisté pour que la déclaration de guerre ne concerne pas l'Allemagne. La ruse est efficace : Guillaume II, lui aussi stupéfait, déclare la guerre à la Roumanie ce même 28 août. Il passe donc pour l'agresseur, mais est tellement vexé de l'attitude du « roi félon » qu'il le supprime de la généalogie familiale et le dégrade de toutes ses décorations allemandes. Pour Sigmaringen, c'est une mort civile, Ferdinand n'existe plus. Et Guillaume II, encore plus exaspéré que son haut commandement n'ait pas prévu que la Roumanie pourrait se révéler un ennemi de plus, démet de ses fonctions son général en chef von Falkenhayn, qui portait un lourd bonnet à poil agressivement orné d'une tête de mort...

Hélas ! si Ferdinand Ier et son armée enregistrent des succès en Transylvanie et repoussent les Austro-Hongrois sur plus de 100 kilomètres, en quelques semaines la situation tourne au désastre : la Russie, déjà aux prises avec des troubles intérieurs, réduit son aide et la Bulgarie se joint aux troupes de François-Joseph. Les Roumains sont progressivement écrasés le 23 octobre, une escadrille austro-allemande bombarde Bucarest. Le roi Ferdinand et la reine Marie placent tous leurs espoirs dans la mission française dirigée par le général de division Henri Berthelot, envoyé d'urgence par Joffre dont il avait été le chef d'état-major[32]. Le moral remonte chez les soldats roumains, mais après quatre mois d'une lutte inégale, Bucarest est de nouveau bombardée. La Roumanie déplore déjà cinquante mille victimes. Marie, aussi entêtée que le permettent ses origines anglaises, répète que la Grande-Bretagne et la France finiront par vaincre. Pas un instant elle ne regrette la décision enfin paraphée par son mari. Mais le couple royal doit quitter Bucarest, refuse de capituler et se réfugie en Moldavie, seule partie du territoire roumain non occupé. D'hallucinants convois prennent la direction des montagnes enneigées, comme en Serbie l'année précédente. On y trouve même des caisses de champagne, celui de la Cour, que la reine fait distribuer.

Mais contre le typhus, le vin des rois est impuissant. Le très efficace et courageux général Berthelot, à la tête de deux mille officiers français, poursuit sa mission de réorganisation du commandement et des effectifs roumains. Le roi et la reine lui sont très reconnaissants de ses efforts et de son autorité dans le désastre. Au loin, l'horizon flambe : ce sont des puits de pétrole incendiés par des spécialistes britanniques pour que ni les hommes du Kaiser ni ceux de François-Joseph ne puissent les utiliser pour leurs voitures et leurs camions. Au début de l'hiver 1916, la guerre dans les Balkans met au jour un immense gâchis dont les conséquences sont imprévisibles.

21 novembre 1916 : *l'adieu de François-Joseph à un monde qui lui échappait*

Vienne, château de Schönbrunn, troisième automne d'une guerre que l'on avait espérée courte… mais qui, dès le 18 août 1914, jour de son quatre-vingt-quatrième anniversaire, avait inspiré à l'empereur-roi une réflexion pessimiste, devant l'un de ses proches : « Cette guerre sera-t-elle heureuse pour nous ? Tout semble nous indiquer le contraire. » Un immense malheur, qu'il avait contribué à provoquer, s'était abattu sur sept siècles d'histoire de sa dynastie. Et sur l'Europe. Depuis le début de novembre, la robustesse de François-Joseph a fait place à une grande fatigue, sans doute d'origine pulmonaire, trahie par un amaigrissement, une fièvre persistante et des quintes de toux. Puis, son remède absolu étant le travail, il avait repris ses activités ; mais on notait que cet homme si courtois, appliqué à se lever en recevant ses visiteurs, éprouve maintenant des difficultés à se mouvoir. Il a du mal à se hisser de son fauteuil ; le temps est loin où il écoutait son hôte, debout, les mains croisées dans le dos. Au soir du 20 novembre, le souverain semble très las, ses médecins s'alarment. Que faire ? Rien, car le patient ne changera rien à ses habitudes.

En allant se coucher, il dit à son valet de chambre Eugen Ketterl de le réveiller le lendemain à 3 heures et demie. Depuis le début des hostilités, il a avancé d'une heure son horaire, déjà légendaire, de lève-tôt. Comme beaucoup de militaires, le souverain Habsbourg tient à faire son devoir sans retard. D'une certaine façon, François-Joseph a passé sa vie à se lever tôt ; la bureaucratie n'attend pas.

Ce 21 novembre, dans la nuit, François-Joseph, premier fonctionnaire de la double monarchie, lit les dossiers, les dépêches et les rapports qui lui ont été préparés et signe les documents exigeant son paraphe. Devant lui, au-dessus de son bureau, un portrait de sa chère Sissi, disparue depuis dix-huit ans, mais tellement présente par ses tableaux et photographies. Une ironie de plus pour cette épouse et souveraine qui n'avait cessé d'organiser ses absences. Souvent, quand il regarde son image, des larmes brouillent ses yeux. Trop de drames ont accablé sa dynastie. Il travaille, méthodiquement, consciencieusement, vérifiant le moindre détail, plus lentement qu'avant. N'avait-il pas dit, en plaisantant : « Je suis le dernier monarque de la vieille école » ? Et ne serait-ce que pour sa longévité au pouvoir, il n'a guère de concurrents : il règne depuis soixante-huit ans.

À 10 heures, le chapelain de la Cour lui donne le saint sacrement. Pour un fervent catholique, n'est-ce pas le signe que la fin de la vie humaine est proche ? Afin de masquer cette inquiétude, l'officiant rappelle que le Saint-Père, le pape Benoît XV, adresse à Sa Majesté impériale et royale une bénédiction spéciale, laquelle est rituellement précédée de la communion, ce qui est censé ne pas inquiéter le monarque. Celui-ci peut à peine se demander si Benoît XV, dont les multiples médiations de paix ont échoué, est favorable à un camp ou à l'autre. Si François-Joseph se met en règle avec Dieu, c'est parce que les médecins pressentent la fin ; sa température, en effet, est montée à 39,5 degrés. Venue le voir dans la soirée, sa fille Marie-Valérie s'alarme de la rougeur du visage de son père et de sa voix étouffée. Pour recevoir son héritier l'archiduc Charles et son épouse

Zita, il ne parvient pas à se lever. La vision de ce souverain qui faisait face debout aux pires épreuves est angoissante. Épuisé – on l'a vu s'assoupir à plusieurs reprises dans la journée –, François-Joseph doit être aidé par deux valets pour se coucher. À Eugen Ketterl, il dit, d'une voix faible :

— Demain, 3 heures et demie.

Ce sera son dernier ordre. Après une ultime quinte de toux, il s'éteint dans la chambre où il était né, quatre-vingt-six ans plus tôt. C'est Marie-Valérie, l'enfant la plus proche de son père et de sa mère Sissi, qui ferme les yeux d'un souverain ayant eu une longévité de règne comparable à ceux de Louis XIV et de Victoria. Né une année de révolutions en Europe (1830), poussé vers le trône impérial lors d'une autre année de révolutions (1848), malgré des défaites, il a étendu son empire, a cru le fortifier par son caractère multiethnique, mais l'a affaibli en ne satisfaisant pas les revendications des nationalistes.

Schönbrunn, Vienne et l'Empire prennent le deuil. Rideaux noirs, volets clos, lumières rares, l'automne avance l'arrivée de l'hiver et entoure de silence l'immense douleur. Dignitaires et proches défilent dans la chambre où repose François-Joseph, figé dans son uniforme d'apparat – comme dans ses chagrins –, tunique blanche, pantalon rouge à parements d'or. Le corps du souverain a été placé sur son lit de camp en fer. Un lit de soldat, simple comme il l'était. Dans la foule viennoise qui défile pendant trois jours, la guerre, en épuisante stagnation, semble arrêtée. En réalité, c'est une époque qui s'enfuit, le temps d'un autre siècle. Le nouvel empereur et roi, Charles, petit-neveu du défunt, a un geste d'une belle élégance. Il fait prévenir une absente qui avait été si présente dans la vie intime de se son grand-oncle, Katharina Schratt. Charles exige que ce soit le prince de Montenuovo, l'insubmersible et intraitable grand maître des cérémonies, qui téléphone à l'ancienne comédienne en la priant de venir se recueillir. On se souvient des mesquineries sordides dont ce cerbère de l'étiquette avait souillé les funérailles de

François-Ferdinand et de son épouse. On imagine donc que faire venir la maîtresse-amie-confidente (choisie par l'impératrice Sissi !), qui n'est, selon lui, qu'une ancienne théâtreuse, représente à ses yeux le comble du scandale et de la vulgarité. Le dignitaire maniaque est pourtant obligé d'envoyer une voiture quérir Mme Schratt, qui réside dans une maison près de la gloriette du parc de Schönbrunn où elle recevait François-Joseph. C'est proche, et pourtant c'est le refuge de bien des secrets. Mme Schratt arrive dans l'antichambre. Le protocole lui interdit l'accès à la chambre mortuaire. L'empereur Charles l'attend, lui seul pouvant briser la barrière des conventions : « Le nouveau souverain la conduit lui-même auprès de la dépouille mortelle. Là, dans un dernier geste de tendresse, tandis qu'elle murmure une prière, Katharina dépose deux roses blanches, cueillies dans la serre de la Gloriette Gasse, entre les mains de l'empereur défunt[33]. » Puis Zita, la nouvelle impératrice (elle aussi a eu l'élégance de s'effacer devant Katharine Schratt), s'avance avec leur fils aîné, Otto, 4 ans, un bouquet de violettes à la main. Pendant quelques instants, l'antichambre réunit trois générations de Habsbourg désignées pour régner.

Après cinq jours de veille, la dépouille de François-Joseph est transportée jusqu'à la chapelle de la Hofburg, où la foule a défilé devant des montagnes de fleurs ; puis les funérailles solennelles sont célébrées le 30 novembre, en la cathédrale Saint-Étienne. La ville est pétrifiée de douleur et de respect. Une procession interminable dans les rues de Vienne enneigée, tandis que le bourdon de la cathédrale, la célèbre « Pummerin », fondue en 1711 avec le bronze de cent quatre-vingts canons turcs, martèle le glas. Derrière le lourd corbillard, Charles, en uniforme et manteau bleu clair réservé aux officiers généraux, son shako sous le bras droit, s'avance avec Zita, entièrement voilée de noir. On ne saurait dire où s'arrête son voile et où commence sa robe. On ne voit rien de son visage, de son corps, à peine aperçoit-on ses pieds. C'est une vision impressionnante qui avance sous un pâle soleil. Entre Charles et elle, Otto, curieusement en blanc, mais avec une cravate et une ceinture noire, porte un bonnet à plumes. Le trône a un nouvel héritier, l'archiduc Otto.

Devant le défilé de la garde à cheval, un enfant de 10 ans, né dans la partie alors autrichienne de la Pologne, dira, bien plus tard, que c'était « un spectacle inoubliable ». Il deviendra l'un des plus grands réalisateurs de Hollywood, autant dans le film noir que dans la comédie : il s'agit de Billy Wilder, qui était donc né un sujet de l'empereur. Mais le spectacle est gâché : l'un des chevaux attelés au carrosse funèbre, le huitième, est malade. Un mauvais présage pour l'avenir de l'Autriche-Hongrie...

17 décembre 1916 : la tsarine est effondrée, on a tué Raspoutine !

Petrograd. Raspoutine avait raison, l'armée manque de tout, les soldats ont froid et faim. La percée du général de cavalerie Broussilov contre les Autrichiens remonte à plus de six mois. Elle a fait diversion, mais depuis, l'immobilisme d'une guerre dont on ne voit plus, en Russie comme ailleurs, ni les raisons ni les buts, est décourageant. Dans la Russie de Nicolas II, le pacifisme progresse grâce à une propagande efficace. La Russie en paix était une grande illusion qui s'épanouissait à crédit, la Russie en guerre n'est qu'une grande désillusion, pour elle-même comme pour ses alliés. Le fait que la Russie ait déjà perdu plus de 2 millions d'hommes est le plus accablant des constats. La tsarine Alexandra – qui est, selon son entourage, « saturée de Véronal » (un médicament hypnotique en vente depuis quelques années) – semble « ivre de fatigue ». La capitale, qui compte environ quatre cent mille ouvriers liés à l'industrie de guerre, paraît soumise, comme la souveraine, à l'influence désastreuse du guérisseur de Sa Majesté. Elle l'écoute d'autant plus qu'il avait raison. Même le charbon pour alimenter les chaudières des locomotives fait défaut. Les rumeurs succèdent aux rumeurs, répandant la thèse que l'impératrice, hagarde, est entourée d'agents allemands – ce qui est faux – et que son mari le tsar est entièrement soumis à sa volonté – ce qui est largement vrai. Mais il y a un fait incontestable : le 20 janvier 1916, Nicolas II a nommé un nouveau chef du gouvernement, Stürmer. Or, même si son prénom est Boris, son patronyme est allemand. Au tsar, Alexandra a écrit cette recommandation insensée : « Ne lui permets pas de changer de nom, cela lui nuirait. » En ces temps de lutte contre le Reich et le Kaiser, ce choix est apparu comme une insolente provocation. Comme son épouse, Nicolas II juge que ce nom germanique n'a aucun effet sur l'opinion, car « ils s'y feront tous ». Une grave erreur… Le 1er novembre, le tsar l'a révoqué, mais le mal est fait. Raspoutine décide de tout, des affaires de l'État, de l'Église, se livre à des opérations commerciales douteuses, à une débauche sexuelle confirmée par la police qui le surveille pour le protéger, à la demande de l'impératrice ! Loin de Petrograd, dans son quartier général, le tsar ne se rend pas compte que l'on soupçonne Guillaume II d'avoir des agents qui affaiblissent l'autorité du Romanov. Même l'impératrice douairière, la veuve d'Alexandre III, supplie son fils de décider par lui-même d'empêcher sa femme de croire que Raspoutine est un faiseur de miracles.

Alexandra répond qu'elle fera déporter en Sibérie tous ceux qui en veulent au mage bienfaiteur. À partir de la fin 1916, il est évident que l'impératrice, politiquement et psychologiquement séduite par les manœuvres de son conseiller universel, est capable des pires folies. Il lui fait croire qu'elle détient le vrai pouvoir, qu'elle est une nouvelle Grande Catherine ! Le grand-duc Nicolas, très lucide, que le tsar a écarté du commandement en chef, avait déjà dit à Raspoutine qui demandait à le voir et à visiter son état-major :

— Viens au plus vite… Pour que je te pende !

Plusieurs hauts personnages en sont arrivés à la conclusion que Raspoutine est le responsable du malheur russe. Parmi eux, le grand-duc Dimitri et le député Pourikievitch, membre influent de la Douma et défenseur de la monarchie en péril, répètent ouvertement que « la révolution menace et que si cela continue, un moujik dirigera la Russie ». C'est aussi une certitude pour le prince Félix Youssoupov, l'un des hommes les plus séduisants et les plus fortunés de Russie – plus que le tsar lui-même –, qui a épousé Irina, une nièce de Nicolas II. Youssoupov, les traits asiates et fins et que sa mère habillait en fille, est homosexuel ; sa femme, magnifique et prestigieuse héritière, lui a permis d'être très proche de la famille impériale. N'ayant pas été appelé sous les drapeaux et complexé de ne pas servir son pays en soldat, il décide d'éliminer Raspoutine. C'est un devoir de salut public[34].

Ce qui nous intéresse ici est la réaction du couple impérial et de l'opinion après le drame. Alexandra est dans un état effrayant, pleurant « un saint qui sauvait son fils ». Nicolas II envoie le grand-duc Dimitri faire la guerre en Perse et exile Youssoupov sur ses terres lointaines. L'événement est catastrophique, car non seulement il discrédite les souverains, mais il divise la Russie. Dans Petrograd, on crie au soulagement : l'imposteur n'humiliera plus personne. Le général Janin, chef de la mission militaire française, constate, surpris, que « la nouvelle a excité chez les officiers une joie débordante et bruyante. Une bataille gagnée avec cent mille prisonniers n'en eût pas excité davantage ». La faiblesse de Nicolas II qui lui avait fait imposer des nominations aberrantes et prendre des mesures incompréhensibles sous l'influence du maudit Raspoutine avait exaspéré l'état-major. Alexandra, tétanisée, qui erre comme une somnambule, fait enterrer le corps de son « bienfaiteur » dans le parc de Krasnoïe Selo. Dans les campagnes, au contraire, on est scandalisé. Un prince a tué un moujik, un homme qui reflétait l'âme russe et qui avait sauvé le tsarévitch. Un tel guérisseur ne pouvait être malhonnête. Choqué qu'un de ses parents, le grand-duc Dimitri, ait trempé dans ce complot sordide, Nicolas II quitte Moghilev et s'enferme dans son palais de Krasnoïe Selo. Il ne saisit pas cette ultime chance d'écouter la Douma, d'admettre le principe d'une monarchie constitutionnelle. Deux mois plus tôt, le roi George V, très inquiet du délire qui s'était emparé de son cousin et d'Alexandra, avait adressé au tsar, par l'intermédiaire de l'ambassadeur britannique à Petrograd, sir George Buchanan, un message secret dont le diplomate connaissait le contenu. Il suppliait Nicolas II de regagner la confiance populaire. De toute urgence. Mais le tsar n'avait pas compris. Étonné, il avait posé cette question confondante :

— Voulez-vous dire qu'il me faut regagner la confiance de mon peuple ou qu'il faut qu'il regagne ma confiance ?

C'était déjà trop tard. Si l'on en croit une lettre laissée par Raspoutine chez lui avant de se rendre au palais de Youssoupov, le guérisseur affairiste s'était montré prophétique, sachant qu'on allait l'assassiner. Maudissant le tsar, il s'adressait à lui : « Si je suis tué par des hommes du peuple, par mes frères, toi, tsar Nicolas, tu vivras. Tu resteras sur le trône et tes enfants vivront. Si je suis tué par des seigneurs, des aristocrates, mon sang coulera sur toute la Russie. Toi et tes enfants ne vivrez pas plus de deux ans, la Russie basculera et sera vaincue. »

Si Nicolas II n'est pour rien dans l'assassinat de Raspoutine, deux mois après sa mort, la révolution éclatera à Petrograd. Le guérisseur était bien un devin.

Budapest, 30 décembre 1916 :
l'insolite couronnement de Charles et Zita

Nouvel empereur d'Autriche, Charles Ier ne fait pas mystère de son horreur de la guerre, une guerre qu'il n'a pas voulue ni déclarée et qui s'avère catastrophique, avec plus d'un million de morts du côté austro-hongrois, face à un triple front à maintenir (Russie, Serbie, Italie), l'enfer de Verdun, le cauchemar de la Somme et la certitude que seule une paix, fût-elle séparée, pourrait enfin enrayer cette hécatombe qui dure depuis dix-huit mois. Ses inspections sur tous les fronts l'ont convaincu que la monarchie des Habsbourg serait balayée si le conflit continuait. Le petit-neveu de François-Joseph déclare : « Je ferai tout pour bannir au plus vite possible les horreurs et les épreuves de la guerre, pour rendre à mes peuples les bienfaits de la paix qui leur manquent cruellement, dans la mesure où l'honneur de nos armes, les conditions de vie de nos États et de leurs alliés fidèles et l'obstination de nos ennemis me le permettront. »

Cependant, n'ayant pas oublié la méfiance des Hongrois, pourtant très privilégiés dans l'Empire – à Budapest, on s'était bruyamment réjoui de l'attentat de Sarajevo –, Charles comme Zita jugent urgent de resserrer les liens de la double monarchie. Dès son avènement, Charles a reçu le Premier ministre de Hongrie, le comte Tisza. « Très digne dans sa tenue d'apparat noire, il était le seul à porter du noir, dans la tradition calviniste. »

Au jeune souverain, le chef du gouvernement a immédiatement proposé la solennité du couronnement afin que les Hongrois ne se sentent pas abandonnés. La situation est aussi difficile à l'intérieur qu'à l'extérieur, car les nationalistes tchèques demandent la transformation de l'État dualiste et certains émigrés de Bohême se sont mis au service de l'Entente en constituant un Conseil national de Tchèques et de Slovaques.

En un temps record compte tenu des circonstances (pénurie, dénuement, découragement), on organise le couronnement des monarques apostoliques de Hongrie. En application du compromis austro-hongrois de 1867, Charles Ier d'Autriche doit devenir Charles IV de Hongrie et Zita reine, comme l'avait été la lumineuse Sissi vénérée par les Magyars. Il faut se rendre compte de l'importance du fastueux rite royal, incroyable malgré la guerre. Un couronnement alors que l'Europe est à feu et à sang ! Trois jours de cérémonies sont prévus pour raviver l'union de la Cisleithanie (Autriche) avec la Transleithanie (Hongrie) – la Leitha étant la rivière séparant les deux entités. C'est en l'église Saint-Mathias, sur la colline de Buda, que le primat de Hongrie va célébrer la cérémonie religieuse d'une importance politique exceptionnelle. L'Autriche doit rassurer la Hongrie… et raviver sa fidélité. Les festivités ont lieu à l'endroit même où François-Joseph, le grand-oncle de Charles, et Sissi étaient devenus, eux aussi, souverains apostoliques de Hongrie, il y a presque un demi-siècle. Une mosaïque, que l'on peut encore voir aujourd'hui à gauche du maître-autel, a fixé la scène. Et comme à cette époque, le carrosse d'apparat a été sorti des écuries de Schönbrunn, démonté puis transporté par chaland sur le Danube. On a calé ses superbes et lourdes roues dorées dans des emballages protecteurs. À Budapest, remontée, la somptueuse voiture est tirée par huit chevaux blancs. À la descente de leur train spécial, trente coups de canons saluent les souverains. Leur jeunesse (29 et 24 ans) est acclamée. Partout, des drapeaux tricolores aux couleurs hongroises (rouge, blanc et vert) attestent la confiance populaire. Le petit Otto, l'aîné des quatre enfants du couple (à l'époque), a revêtu un uniforme blanc, et le prince royal de Hongrie est coiffé d'un bonnet à plumet. En 2008, l'archiduc Otto de Habsbourg se souvenait parfaitement du rituel imposé à son père, bien qu'il ne soit revenu à Budapest que soixante-douze ans plus tard : « Le nouveau roi devait gravir à cheval un monticule, puis pointer son épée vers les quatre points cardinaux pour exprimer son serment de défendre le royaume[35]. » Le roi, la reine et le prince posent pour la photographie officielle de leur couronnement. En cette fin décembre 1916, le soutien de la Hongrie est essentiel, car l'entrée en guerre de l'Italie aux côtés des Alliés l'année précédente a été un désastre pour les Habsbourg. Entre 1912 et 1914, Charles avait commandé le 39e régiment d'infanterie. C'était en temps de paix, mais il n'aimait déjà pas la guerre ; et ensuite, quand il avait été promu général, ses tournées sur le front l'avaient traumatisé.

Plus que jamais, ce 30 décembre 1916, Charles, empereur et roi, se veut le soldat de la paix.

4

Le glas des empires 1917-1918

Le deuxième hiver de guerre est plus sévère que le premier, et surtout, il semble interminable. Comme le conflit. La fatigue s'est muée en épuisement et en désespoir devant la stagnation des lignes de front, la désorganisation, la pénurie et le rationnement dans plusieurs pays, notamment en Russie où l'agitation révolutionnaire sape la personne même du tsar. En Irlande, une insurrection, peut-être encouragée par l'Allemagne, s'est soulevée contre la Couronne britannique ; les Autrichiens sont très affectés par la disparition de l'empereur François-Joseph dont le successeur veut arrêter la guerre. En France, la bataille de Verdun a atteint le chiffre ahurissant de 700 000 tués (338 000 Allemands, 364 000 Alliés) et l'autorité militaire est contestée à certains niveaux par les premiers mouvements pacifistes. La débâcle d'armées adverses dans les Balkans, la terreur répandue par la guerre sous-marine allemande, les cinq mois de la bataille de la Somme – transformée en enfer, depuis octobre, avec ses vents déchaînés, ses pluies torrentielles puis sa boue neigeuse – sont des chocs répétés qui ne conduisent qu'au désespoir, puisque ce qui est gagné est vite perdu. Le plus souvent, les adversaires se sont épuisés mutuellement. En septembre 1916, les Britanniques ont, pour la première fois, utilisé des chars d'assaut. Les Allemands sont entrés dans Bucarest le 6 décembre. Le 12, le Kaiser Guillaume II a fait une offre de paix que les Alliés de l'Entente ont repoussée. Si aucun des deux camps ne semble capable de l'emporter ou de convaincre, le cauchemar est-il donc sans fin ?

En mission à Petrograd, le prince héritier de Roumanie manque de lucidité

Bien que Bucarest n'eût pas été prise sans se défendre et que sa résistance eût été courageuse, le prince héritier Carol est très marqué par le départ précipité de la Cour, du gouvernement et de l'administration pour Iași, une ville au nord, entre le plateau et la plaine de Moldavie. Une cité symbole car, depuis 1912, des monuments y commémorent la naissance de la Roumanie unifiée. Mais l'écrasement de l'armée roumaine, ses milliers de morts et ses dizaines de milliers de prisonniers ont montré à Carol la faiblesse, sinon l'inexistence, des partis politiques dans une telle situation où seule la Couronne semble solide. Plus tard, Churchill résumera la vérité en rappelant que les troupes roumaines étaient entrées en Transylvanie en libératrices… avant d'être écrasées parce que les hommes qui gouvernaient la Roumanie « étaient prêts pour la victoire, pas pour la guerre[1] ». La reine Marie, qui avait été surnommée, avant son mariage, « la plus belle princesse d'Europe », fait preuve d'un courage, d'une énergie et d'une détermination remarquables. Elle est grande, brune aux yeux bleus, élégante et racée, et ses nombreuses grossesses – en 1913, elle avait déjà cinq enfants – n'ont entamé ni son charme ni sa beauté. Elle passe pour avoir un fort tempérament, et on lui attribue plusieurs amants au point que la légitimité de ses derniers enfants a été mise en doute… Néanmoins, avec le roi Ferdinand que l'on dit jaloux de son prestige, elle affronte les épreuves courageusement. Sous le voile de l'infirmière qui organise des hôpitaux ou dans le costume national roumain, la petite-fille de Victoria incarne totalement son pays d'adoption avec un esprit politique qui, souvent, contredit celui du roi, le terne Ferdinand. Au début de 1917, la reine, qui est aussi une petite-fille du tsar Alexandre II, est très inquiète des rumeurs alarmantes et des informations contradictoires lui parvenant de Russie. Raspoutine assassiné, la tsarine que l'on dit folle de douleur au point qu'on envisagerait de l'enfermer dans un couvent, une propagande ouvrière appelant à l'arrêt de la guerre et à la révolution, tout cela perturbe Marie. Pour contourner la susceptibilité du roi, elle charge un émissaire de plaider la cause de son départ pour Petrograd auprès de Ferdinand. Il refuse, mais accepte que son fils Carol et Ion Brătianu, chef du Parti libéral et à plusieurs reprises président du Conseil, se rendent en Russie – car la Roumanie, qui s'est prononcée en faveur de l'Entente, a besoin de l'aide russe… et le territoire roumain est aux trois quarts occupé par les troupes du Kaiser. Ils atteignent Petrograd le 13 janvier 1917, quatre jours après que Nicolas II a nommé le prince Galitzine, un de ses confidents, chef du gouvernement – le troisième en un an –, mais sans l'approbation de la Douma.

Le voyage du prince héritier et du ministre est un monument d'aveuglement ! Le tsar pense que la situation est grave, mais qu'elle va s'arranger. Il regagne son quartier général, évidemment moins agité que Petrograd car il est sûr d'avoir toujours la confiance de son armée. Alexandra, en deuil apeuré et théâtral de Raspoutine, est affolée par la rougeole de ses enfants et se perd en dévotions. Brătianu est convaincu que la révolution n'est pas imminente et Carol que la Russie impériale est solide ! Pire : il juge qu'elle est mieux organisée qu'avant ! Encore pire, l'idée d'un mariage avec la grande-duchesse Olga lui paraît opportune (!), car elle permettrait à la Roumanie de compter sur la Russie pour connaître des temps moins difficiles !

Or, la réalité est catastrophique. Les troupes commencent à se révolter. Le tsar étant éloigné, la tsarine et une clique d'inconscients dirigent la politique, et la mauvaise réputation d'Alexandra s'aggrave chaque jour. L'ambassadeur de France, Maurice Paléologue, note que « la tsarine n'est pas assez normale pour dessiner un système politique... Le ministre de l'Intérieur Protopopov est victime d'obsessions et il faudra certainement l'enfermer très bientôt », confirmant une précédente déclaration du dirigeant libéral Milioukov à la Douma : « L'incapacité du gouvernement frise le crime de haute trahison. » Informés de la situation, les cabinets français et britannique envoient une délégation à Petrograd pour savoir exactement ce qui s'y passe. Avec insistance, celle-ci suggère au tsar de former un gouvernement responsable qui ait la confiance de la Douma. Son président, Rodzianko, répète au souverain qu'il doit avoir le soutien du Parlement pour avoir celui de la population : « Sire, ne conduisez pas le peuple à devoir choisir entre vous et la patrie. »

Nicolas II ne réagit pas ! Les ambassadeurs français et britannique en concluent que Rodzianko prépare sciemment la chute du tsar. Et qu'il sera impossible aux Alliés d'agir pour le sauver.

Au début de février, « les deux pays étaient au bord du gouffre et la cour des Romanov rêvait d'un mariage royal. Marie envisagea l'événement comme un bonheur envoyé du ciel[2] ». Pour la reine Marie, l'essentiel est que son fils Carol, « sa main droite », l'assiste dans son travail d'infirmière... Un ahurissant concours de chimères !

3 mars 1917 : à Petrograd, la révolution contraint le tsar Nicolas II à abdiquer

Depuis un mois, les prix des denrées alimentaires n'ont cessé d'augmenter. En raison d'arrivages insuffisants, la plupart des commerçants – boulangers, bouchers et crémiers –

ont fermé leurs magasins. La capitale a faim, comme toute la Russie. Le 23 février[3], la municipalité décide le rationnement du pain ; les dernières boulangeries pauvrement garnies sont pillées. Venues des faubourgs ouvriers, des femmes marchent sur l'hôtel de ville, scandant le même cri : « Du pain ! » Les cosaques, à cheval, dispersent laborieusement la manifestation. Depuis les journées d'octobre 1789 en France, il n'y a pas de révolution sans femmes. Le lendemain, ces femmes en colère reviennent à la charge dans des rangs grossis par des ouvriers d'usines. Le surlendemain, la célèbre perspective Nevski est noire d'une foule brandissant des pancartes et des banderoles : « À bas le tsarisme ! À bas la guerre ! » Les manifestants sont aussi armés – du jamais vu –, certes faiblement, de quelques revolvers, de barres de fer, de bouteilles, de moellons. Les troupes se joignent aux émeutiers, massacrant les officiers qui tentent de s'interposer. « Des émeutes, la Russie tsariste en a l'habitude depuis le début du siècle. Mais il est nouveau que l'armée se joigne à l'insurrection[4]. »

Le 27 février, brandissant des drapeaux rouges, les troupes mutinées défilent dans le centre de Petrograd, cette fois derrière les cosaques, l'élite de la Garde impériale, jadis fidèle au souverain. Civils et soldats exigent que le pouvoir soit transféré à la Douma. Le matin même, au quartier général de Moghilev, le général Alexeïev, chef d'état-major, a reçu un télégramme de Rodzianko, le président de la Douma : « Les institutions gouvernementales ont cessé de fonctionner à Petrograd. Le seul moyen d'éviter l'anarchie est d'obtenir l'abdication du tsar en faveur de son fils. » N'ayant pas dormi depuis plusieurs nuits, le général, sensible aux idées républicaines, pense sauver la Russie par le départ de Nicolas II. Dans Petrograd, la rumeur assure qu'un soviet avec un gouvernement provisoire négocierait l'instauration d'un nouveau régime. La foule arrive devant le palais de Tauride, où siège la Douma (une immense photographie du tsar debout est toujours en place, derrière le bureau du président), et des députés se demandent si les insurgés viennent pour les acclamer ou pour les massacrer. Un brillant avocat de 36 ans, Aleksandr Kerenski, élu en 1912, confirme la mise en place d'un nouveau pouvoir. Nicolas II paie ici sa plus grande faute dans la guerre : il avait abandonné sa capitale ; il est, à son tour, abandonné. Au quartier général, les télégrammes se succèdent. Le tsar attend quelques heures – une autre faute – avant de faire repartir son train spécial en direction de Krasnoïe Selo. Il n'a pas compris que la Russie exsangue ne veut plus de lui. Il espère reprendre le contrôle de la situation par l'autoritarisme, en ordonnant à quatre régiments qu'il estime fidèles de marcher sur Petrograd pour mater l'insurrection et en suspendant la Douma. Tous ses ordres sont non seulement inutiles et obsolètes, mais inappliqués. Car si la monarchie existe encore, elle n'est plus obéie.

Le destin se présente alors sous la forme d'une nécessité ferroviaire. Afin de ne pas gêner la marche des unités envoyées par train sur Petrograd – c'est ce que les cheminots expliquent au tsar, qui les croit –, l'itinéraire du convoi impérial est modifié. Un changement de voie, à tous égards. Nicolas II est otage de quelques aiguilleurs, enfermé dans son train qu'il ne contrôle plus. Réalité ou piège ? Le résultat est que la rame est détournée vers Pskov, à environ 200 kilomètres au sud-ouest de Petrograd. À six heures de chemin de fer... Encore un éloignement, involontaire, mais révélateur. Pskov, réputée pour ses magnifiques icônes et ancienne rivale de Novgorod, est le quartier général du front nord. Le convoi impérial y arrive le 1er mars à 8 heures du soir. Sur le quai, le général Rousski, commandant en chef du front nord, supplie Nicolas II de faire des concessions, sans croire qu'il sera entendu. À celui qui est encore l'empereur de Russie, il explique qu'il serait vain de résister à l'immense mouvement. Alexeïev, pour qui l'autocratie est condamnée depuis la veille, envoie une dépêche aux commandants des quatre autres fronts. Il ne leur pose pas une question, il leur envoie une affirmation : « L'abdication de Nicolas II est indispensable pour rétablir le calme dans le pays et permettre de continuer la guerre. » Cette motivation explique le fossé qui sépare encore Petrograd des armées autour de la capitale. Si celle-ci exige l'abdication et la paix immédiate, les généraux les plus proches du tsar, débarrassés de lui et de son incompétence, entendent poursuivre les combats. En effet, en cet hiver 1917, il est encore impossible de prévoir lequel des deux camps, celui des alliés de la Russie ou de la coalition menée par Berlin et Vienne, va l'emporter. Rien n'est joué. La réponse arrive en début d'après-midi, unanime puisque Rousski y joint la sienne. C'est un ultimatum. L'armée demande à son chef – une illusion de plus – d'abdiquer. Dans sa voiture-salon, Nicolas II reste silencieux. Puis, d'une voix ferme qu'on ne lui soupçonnait plus, à son état-major au garde-à-vous, il annonce :

— Je me suis décidé. Je renonce au trône en faveur de mon fils.

Puis, enfermé dans son bureau au milieu de la voiture, il rédige un texte avec son chambellan. Un silence total accompagne ces dix minutes historiques. Officiellement, d'après le document, il est 3 heures de l'après-midi. Le texte – une page – est dactylographié sur une feuille de papier ordinaire, sans monogramme, dans le compartiment des aides de camp. Avant de le lire et de le parapher, Nicolas Romanov se signe plusieurs fois, selon la tradition orthodoxe. Pense-t-il aux icônes protectrices qu'Alexandra lui envoyait régulièrement de la part de Raspoutine pour bénir jusqu'aux déplacements de son convoi ? Ce 3 mars 1917[5], personne à l'extérieur ne peut voir le malheureux ex-empereur accomplir ce geste de foi, les rideaux de sa voiture-salon étant baissés. Comme pour un convoi funèbre… Nicolas II, dix-neuvième tsar de la dynastie depuis 1613, a cessé de régner après vingt-trois ans de pouvoir. Fataliste, résigné, il semble indifférent. Il est désormais l'otage de ses généraux[6]. L'acte ne sera publié que le 4 mars.

Nicolas II est obligé d'abdiquer... deux fois !
Et ce n'est pas suffisant...

Son médecin intervient. Il lui rappelle que le mal dont souffre le tsarévitch est incurable, et que – prémonition – la famille impériale risque d'être séparée. Ce serait insupportable pour ce père aimant et attentif. Alors, afin de ne pas être privé de la présence d'Alexis et d'ajouter un calvaire familial au traumatisme politique, l'ex-tsar reprend sa plume et, par une entorse juridique, il abdique une seconde fois, au nom de son fils, en faveur de son frère, le grand-duc Michel, qui était le fils préféré d'Alexandre III et a dix ans de moins que Nicolas. C'est un homme au caractère léger, simple, passionné de musique, qui s'était toujours tenu éloigné des affaires de l'État. Les relations entre les deux frères n'étaient pas faciles depuis qu'en 1912 Michel, contre la volonté de son aîné, avait épousé une femme ravissante, Natalia Cheremetievskaïa, une célèbre et ambitieuse beauté de Saint-Pétersbourg deux fois divorcée. La tsarine Alexandra en était outrée et la famille, furieuse, ne voulait plus voir ce couple. Écarté de la succession au trône, le grand-duc Michel et son épouse avaient dû quitter la Russie, mais dès la déclaration de guerre, le frère « scandaleux » était revenu faire son devoir et avait commandé d'abord la division dite « Sauvage », puis le 2e corps de cavalerie.

L'ex-tsar pouvait-il faire autrement ? Il n'avait pas le choix. Mais il est surtout très amer que son fils ne puisse lui succéder. Tant d'amour, tant de souffrances, d'angoisses et de sacrifices pour arriver à l'élimination forcée, pour raison médicale, du tsarévitch plongent Nicolas dans un chagrin insoutenable, sans doute plus profond que sa propre renonciation. Et, contrairement à ce l'on pourrait penser, de nombreux députés regrettent que la Couronne ne soit pas placée sur la tête d'Alexis avec une inévitable régence. Le parlementaire monarchiste Goutchkov, dépêché spécialement de Petrograd pour être témoin de l'abdication, l'avoue même, sincèrement navré, à son ancien souverain :

— Nous comptions sur la personne du jeune Alexis pour aider à une transmission du pouvoir en douceur…

Pour plusieurs parlementaires monarchistes, un enfant, très beau, même affaibli par une santé précaire et bénéficiant de la sympathie qu'attire le malheur, aurait été un signe de continuité. Mais la réalité est bien différente. Par la volonté de son frère, le grand-duc Michel succède à son neveu qui avait, juridiquement et pendant quelques instants, succédé à son père. Sur cette procédure, rarissime, un détail doit être considéré. Comme le relève Hélène Carrère d'Encausse, « l'acte d'abdication final est daté du 2 mars et porte une indication horaire fausse, 15 heures, alors que tout n'a été parachevé que le soir. Mais, par un tour de passe-passe, l'empereur a tenu à marquer que la décision a été prise par lui seul et que les pressions de la Douma n'y ont point eu de part[7] ». Depuis des mois, le souverain se savait condamné. « La révolution est arrivée comme la mort d'un ami qui avait été malade pendant des années et des années », dira Sydney Gibbs, le professeur d'anglais des enfants impériaux à Krasnoïe Selo. Le tsar en était conscient, tandis qu'Alexandra, hystérique, imputait l'insurrection à ceux qui avaient tué Raspoutine, ce « saint homme à qui Dieu parlait ».

À son retrait de la vie publique, Nicolas II a mis une forme qui ne manque pas de grandeur. Dans le silence de son train immobile, devenu une prison, cette seconde abdication est la dernière volonté de l'autocrate. Combien d'aiguilles de pendules et d'horloges ont été retardées pour convenir à l'histoire officielle ? Tous les hommes présents sont émus et les deux envoyés de la Douma peuvent à peine parler. Toujours impassible et aimable, comme il l'était lors de ses audiences et dans sa vie privée, l'ex-tsar leur serre la main et ils descendent. Le train repart immédiatement en direction de Moghilev, le quartier général au sud, en direction de l'Ukraine. L'ambassadeur de France,

Maurice Paléologue, écrira justement : « L'histoire compte peu d'événements aussi solennels, d'une signification aussi profonde, d'une portée aussi énorme. Mais, de tous ceux qu'elle a enregistrés, en est-il un seul qui se soit accompli en des formes aussi simples, aussi ordinaires, aussi prosaïques, et surtout avec une pareille indifférence, un pareil effacement du héros principal ? » Il n'y a chez Nicolas Romanov ni colère ni amertume, seulement une approbation bien élevée, sans démonstration d'émotion – car cela, n'est-ce pas, ne serait pas convenable. Souffre-t-il ou est-ce, au contraire, une délivrance ? Sa passivité apparente est-elle une forme d'expiation ? A-t-il songé à sa mère, Maria Feodorovna, qui, deux ans plus tôt, avait quitté la Cour pour Kiev afin de ne plus voir Raspoutine, ce fléau qui, selon elle, provoquerait la fin des Romanov ? La tsarine Alexandra n'écoutait ni sa belle-mère, ni sa sœur, ni personne. Elle prétendait démasquer des espions, voyait des menteurs partout, ne tenait compte d'aucun avertissement. Elle n'entendait que Dieu qui lui parlait par la voix douce et persuasive de Raspoutine. C'est seulement dans la soirée qu'Alexandra apprend qu'elle n'est plus impératrice. Depuis deux jours, les communications étaient coupées avec le train du tsar et l'état-major. Et les enfants avaient toujours la rougeole. Où était donc le pauvre Nicky ?

Elle hurle :

— Ce n'est pas possible ! Ce n'est pas vrai ! C'est encore une invention des journaux ! Je crois en Dieu et j'ai foi dans l'armée. Ni l'un ni l'autre n'ont pu nous abandonner dans une heure aussi grave !

Comme d'habitude, Alexandra se trompe. La religion – disons l'Église – ne joue aucun rôle visible dans cette révolution. Cette absence est d'autant plus surprenante qu'elle rythme de façon essentielle la vie des Russes, mais il est possible que les compromissions de hauts dignitaires orthodoxes avec Raspoutine aient éclaboussé leur autorité spirituelle. Plus tard, Alexandra prétendra que si elle avait été auprès de son cher Nicky, elle aurait empêché une telle issue. Au contraire, par son mysticisme exalté et son tempérament hystérique, sa présence aurait alourdi l'atmosphère dans le train et rendu encore plus pénible une scène qui, somme toute, était restée digne. Plus personne ne respecte réellement Alexandra qui a exigé de son mari – lequel l'avait d'ailleurs décidé – le bannissement de Félix Youssoupov et du grand-duc Dimitri, alors que l'opinion était soulagée de cette élimination d'un imposteur qui profitait des drames de la guerre et des femmes seules dans une ville presque sans hommes. La haine populaire explose contre l'ex-impératrice. Après « Marie-Antoinette l'Autrichienne » et « Eugénie l'Espagnole », la citoyenne Romanov est scrutée et regardée comme « Alexandra l'Allemande ». Elle n'avait jamais été aimée, maintenant elle est détestée. Des civils « suspects », prétendument proches de l'ex-tsarine, sont fouillés dans la rue. La psychose de l'ennemi germanique se répand. Le 7 mars, l'ex-impératrice et ses enfants sont arrêtés à Krasnoïe Selo. Le lendemain, Nicolas Romanov est appréhendé à Moghilev et ramené à Petrograd. La famille est sous haute surveillance au palais Alexandre de Krasnoïe Selo, officiellement « pour assurer la protection de l'empereur déposé et de son épouse ».

Lorsqu'elle est connue à Petrograd, la nouvelle de l'abdication du tsar déchaîne la joie populaire. Dans les casernes, les soldats jettent leurs toques et leurs bonnets en l'air, tandis sur les 4,5 kilomètres de la perspective Nevski, des autodafés brûlent les emblèmes tsaristes. À Paris, les cours du rouble et des valeurs russes, malmenés par les mauvaises nouvelles de la guerre, remontent. Les souscripteurs osent l'optimisme. À Berlin, on redoute d'abord l'anarchie, puis un effondrement de l'armée russe qui serait favorable à l'Allemagne, et l'on s'en réjouit. Mais la situation reste compliquée, car la Douma a constitué un gouvernement provisoire présidé par le prince Lvov, notoirement lié à la franc-maçonnerie, qui se heurte au soviet de Petrograd, dont les mots d'ordre sont repris dans tout le pays. Ce double pouvoir, né de l'émeute, ne parvient pas à définir la politique à suivre : maintien de l'empire ou adoption d'un autre régime ? Paix avec l'Allemagne ou poursuite de la guerre ? La seconde question est déterminante.

Quel sera le sort des « citoyens Romanov » ? Et quelle monarchie va les accueillir ?

Le soviet de Petrograd est déchaîné. Dans les rues enneigées, des musiciens, parfois improvisés, braillent une *Marseillaise ouvrière* et les références à la Révolution française sont nombreuses. Pendant que la famille Romanov était placée sous bonne garde, une ultime négociation secrète commençait à Petrograd. Dans un hôtel particulier de la rue des Millionnaires qui longe le Nouvel Ermitage, douze hommes sont réunis pour connaître la décision du grand-duc Michel. Le frère de l'ex-tsar s'est installé ici. Accepte-t-il de succéder à son frère et à son neveu ? La Douma peut-elle permettre cette solution ? Le patriotisme a-t-il encore besoin d'une Couronne ? Pour les uns, tel Kerenski, ministre de la Justice du gouvernement provisoire, bon orateur populaire et membre du parti socialiste révolutionnaire, opposé aux bolcheviques et partisan de la poursuite de la guerre avec l'Entente, l'avènement d'un nouveau tsar ne ferait qu'exciter la haine. Pour d'autres, tel Goutchkov, le grand-duc ne peut se soustraire à son devoir, mais il faut consulter le peuple réuni en assemblée constituante. On envisage deux titres possibles : soit celui de régent de l'Empire, soit celui, plus en vogue, de protecteur de la Nation. Un des témoins de la discussion rapportera à l'ambassadeur de France que « cette idée ingénieuse, qui pouvait encore tout sauver, provoqua chez Kerenski une crise de fureur, un déchaînement d'invectives et de menaces dont tous les présents furent terrifiés ». Confusion, désarroi, affrontement verbal violent... Le grand-duc se lève et se dirige vers la chambre voisine du salon. Kerenski bondit, lui barrant presque le passage :

— Monseigneur, promettez-nous de ne pas consulter votre femme !

— Rassurez-vous, ma femme n'est pas ici en ce moment. Elle est restée à Gatchina.

La jolie grande-duchesse, ex-comtesse Brassow, qui avait tant choqué la Cour par son divorce, passe pour dominer son second mari et se mêler de tout. Kerenski et les autres n'ont pas envie qu'une femme de son rang influence encore une fois cet homme dont la légitimité ne tient qu'à un fil. Cinq minutes plus tard, revenu au salon, le grand-duc, très calme, patriote, élégant et courageux – toutes qualités qu'on lui refusait jusqu'alors ! –, déclare :

— J'ai résolu d'abdiquer.

Décidément... D'une écriture régulière et penchée, le prince rédige son abdication. On obtient de lui qu'elle soit provisoire et constitutionnelle, le dernier mot devant revenir au peuple russe. Le 3 mars 1917, l'Empire russe a cessé d'exister, la Russie n'est plus une monarchie[8]. Hasard ou coïncidence, le premier et le dernier Romanov, toutes branches confondues, ayant été dépositaires du pouvoir en trois cent quatre ans portent le même prénom, Michel.

De toutes les questions, urgentes et dramatiques, posées à ceux qui ont balayé l'autorité impériale et veulent gouverner la Russie, il en est une particulièrement délicate car elle est double : que faire des Romanov ? Qui peut décider de leur sort ? Et en ce début mars 1917, le gouvernement provisoire et le soviet (conseil des délégués d'ouvriers et de soldats) ne sont pas d'accord. Quatre jours après son abdication, l'ex-tsar demande au gouvernement provisoire de le laisser gagner l'Angleterre avec sa famille. Cette destination s'impose, car le roi George V est un cousin de Nicolas. Outre leur étonnante ressemblance physique (qui les a beaucoup amusés autrefois), ils ont le même tempérament d'hommes affables et timides. Et Alexandra était la petite-fille préférée de la reine Victoria. David Lloyd George est le Premier ministre britannique depuis la fin 1916. Le passage de pouvoir entre son prédécesseur Asquith et le nouveau locataire du 10, Downing Street, réputé homme à femmes, a été si désagréable que le roi a été obligé d'intervenir afin que cessent les mesquineries infantiles. Dans son cabinet de guerre, Lloyd George réussit habilement à faire prévaloir les politiques sur les militaires. Examinant la demande du gouvernement provisoire de Petrograd reçue le 22 mars, il manifeste un enthousiasme limité envers la venue des Romanov, mais leurs liens familiaux avec la famille royale plaident pour leur accueil. Informé, le roi George V s'interroge : Nicolas II est le premier monarque déchu par les conséquences du conflit. Que doit-on faire ? Et s'il se trouvait, lui-même, un jour dans cette situation ? Le souverain et son Premier ministre s'entendent dans l'hypocrisie : ils font préciser que le gouvernement de Sa Majesté britannique répond à une initiative du gouvernement russe. Londres semble donc généreux, mais il est précisé que c'est le gouvernement provisoire de Petrograd qui assurera des conditions d'existence décentes à l'ex-famille impériale ! Les frais d'exil devront être couverts par la Russie, quel que soit son gouvernement. Les Romanov ne seront acceptés que si leur séjour est pris en charge, car l'opinion britannique, éprouvée par la guerre et les restrictions, ne comprendrait pas une générosité matérielle.

Or, le soviet s'oppose fermement au départ des Romanov. Selon lui, Nicolas II fut un « tyran » comme l'avait été Louis XVI. Il faut donc l'emprisonner, le juger et, puisqu'il est coupable – cela ne fait aucun doute ! –, il doit être condamné à mort et exécuté. De plus, permettre aux Romanov de vivre en dehors de la Russie serait très imprudent. Qui sait si le tsar déchu ne reviendrait pas, comme Louis XVIII, dans les fourgons de l'étranger ? Pour le soviet, selon l'ambassadeur britannique en France Francis Bertie, Nicolas et Alexandra sont des criminels ; l'impératrice étant non seulement allemande de naissance, mais aussi de tempérament, elle est donc coupable ; son mari, lui, est coupable de faiblesse et de soumission à cette folle. Le raisonnement est simpliste, mais efficace.

Par prudence, des ouvriers et des soldats ralliés au soviet, craignant une évasion des Romanov qui pourrait être organisée par leurs parents anglais, font bloquer par les cheminots la voie ferrée conduisant jusqu'à Mourmansk, au-delà du cercle polaire. La ligne, mise en service au début de la guerre, permet à la Russie d'être ravitaillée par ses alliés. Le soviet doit tout faire pour que les Romanov n'échappent pas à la justice du peuple. Après quelques jours de réflexion, le roi George V transmet, par son secrétaire privé, une note à l'attention de son ministre des Affaires étrangères qui relève de la plus haute et de la plus distinguée des duplicités : « Sa Majesté ne peut s'empêcher de penser, en tenant compte des dangers du voyage, mais aussi de considérations plus générales, qu'il ne serait pas raisonnable que la famille impériale soit installée dans notre pays. » Ainsi, Lloyd George qui, dans un premier temps, était sur le point de se laisser convaincre dans les détails pratiques de l'exil avec Petrograd n'est pas gêné pour adopter, dans un second temps, la position fuyante de son souverain : « Le gouvernement de Sa Majesté n'insiste pas sur son offre première d'hospitalité à la famille impériale. » Un chef-d'œuvre de mauvaise foi ! Oscar Wilde l'avait déjà noté dans *Le Portrait de Dorian Gray :* « Tartuffe a émigré en Angleterre où il a ouvert boutique. » Et du côté du Danemark, de la famille de l'épouse du roi Édouard VII et de l'impératrice douairière, mère du tsar déchu, y aurait-il davantage de compassion ? Non. Ces parentés croisées ne sont d'aucun secours : Copenhague refuse d'héberger les Romanov sur le sol danois. La neutralité politique s'étend aux sentiments. Fin mars, la résidence forcée des Romanov dont personne ne veut se transforme en captivité. Ils ne quitteront pas la Russie. Kerenski s'assure presque chaque jour que la famille est au complet. Le ton a changé. Désormais, parents, enfants et personnel sont prisonniers ; Kerenski a beau être ministre de la Justice, il est lui-même surveillé par le soviet. Il est soupçonné de sympathie pour l'ancien tsar avec lequel il s'entretient souvent. Il lui arrive même, par un lapsus révélateur, de lui dire « Sire »...

En Grèce, le duel entre le roi et le Premier ministre tourne au feuilleton !

Fin 1916, entre Athènes et Thessalonique[9], la guerre mondiale est d'abord un conflit permanent entre le roi Constantin et son ancien Premier ministre Venizélos. Ce dernier, comme il l'avait promis, a constitué un contre-gouvernement dissident avec l'appui de la France, en particulier du général Sarrail. Ce républicain acharné ne rêve que d'abattre la monarchie hellénique, toujours neutre et qu'il soupçonne injustement de sympathies germaniques parce que la reine est la sœur du Kaiser. Pour entrer en guerre aux côtés de l'Entente, Venizélos a besoin de l'armée d'Orient du général Sarrail. Celui-ci a laissé les troupes roumaines être écrasées par l'Allemagne, l'Autriche-Hongrie et la Bulgarie, n'a guère été agressif contre la Bulgarie et se montre de plus en plus impliqué dans la politique grecque, ce qu'on ne lui demandait pas. Dans cette ville de Thessalonique, le quartier général allié en Grèce, Sarrail est aussi très mondain. On le voit beaucoup dans les salons avec sa très jeune épouse, ce qui inspire à Clemenceau ce plaisant constat : Sarrail a deux fronts à défendre ! Mais son acharnement contre le roi Constantin, donc contre le gouvernement royal légitime, lui vaut « le sobriquet mérité de Bazaine de Salonique ». Les agissements sournois du général Sarrail et la tension qu'il entretient pour éliminer le roi sont également suivis à Paris où le maréchal Joffre, chef d'état-major, et les milieux de droite tentent de se débarrasser de Sarrail. Mais Joffre est écarté et l'autre adversaire de Sarrail, Aristide Briand, président du Conseil, démissionne aussi. Sarrail, qui n'a plus d'ennemis à Paris, a les mains libres en Grèce pour obtenir l'abdication du roi Constantin. Le 11 juin 1917, sous la pression de Sarrail, qui débarque au Pirée, et de Venizélos, les Alliés lancent un ultimatum au roi et au gouvernement royal. Ils exigent la fin de la neutralité grecque, sans que la population soit consultée. Devant la présentation de cet ultimatum par le haut-commissaire français Charles Jonnart, le souverain préfère se retirer le 12 juin, abdiquant au profit de son deuxième fils, le prince Alexandre, âgé de 24 ans, qui n'a pas été préparé à cette charge. La partie semble donc terminée : échec au roi, qui s'embarque avec sa famille et son fils aîné, le véritable héritier (qu'on appelle le diadoque dans la monarchie grecque), sur un croiseur français, gagne le territoire italien puis la Suisse, son lieu d'exil. Mais même si Venizélos, redevenu Premier ministre du gouvernement légal, annonce qu'il déclare la guerre à l'Allemagne, à l'Autriche-Hongrie, à la Bulgarie et à l'Empire ottoman (ce qui est beaucoup pour la Grèce), il n'a pas réussi à renverser la monarchie, son idée fixe. Échec à la république, mais tout n'est pas joué et le très jeune roi est l'otage du madré Venizélos.

1917, la paix séparée : une grande idée déjà lancée par le plus petit des États, le Monténégro...

C'est une année cruciale. Dans la série d'événements décisifs qu'elle rassemble, il faut rappeler l'étendue des fronts où se battent les armées, souvent dans une guerre peu mobile, mais qui n'en est pas moins cruelle. Les affrontements se déroulent aussi bien en Russie qu'au Proche-Orient, en France, en Italie et dans les Balkans, sans omettre la guerre sous-marine, encore intensifiée depuis janvier 1917, l'arme tant redoutée de l'Allemagne. Des États immenses ne doivent pas faire oublier ceux qui sont territorialement exigus. Le Monténégro en est l'exemple le plus significatif, généralement oublié dans ce gigantesque chaos. L'alliance du petit royaume avec la Serbie lui avait valu d'être envahi et battu par l'Autriche-Hongrie. Le roi Nicolas Ier, maintenant âgé de 76 ans, si fier d'avoir joué les trouble-fête dans les Balkans et d'être entré dans l'histoire le 8 octobre 1912 en déclarant la guerre à l'Empire ottoman, avait subi, au début de 1916, l'occupation de sa capitale Cetinje et avait dû capituler. Mortifié par sa chute, il avait tenté de négocier une paix séparée avec Vienne le 10 janvier – sans succès auprès de François-Joseph. L'initiative avait été très mal reçue par la population qui y voyait une lâcheté. Nicolas Ier était accusé d'oublier la fierté patriotique de son armée. Une semaine plus tard, il avait renouvelé sa proposition, mais les conditions posées par les Austro-Hongrois étaient trop dures. Alors, le 20 janvier, le vieux monarque avait dit adieu aux Bouches-du-Cattaro (Kotor) pour quitter définitivement son pays et, effondré, il s'était embarqué pour l'Italie, où le roi Victor-Emmanuel III, son gendre, et sa fille, la reine Hélène, allaient l'accueillir, mais pas pour longtemps car il comptait s'exiler en France. On considéra sévèrement que ses initiatives avaient été malheureuses et désordonnées, comme cela avait souvent été le cas sous son règne. Mais après trente mois d'une guerre qui paraissait sans issue, pouvait-on condamner sans appel une telle démarche ? L'idée d'une paix séparée est reprise par l'empereur et roi Charles de Habsbourg, évidemment avec une plus grande ampleur. On sait que le successeur de François-Joseph, souverain pacifiste – ce qui n'interdit pas le courage –, avait tout de suite été horrifié par la vision des blessés, mutilés et morts. Mais dès 1916, le monarque avait la certitude que la guerre allait être perdue par la double monarchie et par l'Allemagne. Il était inutile et insensé de continuer. Il pressentait l'effondrement des Habsbourg et espérait l'éviter en se désolidarisant de l'acharnement de Guillaume II, ou plus exactement de son chancelier et de son état-major.

Son initiative est audacieuse, car elle implique deux frères de sa femme Zita, ses beaux-frères les princes Sixte et Xavier de Bourbon-Parme qui servent comme officiers dans l'armée du roi des Belges Albert Ier[10]. Ils sont donc, militairement, les adversaires de Charles, et ce cas illustre d'une façon poignante la complexité des relations dynastiques dans le conflit où la guerre oppose les membres d'une même famille. Mais où ce projet peut-il être abordé, sinon dans la plus neutre et la plus paisible des républiques, la Suisse ? Et avec qui peut-il être étudié sérieusement, et bien sûr dans le plus grand secret ? Avec un proche du président Raymond Poincaré, lequel était toujours accablé de son surnom de « Poincaré la guerre ». Après un passage par Paris, Sixte et Xavier arrivent à Neuchâtel le 29 janvier 1917 et se rendent chez le cousin d'un ami sûr, 7, rue du Pommier. « Ils ont voyagé *incognito* sous les noms de comte et vicomte de Mercœur, un nom qu'employait volontiers le comte de Chambord, leur oncle. Toutefois, leurs passeports sont à leurs vrais noms et ils ont dû les faire viser à la Légation suisse à Paris. Berne est au courant de leur arrivée[11]. » La mère des princes, la duchesse de Parme, les reçoit le lendemain, à l'hôtel Bellevue. Elle avait écrit à la reine des Belges, Élisabeth, exprimant le souhait de voir ses fils, car en raison des événements, ils ne se sont pas revus depuis le début de la guerre. « Vêtue de noir depuis la mort de François-Joseph, elle a voyagé sous le nom de Sepibus, celui d'une de ses dames d'honneur valaisanne. À ses fils, elle remet une photographie de la souveraine belge qu'elle admire et une boîte de chocolats[12]. » Les princes sont instruits que Charles désire la paix au nom de l'Autriche-Hongrie. Ils prennent note de son plan dont les principaux points sont la restitution de l'Alsace-Lorraine à la France et le rétablissement de l'indépendance de la Belgique et de la Serbie. De retour à Paris, les deux frères ont un entretien avec Jules Cambon, ancien ambassadeur à Londres devenu secrétaire général du Quai d'Orsay. Ils lui révèlent le projet de leur beau-frère. « Le 13 février, Charles informe Guillaume II des sondages qu'il a lancés auprès des Alliés, sans pour autant livrer le nom des intermédiaires ; mais les Allemands, qui disposent de services de renseignement efficaces, seront vite informés de l'entrée en scène des princes de Parme[13]. » Un émissaire de Charles rencontre ses beaux-frères le lendemain. « Cet envoyé, le comte Erdődy, qui voyage sous le nom de M. Louis et se fait passer pour un médecin de Zurich, est un homme d'affaires hongrois, frère de lait de l'empereur Charles. Un petit homme rond, mal habillé, à l'aspect vulgaire, officier de gendarmerie ; à la suite de trois blessures, il a du mal à écrire[14]. » Il est l'intermédiaire entre les princes et le couple impérial. Aux premières demandes de Charles s'ajoutent l'idée d'un armistice secret avec la Russie et celle d'un royaume des Slaves du Sud (en somme, déjà une « Yougoslavie ») dirigé par un Habsbourg, en association avec les Austro-Hongrois. Pour Charles, le moment est venu d'informer son ministre des Affaires étrangères, le comte Czernin, de sa démarche. L'étape suivante est très délicate, puisqu'elle nécessite un voyage des deux princes à Vienne. Auparavant, de nouvelles rencontres ont lieu à Neuchâtel pour examiner des modifications au projet, les unes de Charles, les autres de son ministre qui visent à ne pas pénaliser l'Autriche. Les amendements de l'empereur laissent une souplesse absente des exigences du ministre, peu conciliant.

Paris, palais de l'Élysée, 5 mars 1917. Depuis août 1914, le président Poincaré a vu passer quatre présidents du Conseil, formé cinq gouvernements, et nommé quatre ministres de la Guerre. Depuis près d'un an, des rumeurs de paix venant des adversaires lui sont parvenues, mais pour ce Lorrain, la solution passe obligatoirement par la défaite de l'autre camp. « Je proclame qu'il nous faut la paix par la victoire des Alliés[15]. » Or, les échos de négociations éliminant cette victoire ont pris de l'ampleur, ce qui le contrarie. Toutefois, il reçoit le prince Sixte, qui lui remet la note du ministre Czernin. Poincaré la juge inadmissible. Une deuxième audience, trois jours plus tard, est plus détendue avec la lecture des propositions de Charles. Le président s'est, au préalable, entretenu avec Aristide Briand, chef du gouvernement et ministre des Affaires étrangères. Aux conditions non négociables s'est ajoutée l'idée, inouïe, de céder Constantinople à la Russie. Mais, en définitive, Poincaré oppose une fin de non-recevoir au souverain Habsbourg et il note, le 8 mars, dans son journal : « Comment l'Autriche pourra-t-elle se passer du concours de l'Allemagne pour nous faire rendre l'Alsace et la Lorraine ? » Question évidemment sensible pour cet homme né à Bar-le-Duc en 1860, quand elles étaient françaises. Il ajoute : « Les intentions de l'empereur Charles peuvent être excellentes, mais l'Allemagne est encore maîtresse d'en faire des pavés infernaux. » En fait, Poincaré, s'il est furieux de l'activisme du renoncement qui se répand, s'il sait que la guerre a entraîné un épuisement tant moral que physique (à l'Opéra, les gens font la queue une heure pour... un kilo de charbon !), il « se montre extrêmement préoccupé par les mouvements de protestation qui se développent dans plusieurs régiments[16] ».

La mission de Sixte a échoué. L'éventualité d'une paix est compromise par le pacifisme. La nécessité du voyage à Vienne revient. C'est très aventureux, et comment les deux frères, officiers d'un pays neutre, pourraient-ils pénétrer en territoire ennemi ? À Genève, à l'hôtel Beau-Rivage, ils en débattent toute la nuit. Et ils prennent le risque, l'émissaire leur jurant qu'ils ne verront que le couple souverain et le ministre Czernin, et ce dans le plus grand secret. Sans doute une lettre de l'impératrice Zita à son frère Sixte les a-t-elle décidés : « Pense à tous ces malheureux qui vivent dans l'enfer des tranchées, qui y meurent par centaines tous les jours, et viens. » Alors, ils entreprennent un voyage très dangereux, en compagnie de l'émissaire de Charles. Ils sont évidemment en civil et, à cause du froid, leurs visages sont masqués par le col de leur manteau. De faux passeports, sur ordre de Vienne, leur ont été délivrés par l'ambassade d'Autriche-Hongrie à Berne, où l'on ignore la véritable identité des destinataires. Un train de Genève au Liechtenstein, une voiture de Vaduz à la frontière autrichienne, l'émotion et la peur de la clandestinité... Ils changent encore de train et atteignent Vienne le 22 mars très tard. L'émissaire les cache chez lui. Le lendemain soir, les trois hommes arrivent, en pleine nuit, au château de Laxenburg, à 10 kilomètres au sud-ouest de Vienne, une construction remaniée au début XVIIe siècle. Sissi y avait accouché de ses enfants, Gisèle, puis Rodolphe et son épouse, Stéphanie de Belgique, y avaient passé leur nuit de noces. Et depuis la disparition de François-Joseph, le couple impérial s'y est installé.

22 mars : près de Vienne, en pleine nuit, l'empereur Charles prend un risque énorme...

Mot de passe chuchoté, aucun nom prononcé, dans l'obscurité, les visiteurs sont conduits par un capitaine, fidèle à l'empereur, qui ignore l'identité des arrivants. Les voici dans le salon de l'impératrice. La pièce est faiblement éclairée. Le bonheur de se retrouver après une si longue séparation et tant de dangers ! Zita ne reste pourtant qu'un quart d'heure. Charles marche de long en large, l'air jeune, même si Xavier écrira : « La première chose qui m'avait frappé en entrant, c'était que ses cheveux commençaient à grisonner. » L'empereur souhaite encore que l'Allemagne s'associe à sa proposition de paix, sinon il agira séparément. Puis entre le ministre Czernin, grand, maigre et froid. La discussion change de ton, les propos du ministre sont cassants et dénigrent les arguments de Sixte. L'empereur s'isole un moment avec lui dans une autre pièce et revient, préoccupé. Le lendemain soir, une nouvelle réunion permet la rédaction d'une lettre essentielle, en date du 24 mars, rédigée dans un excellent français et qui pourrait être une œuvre collective, bien que signée par l'empereur-roi Charles[17]. Le souverain s'engage personnellement et l'on ne doit pas oublier que ce n'est pas lui qui a envoyé le premier ultimatum à la Serbie, pas davantage lui qui a décrété la mobilisation générale et encore moins déclaré la guerre qu'il a en horreur. Et qu'il a le courage – et le bon sens – de tenter d'arrêter ce massacre aveugle et qui semble sans issue. Dans son texte, Charles rend hommage au courage et aux qualités militaires de la France, soutient personnellement le retour de l'Alsace-Lorraine à son ancienne souveraineté, accepte le retour de la monarchie en Serbie, mais qu'en soient bannies les sociétés occultes qui, sous couvert de nationalisme, ont fait exploser la poudrière. Enfin, à propos de la Russie, la situation étant instable à cause de la révolution qui vient d'éclater à Petrograd et dans l'incertitude, on attendra. La lettre, destinée aux Alliés de l'Entente, est strictement confidentielle. Si son contenu était révélé, ce serait un désastre, car Charles serait obligé de tout démentir (un art que Talleyrand avait subtilement pratiqué !) et de se montrer encore plus fidèle à ses alliés. En bref, cette lettre porteuse de paix est de la dynamite…

L'instabilité politique française continue avec la démission du cabinet Briand – il y aura quatre gouvernements en huit mois ! –, révélant les divergences de vues sur la conduite de la guerre, tandis que l'idée d'une paix se glisse, peu à peu, dans les esprits. Les ministres français changent, les rendez-vous sont bouleversés et Raymond Poincaré doit jongler avec un agenda presque impossible à tenir. Le 31 mars, le chef de l'État accorde une nouvelle audience à Sixte, porteur d'une lettre de l'empereur-roi Charles, donc d'une négociation de puissance à puissance. Mais le chef du gouvernement qui vient à peine d'être nommé, Alexandre Ribot, républicain du centre gauche, refuse de rencontrer le prince de Bourbon-Parme. La démission d'Aristide Briand, qui n'est pas hostile à la proposition des Habsbourg, ne peut que compromettre la paix, car Ribot est proche de Clemenceau et celui-ci ne veut entendre parler que de guerre et surtout pas de paix proposée par un ennemi couronné. Poincaré a plus de hauteur, pressentant que les Empires centraux ne sont peut-être pas aussi solidement liés entre eux qu'il y paraît, mais il n'a pas les pouvoirs du président du Conseil. Alors, le président de la République envisage un voyage à Londres pour en parler avec le roi

George V. Raymond Poincaré ne peut oublier le banquet organisé en son honneur par le souverain à Buckingham Palace, le 25 juin 1913. Le monarque britannique avait levé son verre pour souhaiter bonheur et prospérité à la France, puis le président avait répondu en se félicitant de l'Entente cordiale qui devait permettre de « prévenir entre les grandes puissances des conflits dont les conséquences seraient incalculables ». Pour Poincaré, le temps semble venu d'avertir le roi George V de ce qui serait possible, mais Ribot s'y oppose. C'est lui, d'abord, ce « vieux renard », qui en parlera à son homologue britannique, Lloyd George. L'initiative est donc freinée, du côté français, au nom de la répartition des compétences par la Constitution. Infatigable croisé de la paix, l'empereur Charles organise une rencontre austro-allemande.

3 avril 1917 : près de Francfort, Guillaume II refuse la paix proposée par Charles

C'est Guillaume II le maître de maison, puisque ce sommet a lieu en territoire allemand, près de Francfort, à Bad Homburg. Depuis 1840, cette station thermale connaît une célébrité européenne grâce à deux Français, les frères Blanc, qui y ont ouvert un casino[18]. Le château est la résidence d'été des rois de Prusse devenus empereurs allemands. Le Kaiser s'amuse beaucoup du dépaysement offert par Bad Homburg, puisqu'on y trouve aussi une église russe et un surprenant temple siamois. Avec son chancelier et ses généraux Hindenburg et Ludendorff, Guillaume II reçoit son allié austro-hongrois, accompagné du comte Czernin en redingote et du chef d'état-major Arz. L'empereur Charles a tenu à ce que Zita vienne avec lui. L'impératrice d'Autriche et reine de Hongrie parcourt des centaines et des centaines de kilomètres avec son mari pour secourir les blessés, organiser – et goûter ! – la soupe servie aux soldats, réconforter ceux qui n'ont plus de famille, lutter contre la lassitude qui a gagné les troupes dans tout l'empire. L'impératrice d'Allemagne Augusta est également présente. Elle sait combien, depuis un an, la direction des opérations échappe à son mari, les militaires étant indispensables au chancelier. Voilà des mois que le Kaiser n'est plus le chef de guerre qu'il aimerait être et s'apprête, dans son message de Pâques, à annoncer une importante réforme électorale alors que se dessine la première grande grève depuis 1914. Les deux femmes ont en commun d'être discrètes, courageuses, croyantes et d'aimer leurs époux. Elles ont aussi leur franc-parler. Ainsi Zita, s'adressant à l'épouse du Kaiser, lui dit :

— Imaginez, chère Augusta, une bombe tombant sur ce palais… Plus d'empereurs, plus d'impératrices, plus de généraux !

Mais si Zita n'a pas à affronter des colères suivies de dépressions de son Kaiser, elle mène le même combat que Charles pour la paix au nom du christianisme, ce qui leur vaut beaucoup d'adversaires. Et si, officiellement, Augusta n'a pas d'influence politique sur son époux, l'impératrice, soutenue par le Kronprinz et le haut commandement, exige la révocation du chancelier Bethmann Hollweg, « jugé trop faible et trop réformateur[19] ». Ils obtiendront sa démission dans trois mois, prouvant la complicité du Kronprinz et l'assujettissement des politiques aux militaires. Zita et Charles, eux, œuvrent ensemble. Un duo indissociable. À cette rencontre de Bad Homburg, les deux femmes ne participent pas aux discussions politiques, qui sont tendues. Si Charles propose à Guillaume II d'échanger l'Alsace-Lorraine contre la Galicie (partie autrichienne de la Pologne depuis près de deux siècles), et s'il insiste pour faire comprendre à son état-major que les troupes austro-hongroises, épuisées, démoralisées, seront certainement hors d'état de se battre encore un hiver, que la conclusion d'une paix s'impose, on ne l'écoute pas. Ni le Kaiser ni son entourage ne se rendent à ses arguments. Charles et Zita repartent plus soucieux que jamais, Berlin ne veut pas comprendre que les Hohenzollern et les Habsbourg vont tout perdre. Pour le couple, devant cet entêtement, l'option d'une paix sans l'Allemagne doit être tentée. « À la fin, nous serons peut-être obligés de suivre notre propre voie. Mais auparavant, nous devons faire tout notre possible. Cela marchera peut-être[20]. »

Dans le train spécial qui les conduit à Vienne, Charles et Zita, comme beaucoup de personnalités impliquées dans la recherche d'une paix ou dans la poursuite des hostilités, ne savent pas encore qu'à Washington, le 2 avril 1917 à 13 h 18 heure locale, le Congrès des États-Unis vient de voter l'entrée en guerre du pays aux côtés des Alliés. Depuis un mois, les stratèges du Kaiser lui certifiaient que l'entrée en guerre des Américains ne constituait pas une réelle menace. Rien qu'en février de cette année, les sous-marins allemands, les *U-Boote*, passés de vingt-cinq submersibles à cent cinquante, avaient coulé trois quarts de million de tonnes, que les cibles soient des bâtiments de guerre, de commerce ou neutres, y compris dans les eaux territoriales britanniques. Et l'état-major du Kaiser plaçait militairement les États-Unis au même rang que le Danemark, les Pays-Bas ou le Chili ! En fait, Guillaume II n'avait pas mesuré l'impact dans l'opinion outre-Atlantique du torpillage du *Lusitania* deux ans plus tôt. Une caricature illustrera ce ressentiment devenu un besoin de vengeance avec l'intensité de la guerre sous-marine. On y voit Guillaume II observant l'arrivée des premiers soldats américains dans le Vieux Monde et demandant à l'un de ses conseillers de la flotte impériale :

— Combien de navires coulés a-t-il donc fallu pour les amener en Europe ?

— Un seul, le *Lusitania*, répond l'officier.

En réalité, malgré leurs protestations de neutralité, les États-Unis étaient peu à peu devenus des fournisseurs des Alliés en nourriture, en matières premières et en munitions. L'Europe de l'Entente est devenue un marché. Le président Wilson a autorisé les banques américaines à prêter

2 milliards de dollars aux Britanniques et aux Français. À Londres, revenant de Buckingham Palace où il a informé officiellement George V de la décision américaine, le Premier ministre Lloyd George déclare :

— L'Amérique vient de faire un grand pas vers l'accession au rang de puissance mondiale.

Pendant ce temps, l'idée de la paix qui ne serait pas synonyme de faiblesse progresse. À Paris, le journal *Le Temps*, commenté par la presse viennoise du 9 mars 1917, rappelle que c'est après d'importantes victoires que Napoléon fut le premier à se demander s'il n'était pas temps de penser à la paix. Sixte continue le combat. « Il est sans doute plus volontaire que son frère. Avec ses yeux noirs et son teint brun, il ressemble à sa mère et on le croirait Espagnol ou Italien. Sa vivacité est aussitôt corrigée par une politesse raffinée et une urbanité parfaite[21]. »

23 mai 1917 : à Buckingham Palace, George V est en colère contre Guillaume II

Jusqu'à ce printemps, le souverain britannique est resté en retrait des considérations familiales dans la guerre. Mais voici que l'empereur Charles confie au prince Sixte la mission de sonder les intentions du roi d'Angleterre, six semaines après la décision américaine et alors que la Royal Navy met en place des barrages de mines en travers de la Manche. Le Premier ministre Lloyd George, en habit et haut-de-forme, accompagne évidemment le prince, qui doit rester *incognito* au palais. Un petit escalier, une antichambre, un salon où se trouvent le garde des Sceaux, un aide de camp, un officier de marine. Moins de deux minutes passent et un valet ouvre une porte. Encore un escalier, un grand corridor et, enfin, le bureau du roi. Au milieu de nombreuses photos de famille et de souvenirs de sa grand-mère la reine Victoria, un surprenant tableau de Napoléon traversant les Alpes ! Tant qu'il ne traverse pas la Manche... George V vient au-devant de ses visiteurs. « Il est en uniforme kaki de maréchal, chaussé de bottes à éperons. Poignées de mains. Paroles de bienvenue. [...] Il dit qu'il connaît Charles et Zita. Enfin, nous entrons dans le vif du sujet. Lloyd George me demande de montrer les lettres de Charles au roi[22]. » Pendant que celui-ci les lit, le prince l'observe ainsi que son Premier ministre : l'État et le gouvernement, les deux leviers du pouvoir. George V « est de taille moyenne ; ses cheveux sont déjà légèrement clairsemés ; il a un physique agréable, des mains nerveuses, toujours en mouvement, une voix puissante ; il parle comme quelqu'un qui n'est pas pressé. L'attitude de Lloyd George est respectueuse, mais résolue. Il n'a pas l'apparence d'un tribun populaire tout-puissant, mais d'un vieil Anglais, comme il doit l'être, qui témoigne beaucoup de respect et de soumission à son auguste souverain ». George V précise qu'une paix avec l'Allemagne est hors de question et qu'il ne peut que s'agir d'une paix séparée avec l'Autriche. Or, cette hypothèse a déjà été sabotée lors d'une rencontre qui aurait dû rester secrète, en Savoie, dans la gare de Saint-Jean-de-Maurienne, le 19 avril, entre le Britannique Lloyd George, le Français Alexandre Ribot (hostile aux Habsbourg) et le ministre italien Sonnino, également un ennemi mortel de l'Autriche. Sonnino, ayant appris la tentative de l'empereur Charles, avait fait échouer la paix au motif que l'Italie ne récupérait pas ce qui lui avait été promis en 1915, lors de son entrée en guerre, c'est-à-dire des territoires comme le Tyrol du Sud, Trieste, la Dalmatie. Mais au même moment, le chef d'état-major italien, le général Cadorna, était entré en relation avec l'Autriche sans que Sonnino soit au courant, mais avec l'aval du roi Victor-Emmanuel III. Dans cette hypothèse, l'Italie renonçait à ses demandes. Double jeu, double risque de perdre...

Dans son bureau, George V s'anime : il s'agit d'écraser l'Allemagne et il s'emporte contre le militarisme prussien. « Le roi fait observer, par la suite, qu'il n'y a aucun sentiment de haine vis-à-vis de l'Autriche, que l'Autriche traite très bien les prisonniers civils anglais et qu'une paix séparée serait certainement un coup dur et mortel pour l'Allemagne[23]. » Il est ensuite question d'une invitation du roi Victor-Emmanuel III d'Italie pour réunir à Compiègne les trois chefs d'État britannique, français et italien, ainsi que leurs chefs de gouvernement. Cette conférence n'aura jamais lieu. L'audience s'achève par une évocation de la situation en Russie, dont le gouvernement provisoire vient de proposer « la paix sans annexion ni sanction ». Les bolcheviques appellent à « la fraternisation de masse des soldats des pays belligérants » et les manifestations pacifistes se multiplient. La paix, réclamée un peu partout, n'est pas celle voulue par l'empereur Charles et sans doute le prince Sixte, en dépit de ses efforts, méconnaît les dessous des jeux politiques et des idéologies.

L'attitude compatissante du couple royal britannique dans les quartiers défavorisés l'a rendu très populaire. La simplicité de la souveraine, qui cache une grande timidité, s'accorde à la courtoisie de son époux. La reine Mary, qui s'accommode de tout à condition d'avoir son ombrelle ou son parapluie et – son seul luxe – ses vingt rangées de perles, est très attentive au dévouement des femmes qui ont remplacé les hommes dans les usines, les ateliers et les bureaux. Bien que jugée autoritaire et peu maternelle avec ses enfants – question de discipline –, chaque jour en fin d'après-midi, elle se consacrait entièrement à eux quand ils étaient petits. Elle leur faisait chanter des scies à la mode, leur lisait des livres d'histoire et les initiait à la tapisserie, ce qui, selon elle, apprend la patience.

En toutes circonstances, la reine impressionne par son calme et son maintien, invariablement vêtue de robes modestes et de longues jupes qui semblent avoir été moulées sur le corps de cette femme grande et mince.

17 juillet 1917 :
le roi d'Angleterre renie son origine allemande !

Londres, mardi 17 juillet 1917, cabinet de travail de George V. La guerre en est à près de trois ans de combats, de souffrances, d'efforts, de victoires chèrement payées et d'échecs tragiques. Depuis le 8 juin, les premiers contingents américains ont débarqué, d'abord à Liverpool, puis à Boulogne. Le conflit a encore pris une ampleur réellement mondiale. Dès le début des hostilités, l'opinion britannique s'était mise à rejeter tout ce qui était germanique, y compris les chiens, les bergers allemands. Aux États-Unis, un *Spy Act* (« acte d'espionnage ») considère comme suspect, voire coupable de sabotage, tout ce qui, de près ou de loin et sous quelque forme que ce soit, tend à apprécier ou à soutenir un élément germanique. En Grande-Bretagne, manger une choucroute est devenu une provocation : par solidarité avec l'Alsace-Lorraine occupée, on a banni ce plat. Le mot germano-américain de *hot dog* est remplacé par une expression inattendue, *liberty sausage*, « la saucisse de la liberté » ! D'emblée, un proche de la famille royale avait été victime de ce boycott : le Premier lord de l'Amirauté, l'amiral Battenberg, père du futur dernier vice-roi des Indes, lord Louis Mountbatten. Le nom du commandant en chef de la Royal Navy avait une consonance bien trop germanique. Il avait dû renoncer à son commandement dès le début de la guerre. Et dans tout l'empire, il semblait incongru que le souverain résidant à Buckingham Palace fût d'origine allemande – en effet, depuis 1714, avec le roi George Ier, c'était la maison de Hanovre qui était sur le trône d'Angleterre. Et la légendaire reine Victoria, qui devait si fortement « angliciser » son royaume, avait épousé Albert de Saxe-Cobourg-Gotha, ce qui avait encore renforcé la parentèle allemande de la dynastie. Ce mardi, son petit-fils et second fils d'Édouard VII, qui règne depuis sept ans, s'apprête à incarner, pour la première fois, l'esprit de résistance britannique. Il est le roi qui dit non : non au rappel d'un passé dynastique et non au présent qui menace son avenir ; Guillaume II est, de tous ses parents dans le Gotha, celui qu'il déteste le plus depuis qu'il a violé la neutralité de la Belgique.

Venu d'outre-Atlantique, le corps expéditionnaire américain se pose, lui aussi, des questions sur l'ascendance germanique de la monarchie britannique. Pour l'information des soldats, qui ignorent tout de l'Europe couronnée, il n'est pas facile d'expliquer que des empereurs et rois, presque tous parents, sont en guerre les uns contre les autres. Déjà, en août 1898, lord Salisbury, Premier ministre de Victoria, avait fait part de ses inquiétudes en écrivant à un ami : « Quel curieux spectacle présente l'Europe ! Un avenir des plus incertains dépend de la volonté de trois ou quatre hommes à peine[24] ! » George V est bien conscient que, pour les troupes venant du Wyoming ou du Kansas afin de porter secours aux Britanniques, aux Français et aux Belges, ce n'est pas simple. Même l'héroïque roi des Belges Albert Ier, qui commande son armée personnellement malgré l'occupation à peu près complète de son pays, est aussi un Saxe-Cobourg-Gotha, issu de cette petite mais ancienne maison princière de Haute-Franconie. Et la reine est née Allemande ! Et George V est un cousin germain du Kaiser ! Cette anomalie lui semble de plus en plus indécente, alors que des centaines de milliers de morts, de blessés, de gazés, de mutilés sont victimes de Guillaume II. Des millions de sujets de l'Empire britannique, militaires et civils, sont choqués, lassés de cette bizarrerie obérant leur patriotisme.

Par le biais du *Court Circular*, journal officiel de la Cour, George V annonce sa renonciation à tous ses titres et noms allemands. Un détail au début de ce communiqué est révélateur : le roi a été « heureux d'informer le Conseil de sa détermination de respecter le nom de sa maison et de sa famille et d'interrompre tous ses titres allemands ». George V a-t-il vraiment été « heureux » de ce spectaculaire changement d'identité, lui qui parle anglais… avec un accent allemand ? Il choisit donc un nouveau nom, celui de Windsor. Le Conseil privé s'est tenu au palais de Buckingham en présence d'importants personnages, dont le duc de Connaught, l'archevêque de Canterbury, le lord chancelier, le Premier ministre Lloyd George et aussi lord Curzon, ancien vice-roi des Indes. George V connaît le poids des déclarations devant l'opinion. Il a même instauré la tradition de ses vœux de Noël et des communiqués importants à la radio aux peuples de l'Empire. Il sait que vis-à-vis des consciences britanniques (anglaises, galloises, écossaises et irlandaises), il n'est plus acceptable pour la famille royale de symboliser la poursuite de l'effort de guerre avec un patronyme à consonance germanique. Il n'y avait aucune honte à être allemand avant 1914. Maintenant… Mais n'est-ce pas un peu tard, après trois ans de guerre ? Cette révolution patronymique était urgente !

La proclamation royale est publiée le lendemain dans tous les journaux anglophones. Le *Times* y consacre une colonne sur six, entre des succès français à Verdun et sur la Meuse, la retraite russe après la dernière offensive de Kerenski, l'envoi de nouvelles unités américaines en France et les programmes des spectacles londoniens. Wagner n'est pas encore banni du répertoire, deux représentations de *Tristan et Isolde* seront données à l'opéra, Covent Garden, vendredi et samedi. Le roi conclut : « À dater du jour de notre proclamation royale, notre maison et notre famille seront appelées et connues sous le nom de maison et de famille de Windsor […]. Pour nous-même et tous nos descendants, l'usage des grades, titres, dignités et honneurs de duc et duchesse de Saxe, de prince et de princesse de Saxe-Cobourg-Gotha et autres dénominations allemandes ne nous appartiennent plus. » *God save the king.* Dès l'été 1914, George V avait déjà renvoyé ses décorations allemandes à son impétueux cousin.

Bien que tardive, l'initiative royale est courageuse et efficace. Et originale. Il ne s'agit pas de cacher, grâce à une succession ou un mariage, un ancien nom derrière un nouveau en choisissant un autre patronyme et ses armes. Il s'agit d'une rupture, volontaire, d'ascendance, mais la dynastie reste la même. Le passé dynastique est renié. Mais peut-il être effacé par cette audacieuse transfusion ? L'intelligence de George V est dans le choix du nouveau nom, le plus britannique possible, incontestable, incontesté, crédible et surtout hautement évocateur. Il n'y en avait qu'un : Windsor ! Dans son commentaire, l'éditorialiste du *Times* juge que Sa Majesté « ne pouvait choisir un nom plus approprié, car Windsor est *par excellence*[25] la résidence du souverain et a été associée plus longuement qu'une autre résidence royale aux bonheurs et aux vies des rois et des reines d'Angleterre ». Le prestigieux quotidien, fondé en 1785 sous le règne d'un monarque Hanovre, énumère les dynasties qui se sont succédé depuis Guillaume le Conquérant, rappelant que toutes ont été liées à Windsor, « parfois pour les avantages de la Nation, parfois pour ses désavantages ». Ainsi, la reine Victoria, dernière représentante de la maison de Hanovre, et son époux le prince Albert, un Saxe-Cobourg-Gotha, y sont enterrés. De même Charles Ier, un Stuart décapité sur ordre de Cromwell, y repose, et son bourreau politique avait veillé lui-même à entretenir le château. Tous les monarques ont aimé ce château, y ont fait des travaux et amélioré ses aménagements. Le journaliste est enthousiaste : « Pour la première fois dans sa longue histoire, Windsor devient l'éponyme d'une dynastie. » Et avec une bonne dose d'humour, résistant à toutes les épreuves, l'éditorialiste se réjouit : « Cette époque est propice à l'innovation. »

Apprenant le choix du roi, Guillaume II s'esclaffe :

— Je ne savais pas que Shakespeare avait écrit *Les Joyeuses Commères de Saxe-Cobourg* !

Ainsi, Windsor est promu nom national. Il symbolise neuf dynasties et trente-huit souverains, en prenant un nouveau sens, celui de l'enracinement dans sa terre avec sa première famille. Le génie tranquille de George V, que l'on disait effacé et terne, est d'être intervenu à temps, au moment où le patriotisme interdit le moindre doute. Désormais, comme par magie, Windsor symbolise l'union nationale. Le monarque constitutionnel, qui ne dispose que de prérogatives – elles ne sont pas négligeables et, depuis Victoria, elles sont respectées –, peut avoir une influence considérable. C'est une force non écrite qui peut être plus efficace qu'un cadre politique précis. Et pour conforter cette décision historique, George V corrige son accent allemand, qui va devenir discret, car ses intonations gutturales, à la limite de la caricature, le desservaient. Ses efforts seront récompensés, deux ans plus tard, d'un joli mot de Sacha Guitry. Le 1er juin 1919, il jouait devant la famille royale sa pièce *Mon père avait raison* avec Yvonne Printemps. L'auteur-acteur confirmera le patriotisme linguistique du monarque : « De tous les rois qu'il m'a été donné de connaître, il est le seul qui eût l'air d'être de la même nationalité que ses sujets. »

Été 1917 : en Roumanie, le couple royal affronte un ennemi et un allié défaillant

Depuis l'arrestation de l'ex-tsar Nicolas II, les troupes russes qui se trouvent en Roumanie sont gagnées au mouvement révolutionnaire. Peu à peu, se mêlant aux soldats roumains, ils les contaminent. Dans la Moldavie où se sont réfugiées la famille royale et la Cour, des rassemblements exigent l'abolition de la monarchie et la création de soviets. Les prisons, attaquées, sont ouvertes, et les banderoles des défilés réclament une meilleure condition pour les paysans jusque-là soumis à de riches propriétaires. Le roi Ferdinand réagit le 5 avril, rappelant que sa dynastie est roumaine et non allemande, et promet aux paysans qu'ils seront les maîtres de la terre pour laquelle ils se seront battus. « Moi, votre roi, je serai le premier à donner l'exemple. Vous aurez aussi, dorénavant, une grande participation aux affaires publiques. » Ferdinand retrouve les accents réformateurs de son oncle Carol Ier. Avec ces mots, le couple royal regagne une vraie popularité. Mais les idées progressistes venues du chaos russe enflamment les esprits. Ferdinand et Marie sont sincères, mais peuvent-ils lutter contre une mer de drapeaux rouges qui veut balayer la monarchie ? Iași, capitale provisoire du royaume où siège la plus ancienne université de Roumanie, devient une réplique de Petrograd. La reine Marie fait preuve d'un courage qui déstabilise les manifestants lorsqu'un soir d'avril 1917, des soldats russes entourent la voiture-salon du train royal où elle se trouve. « Ils avaient l'air menaçant et, pour désamorcer la situation, disposant d'un stock de cartouches de cigarettes, elle les distribua elle-même depuis les fenêtres de sa voiture. Elle vécut cet épisode comme une victoire personnelle[26]. » La reine impressionne aussi par son nationalisme, puisqu'elle a écrit un livre sur la Roumanie intitulé *Mon pays*, et interpelle les Russes rêvant de communisme en leur rappelant que son grand-père Alexandre II, le tsar libérateur, avait aboli le servage en 1861. Son tempérament est connu et ses relations avec ses amants ont prouvé qu'elle ne se laisse ni diriger ni influencer. « Selon le témoignage du comte de Saint-Aulaire, ambassadeur de France à Iași, elle arriva même à se faire ovationner : “Ah ! Si nous avions une impératrice comme toi ! Nous l'aurions gardée et nous nous ferions tuer pour elle !”[27] » Mais la tsarine Alexandra n'était jamais réellement devenue russe, tandis que la reine Marie, dont la mère était russe, avait adopté corps et âme la Roumanie. À l'été 1917, elle devient le symbole de la résistance roumaine dans un pays politiquement isolé, largement occupé par des armées austro-allemandes et menacé d'une révolution fomentée par les Russes, supposés être les alliés de la Roumanie.

Le soutien russe, de plus en plus défaillant ou suspect, finit par être plus menaçant que les troupes de Vienne et de Berlin. En fait, militairement, la Roumanie, prise entre deux adversaires, ne peut compter que sur elle-même.

Début août, les Russes commencent à se retirer, livrant le pays à l'invasion complète par les Austro-Allemands. À Iași, la panique s'abat sur la famille royale, on prépare des bagages en hâte. Mais pour aller où ? La reine ne voit paradoxalement qu'une issue, la Russie, en gagnant Rostov sur le Don. Cette inconscience s'explique par le peu de nouvelles fiables reçues à Iași ; la situation de la dynastie est chaotique, puisque le prince héritier Carol envoie des dépêches optimistes à ses parents dès que le moindre village est repris. Il n'a pas tort dans la mesure où, grâce à la mission militaire française dirigée par le général Henri Berthelot depuis une dizaine de mois, cet officier remarquable parvient à commander, à réorganiser et à équiper une armée roumaine. Le roi Ferdinand reste confiant et il assure à son épouse qu'ils ne seront pas séparés, rejoignant la triste illusion de Nicolas II pour qui l'essentiel est que sa famille demeure unie… même en captivité.

Pourtant, deux miracles arrivent. Ce sont la bataille gagnée de Mărăști le 25 juillet et surtout celle de Mărășești, dans une région de vignobles et de montagnes volcaniques, du 6 au 19 août. Les combats, héroïques, font d'innombrables victimes des deux côtés. Dans les rangs roumains, des femmes se sont vêtues en hommes pour se battre. Il s'agit de deux exploits inoubliables, puisque ces victoires sont remportées avec le concours inespéré des Russes, alors que leur pays est en pleine décomposition ! Malheureusement, ces succès sont sans lendemain. Depuis le retour de Lénine à Petrograd et la débâcle des armées russes devant l'avance allemande, l'effervescence révolutionnaire ne peut plus être maîtrisée et la Roumanie ne peut que craindre la contagion.

Août 1917 : par sécurité,
l'ex-tsar et les Romanov sont envoyés en Sibérie…

Au début du mois, un télégramme, envoyé par le soviet de la IXe armée, résume la panique : « L'offensive tourne à la catastrophe sans précédent, qui menace de perdre la Russie révolutionnaire. » Kerenski, devenu chef du gouvernement provisoire après les émeutes bolcheviques, s'efforce de poursuivre la lutte aux côtés des Alliés. Il est toujours le garant de la sécurité de l'ex-tsar et de sa famille. Inquiet de l'agitation bolchevique et du recul militaire, il décide de transférer les Romanov à Tobolsk en Sibérie, et surtout loin du front. Kerenski pense, aussi, consolider son autorité. Pour déjouer toute tentative anarchiste ou tout complot contre-révolutionnaire, Kerenski fait mettre sous pression deux trains de la Compagnie internationale des wagons-lits affectés, avant la guerre, au trafic du Transsibérien de luxe. La famille est regroupée dans un seul convoi sans que l'on puisse savoir lequel. L'un des deux trains est un leurre : au temps de leur pouvoir, les tsars voyageaient ainsi pour échapper aux attentats – et il y en avait eu plusieurs. Les toits et les flancs des deux rames sont recouverts d'emblèmes de la Croix-Rouge… japonaise, puisque, par une incroyable volte-face de l'histoire, le Japon est devenu l'allié de la Russie !

Une impressionnante escorte (trois cent vingt-sept hommes) surveille les Romanov. Ils sont devenus les otages de la Révolution. Les deux trains quittent Krasnoïe Selo le 1er août, le premier à 6 heures du matin, le second une heure plus tard. La tragique odyssée des Romanov commence. Après le passage de l'Oural, qui marque la frontière entre l'Europe et l'Asie depuis Catherine II, à Tioumen, première ville fondée par la colonisation russe en Sibérie en 1586, les voyageurs prennent un bateau sur la rivière Tobol. Le 5 août, ils passent devant Pokrovskoïe, le village natal de Raspoutine, ce qui bouleverse Alexandra, encore plus pâle que d'habitude. Le lendemain, ils atteignent Tobolsk et sont détenus dans l'ancienne résidence du gouverneur, une maison délabrée au bord de l'eau. Une semaine a été nécessaire pour parcourir les quelque 1 500 kilomètres du trajet. Avec le bref automne sibérien (en moyenne trois semaines) et l'arrivée brutale de l'hiver, les conditions de la captivité sont très rudes : la température descend à – 38 degrés ! Il gèle, il neige, Nicolas scie du bois pour allumer un feu. Les vexations et humiliations des geôliers pleuvent sur les prisonniers. L'ancien souverain, toujours en uniforme, est sommé de dégrafer ses épaulettes d'officier. Une dégradation morale supplémentaire.

C'est là que Nicolas et les siens apprennent la Révolution d'octobre, la prise du Palais d'hiver et du pouvoir par les bolcheviques, la chute de Kerenski et la volonté de Lénine de signer la paix au plus vite ; puisque la révolution a définitivement triomphé, poursuivre la guerre est désormais inutile. En apprenant que des pourparlers d'armistice sont engagés entre des plénipotentiaires bolcheviques et allemands, l'ancien souverain éprouve de la honte : celle d'un patriote trahi. Ayant confirmation, par une feuille locale, de ces négociations très avancées, Nicolas exprime son dégoût. Dans son journal, il note : « Je ne m'attendais guère à un pareil cauchemar. Comment ces canailles de bolcheviques ont-ils eu l'audace de réaliser leur rêve le plus intime qui était de proposer la paix à l'ennemi, sans consulter le peuple, et au moment où l'adversaire occupe un vaste territoire de notre pays ? » On peut imaginer que l'ex-tsar a le sentiment de s'être sacrifié pour rien… Alexandra écrit, elle aussi, à son amie et confidente Anna Vyroubova – qui lui avait recommandé Raspoutine pour ses bienfaits. L'ex-impératrice, assise dans un fauteuil roulant, admire la force d'âme de son mari, comme le souligne Henri Troyat : « Il est tout simplement merveilleux. Tant de douceur et de mansuétude, alors qu'il ne cesse de souffrir pour la patrie ! […] Toutes choses terrestres nous échappent une à une, maisons et biens détruits, amis disparus… On vit au jour le jour. Mais Dieu est en toute chose et la nature ne change jamais. Autour de moi, j'aperçois des églises, des collines, le monde merveilleux ! Volkov [le valet de chambre de la famille impériale] me pousse dans mon fauteuil roulant jusqu'à l'église, de l'autre côté de la rue. Il y a des gens qui s'inclinent devant nous et nous bénissent, d'autres qui

En octobre 1937, à l'invitation de Hitler, le **duc de Windsor**, ex-roi Edouard VIII et sa femme Wallis, une Américaine deux fois divorcée qu'il a épousée – raison pour laquelle il a abdiqué – en France, sont reçus au « nid d'aigle » du Führer, à Berchtesgaden. Le frère du roi George VI est très favorable à l'Allemagne et ce voyage crée une nouvelle polémique qui gêne autant le gouvernement que la famille royale britannique.

Pendant la Seconde Guerre mondiale, le roi **George VI** et la reine **Elizabeth**, très proches de la population éprouvée par les bombardements de Londres, félicitent les agents de la défense passive.

Londres, 8 mai 1945. A l'annonce de la capitulation allemande et de la victoire des Alliés, le roi **George VI** et sa famille apparaissent au balcon de Buckingham Palace, devant une foule considérable. A l'extrême gauche de la photo, la princesse héritière **Elizabeth**, en uniforme d'auxiliaire du Service des ambulances où elle s'était engagée. A droite, sa sœur, la princesse Margaret Rose. Au centre, entre le roi et la reine, Winston Churchill. Honneur suprême : le Premier ministre est admis à cinq reprises sur le balcon réservé aux apparitions de la famille royale.

© Lee/Leemage

En Belgique, à la veille de la Première Guerre mondiale, la reine des Belges, née **Elisabeth** de Wittelsbach (1876-1965), appréciant la littérature et l'égyptologie, est aussi une grande musicienne. Ici, elle donne une leçon de violon à son fils, le jeune duc de Brabant, futur roi Léopold III. Un concours international de piano porte le nom de « Reine Elisabeth ».

© Ullstein Bild/Roger-Viollet

Le roi des Belges **Albert Ier** (1875-1934), ici vers 1915, chef des armées, est parvenu, malgré la violation de la neutralité de son pays par l'Allemagne et son occupation quasi totale, à maintenir, en se battant avec ses soldats, un morceau du royaume libre. Son courage et son sens stratégique lui vaudront le surnom évocateur de « Roi Chevalier ».

© Albert Harlingue/Roger-Viollet

En 1926, le mariage du prince héritier de Belgique, duc de Brabant, avec la ravissante princesse Astrid de Suède. En 1934, à la mort tragique d'Albert Ier, elle devient la reine Astrid. Ce mariage d'amour est brisé un an plus tard par la mort de la jeune souveraine, dans un accident de voiture, en Suisse. C'était le roi **Léopold III** qui conduisait... Le mythe de la reine Astrid, trop tôt disparue, s'amplifie.

© Ullstein Bild/Roger-Viollet

Le roi des Belges **Léopold III**, qui capitula en 1940 et se considéra comme « prisonnier de guerre » et rendit visite à Hitler, aggrava son impopularité en se remariant, le 11 septembre 1941, avec Lilian Baels, titrée princesse de Réthy. L'opinion ne pardonna pas au monarque son attitude politique ambiguë et de n'être pas resté fidèle au souvenir de la populaire reine Astrid. Bien que le résultat du référendum soit nettement en faveur du retour du souverain, la « question royale » ayant entraîné des troubles violents dans le pays, Léopold III abdique en faveur de son fils Baudouin, âgé de 20 ans, qui devient roi le 16 juillet 1951.

Le roi d'Italie Victor-Emmanuel III (à droite, de petite taille) passe ses troupes en revue en 1916. Rompant son entente avec Berlin et Vienne, le royaume ne rejoignit le camp des Alliés qu'en 1915. Régnant dès 1900, le roi sera l'un des rares souverains européens sur le trône pendant les deux guerres mondiales. Compromis et discrédité par son trop long soutien à Mussolini (qu'il fera pourtant arrêter) et au fascisme, il céda ses prérogatives royales à son fils, Umberto, en 1944 .

Mai 1938 : en gare de Rome, le roi Victor-Emmanuel III d'Italie et son Premier ministre Benito Mussolini accueillent Adolf Hitler. En quarante-six ans de règne, le roi a entraîné son pays dans cinq guerres : les conquêtes coloniales de 1911-1912 en Tripolitaine, en 1935-1936 en Ethiopie dont il portera, quelque temps, le titre d'empereur, en Espagne de 1936 à 1939 aux côtés de Franco, et dans les deux guerres mondiales. Il meurt en exil en 1947.

Le roi Umberto II d'Italie, son épouse née princesse Marie-José de Belgique et leurs quatre enfants dans les jardins du palais du Quirinal, à Rome, le 10 mai 1946, le lendemain de son avènement après l'abdication de son père. Un référendum, le 2 juin suivant, pour choisir entre la monarchie et la république, donne l'avantage à ce régime. L'organisation de la consultation fut contestée et le roi émit des réserves. N'ayant régné que 34 jours, le couple royal fut surnommé les « rois de mai ». L'ex-souverain est mort en exil, à Genève en 1983 et la reine Marie-José, en 2001, également à Genève. Ils reposent à l'abbaye de Hautecombe, en Savoie. En 2002, le Parlement italien a abrogé la loi d'exil interdisant à leurs descendants de revenir en Italie.

Vers 1930, l'ex-impératrice et reine **Zita**, dernière souveraine d'Autriche-Hongrie (à gauche), et sa belle-sœur, la grande-duchesse **Charlotte** de Luxembourg (1896-1985). Charlotte règne depuis 1919, non par transmission dynastique mais à la suite d'un référendum, sa œur Marie-Adélaïde ayant été trop proche de Guillaume II. Femme de caractère, elle est très aimée. Derrière les deux femmes, le fils aîné de Zita, l'archiduc Otto de Habsbourg, que Hitler tentera de faire assassiner. L'archiduc, fervent Européen, parviendra à sauver de nombreux juifs et communistes.

Lors de la Seconde Guerre mondiale, le grand-duché de Luxembourg, neutre, étant envahi par l'Allemagne, **Charlotte** se réfugie à Londres, incarne la résistance et lance, elle aussi, un appel à la radio anglaise. Elle refuse de regagner son pays occupé en déclarant : « Mon cœur dit oui, mais ma raison dit non. » Aux Etats-Unis, par son autorité, elle impressionne le président Roosevelt qui devient son ami. Ici, à gauche, elle est avec son mari le prince Félix de Bourbon-Parme et, entre eux, le grand-duc héritier **Jean**, qui participera au débarquement allié de 1944.

Le prince **Louis II** de Monaco subit, de 1939 à 1945, les occupations italienne puis allemande du Rocher. A gauche, sa fille naturelle, Charlotte, qu'il reconnaît et adopte : elle est ainsi acceptée comme héritière légitime de la Principauté monégasque par la France. La princesse Charlotte épouse Pierre de Polignac dont elle aura deux enfants : Antoinette (ici sur la photo, née en 1920) et son frère Rainier, né en 1923.

Le futur prince **Rainier III** (ici en uniforme de l'armée française) fera la campagne d'Alsace en 1944. Sa brillante conduite lui vaudra la croix de guerre avec citation à l'ordre de la Brigade et la Légion d'honneur à titre militaire.

© Imagno/Roger-Viollet

En 1938, à Stockholm, le roi **Gustave V** de Suède avec le prince héritier Gustave VI Adolphe et la princesse Margareta. Le souverain, qui fête son 80e anniversaire, règne depuis 1907. Il est parvenu à rester neutre entre 1914 et 1918, malgré les difficultés économiques. Il sera encore neutre de 1939 à 1945, mais devra faire des concessions – et non des moindres – à l'Allemagne pour que son pays ne soit pas occupé. Longtemps champion de tennis, il joue sous le nom, transparent, de « M. G ». Il meurt en 1950, à 92 ans. Il est l'un des rares monarques ayant régné pendant les deux guerres mondiales.

© Hulton Archive/Getty Images

Le roi **Haakon VII** de Norvège le 27 mars 1941. Le royaume est dans une situation délicate, car le Reich le considère comme un objectif principal. Le monarque règne depuis 1905. Il a quitté la capitale d'Oslo, étant sur le point d'être prise, s'est enfui dans les forêts, traqué par les nazis qui ont nommé un Premier ministre prohitlérien. Le souverain rejoint l'Angleterre. Hitler ne décolère pas : ce roi têtu lui a échappé ! Haakon VII revient dans son pays en 1945 où il est accueilli chaleureusement.

© Paul Popper/Popperfoto/Getty Images

La reine **Wilhelmine** des Pays-Bas, montée sur le trône en 1898. Son habileté politique lui permet de rester neutre de 1914 à 1918. Elle accorde l'exil à l'ex-empereur allemand Guillaume II et, malgré les pressions alliées, ne renie pas sa parole. Lors de l'entrée des Allemands dans son pays en 1940, elle s'exile à Londres avec son gouvernement et y prononce, elle aussi, un discours de résistance sur les ondes britanniques. Très populaire, acclamée à son retour, elle règne cinquante ans et abdique en 1948 en faveur de sa fille Juliana.

© akg-images/Imagno

Le roi **Christian X** de Danemark au matin du 9 avril 1940, jour de l'invasion de son pays par l'armée allemande alors que le royaume est neutre. Agé de 70 ans, mesurant 1,99 m, le monarque en uniforme résiste en se promenant seul, à cheval, dans Copenhague. Seuls ses sujets en bicyclette le suivent. Le roi dit : « Les Danois sont mes gardes du corps. » Très aimé, le souverain incarne un Danemark occupé mais debout.

© Albert Harlingue/Roger-Viollet

Ferdinand Ier de Bulgarie. Il est un Saxe-Cobourg et est élu prince de ce pays en juillet 1887. En 1908, lorsque l'empereur d'Autriche François-Joseph annexe, brusquement, la Bosnie-Herzégovine, le prince le soutient et obtient, en échange, d'être proclamé tsar des Bulgares. En grande partie responsable de la victoire contre les Turcs dans la première guerre balkanique en 1912, il trahit ses alliés lors de la seconde et perd d'immenses territoires. Pour cette raison, par revanche, il prend part à la guerre de 1914-1918 aux côtés des Empires centraux, mais ses armées sont battues. Il abdique en faveur de son fils, le prince héritier Boris, à gauche sur la photo.

© Keystone-France/Gamma-Rapho

Le 25 octobre 1930, à Assise, le roi **Boris III** de Bulgarie épouse la princesse Jeanne de Savoie, belle, raffinée, troisième fille des souverains italiens. Elle a 22 ans, il en a 36 et règne depuis l'abdication de son père en 1918. Le monarque est une encyclopédie vivante et ses travaux sont distingués par plusieurs universités européennes. De son père, il a hérité la passion de conduire les locomotives.

© Roger-Viollet

A Berchtesgaden, Hitler reçoit, à plusieurs reprises, le roi **Boris III** de Bulgarie. En 1941, il s'est rangé dans le camp allemand afin de récupérer la Dobroudja, une partie du territoire roumain. Mais refusant de déclarer la guerre à l'Union Soviétique, sa dernière visite à Hitler, au « Repaire du Loup » en Prusse orientale, se déroule dans un climat très tendu. Le Führer est en colère. Peu après son retour à Sofia, le roi Boris III meurt brusquement, le 28 août 1943. L'hypothèse d'un assassinat par les nazis (un empoisonnement ?), sérieusement avancée, n'a jamais été prouvée.

© Albert Harlingue/Roger-Viollet

Nicolas, prince puis roi **Nicolas Ier** de Monténégro, souverain du plus petit Etat des Balkans. Né en 1841, régnant depuis 1860, cet homme original entre dans l'histoire le 8 octobre 1912 lorsqu'il déclare la guerre à l'Empire ottoman, déclenchant la première guerre balkanique qui met en danger la paix mondiale. Personnage pittoresque, il marie ses filles dans le Gotha, devenant le « beau-père de l'Europe ». L'une d'elles, Hélène, est la reine d'Italie. En 1914, il est engagé aux côtés de la Serbie. En décembre 1915, il capitule et refusera toujours de reconnaître l'annexion du Monténégro dans le nouveau royaume de Yougoslavie en 1918. Il meurt en exil, le cap d'Antibes, en 1921.

© SSPL/Leemage

Vers 1920, le roi **Constantin Ier** de Grèce, avec ses deux fils, les princes Georges et Paul. Né en 1868 d'une mère princesse russe, il succède, le 5 mars 1913, à son père, assassiné. Son plus grand ennemi est son Premier ministre, l'habile Vénizelos, qui cherche à renverser la monarchie. Partagé entre la neutralité officielle et un soutien officieux aux Alliés, le roi abdique en 1917 en faveur de son deuxième fils, Alexandre, qui meurt brusquement après avoir été mordu par un singe. Constantin revient en Grèce à la suite d'un impressionnant plébiscite. De nouveau, il règne de 1920 à 1922, mais le désastre d'une campagne contre la Turquie l'oblige à une nouvelle abdication, définitive, en faveur de son fils Georges II.

© MP/Portfolio/Leemage

Le 27 avril 1938, à Tirana, le roi **Zog Ier** d'Albanie épouse la comtesse Géraldine Apponyi. Il est né en 1895 dans l'Albanie encore ottomane, sous le nom d'Ahmed Mukhtar Bey Zogolli, au cœur d'une grande famille. Dans ce pays mystérieux et peu connu, il a instauré la république le 21 janvier 1925, puis a pris en 1928 le titre de roi. Très proche économiquement de l'Italie fasciste, il s'enfuit avec son épouse et leur fils Leka au moment de l'occupation de l'Albanie par les Italiens en avril 1939. Il meurt en exil en France, à Suresnes, le 9 avril 1961.

La famille royale de Roumanie, au château de Sinaia, sur les contreforts des Carpates, au début du xxe siècle. Le roi **Carol Ier** est un Hohenzollern-Sigmaringen, choisi par un plébiscite en avril 1866 puis proclamé roi le 26 mars 1881. On voit ici Ferdinand, prince héritier et neveu du roi, Elisabeth de Wied, connue sous son nom de plume de Carmen Sylva, la reine poétesse, amie de Pierre Loti, la princesse héritière Marie entourée de quatre de ses enfants et le roi Carol Ier. Autant le roi est sévère et strict, autant la reine est fantasque et originale. En 1914, malgré sa parentèle allemande, Carol Ier choisit la neutralité, le gouvernement et l'opinion étant favorables aux Alliés.

Le roi de Roumanie **Carol II**, né en 1893. En 1921, bien qu'ayant épousé la princesse Hélène de Grèce, fille du roi Constantin, il entretient une liaison tapageuse avec une intrigante, Magda Lupescu (ici sur la photo) et doit renoncer à son droit au trône et à vivre en Roumanie. Sa maîtresse lui fait beaucoup de tort. Mais la situation étant catastrophique, Carol, toujours populaire, revient par avion à Bucarest le 6 juin 1930. On le surnomme « le roi tombé du ciel ». En 1938, il institue la « dictature royale », mais ne peut résister aux pressions allemandes et soviétiques. Il est contraint d'abdiquer par Antonescu en faveur de son fils Michel (ici à droite) le 6 septembre 1940 et finira sa vie au Portugal s'étant remarié avec Mme Lupescu.

Le roi **Carol II** de Roumanie (à gauche) est reçu,en 1938, par Hitler et son ministre des Affaires étrangères Joachim von Ribbentrop. A cette époque, le roi a prononcé la dissolution des partis politiques et s'appuie désormais sur une Constitution autoritaire. La Garde de fer, d'inspiration fasciste, est très présente. La signature d'un accord économique germano-roumain du 23 mars 1939 lie étroitement le royaume au Reich.

Son père ayant abdiqué, le roi **Michel** (à gauche) et le général Antonescu (à droite) observent les positions soviétiques en Bessarabie occupée. A la suite de la percée des troupes de Staline dans l'est du pays, le 23 août 1944, le roi Michel révoque Antonescu dans son palais. Par ce coup d'Etat, la monarchie est maintenue, mais le souverain ne peut empêcher la bolchévisation du royaume. Victime d'un odieux chantage communiste, le roi abdique le 30 décembre 1947. En 1948, il quitte son pays et épouse la princesse Anne de Bourbon-Parme.

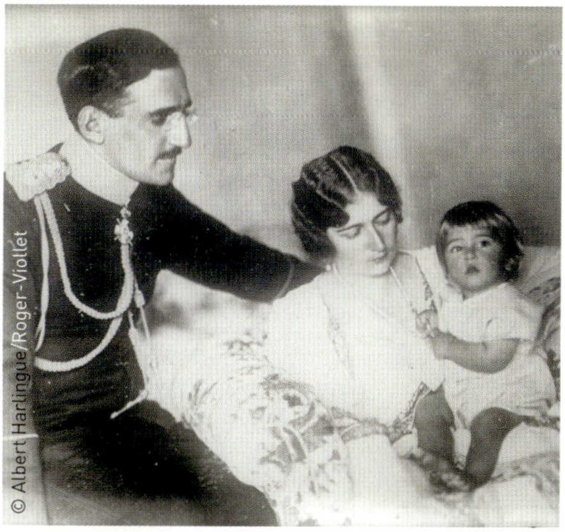

Alexandre Ier Karadjordjević (1888-1934), roi de Yougoslavie, son épouse née princesse Marie de Roumanie et leurs fils Pierre (1923-1970). Monté sur le trône à la mort de son père en 1921, il cherche, dans le nouveau royaume de Yougoslavie, à aplanir les divergences nationalistes entre les Serbes et les Croates. En 1931, il établit une Constitution autoritaire , mais ne parvient pas à éteindre les passions et rivalités entre les peuples composant son royaume.

© Albert Harlingue/Roger-Viollet

En visite officielle en France, le roi Alexandre Ier de Yougoslavie est victime, dès son arrivée à Marseille, d'un attentat, le 9 octobre 1934, en même temps que le ministre français des Affaires étrangères, Louis Barthou. Le roi meurt, comme le ministre, sans doute victime des agissements de l'émigration croate d'Ante Pavelić. L'incroyable négligence des services français de police et de renseignement, ainsi que l'incompétence des secours, coûte la vie à un roi ami de la France. L'attentat de Sarajevo, en 1914, n'avait-il donc pas servi de leçon ?

© Heritage Images/Leemage

En mai 1943, le roi Pierre II de Yougoslavie (1923-1970), fils aîné du roi assassiné Alexandre Ier, préside un Conseil de gouvernement en exil à Londres, après l'invasion de son pays par les troupes allemandes. Il ne reverra pas la Yougoslavie et mourra en 1970. Le 26 mai 2013, il eut droit à des funérailles d'Etat, son cercueil et celui de la reine Alexandra ayant été rapatriés. La cérémonie religieuse eut lieu dans la cathédrale Saint-Michel de Belgrade. Leur fils, le prince héritier Alexandre, est né à Londres, le 17 juillet 1945, dans une chambre de l'hôtel Claridge's que le roi George VI du Royaume-Uni déclara « territoire yougoslave ».

© Popperfoto/Getty Images

Du 23 août au 3 septembre 1954, à l'initiative de la reine **Frederika** de Grèce et de son époux le roi **Paul**, une « croisière des rois » est organisée à bord du paquebot *Agamemnon*. Les souverains voulaient prouver que, malgré deux guerres mondiales et leurs conséquences, l'Europe royale n'avait pas disparu. Une centaine d'invités du Gotha participèrent à la croisière. L'idée était de faire connaître la Grèce au monde touristique. Mais c'était aussi une référence à l'ancêtre de Frederika, la reine Victoria. La croisière eut un immense succès et, à Corfou, un pique-nique géant (100 homards, des agneaux et des porcs) fit la une de la presse mondiale. Sur ce bateau, le prince Juan Carlos de Bourbon et la princesse Sophie de Grèce, tous deux âgés de 16 ans, se rencontrèrent. Ils devinrent, plus tard, roi et reine d'Espagne. Frederika avait raison : l'Europe des rois pouvait encore exister.

n'osent pas. Je me sens vieille – oh ! si vieille ! –, mais je suis toujours la mère de notre Russie… et je l'aime malgré tous ses péchés et toutes ses horreurs… Dieu ait pitié de la Russie ! Dieu sauve notre Russie[28]. » Avec ses doigts gelés, maniant difficilement ses aiguilles, elle tricote des bas neufs pour Alexis car les siens sont troués, « les pantalons de Nicolas sont couverts de reprises, le linge des filles s'en va en lambeaux ». Ce qu'ignorent les prisonniers, c'est qu'en France, des soldats russes mutinés, acquis à la Révolution, envoyés au camp de La Courtine (Creuse), ont refusé de s'entraîner. Des comités de soldats ont demandé leur retour en Russie. Après un ultimatum, les troupes françaises ont encerclé le camp. Le 9 septembre, trois mille hommes, demeurés fidèles à l'Alliance franco-russe et à l'engagement du tsar, doivent rétablir l'ordre. Cela ne suffit pas. Le 16 septembre, l'assaut a été donné par l'artillerie. Le 18, les forces loyalistes sont entrées dans le camp. Il y a eu dix morts et quarante-quatre blessés chez les mutins. La majorité d'entre eux, jugés, seront internés en Afrique du Nord. La Révolution russe n'épargne pas la France.

Fin 1917 : après Caporetto, la colère de Victor-Emmanuel III et le sursaut italien

Durant l'été, plusieurs offensives italiennes sont concentrées dans la vallée de l'Isonzo, ce fleuve né dans les Alpes juliennes et qui se jette dans le golfe de Trieste. Depuis l'entrée en guerre du royaume de Victor-Emmanuel III, c'est un enjeu permanent entre ses armées et celles des Austro-Hongrois. En août, la onzième bataille de l'Isonzo, sur son cours moyen, permet aux Italiens de conquérir le mont San Gabriele ouvrant la route de la vallée, de s'emparer d'une formidable artillerie et de faire mille sept cents prisonniers. Mais ces offensives sont trop cher payées. Cette victoire ne peut masquer la réalité de la situation, depuis le printemps, telle que le roi la connaît. Cet homme méticuleux, réservé, se méfie des lendemains de gloire. En dépit de la victoire, les désertions sont nombreuses dans cette région montagneuse, l'agitation est croissante, les matières premières manquent, le prix du pain ne cesse de monter, l'agriculture est privée de sa main-d'œuvre. À Turin, l'effervescence ouvrière a été durement réprimée : on a évoqué le chiffre de cinquante morts et la poussée du pacifisme s'amplifie. Le monarque, qui souffre d'un complexe d'infériorité tant physique que politique, s'interroge : devant de telles souffrances, avait-il eu raison de renoncer à la neutralité deux ans plus tôt ? Mais en restant sur le front, où on peut l'apercevoir – au fond de sa voiture – presque chaque jour, le roi a la considération de ses soldats.

Cependant, l'Italie va être victime des événements en Russie : les négociations en vue d'un armistice ayant entraîné la défection de plusieurs unités, les armées austro-allemandes, libérées du front russe, se retournent vers le front italien. Sous le commandement de von Below, une attaque surprise austro-allemande est lancée le 24 octobre contre les IIe et IIIe armées italiennes. Quinze divisions déferlent dans une brèche ouverte sur 50 kilomètres. Comme sur le front ouest, elles utilisent les gaz et les lance-flammes, provoquant la panique et le recul des troupes du général Cadorna. Celui-ci, cassant et despotique, n'a pas tenu compte des informations alarmantes d'éclaireurs, transmises à ses officiers. Le désastre porte le nom de Caporetto, un village de l'Isonzo que les Italiens occupaient en 1915[29].

Surprise, la IIe armée est enfoncée. Le lendemain, 25 octobre, les Austro-Allemands réussissent une percée de 20 kilomètres. Le 27, Cadorna ordonne la retraite. Dans la douzième bataille de l'Isonzo, l'Italie déplore 10 000 morts et 30 000 blessés, laisse 293 000 prisonniers, plus de 3 000 canons (la moitié de son artillerie), d'importants stocks d'armes, de matériel et de vivres. Dans *L'Adieu aux armes*, Ernest Hemingway écrira : « La retraite s'effectua, méthodique, mouillée, lugubre. Dans la nuit, sur les routes où nous avancions lentement, nous rencontrâmes des troupes qui marchaient sous la pluie, des chevaux qui tiraient des voitures, des mules, des camions, et tout cela s'éloignait du front. Il n'y avait pas plus de désordre que quand on avançait. »

Si Caporetto est la plus grande défaite italienne de la guerre, l'armée n'est pas détruite et le front va se stabiliser sur la Piave à partir du 9 novembre. Le nouveau gouvernement exige la démission de Cadorna, en attendant son procès. La rivière Piave est tenue grâce à l'appui de onze divisions franco-britanniques et d'Américains. C'est essentiel, car les Austro-Allemands ne sont qu'à une quarantaine de kilomètres de Venise. Parmi les troupes envoyées au nom du roi George V, son fils aîné, le prince de Galles, âgé de 24 ans, futur roi Édouard VIII et futur duc de Windsor, est affecté au corps expéditionnaire canadien à partir d'octobre 1917 ; il y restera jusqu'en juillet 1918, dans une attitude mélangeant le courage et l'inconscience. Mais quel charme ! Paradoxalement, l'humiliation italienne aura un effet revigorant. « En réveillant le souvenir des invasions autrichiennes du XIXe siècle, le désastre de Caporetto a provoqué en Italie un immense sursaut national[30]. » Il est d'autant plus important que les tentatives de paix séparées – dont celle de l'empereur Charles – ont échoué : la France, en la personne de Georges Clemenceau appelé à diriger le gouvernement en novembre, est intraitable : il n'acceptera la paix que découlant de la victoire. Le « Tigre », républicain anticlérical, refuse de devoir quoi que ce soit à un monarque catholique dont, de surcroît, l'épouse est une Bourbon. La guerre continue, sauf pour la Russie qui signe un armistice, le 15 décembre, à Brest-Litovsk, nœud ferroviaire à la frontière polonaise, mais occupé par les Allemands depuis 1915. Les pourparlers commencent et Léon Trotski dirige la délégation russe.

Février 1918 : deux rois sur le front italien et la princesse Marie-José en gondole...

Les souverains belges ont accepté l'invitation du roi et de la reine d'Italie, mais la reine Élisabeth fait d'abord un séjour à Menton pour que son fils, le prince Léopold, très affaibli par une grippe depuis le début janvier, reprenne des forces. C'est le premier voyage du roi des Belges en Italie depuis le début de la guerre. Albert Ier gagne Battaglia, près de Padoue, puis la haute montagne ; à pied, il inspecte des troupes. Le 7 février 1918, il assiste à des attaques simulées d'un bataillon d'assaut qui lui fait « moins bonne impression ». Le roi est venu s'assurer du « sursaut italien ». Plus chef militaire que le roi d'Italie, il note, dans ses *Carnets de guerre* : « Nous pensons que l'armée italienne est plus disciplinée que la nôtre ; les troupes se présentent mieux ; les convois marchent en bon ordre. Mais ce n'est pas la perfection des troupes anglaises... » Ces revues sont faites en présence des princes héritiers respectifs, Léopold et Umberto. La défense de Venise, côtière et aérienne, est importante, et une escadrille française présente à Albert Ier un nouveau type d'hydravion. Mais en marge de ces obligations, la reine Hélène d'Italie a prévu un peu de détente pour les enfants. Umberto, 14 ans, et la princesse Marie-José, 12 ans, font une promenade en gondole, alors que plusieurs canaux sont gelés. Mais même dans un hiver de guerre, où tout semble figé, peut-on échapper à la magie de Venise ? La reine Élisabeth prend les adolescents en photo, comme « l'ébauche d'une romance qui aboutirait douze ans plus tard ». Devenue reine d'Italie, Marie-José notera : « Dans ma jeunesse, je fus élevée dans l'idée qu'un jour j'épouserais Umberto, l'héritier du trône d'Italie. Cette perspective avait pris dans mon esprit de petite fille la forme d'un rêve doré, d'un conte de fées. Ma mère entretenait cet espoir. Elle me parlait du prince charmant en des termes si attrayants qu'il incarnait pour moi le summum des perfections[31]. »

Avril 1918 : les Romanov sont séparés pour être transférés vers un lieu secret...

Ce que redoutait l'ex-tsar arrive : leurs geôliers veulent diviser la famille en deux groupes et les envoyer ailleurs. Pourquoi ? Sans doute, pense Nicolas, à cause des négociations de paix engagées avec l'Allemagne et dont il n'a plus de nouvelles. Mais les bolcheviques, qui semblent inquiets, ne sont pas d'accord entre eux sur la nouvelle destination. Iakovlev voudrait ramener ses prisonniers à Moscou, redevenue capitale, peut-être pour un procès. Mais Alexis est très malade, paralysé des deux jambes couvertes d'hématomes. Dans l'immédiat, son transport est impossible, il faut attendre une rémission. Pourtant, un départ semble envisagé et les détenus n'obtiennent aucune réponse à leurs questions. Ils sont émus que des paysans leur aient apporté des compléments de nourriture. Le précepteur, Pierre Gilliard qui parvient à tenir son journal, écrit : « Le soir, à 10 heures et demie, nous montons prendre le thé. L'impératrice est assise sur le divan, ayant deux de ses filles à côté d'elle. Elles ont tant pleuré qu'elles ont le visage tuméfié. Chacun de nous cache sa souffrance et s'efforce de paraître calme. Nous avons le sentiment que si l'un de nous cède, il entraînera tous les autres. L'empereur et l'impératrice sont graves et recueillis. On sent qu'ils sont prêts à tous les sacrifices, y compris celui de leur vie, si Dieu, dans ses voies insondables, l'exige pour le salut du pays. Jamais ils ne nous ont témoigné plus de bonté et de sollicitude. Cette grande sérénité, cette foi merveilleuse qui est la leur, s'étend sur nous. » Le lendemain, à l'aube, Nicolas, Alexandra et Maria partent, croient-ils, pour Moscou. On les installe dans de méchantes *tarentass*, ces charrettes de fermiers sans sièges ni ressorts – que Michel Strogoff, le héros de Jules Verne, avait dû emprunter. Glissant sur la neige molle, escortés de cavaliers muets, ils reviennent à Tioumen et montent dans un train, pensant toujours être dirigés sur Moscou. Alexis,

Olga, Tatiana et Anastasia restent à Tobolsk. Finalement, le premier groupe se retrouve à Iekaterinbourg, une cité minière sur le versant oriental de l'Oural. Pourquoi Iekaterinbourg ? Parce que lorsque leur train transite, le 30 avril, par cette ville, le soviet local, « très rouge », s'en empare. La ville, entièrement acquise aux bolcheviques, détient désormais des otages de choix, une monnaie d'échange en cas d'attaque contre-révolutionnaire. Jusqu'ici, le sort réservé à Nicolas Romanov et aux siens n'était pas fixé. Maintenant, c'est différent. Les arrivants sont conduits vers une colline du centre de la cité. Une demeure blanche, à deux étages, très surveillée, les attend. Elle est « à destination spéciale »... C'est la maison Ipatiev, du nom de son ancien propriétaire, un capitaine du génie. Entourée de palissades de bois et flanquée de guérites, c'est la nouvelle prison des Romanov. Ils entrent, sont fouillés, sont menacés de travaux disciplinaires. Mais pour eux, le pire est d'être séparés. Ils ne seront réunis que quelques semaines plus tard. Une joie trop brève. Nicolas apprend que, le 3 mars précédent, la paix a été signée à Brest-Litovsk entre les Empires centraux et le gouvernement des soviets. L'ex-tsar est effondré par les conditions de cette paix qui est célébrée comme une éclatante victoire dans l'Empire allemand. Ainsi, Lénine a fait admettre « une paix honteuse » par laquelle la Russie perd la Pologne, les pays Baltes, la Finlande, l'Ukraine, une partie de la Biélorussie et d'autres territoires. C'est dans une ambiance dramatique que le Comité central du parti bolchevique a conclu cette paix. La Russie n'est plus en guerre contre des puissances étrangères. Elle est en guerre contre elle-même.

Mai 1918 : les roses du Bosphore vont-elles sauver Charles et Zita ?

Le gouvernement autrichien, sur les instances du souverain, examine une nouvelle possibilité de paix séparée.

Le président Wilson rappelle ses conditions énoncées dans son message au Congrès le 8 janvier 1918, un plan de paix dans une déclaration dite en « quatorze points », en particulier réclamant que tous les peuples non autrichiens de l'Empire obtiennent l'autonomie. *A priori*, ces principes correspondent au programme de Charles, mais de maladresses en trahisons, d'intermédiaires en négociateurs, rien n'aboutit. Un ministre allemand, familier de la monarchie des Habsbourg, écrit : « Le désordre règne en Autriche-Hongrie. » Le couple impérial est aussi victime d'une campagne que nous dirions « de désinformation » : Charles est trop catholique, trop religieux pour les esprits humanistes liés à la franc-maçonnerie. Zita est tantôt une Bourbon, donc Française, tantôt une Parme, donc Italienne. Est-ce pour cela qu'elle s'occupe surtout des blessés italiens ? Est-elle Autrichienne ? Est-elle Hongroise ? La calomnie, efficace, jette le doute chez certains.

C'est alors que Charles a l'idée d'un voyage à Constantinople afin de rassurer son allié inquiet, l'Empire ottoman. Un voyage incroyable, quand on y pense. Le 19 mai 1918, le train impérial, composé de voitures supplémentaires de l'Orient-Express, s'immobilise à Sirkeçi, la gare européenne de Constantinople, que le mouvement Jeunes-Turcs tient à appeler Istanbul, du nom du vieux quartier de Stamboul. Charles est en uniforme rouge de maréchal hongrois, coiffé d'un gigantesque plumet blanc, avec une cape à col de fourrure et une aigrette de diamants sur le colback. Le couple est accompagné du ministre austro-hongrois des Affaires étrangères. L'empereur-roi a belle allure. « Quand il lance la salutation traditionnelle en turc (“Bonjour soldats !”), un chœur d'hommes lui répond : “Longue vie !”[32] » Le quai de la gare disparaît sous les tapis somptueux, des femmes jettent des pluies de pétales de roses. Les illustres hôtes sont reçus par le ministre de la Guerre, en fonction depuis 1914, Enver Pacha, un général germanophile, formé dans l'armée prussienne, membre du mouvement Jeunes-Turcs qui avait déposé le sultan Abdülhamid II, et vétéran des guerres balkaniques. Charles et Zita sont accompagnés de leur fils aîné Otto. Zita se dira fascinée par ce spectacle inouï du Bosphore en fête. Le sultan Mehmed V donne une réception de mille invités au splendide palais de marbre blanc Dolmabahçe. À Charles les entretiens politiques ; à Zita la visite du harem. Le corps expéditionnaire austro-hongrois défile devant le souverain. Zita et son époux se souviennent-ils que les Turcs ont été arrêtés à deux reprises aux portes de Vienne ? Tout cela est bien dépassé. Le sultan et l'empereur tentent de sauver leurs peuples, mais leur combat est perdu. Le dernier dîner diplomatique, à l'ambassade autrichienne, peut-il faire illusion ? Peut-il faire croire qu'en avril 1918, l'Autriche-Hongrie est toujours une grande puissance, alors que ses soldats sont affamés, pèsent en moyenne 50 kilos et qu'ils en arrivent à manger leurs chevaux morts d'avoir été privés de fourrage ? C'est surtout un pays à bout de ressources qui cherche, par tous moyens, à arrêter la guerre. Erich Feigl note que ce voyage étonnant avait pour but, selon Zita, de « gagner les responsables de l'Empire ottoman au grand projet de ramener la paix le plus tôt possible[33] ». Le sultan Mehmed V meurt six semaines plus tard sans voir la chute de l'Empire ottoman, annoncée comme inéluctable depuis deux siècles. Pour l'empereur Charles, l'ultime tentative de paix séparée avec la France a été torpillée par Clemenceau : ce dernier a donné à l'agence Havas le contenu de ses tractations que venait de lui remettre Poincaré. La divulgation de ce projet est un séisme. À Berlin, on s'estime trahi, et Charles devra se rendre au quartier général de Guillaume II à Spa, en Belgique, pour démentir et adopter une attitude offensive. Amère situation que cet échec d'un plan laborieux. L'Autriche-Hongrie ne peut plus poursuivre la guerre et Clemenceau n'aura ni pitié ni charité.

Mai 1918 : à Bucarest,
la courageuse reine Marie préfère l'exil à la capitulation...

La paix de Brest-Litovsk avait impressionné les autorités roumaines. La Roumanie se sent isolée depuis la chute de la Russie impériale. L'idée de signer la paix avec les Empires centraux agite la Cour et le gouvernement. Britanniques et Italiens estiment que ce serait une solution sage, mais à Paris, Clemenceau, furieux, s'oppose à cet abandon. Alors, le 7 mai, dans une atmosphère de déchirement, le Premier ministre roumain signe ce que l'on nommera le quatrième traité de Bucarest. Ses modalités sont catastrophiques. La Roumanie cède une zone des Carpates à l'Autriche-Hongrie, la Dobroudja à la Bulgarie et, surtout, se soumet économiquement à l'Allemagne impériale, rompant tous ses liens avec les Alliés qu'elle avait pourtant voulu rejoindre. Si la Roumanie conserve le port de Constantza sur la mer Noire et annexe la Bessarabie, retirée à l'Ukraine, ce sont de maigres consolations. Furieuse, entre autres, de l'amputation des Carpates, la reine Marie supplie le roi Ferdinand de ne pas ratifier cette convention infamante. Sans le paraphe royal, le traité est inapplicable. Ferdinand écoute son épouse qui le menaçait de s'exiler plutôt que de capituler. Elle espère que les Alliés apprécieront son attitude.

26 mai : offensive allemande en Champagne.
Paris à portée de Guillaume II ?

Le Kaiser se déplace beaucoup. Il suit son état-major et son armée dans son train spécial de couleur vert sombre. Sillonnant les régions occupées par ses armées, en Belgique et en France quand l'état du réseau ferroviaire le permet, Guillaume II se donne l'impression d'être toujours le maître de l'Allemagne, alors que depuis longtemps, la conduite des affaires est aux mains du chancelier, de Ludendorff et de

Hindenburg. Les ordres que donne Guillaume II concernent principalement son existence dans le décor de la guerre. Cette illusion est entretenue par le cérémonial qu'impose l'empereur à ses voyages, notamment en Picardie, dans les Ardennes et, en cette fin mai, en Champagne. La salle de bains du train impérial comporte un énorme bijou : une baignoire en cuivre, soigneusement astiquée après chaque bain très chaud dans lequel s'immerge le souverain ; c'est ainsi qu'il se prépare au sommeil. Cette baignoire, « il l'a trouvée à Bruxelles, en 1914, et il ne s'en est jamais séparé[34] ». Dans la voiture-restaurant, un défilé d'hôtes – du maréchal de la Cour au médecin-chef, qui font tous partie du voyage – est convié au dernier moment. Dans le bureau, les cartes, immenses, sont celles d'un univers conquis au nom du Reich. Ici, Saint-Quentin. Ici, Laon. L'arrivée du train est un prélude, aussi spectaculaire que sinistre, où le Kaiser met en scène ce qui va être interprété par d'autres.

Ce théâtre roulant est relié au monde réel par les cabines télégraphiques où crépitent les messages codés. Avec ses divisions rapatriées du front russe depuis la paix de Brest-Litovsk, ses armes nouvelles et son aviation, Ludendorff lance sa deuxième offensive dans la nuit du 26 au 27 mai, en Champagne, entre Reims et Soissons. En direction de Paris, la progression est forte. Le 29, les Allemands sont à 5 kilomètres de la Marne. La Marne ! Le symbole d'une revanche à prendre. Elle est franchie le 30 à Dormans et à Château-Thierry. À Paris, la panique est telle que le général Pétain, commandant en chef, demande au gouvernement de quitter la capitale et de préparer la retraite. La situation de l'été 1914 semble se répéter. Le Kaiser s'imagine déjà à Paris. Enfin ! Mais trois semaines plus tard, les divisions alliées, dont cinq américaines, contraignent les Allemands à reculer. L'offensive est un échec et Guillaume II apprend que les Allemands refluent en désordre, et même que certains soldats refusent de combattre. Ludendorff qualifie ces moments de « jours de deuil ». Il présente même sa démission à l'empereur, qui la refuse. « Le Kaiser passe des journées entières en conférence avec son ministre de la Cour à qui il demande parfois, avec un accent désespéré, de sauver sa Couronne[35] ! »

Nuit du 16 au 17 juillet 1918 :
les Romanov sont assassinés à Iekaterinbourg

Depuis leur installation dans la maison Ipatiev, l'ex-tsar, l'ex-impératrice et leurs enfants vivent dans une atmosphère insupportable sous l'autorité du commandant Avdeïev, un alcoolique violent et borné, qui traite Nicolas de « buveur de sang ». Celui-ci reste aimable, courtois, muré dans une carapace de dignité et de bonne éducation. Lorsqu'elles ont besoin de se rendre aux toilettes, les ex-grandes-duchesses ont droit aux commentaires les plus abjects. Alexis ne pouvant toujours pas marcher, son père le tient dans ses bras lors de brèves promenades dans le jardinet. L'entourage des Romanov (cinq personnes) est constitué du docteur Botkine, du cuisinier Kharitonov, du marmiton Siednev, du valet de pied Troupp et de la femme de chambre Demidova. Le reste de la suite a été réexpédié à Tioumen ou emprisonné. Alexandra déplaît particulièrement à ses gardes-chiourme qui la traitent de « générale allemande », niant son ancien statut d'impératrice de Russie. Elle a toujours été hautaine, pleine de morgue et ne parle presque pas. Amaigrie, elle n'absorbe que des macaronis et une bouillie blanche. Les filles sont aimables, discrètes, font leur lit, le ménage et veillent à être le mieux habillées possible. Olga, 22 ans, est douce et lit tout ce qu'elle peut. Tatiana, 20 ans, grande et svelte, se déplace avec grâce, comme une danseuse. Elle commande à ses sœurs, qui l'ont surnommée, en riant, « la gouvernante ». Marie, 18 ans, est la plus potelée, avec de très grands yeux. Anastasia, 16 ans, est un vrai garçon manqué, farceuse, avec un don pour les imitations. Alexis, 13 ans, est entouré d'un immense amour collectif. Il est si fragile. Curieusement, le courrier qui arrive, irrégulièrement, n'est guère censuré. Ainsi, par des lettres, mais aussi par les conversations avec leurs geôliers, Nicolas est plus ou moins informé de la situation extérieure. Elle est dramatique : à la guerre mondiale a succédé la guerre civile. En face des « rouges », il y a des « blancs », ce qui est nouveau. Un espoir ? Peut-être. Il y a des généraux courageux, comme Dénikine, qui a réuni des volontaires dans le Sud et a pris leur tête en avril. On dit qu'il marcherait sur Iekaterinbourg, lui qui avait vu l'abdication de Nicolas II sans chagrin, mais que les excès des bolcheviques révulsent. On parle aussi de l'amiral Koltchak, commandant en chef de la flotte de la mer Noire en 1916, il a démissionné au début de la révolution et a organisé sa lutte contre les bolcheviques. En Sibérie, il a constitué une légion de quarante mille anciens prisonniers et déserteurs austro-hongrois. Il contrôle la partie orientale de la ligne du Transsibérien et avancerait, lui aussi, sur Iekaterinbourg, dont la gare se trouve sur cette voie capitale. Ces rumeurs rendent encore plus désagréables les surveillants de la maison Ipatiev. Il n'est plus question de conduire Nicolas à Moscou pour le juger. De ce point de vue, la Révolution semble en train d'échouer, car de l'Oural à la Volga, les bolcheviques sont balayés. Et les puissances étrangères alliées, ont-elles oublié leurs engagements ? On apprend que les Japonais ont pris Vladivostok, que quinze mille Britanniques ont débarqué à Mourmansk et que Moscou n'est plus ravitaillé. L'étau se resserre, Iekaterinbourg est son centre. Seule Alexandra, ayant en mémoire les prédictions de Raspoutine, pressent que la famille ne sera jamais libérée à temps. Otage, elle sera massacrée. Dans son journal, elle écrit, avec une froide lucidité : « L'Ange approche… » Si Iekaterinbourg est menacé, les Romanov sont perdus.

Mardi 16 juillet. Un nouveau commandant de la maison Ipatiev est arrivé, Iourovski, aussi méticuleux que féroce, envoyé par Lénine. En début de soirée, Tatiana lit la Bible à sa mère. Les prisonniers soupent à 20 heures ; Alexis peut manger quelques œufs. À minuit, prétextant une insurrection, Iourovski surgit dans les chambres pour mettre « la famille à l'abri ». Tout le monde, domestiques compris, s'habille en hâte. Personne ne parle. La barbe de Nicolas est grise. Il porte son fils comme une croix de tendresse. Le commandant fait descendre ses otages au sous-sol. Vingt-trois marches d'un petit escalier. Un étonnant symbole dérisoire : le tsar a régné vingt-trois ans... La pièce est vide, sale, ornée d'un papier peint défraîchi. Que doit-on attendre ? « Des automobiles », répond sèchement Iourovski à Nicolas. Il demande des chaises, on en apporte trois ; Nicolas, sa femme et leur fils s'y assoient. Anastasia tient dans ses bras un chien, le petit épagneul de Tatiana. La femme de chambre serre un oreiller sur son ventre. Le silence. Une attente atroce, à la lueur vacillante d'une lampe à huile. À 3 h 15, un bruit de véhicules dehors ; des voix parviennent du débarras voisin. Onze hommes entrent, armés. On apprendra qu'ils sont, en majorité, des Lettons et des prisonniers austro-hongrois.

Le commandant, qui a tout préparé depuis la veille, annonce :

— Nicolas Alexandrovitch, vos amis ont essayé de vous sauver, mais ils n'y ont pas réussi. Nous sommes dans l'obligation de vous fusiller. Votre vie est terminée.

Alexandra se signe, elle a compris. Nicolas a mal entendu :

— Quoi ?

Son dernier mot. Il est le premier exécuté. À bout portant, le chef des tueurs tire sur Nicolas et Alexis qui glissent de leurs chaises. Des cris, des coups de feu, tous les otages sont assassinés. S'ils vivent encore, ils sont transpercés à coups de baïonnette. Alexis respire encore. Iourovski ajuste son revolver Nagan et tire encore deux balles sur l'enfant qui gît dans une mare de sang. C'est fini. En deux minutes, sur ordre de Lénine, le pouvoir bolchevique a réglé ses comptes avec les Romanov et trois siècles d'histoire, les symboles de l'ancienne Russie. Raspoutine l'avait annoncé : « Quand je serai mort, la Russie tombera dans les griffes du diable. »

Scandale à la cour de Roumanie :
le prince héritier déserte pour se marier !

Le roi Ferdinand et la reine Marie n'avaient pas besoin de ce scandale familial, la situation du pays étant toujours aussi grave en ce début septembre. Depuis plusieurs mois, leur fils Carol est amoureux d'une jeune fille appartenant à une excellente famille roumaine de Phanariotes[36]. Son nom est Ioana Maria Valentina Lambrino, mais tout le monde l'appelle Zizi. La passion du prince héritier est si forte qu'il décide de l'épouser. Ils savent, l'un et l'autre, qu'un mariage clandestin entraînera de graves conséquences : un futur souverain doit obtenir l'autorisation du gouvernement pour se marier et il ne peut, en aucun cas, épouser une jeune fille d'une grande famille roumaine, afin d'éviter l'emprise de clans sur le pouvoir. Son père, Ferdinand, en avait fait la douloureuse expérience lorsqu'il avait dû renoncer à Hélène Vacaresco. Encore plus grave, les deux tourtereaux décident de quitter clandestinement la Roumanie pour se marier à Odessa, donc en Russie. Or, le prince est sous les drapeaux. Il cumule donc désobéissance et désertion.

Leur mariage secret est célébré le 19 août 1918, avec comme seuls témoins un ami qui les avait accompagnés dans leur fuite et deux militaires autrichiens. Un comble ! Et un vrai roman. Leur lune de miel durera dix jours. Des émissaires ramènent les mariés à la frontière, où le train royal les attend. La reine aussi, qui leur explique que Carol a manqué à ses devoirs d'héritier en ne respectant pas la loi monarchique, et de soldat en abandonnant son commandement en une période aussi critique. Le coupable est condamné à soixante-quinze jours de prison dans un monastère montagnard. C'est la punition pour sa désertion. Quant au mariage, il faut en obtenir d'urgence l'annulation, car il pourrait priver le prince de son statut d'héritier de la Couronne. Le gouvernement et l'armée, scandalisés d'une telle légèreté, exigent sa déchéance de la succession. La guerre n'est pas une opérette ! Apparemment, c'est assez simple. En pratique, l'affaire est plus compliquée, Carol étant toujours amoureux. Le roi Ferdinand, sa colère passée, a tout tenté pour sauver son fils, amaigri et désespéré. La reine supplie Carol de rompre avec cette fille de rien qui lui fait du tort. C'est une mère accablée qui parle à ce fils inconscient de la réputation catastrophique qui est maintenant la sienne, à cause de ce que Marie considère comme une amourette. Carol accepte de ne pas revoir la jeune femme pendant six mois. Sitôt libéré, il retourne vivre avec Zizi. Mais la justice ne va pas les lâcher…

Campagne victorieuse de l'armée d'Orient : la reine Marie prend sa revanche

La reine Marie de Roumanie avait eu raison de refuser le traité de Bucarest car, dès septembre 1918, l'armée d'Orient, maintenant commandée par le général Franchet d'Espèrey, renverse la situation. Le 15, il enfonce le front bulgare avec des unités franco-serbes et helléniques. Les positions bulgares, fortifiées depuis deux ans et demi, sont bombardées par l'aviation française et serbe. Le 30, la Bulgarie demande un armistice et la paix. La Serbie et la Roumanie sont en voie de libération et le front sud de la Russie est maintenu. Le 3 octobre, le susceptible tsar des Bulgares, accablé par la marche sur Sofia de ses troupes mutinées, endosse la responsabilité de la défaite et abdique en faveur de son fils, Boris III. De son côté, le prince Alexandre de Serbie, qui avait quitté son exil de Corfou pour rejoindre l'armée d'Orient, participe brillamment à la libération de son pays, à la tête de troupes franco-serbes. Il fait un retour triomphal à Belgrade le 1er novembre 1918. Clemenceau demande au roi de Roumanie de dénoncer le traité de Bucarest qu'il n'avait pas signé pour pouvoir reprendre les armes contre Berlin et Vienne, en lui faisant miroiter des conditions très avantageuses dans les négociations de paix désormais inéluctables. Le 9 novembre, le roi Ferdinand adresse un ultimatum aux Austro-Hongrois en leur demandant d'évacuer le territoire roumain. Le 10, le roi et son gouvernement déclarent la guerre aux Empires centraux. En fait, ceux-ci ont déjà commencé leur retraite à travers la Transylvanie ; l'armée roumaine, formée par le général Berthelot, va les poursuivre à travers ce territoire revendiqué par la Roumanie, entre autres, lors de ses tractations auprès des Alliés. Et on verra, le 1er décembre, le roi Ferdinand et la reine Marie conduire le défilé de la victoire à Bucarest. « La reine Marie portait fièrement sur son uniforme la croix de guerre que Clemenceau lui avait décernée[37]. » Les armistices dans les Balkans, en raison de l'extrême complexité des situations, auront été plus tardifs qu'à l'ouest de l'Europe.

Victor-Emmanuel III d'Italie, aidé par les troupes alliées, remporte la victoire de Vittorio-Veneto

À la fin octobre, l'armée austro-hongroise en Vénétie est très gravement affaiblie par les mutineries et les désertions de ses éléments tchèques et slaves du Sud. En accord avec le roi, le général Diaz déclenche, le 24 octobre, une puissante offensive sur la Piave, à l'est de Trévise. La rivière est franchie à l'aube. Au soir du 29, les avant-gardes italiennes entrent dans la ville de Vittorio-Veneto, fondée en 1866 par la réunion de deux bourgades. Dès ce moment, la retraite des Autrichiens, qui avaient déjà perdu trente mille prisonniers, tourne à la déroute complète. Le 30 au soir, le commandant autrichien fait savoir à Diaz son intention de demander l'armistice. Vittorio-Veneto efface la honte de Caporetto. Au soir du 3 novembre, près de Padoue, dans la Villa Giusti où le roi avait établi sa résidence et installé son état-major depuis l'entrée en guerre de son pays, la paix est signée entre le Royaume d'Italie et l'Empire austro-hongrois. Pour Victor-Emmanuel III, cette victoire décisive est le symbole de l'héroïsme des combattants italiens de la guerre.

Le monde des Habsbourg s'effondre : l'empereur Charles Ier d'Autriche renonce à sa couronne

Dans son si long règne marqué par tant d'épreuves et de drames, François-Joseph n'aura pas vu le pire : la fin du pouvoir de sa dynastie. La fin d'un monde, celui de Charles Quint, de Marie-Thérèse et du Congrès de Vienne. L'armistice signé avec l'Italie n'est que la suite de catastrophes que son successeur avait tenté de conjurer. Cet homme, dont il faut rappeler l'importante œuvre sociale puisqu'il a posé les prémices de l'assurance maladie, de la création du premier ministère de la Santé en Europe et de la protection des locataires, a mieux réussi en s'occupant du bien-être des populations que dans la stratégie politico-militaire. Quinze jours avant la signature de l'armistice, il avait publié, le 16 octobre, un manifeste visant à transformer la double monarchie en État fédéral. C'était trop tard : depuis ce moment, l'Empire était déjà disloqué avec la complicité des Alliés et remis aux mains des nationalités. Le 29 octobre, la Bohême et la Moravie s'étaient unies en une République tchécoslovaque ; et le 1er novembre, les républicains avaient imposé leur choix en Hongrie. Des émeutes avaient éclaté dans presque toutes les villes de l'Empire, et particulièrement à Vienne. La foule brandissait des drapeaux rouges et scandait des slogans d'inspiration bolchevique.

Château de Schönbrunn, 11 novembre 1918. Dans un salon décoré par des estampes chinoises sur fond bleu, meublé d'armoires en laque et de potiches japonaises, rodent peut-être encore les fantômes de Mozart, de Napoléon et de son fils le duc de Reichstadt. Charles Ier écrit sur une feuille de papier avec un crayon. Après avoir hésité, il recopie un texte que lui ont soumis son Premier ministre et le ministre de l'Intérieur. Le souverain Habsbourg-Lorraine renonce à exercer le pouvoir en qualité d'empereur d'Autriche. L'impératrice Zita est furieuse. Elle me parlera, exactement soixante-quatre ans plus tard, le 10 novembre 1982, de deux erreurs régulièrement commises à propos de cet événement historique, me précisant qu'elle aurait préféré mourir plutôt que de voir son mari admettre son élimination. Il n'avait cessé de supplier qu'on arrête la guerre qu'il n'avait pas déclarée, et c'était lui qu'on rendait responsable de la défaite. Quelle injustice ! Il ne s'agit pas d'une abdication, mais d'une renonciation. Et si Charles Ier s'efface de la scène publique autrichienne, il veut conserver sa légitimité en Hongrie en restant son roi, Charles IV. Mais l'œuvre patiemment édifiée par les Habsbourg peut-elle survivre à une telle amputation ? La réponse est connue le lendemain : l'Autriche adopte le régime républicain. Finement, un politicien observe : « Et maintenant, l'Autriche est une république sans républicains. » L'empereur-roi est le seul chef d'État impliqué – malgré lui – dans le conflit qui ait demandé son arrêt immédiat, car il connaissait les faiblesses de son Empire avec quatorze ethnies différentes, cinq religions, des minorités susceptibles et turbulentes. Sectaires, les Alliés n'ont cessé de dénigrer son « pacifisme rétrograde » et son « fétichisme religieux ». Ils continueront de l'accabler après sa chute.

Très rapidement, Charles, Zita et leurs enfants sont priés de quitter Vienne. On leur assigne pour résidence le château d'Eckartsau, un relais de chasse situé à 30 kilomètres, sur les bords du Danube, où rien n'a été prévu pour les accueillir. L'hiver est glacial, le chauffage très insuffisant. Leurs conditions de vie sont très dures. L'avenir est sombre. Quel sort leur est-il réservé ? Dans de telles circonstances, on ne peut s'empêcher de penser au cauchemar d'Iekaterinbourg.

L'abdication de Guillaume II est annoncée, mais il ne l'accepte pas...

Dans les principales villes d'Allemagne, la contestation révolutionnaire se répand, à Berlin comme à Munich et à

Nuremberg. Dans le Nord, la flotte s'est mutinée à Kiel le 4 novembre 1918 et le drapeau rouge a été hissé sur tous les navires. Rapidement, l'insurrection a gagné Brême, Hambourg et Lübeck. Le 9 novembre, le Kaiser, dont le train est devenu sa résidence principale, se trouve toujours en Belgique, à Spa. À son quartier général de la Villa Fraineuse, Guillaume II tient conseil. Avec ménagement, on le prévient qu'on n'est même plus sûr des troupes stationnées à Spa. Et on n'ose pas davantage lui révéler que certains songent à se saisir de sa personne. Le Kronprinz arrive, hors de lui, car il a été sifflé et hué. Il accable son père de reproches, l'accusant de ne pas maîtriser la situation et de manquer d'autorité. Le Conseil du lendemain, 10 novembre, est encore bien plus cruel pour l'empereur. La rumeur circulait depuis la veille. Hindenburg ose dire à Sa Majesté que l'on n'attend plus que son abdication. Pire encore, l'armée ne lui obéira plus ! Le même jour, depuis Berlin, par téléphone, le chancelier Max de Bade confirme que la monarchie ne peut être sauvée que si Guillaume II abdique immédiatement. Aucune formule ne le satisfaisant, Max de Bade, de sa propre initiative, fait placarder un manifeste : « L'empereur et roi a pris la décision de renoncer au trône. Le chancelier d'empire reste en fonction, jusqu'à ce que les questions qui se rattachent à l'abdication soient réglées par l'établissement d'une régence. » La réalité est bien plus rude, puisque la République vient d'être proclamée en Allemagne. L'Empire allemand n'existe plus. Les souverains, rois, princes, grands-ducs qui disposaient d'une autonomie que leur avait laissée l'empereur sont balayés.

Le Kronprinz a compris : en civil, à bord d'un bateau, il va rejoindre les Pays-Bas. Guillaume II est furieux du manifeste de son chancelier et, ayant regagné son train, il refuse d'en bouger. Après une nuit agitée, il accepte, enfin, de partir en direction des Pays-Bas. Le train démarre, mais s'arrête très vite. L'ex-Kaiser est sommé d'en descendre et de monter dans une des automobiles qui l'attendent, ainsi que son escorte d'officiers. À 7 heures du matin, il atteint la frontière néerlandaise d'Eisden, à la plus grande surprise des douaniers et des policiers qui n'ont aucune instruction à son sujet. Guillaume II, cet homme si pressé, si impatient, va devoir attendre des heures que la reine Wilhelmine des Pays-Bas décide de lui accorder l'asile et lui trouve un lieu d'hébergement digne d'un empereur, fût-il déchu. Ce sera long. Au début de l'après-midi de ce 10 novembre, le train impérial est autorisé à entrer en gare d'Eisden. Guillaume II et sa suite s'y installent. Ils y passent la nuit. Le lendemain matin, à 9 heures, ce fameux 11 novembre 1918 qui verra, dans quelques heures, la signature de l'armistice de Rethondes, dans un autre train (la voiture-restaurant du convoi du maréchal Foch), la rame impériale repart en direction d'Amerongen, dans la province d'Utrecht. En effet, un aristocrate néerlandais, le comte Bentinck, a accepté de mettre son château à la disposition de l'empereur exilé. Son épouse, Augusta, sa chère Dona, le rejoindra quelques jours plus tard, épuisée, désespérée, venant de Potsdam.

Reste une dernière formalité à accomplir, la plus douloureuse : la signature par Guillaume II de son abdication, qui n'est toujours pas formalisée. Le nouveau gouvernement Ebert l'a rédigée et l'envoie à Amerongen. Le Kaiser n'apposera sa signature sur le document que le 28 novembre. Pour Guillaume II, il devait être difficile d'accepter que la dynastie des Hohenzollern, vieille de cinq siècles, une dynastie de rois de Prusse, puis d'empereurs allemands, renonce au pouvoir un matin brumeux de novembre 1918. Et pourtant, en Europe, il reste un Hohenzollern qui porte toujours la couronne, le cousin renégat à qui Guillaume II avait retiré tous ses titres et décorations lorsqu'il s'était rangé aux côtés de l'Entente en 1916. Ce rescapé, Ferdinand Ier de Roumanie, avait non seulement sauvé son trône, mais il allait aussi largement agrandir son royaume hors de toute influence germanique. Quelle ironie de l'histoire !

22 novembre :
les souverains belges rentrent triomphalement à Bruxelles

Il s'était dressé devant l'envahisseur avec ce qu'il lui restait d'armée pour qu'elle continue à combattre aux côtés des Alliés. Il n'avait pas fui à l'étranger, avait refusé l'exil. Il avait dirigé les opérations militaires dans les Flandres et sur le front ouest. Il avait résisté dans son pays presque intégralement occupé et assuré, quand il le fallait, la continuité des affaires politiques en étant le symbole de la nation, malgré les divergences d'opinions entre les trois grands partis, les rivalités linguistiques, l'occupation de Bruxelles où siégeait le gouvernement militaire allemand. Pendant quatre ans, il fut le commandant en chef d'un royaume dont la neutralité avait été violée, et le symbole fort de la résistance. Du début de la guerre à l'armistice du 11 novembre, il a été le souverain le plus digne dans la continuité de son devoir, sans cesse soutenu par la reine qui fut l'ange des tranchées. À l'heure de la victoire, le roi Albert Ier a largement mérité son surnom de « Roi Chevalier », incarnant le grand exemple d'un petit pays. « Paradoxe, l'Allemagne est intacte alors que la Belgique est entièrement dévastée. Avant la guerre, c'était un pays neutre ; après le conflit, elle est délivrée de sa neutralité », constate Patrick Roegiers[38].

C'est sur un cheval blanc (bien qu'il ne se sente pas un vrai ni un bon cavalier), accompagné de la reine Élisabeth, très amaigrie, montée en amazone, et des princes royaux, que le monarque, en uniforme et casqué, fait sa rentrée dans Bruxelles, au milieu d'une allégresse générale. Le peuple se souvient que le 4 août 1914, dans un enthousiasme comparable, le souverain et la famille royale s'étaient rendus au Parlement. Devant les Chambres, le roi avait déclaré qu'il ne trahirait jamais son serment constitutionnel et qu'« un pays qui se défend s'impose au respect de tous : ce pays ne périt pas ». Ce 22 novembre 1918, le roi est revenu devant le Parlement afin de lui apporter le salut de l'armée victorieuse et la preuve qu'il avait tenu ses engagements. À Paris, à la Chambre des députés, Paul Deschanel rend hommage au roi des Belges dans « une amitié qui durera autant que l'honneur, la morale et la justice ». Par son prestige, le pouvoir du monarque s'est étendu et Albert Ier bénéficie d'une extraordinaire popularité, ce qui ne l'empêche pas d'être un souverain modeste, libéral, qui ne veut surtout pas être un héros. Et pourtant, la Belgique lui doit beaucoup.

La signature de l'armistice dans la clairière de Rethondes et tous les autres accords bilatéraux mettent fin à quatre années de guerre. Reste à négocier et à signer les traités qui consacreront la naissance d'une Europe nouvelle née de l'écroulement de trois empires. L'Empire ottoman survit encore mais pour combien de temps et il n'est plus européen.

Il fallait tenter de réussir la paix…

5

Des illusions de la paix à un nouveau cataclysme 1919-1939

Sitôt les armistices signés, Paris devient la capitale où se négocieront les traités de paix. Mais on oublie souvent l'accueil qu'il réserve aux souverains des pays vainqueurs. Le jeudi 28 novembre 1918, le roi George V et ses deux fils, le prince de Galles (futur Édouard VIII) et le prince Albert (futur George VI), sont reçus à la gare du bois de Boulogne et descendent les Champs-Élysées sous les acclamations de la foule. Un *Te Deum* est concélébré en l'église de la Madeleine par le cardinal Amette, archevêque de Paris, le cardinal Luçon, archevêque de Reims, et, ce qui est exceptionnel, le cardinal Bourne, archevêque de Westminster. Le roi est la première personnalité du camp allié dont le nom sera donné à une voie parisienne après la victoire : l'avenue de l'Alma devient l'avenue George-V. Le président de la République, Raymond Poincaré, qui a une grande estime pour le souverain britannique, est vexé que Clemenceau recueille tous les honneurs depuis son annonce de l'armistice à la Chambre des députés. Le chef de l'État, dont « le Tigre » n'avait cessé de réduire l'influence, prend sa revanche. Il organise à l'Élysée le premier grand dîner depuis la guerre. En l'honneur du roi, on a fait rapporter des tapisseries qui avaient été mises en sécurité en province. Et, au chapitre protocolaire, l'habit réapparaît ; lui aussi avait été remisé dans l'armoire des années sombres. George V est très ému, il n'était pas venu à Paris depuis avril 1914.

Le samedi 30 novembre, le roi et ses fils quittent Paris, avec, sans doute, une pensée pour Édouard VII qui s'était tant battu pour l'Entente cordiale. Elle avait montré son efficacité. Raymond Poincaré continue d'occuper le premier plan, recevant, en qualité de chef d'État, d'autres souverains. Le 5 décembre, Albert Ier, roi des Belges, accompagné de la reine Élisabeth et de leur fils, le duc de Brabant (futur Léopold III), sont les hôtes du président français à l'Élysée. Ils s'étaient rencontrés dans de pénibles circonstances. Le 13 mars 1916, au quartier général du roi à La Panne, Raymond Poincaré, accompagné de son épouse, avait voulu voir le souverain « pour couper court aux rumeurs désobligeantes qui circulaient en France et en Angleterre au sujet de la "trahison" du roi Albert et surtout de la reine Élisabeth, dont on prétendait à tort qu'elle s'était rendue en Suisse pour y rencontrer un émissaire allemand[1] ». Une calomnie particulièrement vile.

Clemenceau a beau être sourd, il entend ce qu'on lui rapporte après le Conseil des ministres du lendemain, 6 décembre. Il avait été question de l'arrivée du président Wilson la semaine suivante. C'était un événement exceptionnel, d'abord parce que jamais un président américain en exercice ne s'était rendu aussi loin des États-Unis. Il serait absent de Washington pendant une longue période, ce qui bloquerait la vie politique américaine. Ensuite, sa présence allait compliquer la tâche du protocole, puisque le locataire de la Maison Blanche est à la fois chef d'État et chef de gouvernement, deux fonctions généralement séparées en Europe. L'entourage de Wilson s'inquiète qu'il soit « le seul chef d'État à participer aux négociations de paix, les autres participants seront Premiers ministres ou ministres des Affaires étrangères. Son standing en souffrira[2] ». Celui du président de la République française aussi. En apprenant ce mélange, inédit, de statuts et dans de telles circonstances, le Lorrain avait réagi. Raymond Poincaré avait jugé cela « très choquant » et parlé de siéger, lui aussi, à la Conférence de la paix, « ainsi que le roi d'Angleterre[3] ». À cette remarque, on pouvait sentir l'amertume de Raymond Poincaré, que son meilleur ennemi, Clemenceau, tenait le plus possible à l'écart ; sa seule consolation – et fierté ! – était que « le Tigre » n'avait été reçu par le roi Albert Ier que trois mois plus tôt, le 7 septembre 1918, près de Dunkerque. Clemenceau avait d'ailleurs été convaincu par la compétence du souverain et de sa connaissance de la situation, « chef excellent que j'ai vu d'une admirable fermeté dans les plus mauvais jours » tout en étant un esprit cultivé, « au courant de tout : guerre, politique, arts et sciences ».

À Londres, George V est secrètement furieux de l'ingratitude du président Wilson

Le 14 décembre, Paris a accueilli triomphalement le président américain Woodrow Wilson, arrivé la veille à Brest à bord du *George Washington.* Idéaliste, ce démocrate, fils de pasteur presbytérien, a déclaré : « C'est pour moi un privilège de contribuer en France à une paix qui permettra le progrès dans l'ensemble du monde. » Ensuite, le président Poincaré lui ayant envoyé un train spécial, Mr. Wilson a voyagé dans la voiture-salon présidentielle jusqu'à la gare du bois de Boulogne. Un déjeuner était offert au Sénat, avec Raymond Poincaré et le maréchal Foch. Le président américain a été acclamé par des centaines de milliers de gens, parfois venus de loin. En son honneur, son nom a été donné à l'ancienne avenue de l'Empereur aboutissant à la place de l'Alma.

Puis, le 20 décembre, le roi d'Italie Victor-Emmanuel III et son fils Umberto ont eu droit à la même ferveur populaire, mais place de l'Opéra. Ce dernier monarque, dont le pays avait rompu en 1915 avec son alliance antérieure et choisi le camp des Alliés, entendait bien recueillir tous les bénéfices qui lui avaient été promis. En guise d'acompte symbolique, une avenue de Paris a été baptisée avenue Victor-Emmanuel-III, près du rond-point des Champs-Élysées[4]. Des axes parisiens se sont mis à l'heure de la victoire.

L'ouverture de la Conférence étant retardée, le roi George V et la reine Mary invitent le président Wilson et son épouse Edith à Londres. Ils sont logés à Buckingham Palace et l'accueil populaire est aussi enthousiaste qu'à Paris. Ce séjour est pourtant marqué par une note discordante, quoique privée. Le roi est scandalisé que, dans le discours qu'il a prononcé lors du dîner de gala, le président américain n'ait pas dit un mot de la participation britannique à la guerre ni des sacrifices des troupes et des populations civiles. L'Empire serait-il effacé de la mémoire américaine ? George V sort de sa réserve devant son secrétaire personnel, également choqué par l'oubli de Wilson qui ne peut être dû à sa seule artériosclérose cérébrale, puisque son allocution était écrite :

— Je ne pouvais pas le supporter ! Un professeur entièrement froid et académique, un homme odieux, dit le souverain.

Mais personne, à l'époque, n'est informé de sa juste colère[5].

Les rois vainqueurs ne sont pas conviés à la paix de Versailles...

La Conférence de la paix s'ouvre au Quai d'Orsay le dimanche 19 janvier 1919, date symbolique, puisque quarante-huit ans auparavant, l'Empire allemand avait été proclamé à Versailles ; Guillaume Ier, roi de Prusse, était devenu empereur. Seuls les pays vainqueurs sont conviés dans le salon de l'Horloge. Les vaincus ont donc été écartés : l'Allemagne, l'Autriche-Hongrie, la Turquie et la Bulgarie n'auront rien à dire. Leur sort sera réglé sans eux et sans aucune négociation possible. Quant à la Russie, alliée primordiale au début de la guerre, elle n'est pas davantage invitée : son gouvernement, né de la Révolution, n'est pas reconnu. De plus, elle est en proie à une très violente guerre civile entre « rouges » et « blancs ». Le reste du monde isole cette nouvelle république par ce que l'on a appelé « le cordon sanitaire ».

Dans les superbes salons du Quai d'Orsay, les « Quatre Grands » (l'Italien Orlando, le Britannique Lloyd George, l'Américain Wilson et le Français Clemenceau) inventent la nouvelle Europe. Sur les dépouilles de l'Empire austro-hongrois, de nouveaux États sont reconnus : une république, la Tchécoslovaquie, ainsi que le royaume des Serbes, des Croates et des Slovènes, sous la houlette du roi Pierre Ier de Serbie, âgé de 74 ans, souffrant de crises d'apoplexie, mais figure légendaire. Parfois, les discussions sont âpres ; le ministre italien quitte la Conférence le 24 avril 1919, car le président Wilson a refusé d'entériner les engagements pris par la France et la Grande-Bretagne. Le point de désaccord le plus aigu est le port de Fiume, sur l'Adriatique, que l'Italie réclame. En vain. Le ministre reviendra s'asseoir, mais cette grave divergence ne sera pas sans suite.

Les plénipotentiaires parviennent à un accord. Un premier traité concernant l'Allemagne est prêt. Le 27 avril 1919, on convoque la délégation allemande à Versailles, au Trianon Palace ; et le 7 mai, le « diktat » (selon la future expression de Hitler) lui est présenté. Les journaux s'émeuvent des conditions draconiennes, s'étonnent que les Allemands n'aient pas été conviés aux négociations les concernant et titrent : « Signeront-ils ? » Finalement, ils signeront le 28 juin 1919, cinq ans jour pour jour après l'attentat de Sarajevo. La cérémonie se déroule dans la galerie des Glaces du château de Versailles, à l'endroit même où avait été proclamé l'Empire allemand. Clemenceau savoure cette revanche symbolique. Aucun des monarques alliés n'est invité, ils sont représentés par leurs délégations.

Toutefois, les négociations ne sont pas terminées. Elles vont se poursuivre encore pendant plusieurs mois avec la conclusion d'autres traités, dont ceux de Saint-Germain-en Laye (10 septembre 1919) et de Trianon (4 juin 1920), qui consacrent le démantèlement de l'Autriche-Hongrie, ainsi que celui de Neuilly (27 novembre 1919) sanctionnant lourdement la Bulgarie, et celui de Paris (28 octobre 1920) favorable à la Roumanie. Si le traité de Sèvres (10 août 1920) officialise la disparition de l'Empire ottoman, mais maintient la région de Constantinople dans la nouvelle Turquie, il provoque immédiatement la colère de Mustafa Kemal. Ces traités sont discutés, rédigés et conclus dans un esprit fraternel et humaniste qui se révélera naïf, ignorant des réalités ethniques et religieuses, immédiatement porteurs de rivalités, de susceptibilités et de frustrations. Aucun des anciens contentieux nationalistes n'est réglé ni par l'esprit de Versailles ni par celui de ses conventions ultérieures. L'angélisme des plénipotentiaires a oublié que rien n'est simple en Europe centrale et orientale. La candeur de Wilson, sa courtoisie et son honnêteté ne peuvent compenser son ignorance du terrain historique et géopolitique. Il n'était venu qu'une fois en Grande-Bretagne, en France et en Italie, et parle très mal le français et l'allemand.

Même pendant ces discussions forgeant la paix, la guerre continue dans certaines parties de l'Europe. Ainsi, l'armée roumaine, qui a poursuivi l'armée austro-hongroise en déroute, occupe toujours une partie de la Hongrie. Or, il se passe des événements graves à Budapest. Proche de Lénine et fondateur du Parti communiste hongrois, Béla Kun, après avoir renversé le gouvernement provisoire du comte Miháli Károlyi, s'est emparé du pouvoir en mars 1919 et exerce avec férocité la « dictature du prolétariat ». La population de Budapest le supporte mal et le dictateur fanatique se déchaîne dans une terreur sanglante qui va peser très longtemps sur l'image du communisme. Béla Kun décide de reprendre les terres hongroises occupées par les Roumains, mais son « armée rouge » est défaite par une offensive des troupes roumaines, aussi impatientes qu'efficaces. Le 3 août 1919, Béla Kun doit s'enfuir. Il se réfugie à Vienne, puis en Russie bolchevique au moment où l'armée roumaine entre dans Budapest. Il faudra une négociation avec les Alliés pour que les Roumains quittent la capitale hongroise afin de laisser la place aux troupes contre-révolutionnaires d'un personnage étonnant, Miklós Horthy, âgé de 52 ans et issu d'une famille de la noblesse calviniste. Ancien aide de camp de François-Joseph en 1909, il est le dernier amiral de la flotte austro-hongroise.

Si la reine de Roumanie séduit Paris,
elle négocie secrètement à Versailles...

Le roi Ferdinand a envoyé à Paris son Premier ministre Ion Brătianu, ce brillant négociateur qui, le 17 août 1916, avait obtenu l'accord de la Russie, de la France, de la Grande-Bretagne et de l'Italie pour reconnaître les revendications territoriales roumaines, dont la plus importante était la Transylvanie, alors sous administration austro-hongroise – région que, selon une rumeur vexante, le Premier ministre britannique Lloyd George aurait été incapable de situer sur une carte en 1919 ! Dès l'ouverture de la Conférence, Brătianu constate que le tracé de la frontière avec la Hongrie qu'on lui soumet n'est pas conforme à la convention de 1916. Environ 30 kilomètres ont été déplacés au profit des Magyars. Inadmissible ! Brătianu est fougueux. Il fait monter sa colère, la met en scène en préambule à son départ, qu'il veut spectaculaire. Début 1919, la chaise de la Roumanie, qui fait partie des vainqueurs, est donc vide. C'est grave.

Alors, l'ambassadeur de France à Bucarest depuis 1916, le comte de Saint-Aulaire, très bien informé de la situation roumaine, propose que la reine Marie plaide elle-même la cause de son pays à Paris, notamment auprès de Clemenceau qui avait apprécié – et récompensé – sa clairvoyance, son courage et son patriotisme, puisqu'elle avait empêché le roi de parapher le calamiteux traité de Bucarest et s'y était elle-même opposée. « Flattée, elle accepta, mais à la condition que sa visite gardât un caractère officieux. Elle organisa sa mission comme un voyage d'agrément, emmenant avec elle ses trois filles, occasion de les sortir dans le monde et peut-être de trouver un mari à Élisabeth, âgée de 24 ans[6]. »

Quittant Bucarest le 1er mars 1919, la reine a la surprise, en gare de Laroche-Migennes, de voir sa voiture-lit-salon spéciale investie, à l'aube, par la célèbre journaliste et écrivain Colette, envoyée spéciale au *Matin*. Elle veut offrir des fleurs à « la plus belle reine de l'Europe, celle à qui une dure guerre, puis une fière captivité, gagnèrent tous nos cœurs » [...] « Le jour est resté gris, mais la reine Marie porte avec elle sa lumière. Éclat des cheveux d'or, clarté rose et laiteuse du teint incomparable, flamme des yeux impériaux et doux, une telle apparition a de quoi ôter la parole. » La souveraine se demande comment Colette a pu monter dans sa voiture raccrochée à l'express de Bucarest. Elle se déclare heureuse d'arriver à Paris :

« — Songez... Je n'y suis venue qu'une fois et j'étais souffrante.

Colette lui parle littérature et félicite la reine d'être venue.

— Comme Paris va vous aimer, Madame !

— Bah ! Que suis-je, sinon la première fonctionnaire de mon pays, et pas la mieux payée[7] ! »

La souveraine arrive à Versailles dans une ambiance où les débats s'enlisent. Sa beauté, son charme, son autorité et son prestige apportent la seule touche royale et féminine à ces discussions d'hommes en jaquette, col cassé et pantalon rayé. Un peu de romantisme dans la sévérité attentive des plénipotentiaires. La situation est originale – la reine n'est pas un émissaire officiel du gouvernement, mais elle est mieux : une ambassadrice de la nouvelle Roumanie, un pays que peu de gens connaissent. Paris est conquis. N'est-elle pas un concentré du sang bleu de cette Europe bouleversée par la guerre, la petite-fille de la reine Victoria, du tsar Alexandre II et une cousine du roi George V qui, selon les concierges du Gotha, aurait été, jadis, très amoureux d'elle ? Et la souveraine d'un État qui, grâce à elle, a fait le bon choix ? Enchantée et émue de son succès personnel, hôte d'innombrables ambassadeurs, elle écrira dans son journal : « Tout le monde m'entoure, je suis traitée comme une héroïne, je suis interviewée, photographiée, honorée, invitée. » Le 10 mars, reçue à l'Élysée par le président Poincaré, elle est élevée à la dignité de Grand-Croix de la Légion d'honneur[8], puis installée comme membre correspondant de l'Académie des beaux-arts. Mais la reine n'est pas seulement venue pour des mondanités. Elle a un devoir et doit l'accomplir.

Clemenceau se détend à s'entretenir avec cette femme courageuse, dotée d'un sens politique rare chez ses homologues, mais dont la réputation amoureuse est également romanesque, puisque ses deux derniers enfants ne seraient pas du roi Ferdinand… Et on s'était diverti à raconter qu'un matin, le roi, partant tôt pour la chasse, avait croisé le prince Ştirbei, amant présumé de la reine, sortant discrètement de sa chambre. « Les deux hommes, également surpris et embarrassés, s'étaient arrêtés, puis Ştirbei avait salué le roi qui avait fait semblant de ne pas le reconnaître. Alors Ştirbei s'était nommé. Le roi lui avait froidement déclaré : "Monsieur, je ne vous connais pas, mais pour sortir à une heure pareille des appartements de la reine, vous ne pouvez être que son confesseur ou son médecin."[9] » Ce qui prouvait qu'à défaut d'avoir du caractère, le roi Ferdinand avait autant d'éducation que d'esprit.

Par ailleurs, le président du Conseil s'inquiète du bolchevisme et voit dans la Roumanie un royaume garant de la sécurité française en Europe centrale. Dans son entretien avec la reine, Clemenceau l'entend dire qu'elle réclame pour son pays la totalité du Banat, région de l'ouest autour de

Timisoara, débordant sur la Serbie et autrefois hongroise. Un sujet sensible, un parfait exemple de la complexité de frontières nouvelles, mais disputées depuis longtemps. La souveraine insiste pour avoir le Danube comme démarcation. Clemenceau est stupéfait de l'audace royale :

— Quoi ! Votre Majesté souhaite tout le Banat jusqu'aux rives de la Tisza ? Mais c'est la part du lion !

— C'est justement pour cela que je suis venue voir son cousin le Tigre[10] !

Toute rayonnante que soit la personnalité de la reine Marie, sans doute ne suffit-elle pas à lui faire obtenir satisfaction : mais la peur d'une contamination bolchevique en Europe plaide en sa faveur. D'ailleurs, la Russie des Soviets, contrariée, n'allait pas reconnaître les divers accroissements du territoire roumain concédés par les traités de 1919 à 1920. La Grande Roumanie allait s'épanouir sur les ruines des empires défunts des Habsbourg et des Romanov. Le séjour de la reine à Paris et dans les antichambres de la Conférence est donc un authentique succès diplomatique. Sa féminité et sa passion ont été de tels arguments que le roi des Belges Albert Ier, « avec la verdeur de langage propre aux soldats », aurait déclaré : « Toute sa politique est dans ses soubassements[11]. »

La reine Marie de Roumanie n'est pas que diplomate, elle est aussi marieuse

De retour à Bucarest, la souveraine auréolée de son triomphe retrouve un grave problème familial. Son fils Carol est toujours aussi amoureux de Zizi Lambrino, tellement épris que celle-ci est enceinte. Le 7 janvier 1920, le couple royal obtient du prince héritier la promesse de mettre un terme définitif à sa relation avec la jeune femme. En effet, malgré ses 26 ans, Carol est plutôt frivole, puisqu'il a déjà une nouvelle maîtresse, Maria Martini. Le lendemain, Zizi annonce la naissance d'un fils qu'elle appelle Carol Mircea. Pour toute réponse, elle reçoit une lettre de rupture du père de l'enfant, sans aucune allusion à ce bébé « né de père inconnu » ! Le coup est rude pour Zizi. Des années de procédure en reconnaissance de paternité et en demande de dédommagements vont s'ensuivre. Dans ce contexte peu reluisant, les souverains pensent qu'il serait judicieux que leur fils inconstant s'éloigne quelque temps du royaume pour entreprendre un long voyage à travers le monde, apprentissage obligé de tous les princes héritiers. On verra Carol dans les temples pharaoniques, accueilli par le maréchal Allenby, vainqueur de l'Empire ottoman et haut-commissaire britannique. Il chassera le tigre à dos d'éléphant, chez le maharadjah de Patiala. Et à Tokyo, il sera reçu par le prince héritier Hirohito.

À la fin de son périple, à Lucerne en Suisse, il retrouve sa mère la reine Marie qui, ne se contentant pas d'avoir défendu son pays à Versailles, a aussi le souci de marier ses enfants, ce qui est une autre façon de faire de la politique. À Lucerne vit en exil la famille royale grecque comprenant le roi Constantin, la reine Sophie, le diadoque Georges, son frère Paul et les princesses Hélène et Irène. C'est une situation curieuse, puisque la monarchie n'a pas été abolie à Athènes, le roi Constantin s'étant simplement effacé : son deuxième fils, Alexandre Ier, règne sur la Grèce depuis 1917, sous la surveillance étroite de son Premier ministre Venizélos. Ce rusé politicien fait tout pour isoler politiquement le jeune roi, le réduisant à des apparitions de pantin et lui interdisant même tout contact avec sa famille en Suisse. Cette stratégie réduit la monarchie à un rôle de « vitrine ».

Georges, le frère d'Alexandre, qui était l'héritier présomptif et aurait dû régner, est attiré depuis plusieurs années par l'aînée des filles de la reine Marie. On ne l'a pas encouragé… Il réitère sa demande en mariage et, cette fois, elle est acceptée avec joie. Georges a 31 ans, Élisabeth 26, il était temps de les marier. La reine de Roumanie a d'autres arrière-pensées, puisqu'elle invite aussitôt son futur gendre et ses deux sœurs à venir visiter les Carpates en compagnie de Carol. Tous s'embarquent aussitôt à bord du train royal en direction de Sinaia et du château de Peleș. Un second mariage gréco-roumain est élaboré par la reine Marie : il lui semble que la princesse Hélène de Grèce, surnommée Sitta, serait une épouse idéale pour son fils Carol. Mais tout ce petit monde rêvant de mariages dans une Europe en paix va très rapidement faire le voyage dans l'autre sens, dans le même train royal, de Sinaia à Lucerne. En effet, le roi Alexandre Ier de Grèce est mort à Athènes le 25 octobre 1920, âgé seulement de 27 ans. La famille, éplorée, accueille la reine Marie et le prince Carol qui, malgré ces tristes circonstances, demande la main de la princesse Hélène à son père le roi Constantin, toujours détrôné, et l'obtient. Un deuil, un mariage, la vie. Que s'est-il passé à Athènes ? Une histoire incroyable et ridicule avant de finir en drame...

Le roi Alexandre Ier de Grèce est mort victime d'une morsure de singe !

Un mois plus tôt, la Grèce, agrandie d'un tiers de sa superficie par l'attribution de territoires jadis ottomans, avait fêté la victoire lors d'une fête grandiose à Athènes. Le jeune souverain, en uniforme blanc, marchant entre le Premier ministre Venizélos et le président de la Chambre Sophoulis, tous deux en jaquette, était ovationné par deux cent mille personnes réunies au stade. Une cinquantaine d'archimandrites, des chœurs et des fanfares faisaient escorte au roi que l'on voyait si peu... Une apothéose. C'était la première fois qu'Alexandre Ier rencontrait une telle popularité, alors que son Premier ministre détenait sévèrement le véritable pouvoir et se comportait sournoisement en ennemi de la famille royale, s'arrogeant toutes les influences. Le lendemain, le monarque, dévoué, mais qui s'ennuyait beaucoup dans le palais royal de Tatoï, près d'Athènes, où il se sentait l'otage couronné de Venizélos, avait voulu défendre un de ses chiens favoris contre les attaques d'une guenon de sa ménagerie. En fureur, elle mordit Alexandre Ier à la jambe. Très vite, la plaie s'envenima et provoqua une infection généralisée. En urgence, on fit venir à Tatoï une sommité médicale française, le professeur Fernand Widal. Celui-ci pratiqua une autovaccination pour former des anticorps et enrayer la septicémie. Mais la forte fièvre persistait. En l'absence d'amélioration, une première opération fut envisagée par un autre Français, également appelé au chevet du roi, le professeur Delbet. On parla d'amputation. Venizélos, intraitable, refusa à la mère du roi de se rendre à son chevet. L'état du souverain empira et, après quatre semaines d'agonie, il s'éteignit le 25 octobre 1920 dans le palais de Tatoï, où il était né. Il n'avait régné que trois ans et demi, comme un exilé de l'intérieur.

Le peuple était autant consterné par cette disparition inattendue que par la stupidité de l'accident qui l'avait provoquée. Le Gotha était en deuil, le défunt étant un arrière petit-fils de la reine Victoria, du roi Christian IX de Danemark, un neveu de Guillaume II d'Allemagne, un parent du tsar Nicolas II et du roi George V. Le drame laissa aussi une situation privée et politique délicates. En effet, le jour de son avènement, en 1917, Alexandre Ier avait révélé à son père sa liaison avec une jeune fille, la très jolie Aspasie Mános. Il comptait l'épouser, mais le roi Constantin avait demandé à son fils d'attendre que la paix revienne en Grèce, son pays s'étant tardivement engagé aux côtés des Alliés. Éloigné d'Aspasie, Alexandre lui avait écrit, mais son courrier était intercepté par les services maniaques de Venizélos, lequel était pourtant un ami du père de la jeune fille. Lassé d'attendre, Alexandre avait retrouvé sa bien-aimée et l'avait secrètement épousée le 17 novembre 1919. Mais le secret fut éventé par la maladresse de l'archimandrite qui avait célébré l'union. Le roi Alexandre Ier n'avait pas respecté la Constitution, puisqu'il s'était marié sans l'autorisation du roi son père, du gouvernement et de la plus haute autorité de l'Église orthodoxe. C'était un scandale qui arrangeait Venizélos, puisqu'il discréditait davantage la Couronne. Au décès d'Alexandre Ier, pour le gouvernement grec, Aspasie n'est qu'une veuve sans couronne, elle n'est pas reine et elle est enceinte. On l'appelle « Madame Mános ». Venizélos, de plus en plus odieux, refuse à la famille royale d'assister aux funérailles d'Alexandre Ier. Sa grand-mère, la reine douairière Olga, veuve de Georges Ier, et Aspasie sont ses seules parentes autorisées à y assister avec les responsables civils et militaires en la cathédrale d'Athènes.

La situation politique est donc tendue. Qui peut succéder au roi ? Son frère cadet Paul, si son père, le roi Constantin, exilé en Suisse, ne s'y oppose pas. Sinon, qui pourrait être régent ? Venizélos est prêt à tout compliquer pour favoriser l'instauration d'une république, régime qu'il encourage. Le prince Paul fait savoir qu'il ne montera pas sur le trône tant que son père le roi Constantin et son frère aîné le diadoque Georges seront en vie. Une impasse. C'est alors qu'à la faveur d'élections, les monarchistes l'emportent et que Venizélos, contre toute attente, est rejeté par le nouveau Parlement ; il n'est plus Premier ministre. La Grèce sans Venizélos ? Cela était impensable, il reviendrait sûrement, selon ses partisans. Il part pour Paris, où il a de nombreux appuis.

À Athènes, l'allégresse surprenante d'une restauration royale… inattendue

Dans ces conditions, le roi Constantin peut-il quitter Lucerne et revenir à Athènes ? Le climat est favorable à son retour, puisque le nouveau gouvernement abolit la loi punissant de deux ans de prison ceux qui prononçaient le prénom de Constantin ! Aussitôt, sa photo réapparaît en première page des journaux et une foule défile dans

Athènes en demandant l'organisation d'un plébiscite. Il a lieu le 5 décembre 1920. À une majorité écrasante, le peuple grec approuve la restauration de l'ancien souverain. Il s'agit d'une rarissime alternance puisque le roi Constantin succède à son fils Alexandre qui, lui-même, lui avait succédé ! La capitale est pavoisée pour le retour du monarque après mille trois jours d'exil. Les Grecs ont l'enthousiasme facile et la mémoire courte. Ils feignent d'avoir pleuré le roi Constantin pendant trois ans et dans son discours, le maire d'Athènes, M. Tsohas, ne craint pas de se prendre pour Homère : « Ton peuple, Sire, n'a cessé pendant la nuit nationale qui a duré plus de trois ans, de faire de ses larmes des diamants par lesquels il écrirait la grande date d'aujourd'hui. Il n'avait qu'un mot sur ses lèvres : viens ! » Et les pancartes brandies par les Athéniens ne sont pas en reste : elles proclament : « Salut, César Constantin ! » On ne cesse d'entendre dans les rues d'Athènes une chanson populaire : « Avec un tel Constantin, avec un tel roi, nous entrerons à Constantinople et à Sainte-Sophie. » Elle fait référence à une légende qui disait : « Constantin a perdu Constantinople, c'est un autre Constantin qui la reprendra. » Fatale erreur ! C'est le fantasme d'une Turquie défaite et d'une Grèce assez puissante pour récupérer le territoire que le traité de Sèvres leur avait refusé : Constantinople.

Le prétexte d'une nouvelle guerre gréco-turque est fourni par Mustafa Kemal lui-même, l'homme fort du nouveau régime turc ; il refuse les injonctions du traité de Sèvres accordant à la Grèce la totalité de la Turquie d'Europe, excepté Constantinople. Les Grecs sont sévèrement battus en Asie Mineure par une armée turque remarquablement réorganisée par le même Atatürk. La guerre dure jusqu'à la déroute des armées grecques en août 1922. La Grèce perdra définitivement la Thrace que lui accordait le traité de Sèvres. Et, à cause de la défaite, une nouvelle révolution, sans effusion de sang, va chasser d'Athènes le roi Constantin le 27 septembre 1922.

Cette-fois, c'est son fils aîné qui ceint la Couronne, si peu affermie, sous le nom de Georges II, lequel, entre-temps, avait épousé, le 27 février 1921 à Bucarest, sa fiancée Élisabeth, fille aînée du roi Ferdinand et de la reine Marie de Roumanie. Une fille reine de Grèce, voilà qui ne pouvait que satisfaire les desseins politico-matrimoniaux de cette souveraine qui avait tenu tête à Clemenceau. Le royaume des Hellènes s'enfonce dans une crise épouvantable, victime de ce que Churchill appellera dans ses *Mémoires* « la folie des vainqueurs[12] ». Une tragédie grecque que le même Winston Churchill analysera avec son cynisme habituel : « Ce n'est peut-être pas une exagération de remarquer qu'un quart de million de personnes sont mortes à cause de cette morsure de singe. »

Le sort contrasté des deux empereurs déchus

Si Guillaume II a obtenu l'exil de la reine Wilhelmine des Pays-Bas, l'ex-Kaiser a toutes les raisons de se sentir menacé. Lloyd George, le Premier ministre britannique, et Clemenceau souhaitent qu'il soit jugé comme « criminel principal de la guerre ». En revanche, au Congrès de la paix, le président Wilson ne veut pas en faire un martyr. « Finalement, l'article 227 du traité de Versailles déclare que les puissances alliées et associées mettent en accusation publique Guillaume II de Hohenzollern, ex-empereur d'Allemagne, pour offense suprême contre la morale internationale et l'autorité sacrée des traités[13]. » Les Allemands protestent contre cette mesure qu'ils jugent honteuse. Ils signeront néanmoins le traité. Le 15 janvier 1920, les États signataires, en application du traité, demandent aux Pays-Bas l'extradition de l'ex-Kaiser. Le 5 mars, le gouvernement de la souveraine néerlandaise rappelle que son pays, n'étant pas signataire du traité de Versailles, est en droit de refuser l'extradition et confirme l'asile politique de Guillaume II. Pendant toute cette période, l'ex-Kaiser a gardé son calme, préparé sa défense, s'attendant au pire. Mais il n'en est pas de même pour son épouse Dona, très affectée par cette menace ; elle ne peut s'empêcher de la rapprocher du sort tragique des Romanov, car son époux était encore empereur d'Allemagne lors de la signature du traité de Brest-Litovsk et il aurait pu exiger et – peut-être – obtenir le transfert en Allemagne des Romanov, dont il était parent, la tsarine Alexandra étant une petite-fille de Victoria. Un sentiment de culpabilité hante Dona. L'ex-impératrice est détruite, vivant très mal sa situation. Angoissée, elle s'imagine que son mari va être enlevé et exécuté et elle aussi, sans parler de leurs enfants, car les assassins d'Iekaterinbourg n'avaient eu aucune pitié…

Guillaume II et sa femme avaient quitté Amerongen pour s'installer, le 15 mai 1920, dans un petit château, Doorn, qu'ils avaient acquis près d'Utrecht. C'est là qu'ils apprennent, huit semaines plus tard, une tragédie familiale : leur plus jeune fils, Joachim, se suicide en juillet 1920, après l'échec d'un complot monarchiste, dans un rendez-vous de chasse près de Potsdam. Un traumatisme.

Avant l'arrivée des ex-souverains, leur nouvelle résidence, Doorn, propriété de 60 hectares, avait été entièrement rénovée, somptueusement meublée et décorée : des trains entiers de tables, de fauteuils, de canapés, de lits, de tapisseries, de caisses d'argenterie, d'œuvres d'art et de coffrets de joyaux étaient arrivés des châteaux royaux de Berlin et de Potsdam, avec l'autorisation du nouveau gouvernement allemand. Guillaume II avait simplement osé écrire au président de la République de Weimar pour qu'on lui restitue « ses biens et ceux de sa famille ». On s'empresse de lui donner satisfaction en lui versant 6,5 millions de marks-or ! « Un premier envoi qui fut suivi de beaucoup d'autres jusqu'en 1924 : à partir de cette date, une pension de 50 000 marks-or lui fut servie chaque mois, même aux pires moments de la crise financière de l'Allemagne[14] ». La gigantesque inflation de l'année 1923 ne l'atteint pas, même quand il faut 20 000 marks pour 3,20 francs ! Il recevra les revenus de ses domaines allemands, une fortune énorme lui permettant un niveau de vie tout à fait équivalent à son précédent statut. L'ex-Kaiser ne subit aucune vindicte, il n'est nullement humilié, il mène une vie bourgeoise très aisée. Sans aucune activité politique, Guillaume II s'applique à écrire ses *Mémoires.* L'héritier des Hohenzollern veillera à se mettre en avant et à rappeler son caractère « non belliqueux ».

Mais rien ne peut apaiser le chagrin de Dona. Elle s'éteint le 11 avril 1921 et elle est enterrée à Potsdam, dans le mausolée royal du Nouveau Palais. Un monument à sa mémoire sera aussi élevé à Coblence, près des bords du Rhin, et un buste exposé à Baden-Baden. Elle reste sans doute la moins connue des épouses d'empereurs et de rois engagés dans la guerre ; la personnalité extravagante de son mari l'avait reléguée dans l'ombre, y compris après l'effondrement de l'Empire allemand. À la mort de sa chère Dona, Guillaume II, dans un premier temps, paraît si affligé que l'on peut craindre qu'il attente à ses jours. Mais cette dépression spectaculaire fait long feu, comme toujours chez lui. Très rapidement, il se remarie à l'âge de 63 ans, le 15 septembre 1922, avec une jeune aristocrate veuve, Hermine de Reuss, de trente ans sa cadette et mère de cinq enfants. Ce remariage n'est pas très bien accepté ! Et l'on reste étonné que le fils aîné de Guillaume II et de Dona, le Kronprinz, obtienne de pouvoir revenir en Allemagne. Tout est fait pour satisfaire les exigences de l'empereur déchu.

Quel contraste avec le sort réservé aux ex-souverains austro-hongrois, Charles et son épouse Zita ! Si François-Joseph a déclaré la guerre à la Serbie, son successeur Charles n'a cessé d'en réclamer l'arrêt, du moins avec la France. Son initiative, sans doute maladroite, naïve, mais généreuse, a été sabotée et le conflit a duré dix-huit mois de plus qu'il n'aurait dû, largement à cause de la France. L'ex-empereur Charles est accusé comme s'il était l'unique responsable du conflit, privé de moyens et bientôt banni.

La différence de traitement entre le Hohenzollern et le Habsbourg est une injustice difficile à expliquer. Le premier vit dans un exil doré par la très bonne volonté de son pays vaincu, le second survivra, humilié, dans la gêne puis le dénuement, et envoyé par les vainqueurs sur une île d'où il ne saurait revenir.

Or et l'Allemagne et l'Autriche traversent alors des temps troublés, d'immenses difficultés économiques et financières, et l'avenir reste incertain. Le bolchevisme menace les deux Républiques, fragiles. On ne peut se venger de Guillaume II, on se venge de Charles Ier. « L'Autriche, c'est ce qui reste », avait dit Clemenceau après l'émiettement de l'Empire en nouveaux États. Il ne restait rien pour le catholique Habsbourg. Le dimanche 23 mars 1919, en début de soirée, alors que Béla Kun vient de prendre le pouvoir communiste en Hongrie, Charles, Zita et leurs cinq enfants (le dernier, Charles-Louis, a 1 an) sont sommés de quitter l'Autriche. Zita est de nouveau enceinte. Des centaines de sympathisants, en majorité des paysans et des anciens combattants, sont sur le quai de la petite gare de Kopfstetten. La foule grossit dans la nuit ; bientôt, il y a près de deux mille personnes. Des blessés de guerre en uniforme sont au garde-à-vous. En silence. À la demande du roi George V et sur ordre de lord Balfour, ministre britannique des Affaires étrangères, une insolite escorte de policiers anglais a accompagné la famille expulsée et lui présente aussi les armes. Quelques heures plus tôt, à la fin de la messe célébrée dans la chapelle d'Eckartsau, on a chanté le *Gott Erhalte*, l'hymne impérial. « C'est la dernière fois qu'il est chanté par un empereur d'Autriche sur la terre de ses ancêtres[15]. » Et c'est donc dans une chapelle que s'achèvent sept siècles d'une histoire perçue comme la fusion entre une dynastie et un peuple.

Le train spécial, avec ses trois voitures-salons, sa voiture-restaurant-cuisine, ses wagons plates-formes pour le transport de deux voitures et deux fourgons, part en direction de l'ouest, vers la Suisse qui a accepté d'accueillir l'ex-empereur comme « personne privée » et les siens. Le lendemain, à 15 heures, après avoir gravi les abruptes pentes de l'Arlberg, la rame arrive à Feldkirch, à la frontière suisse. Par hasard, un témoin est sur le quai. Et quel témoin ! C'est Stefan Zweig, le futur auteur du *Monde d'hier*, qui s'était lui aussi opposé à la guerre. L'écrivain reconnaît les ex-souverains s'apprêtant à franchir la frontière. Son souvenir est bouleversant : « Je reconnus derrière la glace du wagon la haute stature dressée de l'empereur Charles et son épouse en vêtements noirs, l'impératrice Zita. Je tressaillis : le dernier empereur d'Autriche, l'héritier de la dynastie qui avait gouverné le pays pendant sept cents ans, quittait son Empire. L'empereur ! Ce mot avait réuni toute la puissance, toute la richesse, il avait été le symbole de la pérennité de l'Autriche et, dès l'enfance, on avait appris à prononcer ces syllabes avec vénération. Et maintenant, je voyais son successeur, le dernier empereur d'Autriche, quitter le pays en proscrit. Tous ceux qui nous entouraient sentaient l'Histoire, l'Histoire universelle dans ce spectacle tragique[16]. »

À l'opposé de Guillaume II, Charles ne peut réclamer aucun de ses biens à la République d'Autriche, ils sont confisqués. Des bijoux personnels, gagés un moment, avaient permis d'obtenir un crédit bancaire, mais il était soldé. Zita avait écrit à sa mère, la duchesse de Parme, propriétaire du château de Wartegg près du lac de Constance, non loin de la frontière autrichienne. C'est là que la famille retrouve non seulement confort et réconfort, mais aussi les valeurs qu'un intermédiaire honnête (un escroc s'était déjà présenté !) leur avait gardées. Le 11 avril, Charles écrit au roi George V, en français, afin de le remercier de son soutien et du concours logistique que « lui a prêté la couronne d'Angleterre ».

Mais Wartegg est trop petit et Charles ne s'y sent pas chez lui. Peu de temps après, l'ex-empereur loue, le 20 mai 1919, pour deux ans, l'ancienne villa du prince Jérôme

Bonaparte à Prangins, près de Nyon. Zita y donnera naissance à deux autres enfants.

À deux reprises, Charles met tous ses espoirs sur la fidélité des Hongrois

Charles n'est pas surveillé. Un réseau de contacts est constitué dans l'objectif du rétablissement effectif de la monarchie en Hongrie, Charles IV n'ayant pas renoncé à ses attributions. En mars 1921, passant clandestinement en France, il prend un train à Strasbourg, gagne Vienne, puis, en compagnie d'un ami hongrois, il franchit la frontière. À Budapest, l'échec de la terreur communiste a porté au pouvoir l'amiral Horthy. Il vient de prendre le titre de régent. Charles est convaincu qu'il va lui rendre son trône. Il le rencontre au palais royal le 27 mars. Mais l'ancien aide de camp de François-Joseph est moins empressé que le pensait son visiteur. Il refuse de lui remettre le pouvoir, prétextant que la Hongrie serait immédiatement envahie par des troupes étrangères qui empêcheraient la restauration. Charles l'assure qu'il a l'appui du président du Conseil français, Aristide Briand. Horthy se montre plus conciliant et promet la restauration dans un délai de trois semaines. Mais quelques heures plus tard, le ministère hongrois de la Guerre fait savoir à Charles que « dans l'intérêt de l'État, le régent ne peut abandonner le pouvoir ».

En octobre, avec Zita, Charles tente un nouveau retour, en avion cette fois. Le régent réplique par les armes. Affolé par cette menace de guerre civile, le couple renonce et se retrouve prisonnier du régent. Les Alliés vainqueurs s'émeuvent de cette agitation. Il faut empêcher le retour des Habsbourg. On leur impose un nouvel exil. George V ne peut s'opposer à la décision du gouvernement de Lloyd George, qui vient de régler la douloureuse question irlandaise et de faire cesser les interventions britanniques dans la guerre civile russe. L'affaire hongroise tombe très mal. Le

7 novembre 1921, à bord du croiseur *Cardiff* de la Royal Navy, Charles et Zita sont conduits vers l'île de Madère. L'ex-monarque avait eu le temps d'écrire au président Poincaré pour lui dire que les États nés de la désagrégation acharnée de l'Empire austro-hongrois étaient artificiels et non viables. Les exilés débarquent en terre portugaise le 19 novembre, d'abord installés confortablement dans une annexe de l'Hôtel Reid's, la Villa Victoria. Début janvier, Zita repart pour la Suisse afin de ramener les enfants le 2 février. L'argent venant à manquer, ils quittent le coûteux Reid's pour emménager dans une villa mise à leur disposition par un riche Portugais, la « Quinta do Monte ». Malheureusement, comme son nom l'indique, elle est située sur les hauteurs de Madère, dans l'humidité et le brouillard, cachant souvent les beautés de ce jardin tropical au cœur de l'Atlantique.

Ils manquent de tout, de nourriture, de chauffage. Charles se déplace à bicyclette, s'épuise et prend froid. Il est aussi usé par les épreuves et les lâchetés dont il a été victime. L'argent est rare, il faut économiser sur tout. La bronchite dont souffre Charles, qui a 40 degrés de fièvre, se révèle être une pneumonie. Il s'éteint le 1er avril 1922, au bout de cinq mois, âgé de 35 ans. Zita, impératrice pendant deux ans, veuve à 30 ans, mère de sept enfants et enceinte du huitième, se trouve dans une situation catastrophique. L'hommage le plus surprenant au dernier souverain Habsbourg est celui d'un écrivain peu suspect de sympathies monarchistes, Anatole France, académicien français et prix Nobel de littérature, qui écrit : « L'empereur Charles a offert la paix : c'est le seul honnête homme qui ait paru au cours de la guerre et on ne l'a pas écouté… Un roi de France, oui, un roi aurait eu pitié de notre pauvre peuple exsangue, exténué, n'en pouvant plus. Mais la démocratie est sans peur et sans entrailles. Au service des puissances d'argent, elle est impitoyable et inhumaine. »

La République française reconnaît une femme adoptée princesse héritière de Monaco

Le prince Albert Ier de Monaco, savant océanographe de réputation mondiale et pacifiste ayant pris la défense du capitaine Dreyfus, avait été scandalisé par la brutalité des hostilités allemandes en France et en Belgique. Après le bombardement de la cathédrale de Reims, qui lui avait fait horreur, il avait renvoyé toutes ses décorations allemandes au Kaiser. En octobre 1918, se trouvant à Paris, le souverain monégasque, 76 ans, écrit un réquisitoire de cent soixante-dix pages contre l'empereur d'Allemagne, qu'il rend public et fera éditer après que la paix sera signée. Selon la tradition, son fils Louis s'est engagé au service de la France en guerre. Le capitaine Grimaldi s'est particulièrement illustré au Chemin des Dames en 1917 et trois citations distinguent son courage. Son père s'inquiète de son célibat prolongé et surtout du fait qu'en cas d'extinction de la branche régnante, un prince allemand, descendant d'une des tantes d'Albert, ne revendique le trône monégasque. Après quatre ans d'un effroyable conflit, une telle dévolution serait inacceptable par la France. En secret, le prince Albert Ier informe les autorités françaises. Et si le traité de Versailles, dans son article 436, confirme les relations franco-monégasques, il ne règle pas la question, délicate, d'une vacance de la Couronne pour cause d'absence d'héritier direct ou adoptif.

Or, à 48 ans, le prince héréditaire Louis est toujours officiellement célibataire. Pourtant, il a une fille naturelle, âgée de 20 ans, prénommée Charlotte, future mère du prince Rainier III. Son destin est un vrai roman, un de plus dans ce petit État particulièrement romanesque ! À la fin du siècle précédent, Louis, officier de la Légion étrangère, servait en Algérie. Il y avait rencontré une belle jeune femme, Marie-Juliette Louvet, et en était tombé amoureux. Elle était la fille d'une lingère de Constantine, née Joséphine-Elmire

Piédefer. L'amoureuse du « prince soldat » est divorcée d'un photographe « de charme », comme on dit pudiquement à l'époque. De sa passion avec Louis Grimaldi naît à Constantine, le 30 septembre 1898, une fille, Charlotte. Le fruit d'un amour impossible. Malgré la distance sociale, le prince Louis, assumant ses responsabilités, reconnaît l'enfant. À son père, Albert Ier, il demande la permission d'épouser sa maîtresse afin de régulariser cette situation délicate. Le souverain refuse cette mésalliance. Louis ne renonce pas. À sa fille, il fait donner la meilleure éducation dans des pensionnats français. À la déclaration de guerre, son père l'installe au palais, puis rejoint l'armée française. Charlotte est jolie, vive, indépendante, et souffre des réticences de son grand-père à son égard. Souvent elle est seule dans le palais avec le personnel, puisque le prince s'est volontairement exilé sur son bateau, dans le port, la vie au palais lui semblant indécente en ces temps de guerre. Charlotte transforme le palais en hôpital, soutient les blessés, rédige leurs lettres et accompagne les derniers instants des mourants. Son abnégation et sa générosité font l'admiration des Monégasques qui découvrent une jeune fille auréolée de mystère. On raconte beaucoup de choses à son propos.

C'est la situation géopolitique qui va, enfin, lui permettre d'entrer officiellement dans la famille Grimaldi. Le prince Albert Ier, sachant que Paris n'admettra jamais qu'un cousin allemand devienne le souverain de Monaco, comprend que le destin de la principauté est en jeu. Seule Charlotte, qui a maintenant une vingtaine d'années, peut éviter l'absorption de l'État monégasque par la République française. Juridiquement, Charlotte est adoptée par son père naturel. La cérémonie se déroule à Paris, le 16 mai 1919. Les parrains de cette filiation sont le président de la République Raymond Poincaré, très proche du prince Albert Ier, et le ministre des Affaires étrangères, Stephen Pichon, ancien député radical, membre du cabinet de Clemenceau et ambassadeur en Chine. En leur présence, Charlotte est reconnue héritière de la maison régnante par la République française. La présence des Grimaldi sur le Rocher, connue depuis 1297, peut continuer. La principauté respire[17] !

Été 1921 :
les rois survivants des guerres balkaniques disparaissent

Si les traités de paix avaient laminé trois empires, ils avaient enfanté un nouveau royaume, celui des Serbes (les plus nombreux), des Croates et des Slovènes[18], institué le 1er décembre 1918 par le traité de Saint-Germain-en-Laye. L'idée de regrouper les Slaves du Sud, un vieux rêve, avait été notamment codifiée le 20 juillet 1917 par un accord dit pacte de Corfou, signé entre le gouvernement serbe de Pašić, alors réfugié à Corfou, et le docteur Ante Trumbić, le président du comité yougoslave, exilé à Londres. Cette déclaration avait posé les bases d'une union des Serbes, des Croates, des Slovènes et des Monténégrins dans une monarchie constitutionnelle, fédérale, héréditaire sous la dynastie des Karadjordjević. Dans son intitulé, la nouvelle monarchie ne comprend pas les Monténégrins, et pourtant ils en font partie ! Que s'était-il donc passé ? Le vieux roi Nicolas Ier de Monténégro, mal inspiré pendant la guerre par une tentative de paix séparée avec l'Autriche-Hongrie que son peuple avait considérée comme une trahison, s'était enfui chez l'un de ses gendres, le roi d'Italie. Depuis la conclusion de la paix, il est exilé en France, d'abord à Mérignac, près de Bordeaux, puis au cap d'Antibes. Le 1er décembre 1918, l'Assemblée monténégrine le déchoit de son trône et vote l'union du petit royaume de Monténégro à la royale Serbie, agrandie de la Croatie et de la Slovénie.

Le vieux monarque ne décolère pas, hurlant au coup d'État et oubliant ses initiatives ambiguës et ses combinaisons pittoresques, même pour les Balkans, qui avaient nui à sa monarchie. Son peuple était courageux, il était fantasque. Dans sa villa « Les Liserons » du cap d'Antibes, le roi Nicolas Ier s'éteint à 81 ans, le 1er mars 1921, emporté par une hémorragie cérébrale. Sa veuve, la reine Milena, lui survit près de deux ans. Né en 1840, Nicolas de Monténégro avait été un acteur essentiel des guerres balkaniques quand l'Europe se disputait les lambeaux européens de l'Empire ottoman. Sa grande réussite, on l'a vu, avait été le mariage de ses filles, en particulier Zorka, qui avait épousé le roi Pierre Ier de Serbie, mais aussi Hélène qui était devenue reine d'Italie, Anastasia et Militza qui s'étaient mariées à deux grands-ducs de Russie : deux reines, deux grandes-duchesses… Mais les gendres souverains, Victor-Emmanuel III et Pierre Ier de Serbie, ne se déplacent pas pour les funérailles de ce beau-père trop extravagant. Seuls les deux grands-ducs d'une Russie évanouie sont présents. L'opérette se termine mal[19]…

Cinq mois plus tard, un personnage essentiel de l'histoire européenne entre la fin du XIXe siècle et le début du XXe quitte la scène à son tour. C'est l'illustre et légendaire Pierre Ier, roi de Serbie, devenu aussi celui des Croates, des Slovènes et des Monténégrins deux ans plus tôt. Personne ne peut oublier son libéralisme, son esprit de justice, son souci de démocratie ni son courage héroïque au secours de la France en 1915 alors que, malade et s'étant retiré en faveur de son fils cadet Alexandre, il était revenu galvaniser les troupes serbes épuisées au cœur d'un des pires hivers de la guerre. Sa simplicité et sa modestie lui avaient valu d'être surnommé par la population « oncle Pierre » et sa détermination, le « roi libérateur ». Victime d'une ultime crise d'apoplexie, veuf depuis trente et un ans, il s'éteint à Belgrade, le 16 août 1921, à l'âge de 77 ans. Quatorze millions de sujets sont en deuil. La cérémonie funèbre se déroule dans la cathédrale Saint-Michel de Belgrade, berceau de l'Église serbe orthodoxe. Après les magnifiques voix de basse du patriarche et celles, célestes, des chœurs, on entend la *Marche funèbre* de Chopin. Les nations européennes sont toutes représentées. Le dernier voyage du roi défunt s'accomplit à bord d'un train spécial en direction du village de Topola, à environ 80 kilomètres au sud de Belgrade, dans une région montagneuse aux vignobles réputés. C'est là que, le 15 février 1804, avait commencé la révolte des Karadjordjević contre les Ottomans. En 1912, le roi Pierre y avait fait construire une église en marbre blanc et un mausolée, où il repose au côté des souverains et des ancêtres de sa dynastie[20].

À 33 ans, Alexandre de Yougoslavie devient le plus jeune roi d'Europe

Aux funérailles du roi Pierre Ier, le 22 août 1921, une absence est très remarquée : celle de son fils Alexandre. Le régent et prince héritier est à Paris. Il y était revenu pour s'assurer du soutien diplomatique de la France, car il est inquiet. Deux attentats ont été commis dans son pays ; lors du premier, Alexandre était dans une voiture avec le Premier ministre Nikola Pašić. La grenade jetée par un insurgé rebondit sur la carrosserie de la voiture et explose un peu plus loin, tuant plusieurs passants[21].

Quelque temps après, un ancien ministre de l'Intérieur a été abattu alors qu'il se promenait en famille. Ces deux attentats ont un point commun : leurs auteurs respectifs revendiquent leur soutien actif aux idées communistes. À l'instigation du régent Alexandre, Pašić avait fait voter d'urgence une loi interdisant le parti communiste, ses journaux et ses syndicats. Pašić, qui s'était toujours appuyé sur la monarchie des Romanov, est inquiet de la propagation de la guerre civile russe dans les Balkans.

Non seulement ses entretiens politiques le retenaient à Paris, mais encore Alexandre est tombé gravement malade, probablement victime d'un des virus qui avaient frappé l'armée serbe pendant la guerre. Ses médecins lui interdisent de quitter son lit. À l'arrivée du télégramme lui annonçant le décès du souverain, Alexandre, le fils et successeur de Pierre Ier, qui vénérait son père, ne perd pas un instant. Il surgit donc à Belgrade le jour des funérailles, qui est aussi celui où le Parlement le proclame officiellement roi. Depuis plus de vingt années, il n'y a aucune femme dans la vie de la monarchie serbe. On a vu le projet de mariage d'Alexandre avec la grande-duchesse Olga de Russie torpillé par la révolution bolchevique. L'idée d'une union d'Alexandre avec une princesse de la maison d'Orléans – suggérée par Raymond Poincaré n'oubliant pas son ancien métier d'avocat toujours prêt à parrainer aussi bien des mariages que des divorces princiers – n'est pas retenue. Comment Alexandre, régent et futur souverain (son frère aîné Georges a renoncé à ses droits), pourrait-il échapper aux dons de marieuse de la reine Marie de Roumanie, l'irrésistible « Missy » ? C'est évidemment lors de la Conférence de la paix que la souveraine préférée de Clemenceau, rencontrant le prince Alexandre, avait remarqué sa discrétion, son sérieux soutenu par le port de lunettes, et un précieux bon sens paysan qu'il tient peut-être de sa naissance à Cetinje, au Monténégro. La reine Marie lui avait présenté, en 1921, sa deuxième fille qui portait son prénom. Afin que l'on ne confonde pas la mère et la fille, celle-ci était surnommée « Mignon » parce que sa mère, se trouvant chez ses parents à Gotha, en Thuringe (Allemagne orientale), l'avait mise au monde alors qu'elle assistait à une représentation de l'opéra *Mignon*, d'après un roman de Goethe mis en musique par Ambroise Thomas.

La princesse Marie était fêtée comme ses parents, à Paris puis à Dinard, sur la Côte d'Émeraude, où elle avait retrouvé une importante colonie russe exilée, en particulier le grand-duc et la grande-duchesse Cyrille, ses oncle et tante. Marie est belle, elle a de beaux yeux clairs, le sourire de sa mère ; très moderne et enthousiaste, elle aime les automobiles et les avions. Une séduisante arrière-petite-fille de la reine Victoria, décidément inévitable dans les mariages couronnés. La reine Marie invite Alexandre à passer les fêtes de Noël 1921 à Sinaia, et c'est là que sont annoncés les fiançailles et le mariage, prévu pour l'été 1922.

Avec la souveraine de Roumanie, la Conférence de la paix se double donc d'une agence matrimoniale du Gotha : en février 1921, sa fille Élisabeth a épousé le prince Georges III de Grèce, puis son fils, le prince Carol, s'est uni à Hélène de Grèce. C'est aussi une annexe officieuse du Quai d'Orsay, très favorable à la Serbie, où l'on se réjouit que Belgrade et Bucarest puissent, par ces unions, apaiser leurs revendications territoriales. Un espoir de paix balkanique ? On pourrait le croire puisque le mariage, célébré à Belgrade le 8 juin 1922, est l'union de deux pays ayant réussi à maintenir la paix entre eux dans le bouillant chaudron des Balkans.

À Belgrade, en juin 1922,
un mariage féerique, digne d'un autre temps...

Les invités, les témoins et les contemporains garderont longtemps le souvenir de ces noces royales dans la capitale serbe en fête. La « ville blanche », l'une des plus anciennes cités d'Europe, est au carrefour de l'Occident et de l'Orient, disputant cette réputation à Vienne. Le cérémonial est fastueux et romantique. Est-on à Byzance ? Au Moyen Âge ? S'est-on battus sans pitié pendant quatre ans dans ces régions ? On est chez « la reine des Balkans », mais, pour la circonstance, un peu aussi dans l'Autriche du jeune François-Joseph accueillant Sissi, puisque la veille, le 7 juin, la fiancée roumaine remonte le Danube sur un yacht tout blanc, le *Ştefan cel Mare,* le seul autorisé à naviguer à ce moment, jusqu'à la frontière. À bord de petites embarcations, des jeunes filles tout de blanc vêtues composent la plus délicieuse des escortes. « Mignon », saluée par toutes les autorités civiles et religieuses, est conduite jusqu'au vieux palais. Le lendemain, Alexandre vient y chercher sa future épouse. Le monarque a veillé à respecter l'identité des diverses provinces de son royaume par la présence de cavaliers portant leurs étendards. Et, signe d'union, devant la cathédrale Saint-Michel, un cavalier monténégrin, monté sur un cheval noir, porte le drapeau de la Maison royale serbe. « Marie de Roumanie arrive avec son père, le roi Ferdinand, dans un carrosse tiré par six chevaux blancs. Elle est accueillie par le patriarche Dimitri, barbe d'argent et tiare d'or, entouré de popes aux chasubles colorées[22]. » Il importe peu que le soleil cède devant une pluie fine tombant sur le voile brodé et frangé d'or de Marie à la sortie de la cathédrale. Mariage pluvieux, mariage heureux, dit-on en France, un pays qui se réjouit de cette journée nuptiale. Suivent des traditions en usage dans les pays orthodoxes, avec les offrandes mutuelles de sucreries mêlées à du blé, puis du pain blanc et du vin. Marie prend dans ses bras un petit enfant, l'embrasse et l'élève au-dessus de la foule : c'est un orphelin de guerre, qu'elle adoptera, et un présage de fécondité. C'est un vrai bonheur qui arrive avec la jeune mariée, car Belgrade n'avait pas vu une reine de Serbie depuis trente-deux ans. Et quel soulagement pour ce roi qui n'avait connu que la guerre, l'incertitude du lendemain, les âpres rivalités politiques !

Cependant, les services de renseignement britanniques avaient été prévenus d'une possibilité d'attentat le jour de son mariage, fomenté par des Serbes communistes. On avait même le nom de l'assassin potentiel. Si à Londres, à Buckingham Palace, on s'était inquiété, c'est parce que le prince Albert, le deuxième fils du roi George V, devait représenter son père au mariage royal. Le Foreign Office avait pris la menace à la légère, estimant peut-être qu'il était moins grave d'exposer un fils cadet que l'héritier de la Couronne ! Albert était donc présent, juste derrière le carrosse, montant un cheval irlandais particulièrement nerveux provenant des écuries royales serbes. Et ce jour-là, il n'y eut aucun drame.

Le couple, qui préfère la simplicité au luxe officiel, s'installe dans la villa Dédigné, au sud-ouest de Belgrade, dans un univers de jardins et de fleurs qu'affectionne la reine Marie – qui tient de son père, le roi Ferdinand Ier, sa passion pour l'horticulture. Cette résidence, que le roi a fait construire à ses frais au milieu d'un vaste parc, est entourée d'une ferme et d'écuries. À l'intérieur, il y a aussi une salle de cinéma, souvenir de celle qu'avait fait aménager le roi de Roumanie dans le château de Peleș où, deux fois par semaine, on visionnait les bobines de films que les frères Pathé, inventeurs du premier journal d'actualités filmées en 1909, leur envoyaient depuis Paris par l'Orient-Express.

Comme sa mère la reine Marie de Roumanie, sa fille est très féconde. Trois enfants vont naître, trois fils, que dans son souci de respecter les particularismes, le souverain fera baptiser respectivement d'un prénom serbe – Petar, en 1923, le futur Pierre II –, croate – Tomislav, en 1928 – et slovène – Andrej, en 1929. Le dimanche 21 octobre 1923 est célébré à Belgrade le baptême de leur premier fils, le prince héritier de Serbie, Pierre. L'archevêque de Belgrade est assisté de quatre évêques et d'un pope russe attaché à la Cour. Le prince Albert de Windsor, devenu entre-temps le duc d'York et qui a épousé une aristocrate écossaise, Elizabeth Bowes-Lyon (future reine mère d'Elizabeth II), est revenu à Belgrade non seulement par courtoisie, pour représenter la famille royale britannique, mais parce qu'il est le parrain de l'enfant. C'est le deuxième fils de George V qui le tient sur les fonts baptismaux. Mais la présence du prince Albert aux deux cérémonies, le mariage et le baptême, a également une raison politique : à l'instigation de lord Curzon, secrétaire d'État au Foreign Office, le Royaume-Uni ne veut pas laisser à la France le monopole du soutien au roi Alexandre. La Couronne britannique veut aussi être en première ligne pour approuver et encourager les débuts de cette jeune et importante monarchie balkanique.

En Italie, Victor-Emmanuel III se trouve face à la crise de Fiume

Le roi d'Italie, chef d'un État victorieux, n'a pourtant pas beaucoup de raisons de se réjouir des lendemains de la guerre. Les anciens combattants réduits à la misère, la bourgeoisie ruinée par la dépréciation de la monnaie et l'agitation ouvrière, violente, font craindre une prise de pouvoir des bolcheviques. Par-dessus tout, un terrible sentiment d'injustice exaspère le pays : les Alliés n'avaient pas respecté leurs engagements pris en 1915, lors de l'entrée en guerre à leurs côtés du royaume d'Italie. Le président Wilson s'était refusé à lui donner le port de Fiume, sur l'Adriatique, attribué au nouveau royaume des Serbes, des Croates et des Slovènes. C'est alors qu'intervient un personnage hors du commun, Gabriele D'Annunzio. Poète, romancier, dramaturge, il avait connu, avant la guerre, une gloire littéraire qui dépassait largement les frontières de l'Italie. Chantre de l'hédonisme, des ivresses dionysiaques, D'Annunzio traînait derrière lui une réputation sulfureuse, mais fascinait ses admirateurs et surtout ses admiratrices. Or ce réputé décadent s'est brusquement changé en farouche nationaliste, s'enflammant, entre autres, au moment de la conquête de la Libye en 1912, dans ses *Canzoni della gesta d'oltremare* (« Chansons de geste d'outre-mer »). Il prêche dès 1914 pour l'engagement de son pays dans le conflit et devient le héros d'une Italie en guerre. Aviateur et marin, le *commandante* D'Annunzio survole Vienne et bombarde le Monténégro. Le 12 mars 1916, blessé dans un accident d'avion, il perd un œil et reste presque aveugle pendant plusieurs mois. Il juge la paix insupportable et injuste pour son pays. Le 12 septembre 1919, à la tête de ses grenadiers de Sardaigne, il s'empare de la ville et du port de Fiume, sur l'Adriatique, au nom de l'Italie. Il y constitue la régence d'une petite république indépendante, avec une constitution, où ses légionnaires en chemise noire ne passent pas inaperçus. Il se proclame protecteur des arts. Un traité, signé à Rapallo le 12 novembre 1920 entre l'Italie et le royaume des Serbes, des Croates et des Slovènes, érige Fiume en État libre. L'armée régulière fait le siège de Fiume. D'Annunzio capitule le 26 décembre 1920, mais on le traite avec les plus grands égards, car il est une gloire nationale avant d'être nationaliste. Il reçoit des honneurs, un titre princier et on lui offre le domaine de la Vittoriale, sur les hauteurs de Gardone Riviera, au bord du lac de Garde.

1922 : pour éviter l'émeute, le roi fait de Benito Mussolini son chef de gouvernement

L'épopée de D'Annunzio est étudiée et enviée par un personnage qui, tout en ayant déjà atteint une certaine notoriété, rêve de la gloire de Gabriele D'Annunzio, mais aussi de pouvoir. Benito Mussolini, né en 1883 dans une famille paysanne pauvre d'un père forgeron et d'une mère institutrice, baigne dès son enfance dans le culte des révolutions du XIXe siècle. Inscrit au parti socialiste à 17 ans, après un bref passage en Suisse d'où il est expulsé pour avoir organisé une grève (et où il a fréquenté les milieux révolutionnaires bolcheviques et s'est formé à la culture marxiste), il dirige un hebdomadaire socialiste en Romagne et prend, en 1912, la direction du journal officiel du parti socialiste italien, *L'Avanti*, à Milan. Dès 1914, il rompt avec le parti car il est favorable à l'entrée en guerre. Il sera simple soldat dans les terribles batailles de l'Isonzo et grièvement blessé en 1917. En 1919, il fonde les premiers Faisceaux italiens de combat, embryon du parti fasciste. Ses aspirations sont à la fois nationalistes et empreintes de socialisme républicain. En 1919, son parti compte déjà 17 000 membres et, malgré un échec cuisant aux élections, il commence à faire entendre sa voix. Il entre en lutte contre l'extrême gauche et au Congrès de Rome, en 1920, son parti fasciste fonde une organisation syndicale, l'Union ouvrière du travail. Fin 1920, le parti mussolinien compte 300 000 membres et, en 1922, 700 000. La bourgeoisie et les milieux industriels commencent à placer leur confiance en lui, car il semble être un « rempart contre le bolchevisme ». Avec un sens étonnant de la formule, il déclare : « Je suis réactionnaire et révolutionnaire selon les circonstances. »

En juillet 1922, les partis d'extrême gauche déclenchent une grève générale. Mussolini réplique en mobilisant ses partisans et contraint ses adversaires à annuler la grève. Ce coup de force ne peut que séduire les milieux d'affaires et l'active bourgeoisie ; il rend Mussolini de plus en plus populaire. Au Congrès de Naples, le 18 octobre 1922, celui qu'on appelle déjà le Duce réclame la dissolution du Parlement et sa participation au pouvoir. Et surtout, il organise une démonstration de force avec sa marche sur Rome du 27 au 29 octobre 1922. Le roi Victor-Emmanuel III aurait pu briser ce mouvement en envoyant l'armée, avec de très grands risques, mais, au matin du 28 octobre, il prend la décision de refuser de signer le décret d'état d'urgence, « afin d'éviter l'effusion de sang », et propose à Mussolini de former un gouvernement. Il lui fait téléphoner à Milan ; Mussolini répond : « Noir sur blanc. Que l'on m'envoie un télégramme. Dès que je l'aurai reçu, je partirai aussitôt en avion[23]. » Le 3 octobre 1922, à 11 h 15 du matin, au Quirinal, Mussolini, finalement arrivé en train, se présente en chemise noire devant le roi Victor-Emmanuel III et prie le souverain, venu l'accueillir, d'excuser cette tenue peu protocolaire. Il aurait ensuite prononcé cette phrase entrée dans la légende, théâtrale, du fascisme : « Sire, j'apporte à Votre Majesté l'Italie de Vittorio-Veneto », référence à la plus grande victoire italienne de la guerre.

Entrées dans Rome, les milices organisent une parade triomphale. À 39 ans, Mussolini se retrouve non seulement Premier ministre, mais aussi ministre de l'Intérieur et des Affaires étrangères – domaine sensible, mais le préféré du roi qui compte bien suivre attentivement tous les dossiers afférents. Le lendemain, le nouvel homme fort de la monarchie italienne pose devant les journalistes ; il est photographié en tenue convenable avec col dur, cravate et guêtres blanches. En nommant le Duce, Victor-Emmanuel III, fidèle à sa réputation de médiateur, a signé son dernier acte politique personnel pendant des années. Le roi, en apparence résigné, et le chef du gouvernement, triomphant, sont deux hommes que tout oppose, y compris leurs physiques, mais qui devront s'entendre et se compléter.

En réalité, ce sont deux fauves qui vont s'observer mutuellement.

Après la guerre, George V est pris de remords : aurait-il pu sauver le tsar ?

Au moment de la Conférence de la paix, à l'exception des maréchaux et des généraux vainqueurs et quelquefois rivaux, le monde britannique compte deux personnalités populaires et très respectées. L'une est Lloyd George, le ministre de l'Armée qui avait coordonné les forces en vue de la victoire et avait été nommé à Downing Street ; il avait obtenu une autre paix, avec la création de l'État libre d'Irlande, espérant ainsi refermer une plaie ouverte depuis quarante ans. L'autre héros de la guerre est le monarque. George V et sa famille avaient eu une conduite exemplaire. Non seulement le roi inspectait les sept bases navales, enchaînait quatre cent cinquante inspections, visitait trois cents hôpitaux, mais il retrouvait les troupes anglaises à cinq reprises en France, arpentant les régions bombardées. Et, comme la reine Mary, entre autres restrictions, il avait veillé à supprimer la consommation d'alcool dans les palais royaux. Une mesure exemplaire ! Mais l'immédiat après-guerre est difficile, agité par les revendications ouvrières, et la famille royale est brisée par le chagrin : le roi et la reine perdent leur sixième enfant, John, âgé de 14 ans.

Consciencieusement, mais sans gabegie, les souverains reprennent leurs travaux au château de Windsor. La reine Mary, qui se passionne pour l'histoire de l'art et aurait voulu diriger un musée, fait réinstaller les armures et les trophées dans le grand escalier, retapisser les salles d'apparat de soie damassée et restaurer les tableaux qui, à l'abri, ont tout de même souffert de mauvaises conditions de conservation pendant quatre années. La reine est particulièrement attentive au maintien des collections, mais aussi à la reconstitution chronologique des pièces du château, afin de souligner son importance symbolique depuis l'adoption du patronyme Windsor. Peut-être parce qu'elle est Allemande et doit, elle aussi, faire oublier cette ombre.

Au moment où, s'appuyant sur le désir de paix de l'opinion, le Premier ministre met fin à l'intervention britannique dans la guerre civile russe, le roi a mauvaise conscience de ne pas avoir porté secours aux Romanov. Le roi – donc le cousin du tsar déchu, physiquement son quasi-jumeau – et le gouvernement s'étaient renvoyé la balle en posant des questions sans leur apporter de solutions. Où pourraient-ils vivre ? Dans quelles conditions ? Avec quels moyens ? En fait, l'abandon de la famille Romanov aux mains des soviets correspondait à une lassitude, celle d'un pays déjà accablé par ses propres maux en 1917. Si l'influence de la révolution à Petrograd avait été jugée dangereuse, de nombreux sujets britanniques, attachés à la monarchie parlementaire, n'étaient pas favorables à l'accueil d'un tsar jugé autoritaire et petit-bourgeois, en fait dépassé par sa mission et par la situation. Sir George Buchanan, qui était ambassadeur à Saint-Pétersbourg, était sévère en jugeant Nicolas II : « Ce fut son malheur d'être né autocrate alors que sa nature ne convenait pas à ce rôle. Le système entier battait de l'aile et lui, pauvre empereur, n'était certainement pas capable d'y remédier[24]. » Néanmoins, George V ressent comme un reproche la tragédie d'Iekaterinbourg et le bain de sang dans le sous-sol de la maison Ipatiev.

Au début de 1919, la veuve d'Alexandre III, impératrice douairière, mère de Nicolas II, est toujours vivante. Sœur de la reine Alexandra, qui est la mère de George V, elle est donc la tante du roi. Celui-ci apprend qu'à la suite de pérégrinations dramatiques, elle se retrouve en Crimée au milieu d'une foule de réfugiés fuyant et la guerre civile et les Allemands en retraite. En ce printemps où l'issue de la lutte entre les « blancs » et les « rouges » est encore incertaine, la Crimée est un concentré du chaos russe. Malgré l'avis négatif de son Premier ministre, George V va tout tenter pour rapatrier la mère du tsar. Un télégramme part, via les relais de sa chère Royal Navy dont il avait été capitaine de frégate. Le 17 avril, le commandant des forces navales britanniques en mer Noire, qui croise en Crimée, se présente chez la mère de Nicolas II, porteur d'un message du roi George V. Estimant qu'elle est en danger, il a donné l'ordre d'organiser son départ immédiat. Un petit bâtiment d'escorte, le *Marlborough*, doit l'évacuer. Maria Feodorovna commence par refuser, puis accepte et invite tous les siens à la suivre. La nouvelle de son départ se répand et des milliers de personnes se précipitent, suppliant qu'on les évacue, elles aussi. Parmi les réfugiés se trouvent le prince Félix Youssoupov, principal instigateur de l'assassinat de Raspoutine, et son épouse Irina, nièce du tsar. Mais rien n'a été prévu pour évacuer ces hordes. Avec grandeur, l'impératrice douairière fait savoir qu'elle ne partira pas si ceux qui veulent en faire autant n'ont pas de place à bord. Suit un échange de nombreux télégrammes codés avec Londres, le gouvernement et le roi. L'Amirauté fait le nécessaire : le lendemain, plusieurs bâtiments de la Royal Navy affluent dans le port de Yalta.

Debout à la proue du navire britannique, Maria Feodorovna, en larmes, regarde s'éloigner la presqu'île de Crimée, ultime vision de la Russie déchirée. Elle est accompagnée de dix-huit personnes, membres de la famille impériale et leurs domestiques, embarqués sur le *Marlborough*. Constantinople, Malte, puis, enfin, la base navale de Portsmouth, où ils sont reçus avec les honneurs. Le train royal les conduit ensuite à Londres où le couple souverain, par un touchant protocole, attend ces rescapés de l'anarchie russe. Une partie de l'entourage de Maria Feodorovna s'installe, provisoirement, à Buckingham Palace. Les malles, cérémonieusement ouvertes dans la salle du trône, ne contiennent que des objets sans valeur : des pelles, des harnais et de vieux indicateurs des chemins de fer russes ! Une plaisanterie des partisans de Lénine qui avaient fouillé et vidé leurs bagages. George V fera verser une pension annuelle de 10 000 livres à la veuve d'Alexandre III et une autre de 2 400 livres à l'archiduchesse Xenia, sœur de Nicolas II. Le souverain autorise sa tante à vivre à Frogmore House, dans le parc de Windsor, une maison édifiée en 1684, au temps des Stuart et du roi Charles II. Des rentes sont également versées aux domestiques ayant suivi le chemin de l'exil. George V ne pouvait faire moins. Il ne pouvait oublier que la lâcheté de la Couronne, conjuguée à celle du gouvernement, avait, en quelque sorte, permis le drame et entaché durablement l'honneur britannique[25].

Souverains et princes se remettent à voyager, pour le plaisir et… la diplomatie

En Belgique, la résistance héroïque des monarques, en communion avec le peuple, a apporté à ce petit pays une immense gloire. Mais le royaume est un champ de ruines truffé de mines et d'obus opérationnels, ce qui rend dangereuses les tentatives de culture. Louvain, Namur et Charleroi ont particulièrement souffert, et la zone des combats de l'Yser offre un spectacle dantesque. Recouverte d'une misère poignante, la Belgique commence un autre combat avec, à sa tête, Albert Ier et particulièrement la reine Élisabeth. Sur neuf ans de règne, ils en ont vécu quatre de guerre.

« Élisabeth se met à l'œuvre avec courage. Elle descend dans les mines, visite des habitations ouvrières et des usines, inaugure des sanatoriums et des centres de plein air pour les enfants. C'est sous son impulsion qu'est fondée en 1920 l'œuvre nationale des Invalides de guerre, ainsi que la Fondation médicale Reine-Élisabeth[26]. » En paix comme en temps de guerre, l'énergie maîtrisée et attentive de la souveraine est exemplaire.

Puis revient ce que les hostilités interdisaient : le temps des grands voyages. En 1919, le couple royal est en visite officielle aux États-Unis, reçu par un président Wilson diminué physiquement et politiquement. Ils découvrent le Grand Canyon du Colorado et visitent une réserve des Indiens Hopi. En 1920, Albert Ier et Élisabeth sont au Brésil. Un périple de deux mois rassemble des souvenirs allant des photographies du roi en maillot de bain sur la plage de Copacabana (cela change d'Ostende !) à des cadeaux, dont un superbe coffret somptueusement décoré, offert par le gouverneur de l'État de Minas Gerais[27].

Mais pour la reine, le voyage le plus fascinant est bien plus qu'un voyage, c'est la vérification sur place d'une passion : l'Égypte ancienne. Depuis longtemps, Élisabeth suit des cours d'égyptologie, plongée dans l'univers des dieux pharaoniques et de leur culte de la mort. La tombe d'un jeune pharaon, pratiquement inconnu, Toutankhamon, vient d'être découverte par le Britannique Howard Carter dans la Vallée des Rois, près de Louxor. C'est un événement archéologique au retentissement mondial. Si la reine obtient d'assister, exceptionnellement, à l'ouverture du tombeau et de ses trésors vieux de trois mille trois cents ans, c'est parce qu'elle a suivi les cours du professeur Jean Capart, qui enseigne aux Universités de Liège et de Bruxelles. Il lui sert de cicérone pour cette visite. L'intérêt de la reine, déjà très initiée à l'étude des anciennes dynasties pharaoniques, l'incite à créer une Fondation égyptologique. On verra aussi la souveraine en Inde, où elle s'initie au yoga et à une autre spiritualité. Sa quête artistique témoigne d'une remarquable ouverture d'esprit.

Le prince de Galles, fils aîné de George V et de la reine Mary, est alors un personnage très aimé, captivant les foules par son charme. Il est difficile de lui résister. Pas très grand, l'héritier du trône a les traits fins et son expression passe incroyablement vite de la tristesse à un sourire désarmant. Ce brusque changement d'attitude déconcerte souvent ses interlocuteurs, mais on peut le mettre sur le compte d'une joie de vivre mal assumée après quatre ans de guerre. Avec l'accord du gouvernement, il représente son père dans d'innombrables voyages officiels au Canada, en Australie, en Inde, en Nouvelle-Zélande et en Afrique du Sud où, changeant d'uniforme et de tenue à chaque périple (il est une icône de la mode), il montre une image jeune de la monarchie vivante, chargée de rassembler les divers peuples de l'Empire. Sa mère aurait préféré qu'il suive la politique de près – sans s'en mêler – en Grande-Bretagne, mais le roi et le Premier ministre ont choisi de lui confier ce rôle – classique – d'ambassadeur de la Couronne, investi d'une mission de diplomate royal. Édouard ne s'est pas fait prier pour accomplir ce tour du monde. N'est-ce pas, pour lui, déjà, une manière de fuir les réalités ?

Mais, bien que fêté partout, il est dépressif et vite lassé de ce « métier » de prince de Galles, une épuisante corvée, ponctuée de réceptions et de discours où il ne peut pas dire ce qu'il pense. L'escorte du prince a du mal à masquer son caractère immature, instable, parfois infantile, souvent indiscret, mais capable d'une confondante générosité envers ceux qui lui ont rendu service. Ainsi, il dédommage souvent, personnellement, son cousin Louis Mountbatten qui l'accompagne, ne voulant pas que ce brillant officier de marine soit obligé d'écorner sa solde pour le règlement de quelques frais imprévus. Le geste est courtois. Peut-être Édouard veut-il acheter le silence de l'entourage qui aurait été témoin de certains de ses jeux bizarres, plutôt gênants par certains déguisements. Dans ces années 1920, la vie privée du prince de Galles est le sujet de nombreux commentaires, moqueurs ou malveillants. Un seul fait inquiète ses parents et l'opinion : il n'est toujours pas marié, alors que son cadet, le duc d'York, a épousé en 1923 lady Elizabeth Bowes-Lyon, aristocrate écossaise passionnée d'histoires de fantômes[28]. À cette époque, sa belle-sœur soutient Édouard, jugeant que son père George V avait été un « autocrate à l'esprit étroit », une opinion un peu rude. Elle corrigera son jugement pour dire toute son admiration pour son beau-père qui avait enduré, sans se plaindre, tant d'épreuves.

Le roi déplore le caractère trop émotif d'Édouard, influençable, par moments capricieux comme un enfant. Quand le roi parle à son successeur désigné de son devoir, Édouard est horrifié, le regard fixe, absorbé dans on ne sait quelle réflexion. Les rapports remis au roi sur ses voyages ne font qu'inquiéter George V pour l'avenir de la Couronne. Le seul aspect positif du comportement d'Édouard est sa proximité avec le monde ouvrier et les familles modestes qui ont particulièrement souffert de la guerre et subissent toujours des privations. Le prince témoigne de sincères préoccupations sociales, lesquelles ne pourront jamais être mises en doute, même au milieu d'une existence jalonnée d'ombres.

En Grèce, le roi Georges II est accusé, injustement, des erreurs de son père

L'exil que le souverain avait vécu avec son père de 1917 à 1920 n'avait pas ouvert le fils aîné de Constantin aux réalités sournoises de la vie politique. En partie élevé à Berlin (sa mère, Sophie de Prusse, est la sœur du Kaiser), il est un militaire et c'est, paradoxalement, le monde de l'armée qui va être son opposition, manipulée par Venizélos. L'exil de l'ancien président du Conseil n'est qu'une préparation à son retour. Il faut rappeler que lorsque Georges II devient roi, c'est par défaut, son père ayant été obligé de s'exiler. Le souverain est là pour maintenir la monarchie, mais celle-ci est sérieusement remise en question par l'évidente responsabilité de la dynastie dans l'issue catastrophique de la campagne d'Asie Mineure contre les Turcs. Georges II hérite de la défaite. « La Grèce est alors divisée en deux camps irréductibles[29]. » L'un est celui du roi, en son palais, l'autre celui de la junte militaire au palais de la Révolution. C'est tout dire !

La situation s'aggrave à la signature du traité de Lausanne, le 24 juillet 1923, qui confirme que la Turquie récupère définitivement l'Asie Mineure et la Thrace orientale. Pour l'opinion, le roi est responsable de ce désastre diplomatique, alors qu'il n'y est pour rien. Des manifestations antimonarchistes se multiplient. Pour rétablir l'ordre et la confiance en la Couronne, un général, Ioánnis Metaxás, tente un coup d'État royaliste dont le monarque n'est peut-être pas l'inspirateur. C'est un échec. Il fragilise un peu plus l'institution monarchique.

Les élections qui suivent en décembre sont remportées par les candidats de Venizélos qui, triomphant, revient à Athènes, avec l'accord du roi. Celui-ci n'est pas dupe lorsqu'on lui propose un référendum sur le maintien de la monarchie. On l'accuse de tout ? Il se retire, sans abdiquer, et confie la régence à un amiral. Le 19 décembre 1923, avec son épouse la reine Élisabeth, il s'embarque pour Constantza et la Roumanie, le pays d'Élisabeth. Le roi, coiffé d'un feutre, porte un complet veston bleu clair. La reine a un tailleur gris tourterelle avec un chapeau assorti. Son voile étant relevé, on peut voir ses yeux rougis par les larmes. Semblant plus affectée que son mari, elle s'appuie sur une haute canne noire. Le roi est très pâle et cherche à écourter cette scène pénible d'adieux, qui ressemble à un au revoir. Avec les manifestations populaires dont le monde méditerranéen est capable, une foule considérable est amassée sur le port du Pirée quand, à 16 h 30, le vapeur *Daphni* lève l'ancre depuis l'avant-port. Un océan de mouchoirs agités, quinze salves d'honneur, des sirènes, un départ glorieux : c'est à n'y rien comprendre, sinon que les foules sont versatiles ! À moins qu'un remords tardif n'ait fait comprendre à la population que le roi ne pouvait être responsable des graves erreurs de son père ? Ou est-ce parce que ce jour est celui de la Saint-Nicolas, la plus grande fête religieuse du pays ? Le *Daphni* est un modeste navire marchand, sans luxe. Le couple y sera à l'étroit, mais la traversée ne doit pas durer plus de quarante-huit heures.

Le 25 mars 1924, le Parlement grec vote l'abolition de la monarchie, sans avoir consulté les électeurs grecs. Le 13 avril suivant, un plébiscite approuve, à 70 %, l'instauration de la République. Mais l'accouchement du régime est suivi des douleurs des rivalités humaines et la Grèce s'enfonce dans une instabilité permanente, suivie avec inquiétude par la Grande-Bretagne ; Venizélos ne reste président du Conseil qu'un mois et l'amiral régent se proclame président de la République. Les règlements de comptes se suivent.

Le roi Georges II et son épouse sont merveilleusement reçus en Roumanie, le prince Ştirbei, conseiller du roi Ferdinand et ami proche – très proche, dit-on ! – de la reine Marie les accueille dans son château de Buftea, à une vingtaine de kilomètres de la capitale, une construction en briques rouges et aux tourelles crénelées, près d'un lac. C'était là qu'avait été conclu le honteux traité, dit de Bucarest, le 7 mai 1918, dont la reine Marie avait opportunément obtenu de son mari qu'il refuse de le signer. La Cour, le gouvernement et la bonne société font oublier à Georges II et à Élisabeth les douleurs de l'exil, mais pas celle de leur mésentente conjugale, révélée ou aggravée par l'absence d'enfant. La reine Marie, vexée que ses talents de marieuse soient mis en échec, juge sa fille trop excentrique et soutient son gendre. Georges II décide la séparation et part pour Londres. Il descend et s'installe au chic Hôtel Brown's, dans l'élégant quartier de Mayfair, où, discret et effacé, il assimile rapidement la mentalité et les habitudes politiques anglaises, moins incohérentes et plus subtiles que les convulsions grecques. On le voit un peu avec la famille royale à Windsor, à Balmoral ou à Sandringham, la résidence privée et favorite du roi George V. Et quelques années plus tard, alors que Georges II n'aura revu Élisabeth que rarement, en dépit de toutes les interventions de la reine Marie, la procédure de divorce aboutira, laissant l'ancien roi seul et sans héritier. Il a 34 ans.

Une liaison scandaleuse force le prince héritier Carol de Roumanie à renoncer à ses droits dynastiques

À cause de la guerre, le roi Ferdinand et la reine Marie avaient été privés de couronnement. La cérémonie, selon le rite byzantin, se déroule enfin le 15 octobre 1922 à Alba Julia où avait été signé, en 1918, l'acte de rattachement de la Transylvanie, précédemment hongroise, à la Roumanie. Ce lieu symbolise la naissance de la Grande Roumanie puisque les traités de Saint-Germain et de Trianon ont doublé la superficie du royaume. Il s'impose comme l'État le plus puissant et le plus respecté des Balkans. Le monarque a tout de même dû s'opposer à une réforme agraire trop favorable aux orientations communistes. Fidèle à un programme libéral, il donne une nouvelle Constitution au pays avec le suffrage universel.

À 57 ans, le souverain est fatigué, mais il a auprès de lui une épouse remarquable, décorée et honorée par la France où elle est une personnalité littéraire. Belle, volontaire, d'une grande intelligence, la reine Marie fascine tous ses contemporains. Elle a gagné tous ses combats. Tous ? Sa politique matrimoniale n'est pas une réussite complète : si le mariage d'Alexandre II de Serbie et de « Mignon » est heureux, les deux mariages arrangés avec la famille royale de Grèce sont des échecs. Georges II et Élisabeth se séparent et l'union du prince héritier Carol avec la sœur de Georges II, la princesse Hélène de Grèce, bat de l'aile. Célébré à Athènes le 10 mars 1921 (douze jours après celui de Georges et Élisabeth à Bucarest), il avait pourtant commencé sous les meilleurs auspices. La mariée était belle, le prince semblait séduit et un petit prince, prénommé Michel, en souvenir du prince Michel le Brave qui, en l'an 1600, avait fondé la première Grande Roumanie, était né sept mois plus tard. Honni soit qui mal y pense ! Il était prématuré. Ce sera leur seul enfant. Carol est toujours aussi volage, trompant allégrement sa jeune épouse. À partir de 1923, la mésentente du couple ne peut plus être dissimulée, Hélène manifestant une froideur dont Carol souffre ; elle lui reproche son manque de manières, ferme sa porte à ce mari qu'elle juge grossier. Il est ardent et vit mal que sa femme soit si peu enthousiaste physiquement. Elle repousse le fort tempérament de ce mari insatiable.

Toutefois, Hélène ne serait pas complètement innocente puisqu'elle vivrait une romance avec un prince de la maison de Savoie, un séduisant cousin du roi Victor-Emmanuel III d'Italie. Hélène est très souvent absente. Des torts des deux côtés ? Peut-être. En tous cas, une incompatibilité. Carol, c'est exact, manque de retenue dans ses aventures. Une énième liaison fait jaser tout Bucarest. La nouvelle maîtresse du prince héritier est plus spectaculaire que les précédentes. Elle ne passe pas inaperçue et ne cherche pas la discrétion. Si elle ne cessera de brouiller les pistes sur sa rencontre avec Carol, niant des évidences et se construisant une histoire très romanesque, son apparence physique n'est pas discutable. Avec ses cheveux roux, sa peau laiteuse, ses yeux verts, sa bouche destinée au plaisir, son nez trop grand et une dentition chevaline, elle se déplace d'une démarche ondulante, vulgaire, et regarde le monde d'un air méprisant. Magda Lupescu (son vrai prénom est Hélène) est commune. Mais très adroite avec les hommes, qu'elle provoque. Une courtisane, de la catégorie ordinaire. On ne sait exactement à quand remonte leur liaison, mais elle devient évidente en février 1925. L'été suivant, le prince passe ses vacances avec son épouse et leur fils Michel à Sinaia, comme d'habitude, et Magda Lupescu s'installe dans une petite maison proche de la résidence royale. La princesse Hélène est au courant, la reine Marie aussi ; toutes deux sont furieuses. Une excellente ambiance de vacances !

En novembre 1925, le prince héritier représente la famille royale de Roumanie aux funérailles de la reine mère Alexandra de Grande-Bretagne, veuve d'Édouard VII, mère de George V. Après quelques jours passés à Londres, Carol gagne Paris, où il arrive le 2 décembre : sur le quai de la gare du Nord l'attend Magda Lupescu. Escorté de son officier d'ordonnance, le prince séjourne à Paris dans un hôtel des Champs-Élysées avec sa maîtresse, menant la grande vie parisienne, sans la moindre discrétion. Sans prévenir sa famille (qui est quand même au courant de la situation par son ambassade), il part avec elle pour Milan, puis pour Venise. À l'hôtel Danieli, Carol reçoit un télégramme le prévenant que ses parents sont très mécontents et vont lui envoyer un messager. En fait, le Premier ministre a rédigé pour Carol une renonciation à ses droits de succession qu'il devra signer. C'est la punition infligée à ce fils inconscient par un gouvernement exaspéré et des monarques désespérés. Le 28 décembre 1925, Carol signe sa renonciation en larmes, « livide et se mordant les lèvres ». Cet abandon de ses droits s'accompagne pour le prince d'une interdiction de revenir en Roumanie pendant dix ans. Le nouvel héritier de la Couronne est donc son fils Michel, qui n'a même pas 5 ans. Cette incroyable décision a plusieurs raisons. L'une est politique : le Premier ministre libéral, Brătianu, n'apprécie guère que Carol, à l'inverse de son père, se mêle trop de politique et surtout de soutenir le Parti des paysans, rival du parti libéral qui œuvre au progrès économique de la Roumanie. De plus, « la Constitution de 1923 [...] accordait au pouvoir législatif une place importante et limitait les prérogatives de la monarchie[30] ». L'autre est liée à la personnalité de Mme Lupescu. Fille d'un commerçant juif de Bessarabie, elle a une réputation détestable car elle est divorcée d'un officier roumain qu'elle avait outrageusement trompé. Et elle collectionne les amants.

Qui est l'énigmatique Mme Lupescu, bientôt appelée « la louve des Carpates » ?

Mme Lupescu est intelligente et perverse, dotée d'un formidable instinct de survie. Sa tactique amoureuse est très au point : pour trouver un nouveau mari, fortuné cette fois, après avoir démontré ses talents à l'amant qu'elle a choisi, elle se prétend fragile, dolente, souffrante. Elle dit avoir besoin d'un homme fort car elle est faible. À Carol, qu'elle a astucieusement ferré, elle avait écrit, le 16 septembre 1925 : « Je t'écris du lit car je suis souffrante depuis trois jours, ton absence me paraît infinie, je compte chaque jour, pas de nouvelles de toi sauf celle des journaux… » Sans doute sa maîtresse veut-elle faire croire à Carol qu'ils sont tous deux du même monde. Elle se trouve, comme par hasard, les mêmes goûts que lui, inventés en un instant. Est-il malheureux chez lui ? Il sera heureux chez elle. Chez eux !

Après sa renonciation, Carol et Magda reviennent à Paris. Ils y louent une villa à Neuilly, avec un train de vie relativement modeste (une femme de chambre, une cuisinière, un chauffeur). L'argent n'est pas rare. Une rente royale, des revenus d'un domaine et des actions d'entreprises roumaines florissantes permettent d'envisager une existence décente. Mais celle-ci est vite compromise par les mondanités voyantes du couple, la famille de Magda ouvrant ses bras à l'ex-futur roi qui devait se reconstruire un foyer. Carol tombe dans le piège : « la louve des Carpates », que la presse a surnommée ainsi, a planté ses griffes dans son instabilité affective pour profiter de ce prince à la dérive en lui redonnant confiance. En apaisant ses sens exigeants. Et en en tirant parti. La Roumanie étant le pivot de la nouvelle Europe et la reine Marie admirée comme une légende vivante, la romance est à la une des journaux. Un prince qui renonce à son pays, quel sujet de reportage !

Nouveau scandale :
Zizi Lambrino exige que Carol reconnaisse leur fils !

Alors que le roi Ferdinand, malade incurable, était accablé par la décision de son fils et ses conséquences, le tapage autour de la responsable de ce chaos attire l'attention de l'ancien amour de Carol, Zizi Lambrino. Cette jeune femme pour laquelle il avait déserté, qu'il avait épousée clandestinement – mais l'union avait été cassée – et qui, surtout, affirmait avoir un fils du prince, parvient à lui imposer un rendez-vous à Paris. Le motif en est on ne peut plus légitime : Carol ne connaît toujours pas ce fils, le premier qu'il ait eu, Mircea. La scène, dans un hôtel réputé près du Louvre, est pénible. Zizi exige la reconnaissance de paternité et de l'argent. Carol, à la fois inconscient et exaspéré, promet tout pour se débarrasser de cette femme encombrante. Que de mauvais souvenirs, finalement ! Homme à femmes, le prince l'est. Faut-il payer toute sa vie une erreur de jeunesse ? C'était la guerre… Furieuse, Zizi Lambrino attaque le prince devant la justice française et lui demande, en mars 1926, la somme de 10 millions de francs français. À Bucarest, ce rebondissement terrifie le couple souverain qui y voit – et il n'est pas le seul – une tentative de chantage. Mais c'est aussi une vengeance de Zizi. Que Carol l'ait oubliée est déjà dur. Qu'il ait, de nouveau, renoncé à ses droits pour une autre femme lui est insupportable. Et surtout, Mircea est le portrait vivant de Carol ! En raison d'arguments juridiques (non-validité du premier mariage, incompétence d'un tribunal français pour juger une affaire s'étant déroulée à l'étranger), Mme Lambrino est déboutée.

Le roi Ferdinand, très affaibli et affecté par l'attitude qu'il juge irresponsable de son fils, s'éteint dans la nuit du 19 au 20 juillet 1927, au château de Peleş, à Sinaia. Il y avait des mois que son cancer du côlon n'était plus un secret. Depuis des jours et des nuits, il était veillé par la reine Marie et ses filles. Évidemment, Carol, interdit de séjour en Roumanie, ne peut assister aux funérailles de son père. Ferdinand et son fils n'avaient pu se revoir qu'une fois, secrètement, à Paris. Un moment d'émotion intense. Conformément aux dispositions arrêtées par l'acte de régence du 4 janvier 1926, c'est le jeune prince Michel qui hérite de la Couronne. Âgé de 5 ans, il sera assisté d'un conseil de la Couronne constitué du prince Nicolas, son oncle, du patriarche de l'Église roumaine et du premier président de la Cour de cassation. Ce triumvirat se révélera particulièrement inefficace.

Le Premier ministre Brătianu s'éteint quatre mois après le décès du roi Ferdinand. Ces deux hommes avaient forgé le pays et son image avec le concours, précieux, de la reine Marie, la plus célèbre souveraine d'Europe centrale. Une page se tourne. Grâce au roi et à son chef du gouvernement, la Roumanie a conclu des accords avec la Tchécoslovaquie, le Royaume de Serbie, la Pologne en 1921 et la France en 1926. La vie politique, économique, sociale et culturelle connaît un essor remarquable. L'industrialisation s'est développée, l'aviation est l'une des plus présentes d'Europe et, malgré la concurrence, l'exportation du pétrole est déjà la septième au monde, même si le pays demeure essentiellement rural et si l'on estime que 80 % de la population est illettrée.

Magda Lupescu, qui a un grand sens de ses intérêts et a observé certains amis puissants et fidèles de Carol, aimerait pouvoir intervenir dans des affaires, mais c'est encore prématuré. Toutefois, vers la fin de 1927, elle manque d'argent, car son père ne lui envoie plus rien alors qu'elle ne cesse de lui en réclamer. Elle écrit, envisageant avec terreur de ne plus voir Carol : « Je suis une exilée, une pourchassée, une expatriée du pays où je suis née, du pays que j'aime… Ma situation n'est pas des plus faciles. Carol est mon bonheur, tout ce que j'ai au monde. Viendra-t-il, le temps où je ne le verrai plus ? Je ne veux pas me raconter d'histoires. Cette éventualité est la seule solution à nos problèmes[31]. » Avec une habileté de courtisane professionnelle, elle prétend laisser Carol retrouver sa femme, s'il le souhaite, ne voulant pas passer pour une briseuse de ménage. Mais immédiatement après, elle intervient en amoureuse indispensable : « Non ! Ma place est ici avec lui !... Il a besoin de moi, de mon amour, de tout ce que je peux lui donner ! » Et Zizi Lambrino, de tout ce qu'elle peut lui prendre. Deux rivales !

Cependant, l'opinion demeure divisée sur Carol – elle le sera toujours. Car si l'armée et le peuple l'admirent, les politiques se méfient de ses inclinations vers le socialisme, certains allant jusqu'à le surnommer « Carol le bolchevique ». Par ailleurs, les ennemis de Carol, inquiets de sa popularité grandissante malgré son absence du pays où il est proscrit, pensent l'isoler en l'incitant à divorcer, afin qu'il n'ait plus aucun lien avec la Roumanie, et surtout n'envisage pas d'y revenir. Sans que Carol ait vraiment voulu se séparer de sa femme et de la mère de son fils légitime, le divorce est prononcé le 21 juin 1928, aux torts du prince pour abandon du domicile conjugal. La princesse Hélène, soulagée, envoie un télégramme explicite à sa mère : « Sauvée enfin d'un cauchemar. »

La voie est libre pour « la louve des Carpates »...

Coup de théâtre à Bucarest : Carol, le prince banni, revient. Vive Carol II !

L'historien et académicien français Pierre Gaxotte estimait que « le théâtre, c'est une reine qui a des malheurs ». La formule pourrait s'appliquer à la reine Marie. Avec la mort de son époux Ferdinand, les deux divorces de ses enfants, son œuvre se fissure. Le nouveau gouvernement lui accorde moins d'attention qu'avant et on lui a confirmé qu'elle ne serait jamais régente, malgré le prestige européen de sa personnalité. Son instinct lui commande alors de se rapprocher de Carol, ce fils privé de sa tendresse dans son enfance et qui a eu l'exemple de l'inévitable Ştirbei dans la vie intime de sa mère. S'il est révolté, il a sans doute ses raisons, et quel exemple édifiant a-t-il eu sous les yeux ? Une reine adorée et respectée de l'Europe, des diplomates aux romanciers, mais aussi une mère trop lointaine ou trop éprise de gloire. Finement, sachant combien l'absence de son fils est mal ressentie dans les milieux ruraux et militaires alors que la crise économique commence à frapper les céréaliers, elle suggère au nouveau Premier ministre de laisser rentrer son fils, évidemment pas comme prince héritier scandaleux, mais comme personne privée, afin qu'il s'occupe de son domaine ; il n'aura aucune activité politique. En réalité, sous la crainte de perdre définitivement son fils, la reine a peur d'être elle-même peu à peu rejetée. Impensable pour une femme aussi active qui écrira dans ses *Mémoires* cette maxime d'inspiration nietzschéenne : « Chaque renonciation, chaque humiliation, chaque larme contribue à la formation d'un caractère. » Le sang qui coule dans ses veines, celui de Victoria et d'Alexandre II, l'a gardée de n'être qu'une génitrice royale. À 53 ans, la cousine de Guillaume II est une politique. En faisant le tour de la famille, elle vérifie que sa fille Élisabeth est un ardent soutien de son frère. Les autres sont partagés.

Le 20 juillet 1927, le prince Michel avait été intronisé roi au Parlement de Bucarest ; il avait reçu serment de fidélité des trois régents et, à côté de sa mère, la princesse Hélène, le petit garçon avait salué militairement les représentants du peuple. Michel succédait officiellement à son père, vivant, mais « absent ».

Un absent qui refaisait parler de lui, mais pas à propos de sa vie privée. Il s'agit d'une proclamation à son peuple, rédigée chez un ami roumain résident en Grande-Bretagne, dans le Surrey. Carol a prévu de faire transporter, par avion, des milliers d'exemplaires de son appel. Le Premier ministre du roi George V, Stanley Baldwin, est alors obligé de prier Carol de quitter le territoire britannique sur lequel il avait été convenu qu'il n'aurait aucune activité politique. Alors qu'elle se trouve à Chypre, sa mère apprend cette tentative de son fils qui affirme que sa renonciation en 1925 lui a été arrachée contre sa volonté. La situation intérieure s'aggrave, le Parti des paysans, au pouvoir, est dépassé. Le nom de Carol circule pour redresser la marche du pays. Même ses défauts, réels ou supposés, deviennent des qualités. Carol aime les femmes ? Quoi de plus normal ? Il serait drogué ? Une calomnie. Et puis, malgré ses erreurs, Carol est le seul capable d'apaiser les esprits et de rétablir la confiance. « La Lupescu », qui a déjà ses réseaux et ses obligés, constate l'espoir grandissant que Carol suscite. Elle et Carol partagent leur temps entre Paris et le château de Bellême, dans le Perche, où ils résident beaucoup. C'est à Bellême, en avril 1930, qu'un émissaire du Premier ministre Maniu négocie avec Carol son retour comme régent, mais à la condition que Mme Lupescu ne l'accompagne pas et ne revienne jamais en Roumanie. Rusée, la louve devient renarde. Magda se montre résignée, elle assure n'avoir fait que consoler le prince malheureux et va se retirer si un nouveau destin l'attend. Avec un culot fantastique, devant les journalistes, elle ose dire : « Le jour où l'on redonnera à Carol le trône auquel il a droit, je disparaîtrai pour toujours et l'on n'entendra plus jamais parler de moi. »

Elle ment, Carol la laisse mentir. Les deux amants sont de connivence. Le retour du prince banni est rocambolesque : un voyage en automobile, avec un faux passeport, jusqu'à la frontière autrichienne, puis un avion, solide mais lent, un Farman de la Compagnie franco-roumaine, piloté par le Français Marcel Lallouette, des ravitaillements laborieux, un très périlleux survol nocturne des Carpates et, enfin, l'appareil se pose à Bucarest, le 6 juin 1930, à 22 h 05. Des officiers complices l'attendent. Ils l'appellent « le roi tombé du ciel ».

8 juin 1930 : l'ancien prince scandaleux et banni devient Carol II de Roumanie

Escorté de deux régiments, il gagne le palais royal. Alors, tout va très vite. Le 7 juin, le Premier ministre démissionne. Le lendemain, la régence est dissoute, et le Parlement, à l'exception des libéraux, vote la restauration du prince paria. En calèche et en grand uniforme, Carol et son frère Nicolas sont acclamés dans les rues de Bucarest. Le règne de Carol II commence dans un grand mouvement de ferveur populaire, succédant à celui de son fils qui n'a jamais régné.

Et Mme Lupescu ? Après avoir atteint, spectaculairement, le fond du désespoir et juré qu'elle sacrifiait son amour pour le bonheur du peuple roumain, elle reçoit, après six semaines d'incertitude, une première lettre de Carol II, le 21 juillet. Il l'attend ! L'entrée de sa maîtresse décriée en Roumanie sera clandestine. Il semble qu'elle soit arrivée à Sinaia entre fin août et début septembre. Dans un premier temps, elle se cache. Comme une louve. Traquée. Pendant ce temps, le roi, toujours beau, qualifié de « Casanova du Danube », surtout très séduisant avec ses yeux bleus et son sourire charmeur, a quelques urgents problèmes de famille à résoudre. Il veut d'abord revoir son fils Michel, qui a maintenant 9 ans, n'a pas vu son père depuis cinq années et a dû entendre le pire à son propos. Hélène est glaciale, mais fait preuve de bonne volonté pour s'occuper de l'avenir de leur fils, confié à son père. La mère finit par s'établir à Florence où, recevant une pension importante de son ancien mari, elle acquiert une villa. Il est convenu qu'elle pourra y recevoir son fils deux mois par an. Quant à la reine Marie, poursuivant une cure en Haute-Bavière après un voyage à Vienne, elle a manqué le retour de son fils prodigue. Elle n'arrive que le 12 juin et se jette dans les bras du héros. Elle avait toujours su qu'il reviendrait. Mais, amère, elle comprend très vite qu'elle n'aura aucun pouvoir politique.

Le duc de Brabant et la princesse Astrid de Suède se marient deux fois en six jours

Belgique, 1926. Les effroyables traumatismes de la guerre sont encore douloureux sur les champs de bataille. Trois ans plus tôt, en raison d'une inflation ahurissante, l'Allemagne ayant du retard dans ses livraisons dues au titre des réparations, la Belgique et la France avaient occupé la Ruhr. Il est inconcevable que le roi Albert Ier et la reine Élisabeth traversent le territoire allemand pour se rendre à Stockholm. C'est donc par mer, à bord du *Princesse Marie-José*, que le voyage est entrepris. La traversée est mouvementée, mais le commandant, Adrien de Gerlache de Gomery, est un prestigieux marin ayant commandé les expéditions du *Belgica* en Antarctique puis au Groenland.

Pourquoi ce voyage jusqu'à Stockholm ? Parce que le prince Léopold, l'héritier du trône de Belgique, va épouser la ravissante princesse Astrid de Suède. La future épouse étant de confession luthérienne, et afin d'éviter des polémiques, puisqu'une future reine des Belges ne saurait être protestante, le roi et le gouvernement sont arrivés à un compromis : un premier mariage, civil, sera célébré à Stockholm le 4 novembre 1926, suivi d'une cérémonie luthérienne. Le second mariage, catholique, aura lieu six jours plus tard, à Bruxelles. Ainsi Astrid, même convertie dans un deuxième temps (en août 1930), n'aura pas renié sa foi et pourra devenir reine des Belges. La princesse est la fille du prince Charles de Suède, l'un des trois fils du roi Oscar II et arrière-petit-fils du tonitruant maréchal napoléonien Bernadotte qui était devenu roi de Suède. Astrid, dont le prénom se réfère à Dieu et à la Paix, est la nièce des rois Gustave V de Suède, Christian X de Danemark, Haakon VII de Norvège, et une proche parente de George V. Cette princesse arrive du pays des sirènes, des forêts, des légendes et des contes d'Andersen. En 1925, elle a eu 25 ans. Belle, réservée, peut-être complexée par sa grande taille, elle a de beaux yeux verts. Elle n'a pas la réputation d'une intellectuelle, mais une passion pour les arts de la table et les enfants. Puéricultrice, elle a fait ses études dans la plus grande simplicité, sans différence de traitement avec ses camarades, selon la sobriété protocolaire des monarchies scandinaves. Signe particulier : elle aime conduire sa voiture, une 5 HP Citroën, ce qui est une forme encore rare de liberté à l'époque. Elle aime aussi l'aviation. Elle se rend pour la première fois en Belgique, à Spa. Elle y est présentée à la reine Élisabeth sans savoir que des négociations diplomatiques au plus haut niveau sont déjà engagées par les autorités belges et suédoises en vue de son mariage avec le jeune duc de Brabant. Le roi Albert Ier a accueilli ce projet avec sympathie. À la fin de 1925, la princesse était à Paris, chez une amie suivant des cours d'histoire de l'art. Astrid lui avait confié avoir rencontré un homme lui faisant forte impression. Il se faisait appeler « Monsieur Philippe », prétendait être professeur de français. Venu avec sa mère faire une visite à la famille royale de Suède, l'inconnu n'était autre que le prince Léopold. Très vite, il est devenu amoureux fou d'Astrid ; elle a hésité quelque temps, en raison des différences religieuses et linguistiques. Il lui parle anglais, elle connaît mal le français. La reine Élisabeth précisera : « C'est un véritable mariage d'amour. Rien n'avait été préparé. » Les sentiments sont distincts des contacts politiques.

Le coup de foudre est contagieux : des petites filles belges reçoivent le prénom d'Astrid. La presse se gausse de ses talents domestiques, mais souligne, enfin, qu'elle aime la lecture. Le matin du mariage à Stockholm, on relève un événement dynastique sans précédent : quatre rois, Gustave V, Christian X, Haakon VII et Albert Ier, prennent l'ascenseur ensemble. Le matin même du mariage, le souverain belge, promeneur acharné et soucieux d'échapper aux contraintes d'usage, voulant découvrir Stockholm sans escorte, est sorti seul à 7 heures du matin. Quand il revient de sa promenade, la sentinelle du palais a du mal à admettre que ce monsieur en civil et coiffé d'un feutre fatigué est bien Sa Majesté le roi des Belges, à qui il faut présenter les armes ! Puis « la Belgique se découvre une âme romantique : quand Astrid arrive dans la rade d'Anvers et que le jeune prince Léopold s'élance pour l'embrasser, c'est tout un peuple qui s'associe à son bonheur[32] ». Le voyage jusqu'à Bruxelles est triomphal. Le mercredi 10 novembre, la messe de mariage se déroule sous les voûtes élancées de la cathédrale Saints-Michel-et-Gudule. Sublime en lamé argent incrusté de lis, Astrid est coiffée d'une superbe couronne de fleurs d'oranger d'où chute le drapé d'une dentelle de Malines. Le visage et le cou de la mariée semblent avoir encore allongé sa silhouette. Ce mariage est le premier à bénéficier de ce qu'on appellera plus tard une « couverture médiatique », car elle est la plus jolie princesse d'Europe. Toutes les Cours sont représentées, George V ayant délégué son dernier fils, le duc de Gloucester. Même l'empereur Yoshihito du Japon a envoyé ses félicitations. Et la Belgique voit dans ce mariage une promesse de bonheur : le royaume a évité une grave crise financière, les capitaux reviennent et le franc belge a été stabilisé par rapport à la livre sterling.

15 septembre 1928 : Zogu Ier transforme la République d'Albanie en royaume

Pauvre Albanie ! Qu'était-elle devenue dans le chaos de la guerre ? Le pitoyable échec du prince de Wied avait laissé son éphémère royauté dans l'anarchie, le 3 septembre 1914. Le pays des Aigles était un appât, un enjeu pour les États en conflit. Un général turc avait pris le pouvoir avec l'appui de l'Italie, occupant la côte adriatique et les points stratégiques qui en faisaient une véritable colonie italienne. À la fin de la guerre, Victor-Emmanuel III et son gouvernement avaient proposé de partager l'Albanie entre les Grecs, les Serbes et les Italiens. Le président

Wilson s'y était opposé, pressentant de nouvelles querelles balkaniques. Les Italiens « autorisent néanmoins, en décembre 1918, la réunion d'un Congrès à Durrës et la formation d'un gouvernement provisoire. Une délégation est envoyée à Versailles, pour assister à la Conférence de la Paix[33] ». Le gouvernement étant impuissant à organiser cet État incertain, un nouveau Congrès se réunit en janvier 1920 et choisit Tirana comme capitale. Les Français puis les Italiens quittent le territoire et, trois mois plus tard, l'Albanie est fière d'être admise à la nouvelle Société des nations (SDN). Elle est indépendante, mais sous l'autorité de quel maître ?

Il s'appelle Ahmed Mukhtar Bey Zogolli, fils d'un chef de tribu musulman, qui s'était rebellé contre l'Empire ottoman ; c'est l'un des personnages les plus neufs et les plus originaux émergeants de cette période complexe de l'entre-deux-guerres. Né en 1895, il a été élevé à la cour du sultan Abdülhamid II et étudié à l'École militaire de Vienne. Il a participé aux conflits balkaniques, mais les Autrichiens, se méfiant de lui, l'ont isolé pendant la guerre ; il en a profité pour approfondir sa culture occidentale. À la tête de patriotes montagnards, il a participé au dernier Congrès albanais. À 27 ans, ministre de l'Intérieur, il libère Tirana, commande l'armée et jouit d'une grande popularité. En 1922, Ahmed Zogolli renonce à l'appellation turque de son nom : il devient Zogu. Ainsi débute sa fulgurante ascension politique. En décembre de la même année, le voici Premier ministre. L'opposition est furieuse. Des troubles sont fomentés par l'archevêque orthodoxe de Scutari, monseigneur Fan Noli, séduit par la révolution bolchevique, et qui s'empare de Tirana le 10 juin 1924. Zogu s'exile à Belgrade. Le « prélat rouge » ne parvenant pas à faire accepter ses réformes dites démocratiques et n'étant pas reconnu par les autres États, inquiets de cette situation étrange, Zogu, dont le patronyme complet veut dire « fils de l'oiseau », vole rapidement, avec ses troupes, vers Tirana, où il entre triomphalement le 14 décembre 1924.

L'« archevêque bolchevique » (!) est chassé, une nouvelle Constitution est adoptée.

Le 21 janvier 1925, la république est proclamée et, dix jours plus tard, Zogu en est élu président. Pour sept ans. Âgé de 30 ans, il est le plus jeune du monde à cette fonction. Zogu, qui bénéficie d'un prestige considérable, récompense ses compagnons d'armes, leur octroie des grades et des pensions et met en prison tous ses adversaires. Mais comment ce pays aride, sans ressources exploitées sérieusement, peut-il fonctionner ? La présence italienne est décisive. Elle construit des routes, aménage des ports, envoie des conseillers dans les ministères, et une mission militaire italienne permanente est installée en 1927 ; des architectes, choisis par Rome, redessinent Tirana selon l'esthétique monumentale fasciste. L'Albanie est un véritable protectorat italien surveillé avec attention par Mussolini, qui lui apporte un appui autant moral que matériel.

Le calme étant revenu et les affaires prospères, Zogu décide de transformer sa république en royaume, dont il se proclame le roi le 1er septembre 1928, sous le nom de Zogu Ier. Cent un coups de canon saluent son avènement. Le souverain, qui a 33 ans, porte l'emblème d'un aigle sur son uniforme. Quant aux diplomates, tel le chargé d'Affaires de la légation française, ils arrivent à l'Assemblée en jaquette et haut-de-forme. Le Code civil français est adopté. Considéré comme le sauveur de la nation, le nouveau monarque choisit d'être « roi des Albanais » et élève sa mère et sa sœur au rang de princesses. Si l'Europe et le monde enregistrent, diplomatiquement, la transformation du régime, le roi Victor-Emmanuel III, en quelque sorte le parrain de cette mutation, y ajoute ses chaleureuses félicitations. En revanche, le prince Guillaume de Wied proteste, arguant que, dans l'incontestable *Annuaire diplomatique de Gotha*, il figure toujours comme chef de la maison d'Albanie ! Encore du… « Wied » !

Que manque-t-il à l'Albanie italianisée ? Une reine ! Zogu porte naturellement son choix sur une princesse italienne, Jeanne de Savoie, fille de Victor-Emmanuel III, qui refuse, Zogu étant musulman. Elle épousera en 1930 le roi Boris de Bulgarie. On parlera ensuite d'un projet de fiançailles avec l'archiduchesse Adélaïde, première fille des ex-souverains Charles et Zita, mais elle est trop jeune et il n'en est pas question. Les conseillers royaux poursuivent leurs recherches. Jugeant trop contraignant l'étau fasciste, le roi des Albanais essaie de se rapprocher de la Grèce et de la jeune Yougoslavie et – plus grave – renvoie la mission militaire italienne. Le Duce prend mal cette ingratitude et coupe les vivres à la très fragile Albanie, qui exporte alors près de 69 % de ses ressources vers l'Italie et en importe 37 %. Le 22 juin 1934, une escadre italienne vient mouiller devant Durrës (qui avait été rebaptisée Durrazo). Un avertissement ? Une menace ? Pire : l'annexion de l'Albanie par l'Italie est programmée et « en 1936, l'armée albanaise passe, *de facto*, sous le contrôle de l'Italie, par l'intermédiaire de conseillers[34] ».

Alors que de lourds nuages s'amoncellent dans le ciel de l'Europe, voici ce qui ressemble à une brève éclaircie : grâce à ses conseillers arrivés de Budapest, le roi Zogu Ier a enfin trouvé sa reine, la jeune comtesse hongroise Géraldine Apponyi, 23 ans. Surnommée « la rose de Hongrie », elle est très belle, appartient à une illustre famille qui avait donné plusieurs chambellans à la cour de François-Joseph. Elle est familière de toutes les maisons impériales et royales européennes et sa mère, Américaine, descend d'une famille écossaise émigrée au XVIIe siècle. Grande, svelte, un regard bleu intense et des cheveux blonds, l'aristocrate cosmopolite est fortunée, sportive et cultivée. Peut-on demander plus ? Invitée à Tirana pour le bal du Nouvel An, la comtesse hongroise y est accueillie par « un homme grand et mince, très élégant, qui conversait avec un chef de mission étranger ». « Il se tourna vers moi, continue-t-elle, et, rencontrant son regard pour la première fois, je ressentis un étrange embarras. Il avait des yeux bleus perçants[35]. »

Géraldine demande à réfléchir une dizaine de jours. Elle est éblouie, fascinée.

Le jour de son mariage, Géraldine fait son entrée au palais dans une robe commandée à Mademoiselle Chanel, brodée de dentelles, de fils d'argent et de perles s'achevant par une traîne de cinq mètres. La foule est dense : soixante mille personnes en costumes traditionnels sont descendues des montagnes et grossissent la population de Tirana. La mariée étant catholique, la cérémonie est purement civile. Mais on mesure l'importance politique de l'événement en précisant, d'une part, que l'un des témoins du roi est le comte Ciano, ministre des Affaires étrangères d'Italie et gendre du Duce, et que, d'autre part, le chancelier Hitler offre en cadeau de mariage une superbe Mercedes. C'est dans cette voiture que le couple part pour sa lune de miel. La fête, inoubliable, avec ses couleurs, ses parfums d'Orient, ses danses et ses hourras, dure trois jours et trois nuits. Le 27 avril 1938, au nom de l'amour, l'Albanie royale vient de tomber dans le piège des dictatures.

En 1929, le roi d'Italie reconnaît un nouvel État : la Cité du Vatican

Pendant que Mussolini obtient des résultats spectaculaires dans l'organisation du travail (les trains arrivent à l'heure !), amplifie les grands travaux (assèchement des Marais pontins, urbanisation de Rome, constructions de routes rapides et de ponts, fouilles archéologiques) tout en imposant un régime très autoritaire, Victor-Emmanuel III observe, peut-être avec une certaine admiration, les succès de son Premier ministre. Et, comme la reine Marie de Roumanie, il marie ses filles. Le 9 avril 1923, l'aînée, Yolande, épouse un aristocrate italien, le comte Calvi di Bergolo. Une fête somptueuse est donnée au palais du Quirinal. Les plus hautes autorités de l'État sont présentes, dont « M. Mussolini » en redingote, sans décorations. Le 10 octobre 1925, après une fastueuse réception, au printemps, pour célébrer le jubilé d'argent du roi, c'est le tour de la princesse Mafalda : elle épouse un prince allemand, neveu de Guillaume II, Philippe de Hesse-Cassel. Apparemment, la guerre, si elle n'est pas oubliée, ne laisse pas de rancœur dans les grandes familles. Et même s'il n'est plus rien, le prince de Hesse garde tout le prestige de son ancienne maison. Naturellement, le Duce est présent dans le cortège, donnant le bras à une princesse allemande. Avec fierté.

Le plus grand succès du roi et de Mussolini en politique étrangère est le règlement de la « question romaine », en suspens depuis 1859. Rome et les États pontificaux avaient été annexés par le royaume d'Italie. La maison de Savoie était en délicatesse avec le pape, qui refusait de recevoir le souverain. Dès son arrivée au pouvoir, Mussolini s'était montré extrêmement conciliant ; il considérait comme essentielle une bonne entente avec le Saint-Père, si influent sur l'opinion italienne. Le Duce souhaitait arriver à un accord avec Pie XI qui permettrait à tous les catholiques d'adhérer au fascisme et interdirait au pape de l'attaquer. Les échanges ont commencé en novembre 1926, dans la plus grande discrétion. En janvier 1929, Mussolini négocie lui-même l'accord. Le roi Victor-Emmanuel III a toujours été informé de ces tractations ; Mussolini le tenait au courant quotidiennement, sollicitait son avis et en tenait compte.

On peut dire que les accords du Latran sont une œuvre conjointe du roi et de Mussolini. Le 11 février 1929, au palais du Latran, construit en 1586 sur ordre de Sixte-Quint, le cardinal Gasparri, secrétaire d'État de Sa Sainteté Pie XI, et le chef du gouvernement italien Mussolini, signent un traité en trois parties. Diplomatiquement, le royaume d'Italie reconnaît l'existence juridique de la Cité du Vatican, sa souveraineté sur son territoire de 44 hectares qui est une enclave dans le territoire italien, et s'engage à assurer la liberté de ses communications extérieures. Le

Vatican reconnaît le royaume d'Italie avec Rome pour capitale. À titre de compensation territoriale, l'Italie verse au Saint-Siège 750 millions de lires et la valeur de 1 milliard de rentes à 5 %. Sur le plan religieux, le catholicisme est reconnu comme « seule religion de l'État italien », l'enseignement catholique est obligatoire dans le primaire et le secondaire. Parmi les effets civils du droit canon, le divorce est interdit en Italie. La monnaie du Vatican a cours dans le reste de l'Italie.

Les accords du Latran constituent un immense succès, à la fois intérieur et en politique étrangère, car ils règlent soixante-dix ans de contentieux et accroissent le prestige italien. La réconciliation du Saint-Siège avec la maison de Savoie est scellée officiellement le jeudi 5 décembre 1929 par la visite de Victor-Emmanuel III et de la reine Hélène. Depuis 1871, seuls les souverains non catholiques de passage à Rome étaient admis en audience pontificale, car le Saint-Siège ne reconnaissait pas à des chefs d'État catholiques le droit d'accepter l'hospitalité des « usurpateurs » du Quirinal. Les visites des souverains belges en 1922 – avec le prince Léopold – et espagnols en 1923 avaient été des exceptions. Dès les premières heures de la matinée, après que les souverains ont reçu les honneurs des troupes italiennes, une foule énorme se masse pour apercevoir les sept automobiles qui, à 10 h 40, arrivent place Saint-Pierre. Le gouverneur de la Cité du Vatican, la Garde suisse et la gendarmerie pontificale présentent les armes au couple royal qui vient d'entrer dans l'État du Vatican. Victor-Emmanuel III, en uniforme de général aux épaulettes blanches, et la reine Hélène, également en blanc (seules les souveraines catholiques ont le droit d'être en blanc) et coiffée d'une mantille, suivent le prince Ruspoli, maître du Saint-Hospice, et monseigneur Dominioni, majordome de Sa Sainteté, jusqu'aux appartements du pape. Ils sont introduits dans la salle du *Tronetto* (« petit trône »), spécialement dépourvu d'estrade. Debout, le pape, en blanc, mais les épaules et les bras recouverts de la pèlerine rouge bordée d'hermine, prie ses visiteurs de s'asseoir. L'audience dure vingt minutes. Pie XI offre des cadeaux et exprime sa profonde satisfaction d'accueillir les monarques. Puis le couple royal se rend devant la tombe de saint Pierre et se recueille. Il est midi et quart quand le roi et la reine repartent pour recevoir au Quirinal, au nom de la réciprocité diplomatique, le secrétaire d'État et le nonce apostolique, premier ambassadeur du Saint-Siège auprès de l'Italie. Le lendemain, le prince de Piémont Umberto et deux de ses sœurs, Jeanne et Marie-Françoise, sont également reçus par Pie XI.

Janvier 1930 : l'héritier du trône d'Italie épouse la princesse Marie-José de Belgique

La visite des souverains belges à Rome en 1922 n'était pas seulement l'occasion d'une rencontre avec Pie XI, mais aussi avec la famille royale d'Italie avec laquelle les liens ne s'étaient jamais distendus. Le projet d'unir le très bel Umberto, futur roi d'Italie, à la très brillante et séduisante Marie-José, seule fille des souverains de Laeken, était cher à sa mère, la reine Élisabeth. En cette année du centenaire de la Belgique indépendante, la cérémonie se déroule au Quirinal, dans la chapelle Pauline, le 18 janvier 1930. Le couple impressionne par son élégance, sa classe, et il conquiert les cœurs. Ce sont des jeunes gens modernes, de l'après-guerre, amateurs de sports d'hiver. L'allure d'Umberto est un contraste absolu avec celle de son père, au physique défavorisé. Marie-José tient de sa mère ; ayant été élevée dans une compagnie de haut niveau, elle aime s'entourer d'artistes et d'intellectuels ; elle-même a une jolie plume et ne saurait, en aucun cas, se séparer de son piano. Les époux auront quatre enfants : Maria-Pia (1934), Victor-Emmanuel, leur seul fils (1937), Marie-Gabrielle (1940) et Marie-Béatrice (1943).

Octobre 1930 : époux de Jeanne de Savoie,
le roi des Bulgares aime les locomotives !

Encore un mariage à la cour d'Italie ! Le roi Boris III était, lui aussi et comme Georges II de Grèce, devenu souverain par l'effacement de son père. Son pays, la Bulgarie, est dans le camp des vaincus de 1918, diminué territorialement par les traités de Neuilly et de San Stefano au profit de ses voisins serbes et roumains. Le roi Ferdinand avait abdiqué et s'était retiré en Allemagne, à Cobourg, dans le berceau de sa dynastie. Son fils, Boris III, né en 1894, avait, très jeune, recueilli une Couronne souillée par la défaite. La monarchie bulgare est une curiosité : de tous les soutiens des Empires centraux, c'est la seule qui subsiste. Très inexpérimenté, Boris III laisse, avec prudence, gouverner son Premier ministre Stamboliyski, leader du Parti paysan qui avait gagné les élections en 1919. Ce politicien « à poigne » dirige un pays en déshérence, promulguant des lois favorables au monde rural, ne conteste pas les traités et entretient des relations courtoises avec ses deux voisins triomphants, la Roumanie et le royaume des Serbes, des Croates et des Slovènes.

Malheureusement, en 1923, une insurrection de droite chasse Stamboliyski. La situation en Bulgarie est très agitée jusqu'en 1925. Les communistes tentent de prendre le pouvoir, sans y parvenir. Une terreur blanche s'ensuit. Plusieurs attentats visent la personne du roi. Boris III laisse toujours faire. La Bulgarie va mal, mais le roi va se marier et l'événement déclenchera une grande joie dans le pays. Le 25 octobre 1930, dans l'église supérieure d'Assise, il épouse la troisième fille des souverains italiens, la princesse Jeanne de Savoie, qui a 22 ans ; il en a 36. Le souverain, petit, mince, a une silhouette légère et agile. René Ristelhueber souligne que « son visage d'un ovale allongé, un peu plat aux tempes, était couronné d'un crâne bombé, prématurément chauve. Ce qui frappait en lui, outre son nez busqué assez bourbonien, c'étaient les petits yeux gris vert qui animaient sa figure au teint pâle. Très mobiles, ils furetaient sans arrêt. Regard fuyant, disait-on, parce qu'il ne fixait jamais[36] ». On le juge sournois alors qu'il est plein d'esprit et de finesse. Le roi est une encyclopédie vivante, distingué et récompensé par plusieurs universités européennes – ce qui est rare à l'époque pour un souverain – pour ses travaux de physique et de sciences naturelles. C'est aussi un grand soldat, attaché, entre autres, à l'état-major de Ludendorff en 1914. Il est un solitaire, dont la mère est morte quand il n'avait que 5 ans.

De son père, au caractère original, il a hérité une passion, celle de conduire les locomotives, rappelant, mais avec compétence, les anciens exploits peu convaincants du tsar des Bulgares qui, avant la guerre, s'autorisait à prendre les commandes de l'Orient-Express lorsqu'il traversait la Bulgarie – pour le plus grand péril des voyageurs et du matériel roulant ! La frénésie ferroviaire de son fils fait sourire. Il se moque des moqueurs. Ceux-ci sont étonnés que ce célibataire si timide épouse une princesse aussi raffinée, belle et cultivée (Jeanne parle plusieurs langues, dont le russe), également musicienne.

Depuis trois ans, le roi Boris III avait été, à plusieurs reprises, l'hôte des souverains italiens. Et il avait apprécié la personnalité de leur fille cadette Jeanne. À Rome, auprès d'eux, il avait aussi retrouvé des souvenirs de sa mère, née princesse de Parme. Le mariage est mixte, le roi étant orthodoxe. L'un des artisans de la cérémonie n'est autre que « le délégué apostolique en Bulgarie, Angelo Roncalli, futur pape Jean XXIII[37] ». Ce ne sont pas des demoiselles d'honneur qui portent la traîne de la mariée, mais trois officiers bulgares. Le père du marié, l'ex-tsar Ferdinand, âgé de 69 ans, est venu au mariage de son fils en grand uniforme, boitant, s'appuyant sur une canne, mais offrant son bras droit à la reine d'Italie. Si les membres de plusieurs familles royales sont là également (le prince de Piémont est témoin de sa sœur), on ne peut ignorer la présence de

Mussolini, également en uniforme, ostentatoire, entouré de tout le gouvernement italien et du président du Conseil bulgare. Le Duce témoigne d'une vive sympathie vis-à-vis de la Bulgarie. Une façon de compenser le soutien apporté à Belgrade et à Bucarest par Paris et de renforcer l'influence italienne dans une monarchie balkanique fragile.

1931 : coup de tonnerre en Espagne, la République est proclamée, Alphonse XIII s'efface

Pendant la guerre, l'Espagne avait été neutre et l'était restée, même si l'on prêtait à son armée une admiration pour les troupes du Kaiser. Géographiquement à l'opposé des Balkans et au sud-ouest de l'Europe, le pays avait connu les terribles guerres carlistes au XIXe siècle – quatre effroyables guerres civiles pendant près de quarante ans, soldées par l'instauration d'une république pendant quelques mois –, puis, en 1902, la perte humiliante de colonies essentielles telles que Cuba, Porto Rico et les Philippines, après la guerre hispano-américaine de 1898. Le royaume ibérique n'était ni concerné ni en mesure d'intervenir en allié ou en adversaire d'une puissance engagée à cause d'un conflit d'origine balkanique. Le palais royal avait été transformé en bureau centralisant, autant que faire se pouvait, des renseignements pour les familles des blessés et des victimes ayant des parentés et des relations espagnoles.

Toutefois, en 1917, dans le contexte répandu des mutineries chez les combattants et de la révolution à Petrograd, une grève générale avait été déclenchée ; le gouvernement l'avait durement réprimée. Fils posthume d'Alphonse XII mort à 28 ans, Alphonse XIII est monté sur le trône espagnol le 17 mai 1902 à l'âge de 16 ans, après la régence tourmentée de sa mère Marie-Christine. Chez lui, tout devait arriver très vite. En effet, par une décision rarissime, l'infant, né six mois après la mort de son père, fut proclamé roi le jour même de sa naissance. Immédiatement, on le surnomma *el rey niño*, « le roi enfant », alors qu'il était présenté nu, sur un plateau d'or, à la cour de Madrid. On rapporte que les Grands du royaume, peu avares de sarcasmes, auraient entendu le président du Conseil ajouter, après un protocolaire « Messieurs, nous avons un roi. Vive le roi ! », un commentaire plus ironique : « Nous avons la plus petite quantité de roi qui soit possible ! » Et pourtant, il est traité comme le souverain puisque, à un an et demi, il préside (!) l'ouverture des Cortes (le Parlement), inaugure l'Exposition universelle de Barcelone à 2, puis 7 ans (ce qui est plus normal), est confié à des officiers chargés de son instruction, selon un programme classique alternant le travail scolaire et l'éducation physique. On dit que sa santé est précaire, qu'il a besoin de soins minutieux, mais le jeune monarque trouvera dans le sport le moyen d'accroître sa vigueur. Il se révèle intelligent et généreux ; à sa mère lui demandant s'il a un souhait, il répond :

— Que vous graciiez les prisonniers...

Pendant la guerre, dans une démarche que nous qualifierions d'humanitaire, il avait pris l'initiative d'échanger les prisonniers. Personne n'ose le contredire. « Cette éducation lui forge un caractère impulsif et impérieux qui ne supporte pas la contradiction. En grandissant, il porte un grand intérêt aux choses de l'armée, collectionne les uniformes – à l'exemple du Kaiser et du prince de Galles –, adore les revues, les parades et les fanfares[38]. »

Rapidement, même si la liberté de la presse et d'association et le suffrage universel avaient été accordés, respectivement en 1888 et en 1890, Alphonse XIII déplore les retards de son pays, désemparé par la perte définitive de son empire colonial, englué dans la paresse administrative et l'absence de mesures d'urgence en faveur des campagnes misérables. Sa formation a fait de lui un parfait polyglotte, un théologien qui a de bonnes connaissances scientifiques et un sportif complet, ainsi qu'un chasseur acharné. S'il n'est pas beau, il a du charme, d'exquises manières. Son souci du protocole est théâtral – question de courtoisie –, mais ne l'empêche pas d'être populaire. Roi depuis son premier jour, il entend qu'on s'en souvienne. Son courage physique est vérifié une première fois lors de sa visite officielle en France, le 31 mai 1905. Si la veille, lors du dîner offert en son honneur par le président de la République Émile Loubet, Alphonse XIII a salué, dans un français irréprochable, l'excellence des relations franco-espagnoles, le lendemain soir, en sortant d'un gala à l'Opéra, il ne s'est pas ému d'une bombe, jetée par un anarchiste, éclatant sous la calèche où il se trouvait avec le président Loubet. Le roi se lève immédiatement et lance ce cri : « Ce n'est rien, messieurs, rassurez-vous. Vive la France ! » Il a 19 ans.

Exactement un an plus tard, le roi épouse la princesse Victoria-Eugénie de Battenberg, âgée de 19 ans, surnommée Ena. Fille de la princesse Béatrice de Grande-Bretagne et vingt-troisième petite-fille de la reine Victoria, elle est aussi la filleule de l'ex-impératrice des Français, Eugénie, veuve de Napoléon III. Un an auparavant, cette dernière a arrangé la rencontre en Angleterre d'Alphonse XIII et de Victoria. Ils s'étaient revus à Biarritz et, comme d'habitude, le roi n'avait pas perdu de temps pour demander sa main. Leur union avait posé un problème, déjà rencontré dans l'histoire de l'Angleterre et de l'Espagne, la princesse étant anglicane et Sa Majesté espagnole étant très catholique. Édouard VII, avec son sens aiguisé de la diplomatie, était intervenu et la princesse s'était convertie. Il avait aussi dit à sa nièce : « Ena, tu ne vas pas dans un pays de tout repos. Si tu acceptes cette union, ne viens pas te plaindre auprès de moi[39] ! » Il ne fallait pas oublier le contentieux de Gibraltar !

Le 25 mai 1906, la future reine était arrivée en train depuis Irun. La foule était si dense et si curieuse le long de la voie que la marche du convoi avait dû être ralentie. Le 31 mai, après la cérémonie nuptiale dans la basilique San Jerónimo de Madrid (la traîne de la mariée mesure 4,30 mètres, le manteau, brodé d'argent, 4,50 mètres), le couple monte dans un carrosse pour un parcours de 2 kilomètres dans Madrid pavoisée, en direction du palais d'Orient. Hérauts d'armes en costumes du Moyen Âge, Grands d'Espagne chapeautés et en habits de cour, dignitaires enveloppés de capes sont sur le passage de la voiture royale. À hauteur du n° 84 de la Calle Mayor, un gros bouquet de fleurs est lancé depuis un balcon du quatrième étage. L'assortiment dissimulait une bombe. Elle explose dans un gros nuage de fumée, tuant des piqueurs, des valets de pied en livrée du XVIIIe siècle, trois officiers et neuf soldats. En tout, on compte vingt-huit morts, une centaine de blessés et un cheval éventré. Le couple royal est indemne. L'uniforme de capitaine général du roi est déchiré, son collier de l'ordre de la Toison d'or est rompu, des gouttes de sang souillent la robe de la mariée. Alphonse XIII, qui n'a pas perdu son sang-froid, saute à terre, donne la main à son épouse tremblante d'émotion. Devant sa pâleur, il lui dit :

— Venez... Ce n'est pas le moment de vous trouver mal...

Et il la conduit à un carrosse vide, dit « de respect », roulant derrière – on ne sait jamais... –, qui regagne le palais royal sous les acclamations de la foule. Depuis l'assassinat d'Élisabeth d'Autriche-Hongrie (Sissi) à Genève, le 10 septembre 1898, l'époque est jalonnée d'attentats. Celui-ci aurait pu être beaucoup plus dévastateur, car l'assassin avait d'abord prévu de lancer sa bombe dans l'église où il s'était introduit grâce une fausse autorisation. Le coupable, fils d'un drapier, sera retrouvé deux jours plus tard. Il tuera le gendarme l'ayant arrêté et se suicidera. Ce même jour, le bal prévu est remplacé, en signe de deuil, par une cérémonie à la mémoire des victimes. Le lendemain après-midi, les souverains et leurs invités assistent à une grande corrida. La ravissante reine Victoria-Eugénie arbore la traditionnelle mantille en dentelle blanche. Le couple royal reçoit une ovation de la foule des arènes, debout. Ces « noces de sang », déjà vécues dans l'histoire monarchique, accroissent la popularité du souverain. Malheureusement, Victoria-Eugénie ne partage pas la passion tauromachique de son mari. Elle assistera aux corridas en fermant les yeux ou en les ouvrant derrière un face-à-main à verres opaques ! C'est d'autant plus regrettable que la reine, typique beauté anglaise, secoue les rigidités de la cour de Madrid, engoncée dans l'étiquette encore habsbourgeoise de sa belle-mère. Une de ses belles-sœurs, aussi lucide que fantasque, observe que « la présence de la nouvelle reine commença très vite à influencer les mœurs du palais. Un air de mondanité, un esprit plus léger, plus féminin pour tout dire, se mit à courir dans les vastes salons. Victoria-Eugénie, à peine arrivée, devint l'arbitre de la mode madrilène et avec elles se mirent à changer bon nombre d'habitudes qui contribuaient à faire de nous la lanterne rouge de l'Europe ». La reine se maquille, fume, se baigne, bien sûr, sur la côte basque espagnole, joue au golf et séduit par son chic et sa minceur – l'habitude du thé, sans doute, dont elle impose le rite. Quant au roi, entre un match de polo et une course en torpédo de monarque des années 1920, il est un souverain aussi moderne que son épouse. Coiffé de son casque de cuir, il emmène le maréchal Lyautey dans son bolide. Peut-être, à l'arrêt, parleront-ils du Maroc ?

Alphonse XIII et son épouse ne s'entendent guère. Leur mariage et leur vie privée sont très rapidement assombris par l'héritage génétique de la reine Victoria, l'hémophilie. Le mal est découvert en 1907, lors du baptême de leur premier enfant, Alfonso. Selon l'ancienne tradition des Rois Catholiques, le prince des Asturies est circoncis ; l'intervention provoque l'hémorragie révélatrice et plonge la reine dans une dépression. Si, chez le couple impérial Romanov, l'hémophilie du tsarévitch avait soudé Nicolas et Alexandra dans l'épreuve, pour le roi et la reine d'Espagne, le mal accentue leur mésentente. La légèreté viennoise du souverain, qu'il tenait de sa mère, disparaît, balayée par le chagrin. Alphonse XIII a sa vie, Victoria-Eugénie ses œuvres de bienfaisance ; et elle réorganise la Croix-Rouge.

Unis, ils semblent châtiés : en 1908, leur deuxième fils est sourd-muet. Ils auront ensuite deux filles et un garçon ayant heureusement échappé à l'hémophilie[40]. Hélas ! celle-ci n'épargne pas leur dernier fils, Gonzalo. Trois enfants très malades sur six... L'un d'eux mourra à 19 ans. Un cauchemar, et de lourdes hypothèques pour la succession.

Politiquement, la popularité du roi a commencé à décliner en 1910. L'année précédente, une insurrection à Barcelone avait eu pour instigateur un pédagogue libertaire, Francisco Ferrer. Son procès puis sa condamnation à mort, en 1909, avaient entraîné des manifestations dans toute l'Europe (cinquante mille personnes à Paris devant l'ambassade d'Espagne). Le roi avait refusé sa grâce, peut-être parce que le condamné était le mentor de l'auteur de l'attentat qui avait endeuillé son mariage. Puis étaient apparus des factions séparatistes (notamment en Catalogne), des républicains socialistes, des mutineries et diverses juntes. En 1921, une insurrection dans le Rif avait abouti à une campagne désastreuse.

En 1923, Alphonse XIII, lassé des désordres, avait approuvé la dictature du général Miguel Primo de Rivera. Puis, en 1925, la dictature ayant perdu son caractère militaire, on pensa que l'Espagne pouvait se régénérer. Ce fut le cas, mais l'opposition se développa d'autant plus. Le roi supportait mal son effacement personnel devant le régime autoritaire et commit l'erreur de s'entendre avec les adversaires de celui qu'il avait nommé. Devant l'opposition populaire, Primo de Rivera avait démissionné le 28 janvier 1930 et gagné Paris, où il allait mourir peu après. Le roi, conservant la dictature, mais la transformant en directoire civil, nomma le général Berenguer, dont l'entourage n'était pas capable de protéger la monarchie.

Le souverain, décidément mal inspiré, provoqua de nouvelles élections à caractère de plébiscite. Le 14 avril 1931, si les élections municipales donnaient les trois quarts des voix aux monarchistes, les républicains triomphaient dans les grandes villes de Catalogne, au Pays Basque, dans la province de Huesca et dans la Rioja. Un témoin dira : « L'Espagne, qui s'était couchée monarchiste, s'est réveillée républicaine », pour la deuxième fois, tout de même un peu surprise. La république fut proclamée sans qu'une goutte de sang espagnol fût répandue, ce qui tenait du miracle ! En effet, Alphonse XIII refusa de faire charger la troupe pour dégager les abords du palais. Il préféra se retirer, mais sans abdiquer. La monarchie était suspendue, le roi renonçait, provisoirement, à son trône et partait pour Paris. Peu avant son accession à ce trône, en 1902, l'adolescent avait écrit dans son journal intime un programme de réformes qui lui semblaient urgentes, assorties d'un conseil prémonitoire pour lui-même s'il venait à échouer : « Je peux être un roi qui ne gouverne pas, qui soit gouverné par ses ministres et enfin reconduit à la frontière… » Alphonse XIII, accompagné par les honneurs militaires, salué avec déférence, sans gloire, mais avec dignité, est parti comme un Grand d'Espagne.

1934. Terreur à Marseille : le roi Alexandre Ier de Yougoslavie est assassiné !

Ce devait être une réception enthousiaste, unissant des peuples qui avaient partagé les mêmes épreuves douloureuses de la guerre. C'était la première visite officielle en France du roi Alexandre Ier, l'unificateur de la monarchie des peuples serbes, croates et slovènes, sous le seul nom de Yougoslavie depuis 1929, à la suite de son père, le roi Pierre Ier. Ce 9 octobre 1934, à 16 heures, du croiseur *Dubrovnik* entouré d'une vingtaine de bâtiments français, débarquait le souverain, en uniforme et portant bicorne, sur le quai des Belges, accueilli par le ministre des Affaires étrangères, M. Louis Barthou, et le ministre de la Marine, M. Piétri. À 16 h 10, le cortège, ralenti par une foule très dense, se dirige vers le monument aux morts de l'armée d'Orient où le roi devait déposer une gerbe. Bousculant le service d'ordre, un inconnu sauta agilement sur le marchepied de la voiture qui n'avait pas été relevé, ce qui ne pouvait que faciliter les gestes d'un tueur, d'autant plus que les vitres étaient également baissées. L'inconnu tira avec son pistolet sur le monarque et le ministre, les blessant grièvement. Le chauffeur, bloquant l'auto, saisit l'agresseur à bras-le-corps, des policiers se jetèrent sur l'homme et le lieutenant-colonel Piollet, qui chevauchait à côté du coupé Delage, lui assena des coups de sabre. L'homme roula au sol tout en continuant à vider le chargeur de son Mauser. Une cohue indescriptible s'ensuivit. Atteint de deux balles à la poitrine, le roi glissa, inanimé et ensanglanté, sur le plancher. M. Barthou, le bras gauche en sang, traversé par une balle, était descendu lui-même de la voiture. Immédiatement transporté dans le cabinet du préfet où accoururent des médecins, le roi expira à 17 heures, sans avoir repris connaissance. Il apparaît que l'affolement du service d'ordre et des badauds ait empêché de prodiguer à Sa Majesté Alexandre Ier, qui avait perdu conscience, les soins nécessaires. Conduit à l'Hôtel-Dieu, M. Barthou, dont l'état n'avait pas été jugé grave, ce qui est encore une stupéfiante impéritie, dut subir une transfusion. Mais l'hémorragie avait été trop forte : le ministre décéda à 17 h 30.

La foule s'est acharnée sur l'assassin, traîné, râlant, jusqu'à un poste de police. Il mourut, lui aussi, sans que l'on ait pu l'interroger. On trouva sur lui un passeport au nom de Petrus Kaleman, né à Zagreb, capitale de la Croatie. Âgé de 35 ans, il appartenait probablement à une organisation séparatiste d'Oustachis, proche de l'Allemagne et de l'Italie, qui avait installé des camps d'entraînement en Hongrie ; l'attentat avait dû être minutieusement préparé. L'émotion est immense, la stupéfaction totale et l'opinion indignée par la tragique négligence de la police marseillaise, car des menaces sur la personne du roi étaient connues, notamment de la Sûreté – bien mal nommée en la circonstance –, émanant des réseaux du Croate Ante Pavelić qui refusait l'union des peuples yougoslaves et reprochait au souverain de privilégier les Serbes.

L'incroyable décalage entre la minutie maniaque du programme protocolaire et l'insuffisance des mesures de protection, avec des policiers beaucoup trop espacés sur le parcours, provoque une colère contre le gouvernement. Également accablant est l'amateurisme de l'escorte, qui fut incapable de poser un garrot sur le bras de M. Barthou. Le chirurgien, dit de service, a dû parcourir deux kilomètres pour aller de son domicile à l'hôpital ! Le ministre, âgé de 72 ans, n'avait pas pensé que les nationalismes ne se font pas obligatoirement la guerre sur le terrain qu'ils se disputent. M. Barthou cherchait à isoler l'Allemagne et voulait resserrer les liens de la France avec les États de l'ancienne Petite-Entente. Le ministre revenait de voyages officiels à Prague, à Budapest et à Belgrade. L'accumulation des négligences officielles avait été, en somme, encouragée par cette déclaration du ministre : « Le roi est un ami de la France. Il faut que les gens puissent le voir. »

L'attentat de Sarajevo n'avait-il pas été une leçon ? Les autorités françaises sont coupables d'excès de confiance. Dans la soirée, les hommages sont unanimes pour saluer la personne du souverain, assassiné à 46 ans, monté sur le trône de son père, le roi Pierre Ier, le 17 août 1921.

La tragédie entre aussi dans l'histoire de la presse : par le procédé du bélinogramme, la photographie, un peu bougée et floue, mais saisissante, prise par M. Geoffroy à 4 mètres des victimes, est publiée dans une édition spéciale de *Paris-soir* deux heures après l'attentat, grâce aux réflexes d'un jeune secrétaire de rédaction, Pierre Lazareff. Ce document exceptionnel va faire le tour du monde ! Pendant ce temps, la reine Marie, qui avait écourté le programme officiel parce qu'elle souffrait d'une lithiase, était dans son train venant de Suisse et devant rejoindre le roi. Avec tous les ménagements possibles, le préfet du Doubs l'informe de l'épouvantable drame, lors d'un arrêt en gare de Besançon. Le prince héritier Pierre, âgé de 11 ans, se trouve en Angleterre, et c'est avec sa grand-mère, la reine douairière de Roumanie, également à Londres, qu'il part dans la soirée pour la France. Le train spécial, qui devait conduire le roi et le ministre à Paris, est parti de Marseille rideaux tirés. Le chef de brigade du wagon-restaurant a noté, sur le menu gastronomique préparé, cette mention, laconique et funèbre : « Non servi »...

1934-1935 : la Belgique est accablée par deux tragédies insupportables

La fatalité s'acharne sur la famille royale belge, laissant les autorités et la population dans une tragique stupéfaction ainsi qu'une immense douleur. On se perd en supputations et hypothèses pour tenter de comprendre deux disparitions soudaines, mais n'ayant rien à voir l'une avec l'autre. Le 17 février 1934, le roi Albert Ier a trouvé la mort à l'aube du vingt-cinquième anniversaire de son règne. Profitant de quelques moments de loisir, le souverain était parti en automobile pour escalader les rochers de Marche-les-Dames, près de Namur. Le roi était un alpiniste expérimenté et la montagne était sa passion. Son valet de pied, Théophile Van Dyck, resté dans la voiture, s'est très vite inquiété du retard du roi, attendu à Bruxelles. Ce n'est qu'après de longues recherches, menées par des officiers d'ordonnance, des gendarmes et des paysans du lieu, que le baron de Wiart trouva, à 2 heures du matin, le corps du roi, sans vie. La tête portait une profonde blessure et la mort avait dû être instantanée. D'après les premières constatations, il semble que le souverain, parvenu au sommet dit du Vieux-Bon-Dieu, se soit appuyé, pour aller plus haut, sur un gros rocher qui se serait détaché, provoquant la chute du monarque sur une douzaine de mètres, vers une plate-forme en contrebas. On estime que le corps du roi aurait ensuite rebondi, et dévalé la pente sur 49 mètres. Tout un pays, tétanisé, pleure son « Roi Chevalier », celui dont la bravoure a, en des heures tragiques, sauvé l'honneur et le royaume.

Il était entré dans la légende dès le 4 août 1914, sous les ovations de la foule, lorsqu'il s'était rendu au Parlement pour se placer à la tête de la Résistance et se dresser face à l'invasion allemande qui avait violé la neutralité belge. Quatre jours après cette épouvantable découverte à Marche-les-Dames, la population a été admise à défiler devant la dépouille du roi afin de lui rendre un juste hommage. Beaucoup des anciens sujets du roi, transis d'émotion, ont patienté, souvent plus d'une heure, dans une file qui s'étendait sur plus de 1 kilomètre. Le 22 février, peu avant 11 heures, alors que les cloches de Saint-Jacques-sur-Coudenberg sonnaient le glas, le cortège funèbre a quitté le palais royal. Les cordons du cercueil, posé sur un affût de canon, étaient tenus par quatre ministres et quatre généraux. La foule, massée sur le passage du cortège, n'a pu réprimer sa tristesse en découvrant le cheval favori du roi qui, la tête basse, semblait participer à la peine populaire. Du parvis de Sainte-Gudule, les gens suivaient l'office célébré par monseigneur Van Roey, en présence de toutes les têtes couronnées d'Europe et devant les corps constitués de l'État, en écoutant les voix émouvantes de la chorale Saint-Rombaut, chantant au jubé. Une dernière absoute a été donnée à Notre-Dame-de-Laeken où repose le corps de l'inoubliable « Roi Soldat », conduit par le prince Léopold, qui est le nouveau souverain sous le nom de Léopold III[41].

Le 29 août 1935, le roi Léopold III et la reine Astrid se trouvaient en Suisse, dans leur villa Haslihorn, sur les bords du lac des Quatre-Cantons, près de Lucerne. Avant de regagner Bruxelles où sont déjà leurs enfants, les souverains ont prévu une dernière excursion. Plaisir supplémentaire, le roi, qui aime conduire dans des lieux enchanteurs, a fait venir la Packard 120 de son épouse, un superbe et puissant roadster aux pneus à flancs blancs. C'est l'automobile idéale pour une escapade de deux jours. Enfin, pas tout à fait, puisque dans cette décapotable à deux places, Pierre

Devuyst, le chauffeur attitré de la reine, qui ne conduit pas ce matin, sera assis à l'arrière, sur le Spider, une banquette peu confortable. Les bagages sont arrimés et, après deux jours de pluie, le ciel s'est dégagé.

Le départ est fixé à 9 heures. La reine ne prend pas le volant, elle s'assied à la place du mort. Le roi est heureux de conduire. La visibilité est parfaite, le trafic réduit. Toutefois, le sol est encore glissant. Environ quinze minutes après le départ, sur une ligne droite qui conduit au bourg de Küssnacht am Rigi, le destin, maquillé en imprudence, a frappé. La reine vérifiait l'itinéraire sur la carte qu'elle avait dépliée sur ses genoux. Hélas ! le roi, qui roulait à environ 70 kilomètres/heure, se pencha pour aider son épouse à trouver ce qu'elle cherchait. Deux secondes, peut-être trois, d'inattention. La voiture dérapa sur l'asphalte humide au moment où elle abordait un virage. Le conducteur perdit le contrôle de la voiture, accéléra pour redresser la Packard, mais c'est le contraire qui se produisit : le véhicule s'engouffra dans une ornière creusée par le passage des troupeaux, enfonça un parapet, percuta un premier arbre puis un second, fit plusieurs tonneaux et s'immobilisa enfin parmi les roseaux du bord du lac. Et ce fut le drame : Astrid fut éjectée (une ceinture de sécurité l'aurait sans doute sauvée), probablement morte sur le coup. Assommé, le roi reprit conscience, souffrant d'une côte cassée et de blessures aux mains et au visage. Titubant, il s'est précipité avec le chauffeur qui n'avait rien pu tenter. A-t-il hurlé « Astrid ! Astrid ! Astrid ! » ? Un cri de désespoir…

Une voiture s'arrêta. C'était celle de la Sécurité helvétique qui, discrètement, selon l'usage, suivait le couple royal dans ses déplacements en Suisse. Un médecin se précipita. Il était trop tard : la belle, la sublime, la merveilleuse reine Astrid avait rendu son âme à Dieu. Elle n'avait pas 30 ans.

Pour mesurer le choc de cette nouvelle, il fallait se souvenir que dix-huit mois plus tôt, la Belgique pleurait le roi Albert Ier. Si le deuil de la Nation avait été levé, la douleur restait poignante. La fin soudaine, si stupide, de la reine adulée, admirée, était inadmissible. Les circonstances de l'accident ont été mises en cause. On alla jusqu'à suspecter des agents de Hitler, qui venait d'arriver au pouvoir, d'avoir saboté la voiture. Mais l'expertise du véhicule n'a laissé aucun doute : seule l'imprudence du roi fut la cause de l'accident. Après le visage du roi alpiniste, ce fut le portrait de la reine Astrid qui fit la une des éditions spéciales, bordées de noir. Elle était trop jeune pour mourir, elle était la joie de vivre. Reine pendant seulement un an et demi, elle n'a pas eu le temps de décevoir ni d'être critiquée. La Belgique fut traumatisée. Küssnacht, un nom évoquant hier « la nuit du baiser », a rejoint celui de Marche-les-Dames avec la même funèbre et définitive célébrité[42].

1935 : accablés par leur République, les Grecs veulent le retour du roi... qu'ils avaient chassé !

Douze ans d'anarchie ! Pour les Grecs, c'en est trop ! D'ailleurs, peut-on parler de République lorsqu'il s'agit d'une succession de coups d'État militaires, de rébellions de la flotte, d'attentats politiques ? En mars 1935, le général Condylis s'empare du pouvoir. Un *pronunciamiento* de plus ? Après toutes ces années d'errance, le général a eu l'idée d'abolir la république et d'organiser un référendum pour proposer aux Grecs le retour de la monarchie. Comme d'habitude, la population va manifester un enthousiasme proportionnel à sa déception du précédent régime, fournissant un bel exemple d'ingratitude. Le 3 novembre 1935, à 98 %, le peuple hellène réclame le retour du roi Georges II ! Celui-ci qui, depuis 1924, vit toujours un exil tranquille, au Brown's Hotel à Londres, et qui vient de divorcer d'Élisabeth de Roumanie, est stupéfait ! Aussitôt, il regagne Athènes, en s'arrêtant néanmoins à Paris (où il signe le livre d'or du Soldat inconnu à l'Arc de triomphe) et à Rome pour s'assurer de la bienveillance de ses deux alliés importants, la France et l'Italie, à l'égard de sa restauration. L'accueil que lui organisent les Athéniens le 28 novembre est aussi démesurément enthousiaste que celui qui avait été réservé à son père Constantin, en 1920 – hélas ! Georges avait vu ce qu'il s'était ensuivi. À 45 ans, le souverain a compris que l'exercice d'un pouvoir trop personnel ne pouvait que conduire à une catastrophe. Il va donc se montrer sage en promulguant une Constitution libérale et en amnistiant tous les prisonniers politiques, dont la détention est liée à ces douze années de désordre permanent. Toutefois, les élections de janvier 1936 ne dégagent pas de majorité claire et, après la mort de Condylis, le roi confie le gouvernement au général Metaxás qui, lui aussi, fait son retour ! Un vaudeville politique !

Revoici, en 1936, une dictature militaire en Grèce, mais avec une caution monarchique. Pour changer ! Le roi n'a aucune illusion sur les vertus du régime à poigne qu'il cautionne. Cela durera ce que cela durera. Tout est si instable ! Et curieux : l'Allemagne et l'Italie sont les modèles à suivre, et, en même temps, une orientation anglophile est maintenue. Cet éclectisme diplomatique – qui tient parfois de l'équilibre fragile ! – est symbolisé par une magnifique cérémonie. En effet, ce roi sans épouse est revenu à Athènes accompagné de son frère Paul, âgé de 34 ans. Le mariage de celui-ci, au printemps 1938, va permettre une réunion du Gotha qui n'est pas sans rappeler les dernières noces couronnées d'avant 1914, celles de la fille de Guillaume II en mai 1913 avec le duc de Brunswick-Luneburg, un Hanovre dépossédé de son royaume par Guillaume II lui-même. C'était il y a vingt-cinq ans. La comparaison entre les deux événements est d'autant plus évidente que le prince Paul, seul héritier de son frère le roi, épouse, justement, la fille du duc et de la duchesse de Brunswick-Luneburg, Frederika, donc une petite-fille de l'ex-Kaiser Guillaume II ! La mariée est ravissante ; le marié – que son frère a institué prince héritier de Grèce –, très grand, a beaucoup d'allure en uniforme, évidemment couvert de décorations. Les parents de Frederika sont là, les cousins aussi. Le duc de Kent, accompagné de son épouse, représente la Couronne britannique, son frère aîné étant, depuis la fin 1936, le roi George VI. Quant à Michel, l'héritier du trône de Roumanie, il représente son père Carol II qui l'avait détrôné pour lui reprendre sa couronne lors de son retour spectaculaire à Bucarest en 1930 ! La photographie du mariage au palais Tatoï, est un concentré des aléas monarchiques de cet entre-deux-guerres tourmenté. Que d'allers-retours pour certains ! Une belle image mondaine… Un bonheur. La paix ? Pour combien de temps ?

Mussolini s'empare de l'Éthiopie ; la princesse Elizabeth d'Angleterre réconforte le négus

Dès son arrivée au pouvoir en 1922, Mussolini avait en tête l'expansion coloniale italienne. L'homme qui s'était opposé en 1911 à l'invasion de territoires d'Afrique du Nord entre la Tunisie et l'Égypte avait bien changé ! C'est sous sa direction que cette vaste zone de déserts et d'oasis a été pacifiée, occupée et mise en valeur, avec, notamment, la construction d'une route côtière, sans omettre les fouilles et la restauration des sites archéologiques parmi les plus beaux vestiges de l'Empire romain et de la Grèce antique. La Tripolitaine et la Cyrénaïque avaient été réunies sous le nom de Libye. Depuis 1889, l'Italie règne aussi sur deux colonies plus lointaines, l'Érythrée, sur la mer Rouge et une partie de la Somalie, annexée et colonisée depuis 1882. Le Duce rêvait d'agrandir ces territoires en annexant l'Éthiopie, mystérieux et fascinant empire protégé par de hauts plateaux, fortement imprégné de traditions chrétiennes, mais longtemps un rêve de conquête ottomane. Mais, comme à son habitude, le Duce avait pratiqué une politique ambiguë en soutenant, en 1923, l'entrée de l'Éthiopie à la SDN, puis en signant, en 1928, un traité d'amitié et de coopération entre l'Italie et l'Éthiopie. Son idée, comparable à celle qu'il avait eue pour l'Albanie, visait à devenir l'unique partenaire économique de la monarchie éthiopienne afin de la dominer, en établissant un protectorat.

C'était sans compter avec la personnalité du fils de l'impératrice Zaouditou, couronné en 1930 sous le nom de Hailé Sélassié et dont le titre de négus (« roi des rois ») remonte au XIIIe siècle. Mais le négus, circonspect devant les appétits des puissances coloniales au siècle précédent, souhaitait diversifier ses partenariats. Reçu par Victor-Emmanuel III en uniforme que grandissait son haut képi, le négus, à son côté, vêtu d'un fin manteau blanc, dégageait une impression de sainteté. Mussolini comprit qu'il n'y avait qu'une solution : l'occupation armée. Il prit donc ses précautions en se rapprochant de la Grande-Bretagne et de la France afin d'obtenir, sinon leur soutien, leur neutralité.

Le 14 avril 1935, l'Italie signe les accords concluant la conférence de Stresa qui raffermissent ses liens avec la France et le Royaume-Uni, à la suite de la décision allemande de rétablir la conscription, ce qui constitue une violation du traité de Versailles. Trois mois plus tôt, Mussolini et Pierre Laval, ministre français des Affaires étrangères, s'étaient mis d'accord pour garantir l'indépendance de l'Autriche contre la menace hitlérienne. Le Duce avait intimidé Hitler en envoyant des troupes sur le Brenner. Depuis, il pensait bénéficier de la bienveillance de ses deux alliés franco-britanniques, et, malgré les très fortes réticences de son chef d'état-major le maréchal Badoglio et du roi Victor-Emmanuel III, l'Italie attaque l'Éthiopie le 3 octobre 1935, sans déclaration de guerre. Une revanche sur la victoire éthiopienne des Abyssins en 1896. Cet affront, le Duce l'efface après avoir lancé : « Même si l'Éthiopie m'était apportée sur un plat d'argent, je la veux avec une guerre ! »

L'opération est violente et meurtrière, avec une utilisation systématique des bombardements aériens et des gaz toxiques. Le 5 mai 1936, les Italiens occupent Addis-Abeba, la capitale éthiopienne, et le négus se réfugie en Europe. C'est alors que l'Occident découvre ce souverain chrétien, le visage émacié et barbu, au maintien hiératique, qui se dit être le deux cent vingt-cinquième descendant du roi Salomon et de la reine de Saba, et dont le pays a été envahi sur ordre de Mussolini parce qu'il avait refusé aux Italiens la concession d'une voie ferrée et accepté un soutien financier américain. Réfugié en Angleterre, à Bath, le négus recevra dans son exil, quelques années plus tard, une lettre de soutien d'une jeune fille de 15 ans. Elle lui écrit : « Je pense à vous et je vous admire. » La missive est signée Elizabeth d'Angleterre. C'est la princesse héritière de la Couronne britannique, la fille aînée de George VI, la future reine Elizabeth II.

La conquête éthiopienne aiguise la rivalité entre Victor-Emmanuel III et Mussolini

Puis, après un passage par Londres, Hailé Sélassié arrive à la tribune de la SDN, à Genève, le 30 juin 1936. Le négus y lance un appel désespéré :

— Je suis venu en personne, témoin du crime commis à l'encontre de mon peuple, afin de donner à l'Europe un avertissement face au destin qui l'attend si elle s'incline aujourd'hui devant les actes accomplis.

Il espère être entendu. Du haut de sa silhouette frêle, ce monarque de 43 ans, éduqué avant la guerre par des missionnaires français, guette d'un regard insistant la réaction des diplomates. Or, non seulement on ne l'écoute pas, mais on le siffle lorsqu'il quitte la salle ! Personne ne prend au sérieux l'insolite personnage venu d'Afrique orientale, aux tenues exotiques et dont on raille l'inévitable parapluie. Le protocole de sa Cour interdisait qu'on le regarde droit dans les yeux ? On l'a à peine regardé... En réalité, Mussolini a déjà les mains libres. Naïvement, la SDN avait voté, le 18 octobre 1935, des sanctions économiques contre l'Italie et son intervention armée en Éthiopie, mais celles-ci n'avaient fait qu'augmenter le prestige de Mussolini ! L'opinion le suit totalement et il arrive même à rallier des antifascistes notoires. Des femmes donnent leurs alliances et leurs bijoux en or pour financer la guerre, que l'épiscopat transforme même en croisade. Dès la victoire finale que représentait la prise d'Addis-Abeba, le Duce avait prononcé un discours triomphal depuis le balcon du palais gouvernemental devant une foule survoltée et conquise. Quatre jours plus tard, le Grand Conseil plaçait l'Éthiopie « sous la souveraineté pleine et entière du royaume d'Italie » et conférait à Victor-Emmanuel III le titre d'empereur d'Éthiopie pour lui et ses successeurs. Le roi, qui n'avait rien demandé, accepta ces lauriers. Il ne refusait rien à Mussolini. En revanche, le Premier ministre était jaloux. Cette gloire impériale pour le roi, après tout, c'était sa victoire ! Nouveau discours au balcon, nouvelles ovations, mais le dictateur était beaucoup plus sombre en regagnant l'intérieur du palais. « Côté balcon, où il ne fut pas rappelé moins de quarante-deux fois, un Mussolini rayonnant, emporté par l'ivresse populaire ; côté coulisses, un Duce d'humeur sombre, murmurant qu'il lui était insupportable de devoir partager ce triomphe avec le roi. Il était le seul à mériter le titre de “fondateur de l'Empire” dont le Grand Conseil venait de couronner le souverain[43]. » C'était bien le visage moustachu de Victor-Emmanuel III qui ornait les timbres de la Poste coloniale italienne émis le 9 mai 1936 et les pièces de monnaie frappées à son effigie avec la mention : « Roi et empereur. »

Cette rivalité était vraie et fausse : Mussolini gouvernait et avait tous les pouvoirs, le roi rongeait son frein et acceptait les miettes que le Duce voulait bien lui laisser. Une gloire d'affichage. Mais le Duce aimait les honneurs visibles. C'était la première faille tangible dans leurs relations. Un contemporain, Dino Grandi, membre du Grand Conseil fasciste cité par Pierre Milza, résume bien les rapports entre les deux hommes avec cette formule lumineuse : « Pendant vingt ans, le roi et Mussolini se sont regardés et surveillés l'un l'autre, comme deux escrimeurs en garde sur l'estrade. » Mais ils avaient besoin l'un de l'autre. L'Italie était profondément monarchiste, et l'armée plus encore que le reste de la population. Donc l'hypothèse d'écarter le roi du pouvoir ne s'était même pas posée jusqu'à l'affaire d'Éthiopie. C'est probablement à ce moment-là que le Duce a commencé à envisager de mettre le roi à l'écart. À Berlin, le seul maître était Hitler. Mais ce fut surtout le revirement diplomatique complet qu'il opéra en se rapprochant de l'Allemagne qui allait le conforter dans cette audace. En effet, c'est en 1936 que les bases de l'axe Rome-Berlin sont jetées. Le Duce se rend à Berlin, assiste au Congrès de Nuremberg en 1937. Il en revient subjugué par la puissance allemande et la personnalité du Führer. Le Duce est rempli d'admiration, mais aussi de crainte, car la domination hitlérienne dont il est témoin lui fait peur. Il sait qu'il risque de perdre sa liberté de manœuvre entre les mains d'un allié aussi puissant.

George V est inquiet : la maîtresse de son fils et successeur est dangereuse

Début mai 1935, la popularité du souverain britannique est à son zénith et on acclame aussi la reine Mary, irréprochable, exemplaire de simplicité et fort digne auprès de son époux dont la maladie n'est plus un secret. À 70 ans, George V, très diminué par des congestions pulmonaires et des difficultés respiratoires, a réduit ses apparitions, mais il continue de travailler, suivant attentivement tous les dossiers de l'État. Et, fait exceptionnel, il rend hommage à son épouse, disant publiquement :

— Je ne me trompe pas en disant tout ce que je lui dois...

Il règne depuis vingt-cinq ans et la monarchie organise des fêtes en son honneur. Londres, noircie par tous les charbons possibles – le chauffage, les usines, les locomotives –, est nettoyée, fleurie et toute la bonne société est surexcitée. Les cérémonies sont épuisantes. À Buckingham Palace, le banquet d'État est accompagné par vingt-quatre joueurs de cornemuse qui, tradition oblige, font deux fois le tour de l'immense table. La fatigue de George V n'est pas dissimulable. Si sa voix est encore ferme, son corps semble absent. Son médecin, lord Dawson of Penn, doit empiler trois oreillers sur le dossier du fauteuil royal pour qu'il puisse signer les documents requérant son paraphe. Hélas ! La main droite du monarque ne répond plus à sa volonté. En présence du Premier ministre Ramsay MacDonald, le docteur Dawson place, difficilement, le stylo dans la main gauche. Peut-il tenir la plume d'un roi qui doit, théoriquement, signer un acte important qui engage l'avenir ? Le patient rassure ses hôtes : « Je signerai moi-même », dit-il, souverain malgré son épuisement. Une première fois, son prénom est illisible. Une seconde tentative est faite avec l'aide du médecin et l'assentiment du Premier ministre, habitué à transiger puisqu'il dirige un gouvernement de coalition où les conservateurs détiennent la majorité depuis quatre ans. Quand les deux hommes quittent la chambre du roi, celui-ci, après le terrible combat qu'il vient de livrer contre lui-même, trouve encore la force de leur sourire affectueusement.

Mais il est un autre souci qui mine l'esprit du monarque de façon bien différente. Depuis longtemps, son fils aîné Édouard, le prince de Galles, désigné pour lui succéder, mène une vie de dévoyé, embrumée par l'alcool et ses nuits de noceur. Il ne montre aucun intérêt pour les devoirs de sa future fonction. George V a pris connaissance de nouveaux rapports de police, tous plus accablants les uns que les autres. Que le prince Édouard ait une liaison ne pose pas de problème particulier au royaume de son grand-père, feu le roi Édouard VII. Mais qu'il s'agisse d'une Américaine excentrique, divorcée, remariée et dont le premier époux est toujours vivant est fortement répréhensible. Que cette mystérieuse Wallis Simpson, qui aurait vécu en Chine, multiplie les amants est beaucoup plus grave. Que l'héritier du trône aille jusqu'à envisager d'y renoncer pour épouser cette aventurière qui, selon lui, le rend « suprêmement heureux » est tout à fait inacceptable[44]. Le roi convoque son fils pour lui signifier que « Wallis [est] indésirable au bal du jubilé ; son état de divorcée lui interdit l'accès à l'enceinte royale d'Ascot et l'écarte de tous les privilèges de la famille royale ». Le prince, dit-on, aurait juré à son père que l'intéressée n'était pas sa maîtresse, mais simplement « une personne d'élite », et il obtient finalement qu'elle soit invitée. Le mensonge du prince horrifie plusieurs personnes de l'entourage royal, dont lord Wigram, secrétaire privé du monarque. Le 14 mai, selon l'usage, Édouard ouvre le bal avec sa mère, mais dès la deuxième danse, à la stupéfaction générale, il invite Wallis. Un sentiment de dégoût s'empare du roi et de la reine, scandalisés par ce manque de savoir-vivre et cette provocation devant la Cour. L'Américaine semble avoir envoûté leur fils. Elle et lui sont inséparables.

Ce comportement est-il une revanche sur l'enfance malheureuse d'Édouard, né à la fin du règne de son arrière-grand-mère Victoria ? Il avait fallu quatre ans à ses parents pour s'apercevoir que sa gouvernante, perverse, avait l'habitude de le pincer, même quand il avait été sage, avant qu'il ne soit amené devant eux. L'enfant arrivait donc en pleurs, ce qui contrariait et irritait George et Mary. Cet odieux traitement avait ôté à Édouard toute confiance en lui. Il a du mal à se concentrer, n'est guère studieux, n'a pas envie d'apprendre et l'on ne saurait dire ce qui l'intéresse en dehors du sport, qu'il pratique avec une sorte de rage, jusqu'à l'épuisement. Mais on reconnaît sa générosité à l'égard des milieux défavorisés. Ainsi, lors de la grève générale de 1926 qui avait paralysé le trafic ferroviaire, malgré l'opposition de son père, Édouard avait ordonné à son chauffeur de remplir sa voiture de journaux favorables au gouvernement et de le conduire dans son fief, le pays de Galles – une façon d'exister plus personnelle que politique. Mais le plus gênant avait été cette manie du prince de ne courtiser que des femmes mariées, même pour des aventures d'un soir. Il avait multiplié les liaisons peu discrètes, mais dont il se lassait très vite, et son secrétaire particulier, Alan Lascelles, avait eu toutes les peines du monde à étouffer les scandales et les chantages. Plusieurs de ces épouses n'étaient pas mécontentes d'être courtisées par le futur roi et il n'était pas rare que leurs maris espèrent une compensation. Mais ce qui avait été flatteur devenait vexant quand le prince portait vite son regard ailleurs, ce qui avait suscité de plus en plus de ragots, dont le principal était la raison pour laquelle Édouard papillonnait, passant d'une femme mariée à une autre : en fait d'être un émule de Casanova, il serait un piètre amant, d'après les confidences soigneusement colportées par les intéressées. Même dans un pays qui avait accordé, en 1928, le droit de vote aux femmes, même si des habitudes venues des États-Unis avaient fait tomber quelques pudeurs victoriennes, le libertinage ne convenait pas à la famille royale.

Si George V et le gouvernement sont si préoccupés par le comportement d'Édouard, c'est parce que le prince a complètement modifié sa vie privée. Depuis plus de quatre ans, Mrs. Simpson, rencontrée chez une de ses conquêtes, a su retenir l'inconstant prince de Galles. Les renseignements sur cette femme sont accablants. Arriviste, mal élevée, ignorante, l'accent nasillard et vulgaire, elle ne cesse de rabaisser le prince, de lui répondre avec perfidie, car elle a un culot incroyable. Elle a deviné un homme faible qui, croit-on, prend plaisir à être agressé verbalement, critiqué, dominé. Le fait que le futur souverain passe des soirées, voire des nuits, chez M. et Mrs. Simpson (le mari est courtier maritime et visiblement complaisant) fait courir d'autres rumeurs. Le prince a emmené Wallis en voyage, en vacances, lors d'une croisière. Ils ont été suivis par une presse comblée par cette romance un peu salace. Un mystérieux rapport chinois, dont la lecture aurait horrifié la reine Mary, assure que Wallis, alors mariée à un officier de l'Aéronavale américaine, avait appris des techniques érotiques raffinées dans des « maisons de chants » de Hong Kong et qu'elle se serait livrée à l'espionnage. Enfin, le plus grave est que l'intrigante a une très mauvaise influence sur le futur souverain, uniquement préoccupé de futilités et de plaisirs, dansant des nuits entières, refusant de s'intéresser à ce qui se passe en Allemagne et en Italie, sinon pour dire que le traité de Versailles est catastrophique, qu'il aurait fallu négocier avec l'Allemagne et non lui imposer des conditions intenables, et que jamais son père n'aurait dû renoncer à l'ancien patronyme familial germanique.

Deux mois après de nouvelles révélations sur l'inconduite et l'infantilisme de son fils, George V confie son sentiment à lady Gordon-Lennox : « Je prie Dieu que jamais mon fils aîné ne se marie et n'ait des enfants et que rien ne s'oppose à ce que Bertie [le futur George VI] puis Lilibeth [la future reine Elizabeth II] montent sur le trône[45]. » Et peu de jours avant son trépas, à son nouveau Premier ministre, Stanley Baldwin, venu recueillir les ultimes recommandations de Sa Majesté, le souverain, affaibli, mais dont l'esprit visionnaire avait conservé toute son acuité, lui annonça : « Après ma mort, il ne lui faudra pas un an pour se perdre... »

1936 : en moins d'un an, trois rois se succèdent sur le trône britannique !

Tout le pays est recouvert de neige. En cette mi-janvier 1936, George V, très amaigri, souffre d'une nouvelle bronchite, ce qui aggrave ses troubles cardiaques. Ne quittant plus son cher manoir de Sandringham, le souverain, dans sa vieille robe de chambre exotique, grelotte de froid malgré un intense feu dans la cheminée. Aux portes de la mort, c'est à peine si le monarque reconnaît son fils. Le 19, il peut encore interroger son secrétaire, lord Wigram :

— Comment va l'Empire ?

Un Empire qui n'existe plus depuis près de cinq ans, puisqu'il a été remplacé par le Commonwealth ; mais cette question, pathétique, montre que, jusqu'au bout, le roi ne pense qu'à l'État et à son avenir.

— Tout va bien, Sire, pour ce qui est de l'Empire...

Pour le reste, la catastrophe est imminente. Et dans l'entourage du Premier ministre, une rumeur circule, venue des syndicats : « Si le prince veut faire de Mrs. Simpson, une putain, sa femme, c'est son affaire. S'il veut en faire une reine, c'est notre affaire. » À 23 h 15, le premier des Windsor expire. À minuit dix, le *Times* prépare déjà une édition spéciale. Le prince de Galles éclate en sanglots et prononce une phrase qui, en d'autres circonstances, eût été normale :

— J'espère que je ferai aussi bien que lui.

Le jour des funérailles du roi George V – qui la détestait –, l'insensée Wallis, considérée par les services de renseignement comme la petite sœur de Messaline et de Mata Hari, déclare de sa voix haut perchée, en s'habillant conformément au deuil de la Cour :

— La dernière fois que j'ai porté des bas noirs, c'était pour danser le french cancan !

Mrs. Simpson a de l'abattage ! Après l'investiture d'Édouard VIII, la Cour considère avec méfiance cette étrangère, divorcée, remariée à un homme qui, comme des millions de gens, affronte des temps difficiles, mais laisse le roi offrir des bijoux somptueux à Wallis tout en imposant des économies à son entourage ! Pire ! Édouard remet des joyaux privés de la famille royale – telles des émeraudes d'une valeur de 1 million de livres –, hérités de la reine douairière Alexandra, veuve d'Édouard VII, qu'elle destinait à la future reine d'Angleterre. De favorite sulfureuse, Wallis oserait-elle devenir reine ?

Le nouveau monarque déconcerte ses collaborateurs. Il n'a pas de méthode, les dérange pendant qu'ils sont à table, les poursuit jusque dans leur bain pour une question sans importance. Beaucoup démissionnent. Un incident est significatif et très grave : à Buckingham Palace, ayant une audience avec son successeur pour diverses affaires urgentes, l'ancien secrétaire de George V a la désagréable surprise de se trouver face à Mrs. Simpson installée dans le bureau du roi, et d'apprendre que celui-ci, paniqué par son rendez-vous, s'était enfui par une fenêtre du palais et avait disparu dans ses jardins ! Wallis se considère déjà placée sur les marches du trône, s'impliquant dans chaque décision de son royal amant. Avec un but : qu'il l'épouse. Elle ne restera pas une reine de l'ombre. Si, quand il était prince de Galles, ses frasques avaient témoigné du furieux appétit de vivre qui avait suivi la guerre, devenu roi, Édouard VIII continue à mener une existence désordonnée, annulant ses audiences, disparaissant de longs moments avec Mrs. Simpson, ne recevant que des parasites et des courtisans de la pire espèce. Plus indécent : couché à l'aube, il n'apparaît qu'à midi, sans avoir pris connaissance des dépêches, télégrammes, rapports que le cabinet fait porter chaque jour au souverain afin qu'il soit informé des dossiers en cours et donne son avis au Premier ministre qui décidera. Encore plus choquant : les documents confidentiels reviennent souvent tachés de marques de verres. On les a lus en buvant… On ? Cela implique Mrs. Simpson, qui n'a aucune autorité pour être informée des affaires du Royaume-Uni et n'a pas la moindre idée du fonctionnement d'une monarchie parlementaire.

Au 10, Downing Street, on s'inquiète, car la sympathie du roi pour l'Allemagne est choquante, alors que le royaume affronte des troubles économiques et sociaux, tandis que les conflits se multiplient en Europe avec la guerre d'Espagne, l'invasion de l'Éthiopie et la réoccupation de la Rhénanie par Hitler. Le Premier ministre met le roi en garde contre sa légèreté, très mal reçue en comparaison avec la conduite de son père, courageux, travailleur, à l'abri du scandale et qui avait donné le plus bel exemple de la dignité monarchique en des temps difficiles. À l'été, une croisière à bord d'un yacht loué, le *Nahlin*, repeint en blanc, conduit Wallis et Édouard sur la côte adriatique, puis en Bulgarie et en Autriche. Le couple est photographié en maillot de bain et ces images inondent l'Europe et les États-Unis, où l'on suit le roman d'une Américaine avec le successeur de la reine Victoria. Mais la presse britannique est peu informée. On sait seulement que le roi et sa favorite sont inséparables, au point d'utiliser, dans leur courrier, leurs initiales « W » et « E » qui, réunies, forment le pronom *we* (« nous »). En septembre, au château de Balmoral, divers incidents protocolaires scandalisent l'opinion écossaise ainsi que le duc et la duchesse d'York (le frère cadet d'Édouard et son épouse Elizabeth) : Mrs. Simpson prétend recevoir les invités, alors que seul un membre de la famille royale s'en réserve le droit. Exaspérée, la duchesse d'York passe devant l'intruse en lui lançant un avertissement :

— Je suis venue dîner avec le roi.

À la mi-octobre, le Premier ministre prévient Édouard VIII que la monarchie est en péril. Il lui montre la montagne de lettres de protestation arrivées à son bureau et souligne combien le peuple déteste qu'il n'y ait pas de vie de famille à la Cour. Et qu'il n'est pas question que la maîtresse royale soit couronnée en même temps que le souverain. Le roi pense qu'un complot est tramé contre lui, répond qu'il entend vivre avec Mrs. Simpson, laquelle est dans une nouvelle procédure de divorce.

— Monsieur Baldwin, j'ai pris ma décision. J'ai l'intention d'abdiquer pour épouser Mrs. Simpson.

Un séisme sans précédent s'abat sur la Couronne britannique. Chaque jour, l'Américaine est agonie d'insultes par la presse. On jette des pierres sur sa résidence. Elle décide de s'enfuir en France. Le roi, qui ne songe réellement qu'à son voyage de noces, informe ses frères. Le jeudi 10 décembre 1936, à 10 heures du matin, devant eux, il signe son renoncement au trône. À la Chambre des communes, l'atmosphère est surchauffée, mais c'est dans un silence de tombeau qu'est lue la décision d'Édouard VIII. Westminster est médusé. En moins d'un an, la monarchie voit se succéder trois rois : George V, qui a régné un quart de siècle ; Édouard VIII, non couronné, souverain pendant neuf mois ; et son frère, qui prend le nom de George VI.

Du jamais vu ! Le soir même, à 21 h 30, dans une allocution radiodiffusée depuis le château de Windsor, l'ex-monarque justifie son choix, expliquant qu'il n'aurait pu continuer à remplir ses obligations « sans l'aide et le soutien de la femme [qu'il] aime ». L'opinion réagit vivement, comme les parlementaires, entre le mépris et l'incrédulité. Le roi Édouard, jadis prince charmeur, n'est qu'un lâche. Dans le midi de la France où elle s'est réfugiée chez des amis, celle qui est encore Mrs. Simpson, après avoir écouté ce discours pitoyable à la radio, s'exclame :

— Quel idiot !

Elle sait déjà ce qu'elle a perdu. Désormais titré duc de Windsor, Édouard est à bord d'un destroyer de la Royal Navy qui le conduit en France, à Boulogne puis en Autriche. Un très étrange exil commence.

Mars 1938 :
la bête noire de Hitler est l'archiduc Otto de Habsbourg

Par le traité de Saint-Germain du 10 septembre 1919, les Alliés avaient formellement interdit l'union de l'Allemagne et de l'Autriche. Hitler a déjà testé, à plusieurs reprises, la faiblesse des vainqueurs, notamment lors de la réoccupation de la Rhénanie en mars 1936. Le 12 mars 1938, l'Allemagne absorbe l'Autriche. C'est l'Anschluss. L'idée était dans l'air depuis longtemps. Dans sa rage antimonarchiste, Beneš, le président de la Tchécoslovaquie, avait déclaré : « Plutôt l'Anschluss que les Habsbourg ! »

Pourquoi l'annexion de l'Autriche par Hitler avait-elle reçu le nom de code « opération Otto » ? Elle désignait le fils aîné du défunt empereur et roi Charles, l'archiduc Otto. Celui-ci, ayant lu attentivement *Mein Kampf* (*Mon Combat*), le livre à succès que Hitler avait écrit en prison, avait été immédiatement convaincu que son auteur préparait une nouvelle guerre. Et qu'il la déclencherait si les démocraties occidentales ne réagissaient pas. L'héritier des

Habsbourg savait la haine que vouait Hitler à la dynastie et à son « empire métèque », mais cela n'avait pas empêché celui-ci de l'inviter à le rencontrer, lors d'un dîner, dès la fin de 1932 : le chancelier du Reich n'avait obtenu qu'un refus méprisant. L'archiduc Otto m'a rappelé sa réponse immédiate, sans ambiguïté et réitérée : « Hitler est le seul homme avec qui j'ai toujours refusé d'avoir le moindre entretien. »

De rage, Hitler attribue le prénom d'Otto à l'annexion de l'Autriche. Il est d'autant plus vexé de l'attitude du descendant de François-Joseph qu'il avait réussi à se rapprocher de certains membres de la famille de Hohenzollern, notamment du Kronprinz Guillaume, fils aîné de l'ex-Kaiser Guillaume II, « lequel avait publiquement apporté son soutien au nazisme ». Son frère, Auguste-Guillaume, député national-socialiste, avait même reçu Otto « en uniforme brun des SA [*Sturmabteilung*, Section d'assaut], ce qui [l]'avait immédiatement mis mal à l'aise ».

Toutefois, l'empereur détrôné, de son exil néerlandais de Doorn, n'avait jamais soutenu Hitler. Dès 1934, Guillaume II avait expliqué aux villageois de Doorn ce qu'était la symbolique de la croix gammée, la svastika : « C'est l'un des plus anciens symboles de l'humanité. En Inde, il annonce chance et richesse. Et l'emblème hitlérien se prête à contre-sens, la branche supérieure de la croix est orientée vers la gauche et non vers la droite... Il signifie donc l'obscurité, le malheur et la mort... Le jour viendra où le drapeau de la croix gammée, que brandiront les nazis après avoir tout saccagé, sera maudit et brûlé par les Allemands[46]. » Quant à l'Anschluss, « il le condamne comme l'acte d'un ogre digne de Staline[47] ». Au matin même où l'Anschluss est devenu une réalité, l'archiduc Otto se trouve brièvement en Belgique, revenant de Suisse et repartant pour Paris afin de sensibiliser les autorités françaises. En vain. « Personne ne voulait rien faire, ce que l'on peut comprendre quand on sait ce qui s'était passé en 1914 », observe l'héritier, sans illusions.

Une semaine plus tard, le ministère autrichien de la Justice lance un mandat d'arrêt contre Otto de Habsbourg pour « haute trahison », puisqu'il avait demandé l'aide de puissances étrangères. La presse de langue allemande présente le « coupable » comme un « rejeton dégénéré des Habsbourg » et un « criminel en fuite ». Une implacable chasse à l'homme commence. Au printemps 1939, un commando de la Gestapo tente d'enlever le fils de Charles Ier. À Paris, descendu dans un hôtel du boulevard Raspail, le prétendant activement recherché figure, après l'armistice de 1940, sur une liste de soixante-seize noms établie par les Allemands. Ordre est donné aux autorités françaises « d'arrêter immédiatement ces individus et de les livrer à l'occupant ». Rudolf Hess, proche du Führer, est plus radical : il exige que l'homme ayant osé dire non à Hitler soit immédiatement abattu. L'archiduc parvient à s'échapper, non sans avoir déjà organisé la fuite de nombreux réfugiés autrichiens et tchécoslovaques, juifs et non juifs, communistes et socialistes, qu'il réussira à faire passer en Espagne, puis au Portugal. Lui-même, avec sa mère l'impératrice Zita, peut gagner Washington. Aux douaniers et policiers américains surpris, il se choisit la nationalité qui lui est chère : « Européen. »

Yougoslavie : la mort d'Alexandre Ier est suivie d'une régence ambiguë

L'assassinat du souverain à Marseille avait soulevé en Europe une profonde émotion, mêlée de stupéfaction et d'inquiétude. Marseille serait-il un nouveau Sarajevo ? Les services français avaient été d'une inconscience coupable. Ils avaient entraîné la démission du ministre de l'Intérieur, la colère de l'opinion et la venue du président de la République française, Albert Lebrun, aux funérailles du roi à Belgrade, le 19 octobre 1934, en présence de cent cinquante mille personnes pétrifiées. Le roi Alexandre avait été le premier unificateur de la mosaïque infernale. Il était un ami de la France et la France se disait son amie. L'union autour du cercueil royal serait-elle durable ? Certes, même en Croatie et en Slovénie, les partis d'opposition avaient condamné le régicide et s'étaient désolidarisés des organisations séparatistes criminelles. On pouvait s'interroger sur leur sincérité. Serait-il jamais possible de concilier les rivalités ethniques dans ce royaume théoriquement affermi depuis cinq ans par le roi Alexandre Ier ? L'idée même d'une Yougoslavie était-elle une chimère ?

Le prince héritier Pierre, devenu le roi Pierre II, n'avait que 11 ans ; c'est donc un cousin du roi, le prince Paul, 41 ans, qui est nommé premier régent ; il est assisté d'un deuxième et d'un troisième régent. Tous trois ont prêté serment au jeune souverain, dont le portrait est encadré des couleurs nationales à côté de celui de son père, voilé de crêpe, dans tous les bâtiments officiels. Lors de cette cérémonie, ces trois hommes avaient la main droite levée, mais curieusement présentée, le pouce, l'index et le majeur étant unis. Paul était le seul en uniforme, son uniforme de général qu'il n'aimait guère porter. Esthète, trop raffiné, trop élégant, plus à l'aise à Londres qu'à Belgrade, il semble être un voyageur de l'Orient-Express cherchant à acheter des cigarettes anglaises pendant un arrêt, mais ne trouvant sur le quai que des odeurs de chou fermenté, de l'alcool rude et des paysans d'un autre âge. Un cliché balkanique. Derrière ce personnage timide mais charmeur, parfait exemple du cosmopolitisme d'un roman de Paul Morand, le régent Paul est un remarquable collectionneur d'art, de Rembrandt à Corot. Et un anglomane qui supplie le Foreign Office d'aider la Yougoslavie à ne tomber ni dans les griffes de Mussolini ni dans celles de Hitler, celui-ci disposant de nombreux soutiens en Croatie.

À l'inverse de ce qui semblait probable, le prince Paul s'impose, puis domine rapidement les deux autres régents. Le collège royal se dilue, Paul devient l'unique régent, laissant la présidence du Conseil gouverner. Mais c'est un fait :

le prince Paul a pris goût au pouvoir, du moins celui de la régence. Il charge un économiste serbe, ancien banquier n'aimant pas le désordre, Milan Stojadinović, d'appliquer une politique plus conciliante envers les Croates. Ceux-ci étant catholiques, le chef du gouvernement avait tenté, en 1935, une négociation par la diplomatie vaticane, l'une des plus subtiles du monde. La démarche étant éventée, les Serbes, orthodoxes, manifestèrent. Une fois de plus, l'antagonisme ethnique se fondait aussi sur la différence religieuse. Le régent laissa Stojadinović abandonner la Petite-Entente (la France décevait...) et, regrettant la faiblesse des démocraties, se rapprocha de Berlin et de Rome. On l'accusa de se compromettre avec les dictatures. Il essaya surtout d'organiser la survie de la Yougoslavie, puisque ni Londres ni Paris ne pouvaient lui apporter le moindre secours. Leur reculade lors des accords de Munich (septembre 1938) conforta tristement le régent Paul. À partir de février 1939, il était seul aux commandes et deux traités, l'un avec l'Italie, l'autre avec l'Allemagne, n'avaient pas suscité la moindre réaction. Le régent Paul n'avait guère le choix et résistait comme il le pouvait à l'indifférence occidentale.

À l'intérieur, la régence allait réussir une sorte de miracle par un compromis en faveur de la Croatie. Une nouvelle province croate, englobant une partie de la Bosnie-Herzégovine, était constituée, avec une large autonomie interne. À Zagreb, capitale de la Croatie, le roi et le régent étaient maintenant représentés par un gouverneur. On pouvait espérer la fin des tensions entre les Slaves du Sud, chaque composante étant satisfaite. Mais le prince Paul et le pays furent inéluctablement visés et atteints par deux chocs : le pacte germano-italien de mai 1939 et le pacte germano-soviétique d'août suivant. En fait, pour la monarchie née de 1918, Hitler et Mussolini allaient imposer un choix : la survie au moyen de concessions obligatoires ou la disparition d'un fantasme du traité de Versailles...

En Roumanie, le roi Carol II n'a plus le choix : il instaure la « dictature royale »

L'assassinat de son beau-frère Alexandre Ier de Yougoslavie, époux de sa sœur Marie, dite Mignon, a traumatisé Carol II. Il redoute d'être lui-même la prochaine victime d'un assassinat politique. Le roi de Roumanie aurait pu en tirer une leçon et se forger une conduite irréprochable qui eût été fort utile en ces temps troublés. Ses qualités sont réelles, ses défauts insupportables. Il a toujours divisé l'opinion et pense en sortir grandi. Hélas ! malgré sa prestance et son intelligence, le monarque régnant à Bucarest traîne toujours une détestable réputation : des renonciations au trône non tenues ; une éviction de son fils Michel de cette même Couronne effectuée sans ménagement ; un mépris total envers son épouse Hélène de Grèce exilée en Toscane dès son retour, alors qu'elle n'avait cessé de chérir leur fils Michel très désemparé ; un éloignement choquant de sa propre mère, la prestigieuse reine Marie, qui avait tant œuvré pour la survie de la Roumanie et sa grandeur ; enfin, la présence à ses côtés d'une Magda Lupescu affairiste qui a déjà lourdement entaché le règne de corruption. Désormais surnommée « la Pompadour des Balkans », la favorite, tentant de s'arroger un faux statut officiel, réunit autour d'elle une camarilla de banquiers et d'hommes d'affaires en tous genres. Des intermédiaires.

C'est cette collusion entre l'entreprenante maîtresse du roi et des personnages douteux qui altère la popularité de Carol II et va gâcher ses chances de succès. Il n'accepte pas que l'on conteste sa liaison. « Un roi doit avoir une double vie, une vie royale, l'autre personnelle », répond-il, furieux, aux critiques. Il se trompe : un souverain a d'abord des devoirs. En pratique, ce n'est pas simple. Carol II n'habite pas avec Magda, qui ne peut assister à aucune cérémonie solennelle. Il l'a installée dans une maison plutôt luxueuse où le téléphone la relie directement au palais royal. Ils se voient presque quotidiennement : le soir, elle le rejoint discrètement – croit-elle ! –, et il la fait raccompagner soit tard dans la nuit, soit très tôt le lendemain matin. Afin de compenser les inconvénients d'une vie clandestine, le monarque la couvre de présents, notamment des joyaux. En 1932, « une facture d'un joaillier d'Anvers donne la liste de ses bijoux achetés dès le 25 juin, puis cinq autres le 30 septembre, et un somptueux diadème le 19 octobre[48] ». Tout en couvant Magda, qu'il appelle « Duduia », le roi s'occupe aussi de son fils Michel, tentant de construire une relation forte avec ce garçon dont il a été si longtemps éloigné. Pour lui, il crée une école où il suivra ses cours en compagnie d'enfants issus de tous les milieux et des diverses régions du pays. Carol II, c'est exact, fait beaucoup d'efforts, mais se plaint de la froideur que lui témoigne son fils. Michel a beaucoup souffert.

Carol II s'était rapproché de la France et du Royaume-Uni en proclamant sa neutralité. Il avait besoin d'aide. N'en recevant pas, il avait commencé un jeu aussi désespéré que dangereux en signant, le 9 juin 1934, un traité d'amitié avec l'URSS, puis un accord commercial avec le Reich. Londres et Paris, aux prises avec leurs propres difficultés, étaient restées apathiques. Depuis 1931, une organisation paramilitaire fasciste, la Garde de fer, avait émergé dans le pays. Malgré sa dissolution par le roi, la Garde de fer, financée par l'Allemagne, a continué de prospérer, les fascistes roumains renforçant leur position aux élections de 1937. Également déçu par sa politique d'alliance avec les pays danubiens et balkaniques qu'il pratiquait depuis son retour en 1930, ainsi que par les démocraties occidentales, Carol II, en février 1938, prononce la dissolution des partis politiques. Il ne les avait jamais supportés. Il leur substitue un parti unique, suscité par lui-même, le Front de la renaissance. Il met en place une « dictature royale », bientôt relayée par une Constitution autoritaire renforçant son pouvoir.

En 1937, la mère du roi, la reine Marie, était tombée gravement malade, victime d'hémorragies successives. Autorisée par son fils à revenir en Roumanie, elle s'éteint à Sinaia, le 18 juillet 1938. Sa disparition préfigure le naufrage de la Grande Roumanie, dont elle avait été l'artisan et le guide éclairé. C'est une période cruciale pour Carol II : la situation s'est aggravée à l'intérieur et à l'extérieur. S'il semble qu'à Berlin, on ne se soucie que de maintenir un régime implacable en Roumanie, les appétits soviétiques sur une partie du territoire roumain sont inquiétants. C'est alors que Carol II commet l'erreur de s'afficher davantage avec Magda Lupescu en intégrant son fils Michel dans un trio familial recomposé. Mais ce n'est qu'une harmonie de façade. Ayant acheté un yacht, le roi organise, en cet été 1938, une croisière en mer Noire et en mer Égée. Duduia en profite peu, refusant de descendre aux escales, se prétendant malade, pour se rendre intéressante. Comme d'habitude. Michel, embarqué malgré lui, souffre terriblement de la présence de cette aventurière, coupable de tous les malheurs qu'il a endurés depuis des années. Carol ne s'en rend pas compte ou ne veut pas l'admettre. Sa vie est au bord du gouffre. Comme l'avenir de son pays.

En Bulgarie, Boris III mérite le même surnom que son père : il est un renard rusé !

Taciturne et renfermé, le souverain amateur de locomotives se métamorphose grâce à son épouse, la princesse Jeanne de Savoie, fille du roi Victor-Emmanuel III d'Italie. Belle, intelligente, elle est amoureuse de son époux. Ce mariage, éminemment politique, qui avait permis à l'Italie fasciste d'avoir une influence dans les Balkans, est une très heureuse union ; deux enfants sont nés, Marie-Louise en 1933, puis Siméon en 1937.

Comme pour tous ses voisins balkaniques, la situation politique n'est pas facile pour Boris III. On pourrait même dire qu'elle est pire, car son pays avait été vaincu en 1918 et contraint de payer de lourds tributs territoriaux. Après avoir fait confiance à ses gouvernements successifs à coloration tantôt fascisante, tantôt libérale, afin de parer à des soulèvements révolutionnaires et à une terrible crise économique, la situation étant à peu près stabilisée, Boris III décida d'intervenir directement dans les affaires. Le roi avait déjà donné des gages à Hitler en assistant aux Jeux olympiques de Munich, en 1936. Il était même si bien vu à Berlin qu'il avait demandé la grâce de l'un des supposés responsables de l'incendie du Reichstag, un Bulgare, nommé Georgi Dimitrov, finalement acquitté[49]. Les relations sont si positives que l'on peut dire que l'Allemagne contrôle le commerce extérieur de la Bulgarie. Hitler, qui voit loin, pense sans doute que les richesses agricoles bulgares seront un jour très utiles au ravitaillement de ses troupes.

Dans ses alliances, Boris III est un parangon d'ambiguïté. S'il semble plutôt basculer du côté des États totalitaires, il ne cesse de louvoyer comme le faisait son père Ferdinand, le « renard rusé ». Boris III continue à fréquenter ses amis britanniques et dira à son cousin Édouard VIII, venu lui rendre visite lors de sa fameuse croisière de l'été 1936, cette phrase magnifique : « Ma femme, la reine Jeanne, est italophile, mes ministres sont germanophiles, mon peuple est russophile et moi-même, je suis neutre[50]. » La neutralité ? Peut-être y croyait-il. En fait, il était déjà tombé plus ou moins dans le camp du IIIe Reich.

7 avril 1939 : Mussolini imite Hitler en envahissant l'Albanie du roi Zogu

Le 15 mars 1939, les troupes hitlériennes sont entrées dans Prague, en toute impunité, instituant le protectorat de Bohême-Moravie. La Tchécoslovaquie a cessé d'exister. Mussolini veut prouver à Hitler qu'il est tout aussi capable que lui d'agrandir le territoire de la couronne italienne. Son gendre, le comte Ciano, ministre des Affaires étrangères, n'a pas à regarder loin : en face de la péninsule, à une centaine de kilomètres du talon de la botte italienne et dans le passage le plus étroit de la mer Adriatique, l'Albanie est une proie facile ! Sous couvert de bonnes manières diplomatiques, le 29 mars 1939, Rome, se référant à un traité de 1926, propose au roi Zogu un « traité d'union entre les deux pays ». Et assortit sa proposition d'un délai de... dix jours pour répondre ! Encore un ultimatum ! Le déséquilibre entre l'Italie, qui a déjà avalé l'Éthiopie, et la petite monarchie, surtout réputée pour le vol de ses aigles d'une vallée à l'autre, est tel, que le pauvre Zogu Ier convoque d'urgence son gouvernement et l'Assemblée à Tirana :

— Nous ne pourrons résister longtemps. Quelques semaines au plus. La disproportion des forces est trop grande. Si vous décidez de vous soumettre à l'Italie, je suis prêt à abdiquer. Mais comme patriote, jamais je n'accepterai l'abandon de notre indépendance.

Le souverain est acclamé. Les ministres, les parlementaires et le peuple le suivent dans sa détermination de résister. Le 7 avril, vendredi saint, la flotte italienne mouille dans les trois ports albanais. Son excellent matériel amphibie est efficace.

Quarante mille hommes sont débarqués. L'armée albanaise n'en aligne que 10 % ! Elle ne résiste guère, elle avait déjà vu tellement de troupes italiennes. Blindés et fantassins occupent, sans gloire, les rues de Durrës et de Tirana. Le comte Ciano se précipite au palais royal. Que trouve-t-il ? Des langes d'un nouveau-né dans la chambre de la reine Géraldine ! Dix jours plus tôt, la souveraine a mis au monde un fils, Leka, le prince héritier, et elle a eu le temps de s'enfuir dans la nuit. Sans la moindre élégance, Ciano, furieux et vexé, s'écrie :

— Le morveux nous a échappé !

L'enfant, sa mère et, un peu plus tard, le roi Zogu ont réussi, en franchissant les montagnes en voiture, à se réfugier en Grèce. Informé, le roi Georges II des Hellènes donne l'ordre de fermer ses postes frontières, mais il n'est pas enchanté d'offrir, involontairement, l'hospitalité à la famille royale d'Albanie. Le 13 avril, le décret d'annexion de l'Albanie au royaume d'Italie est publié et Ciano chargé de constituer un gouvernement évidemment dévoué à Rome. Personne ne bouge en Europe ; la fin de la guerre civile espagnole est sans doute jugée plus importante. Les ambassadeurs, qui avaient été accrédités auprès du roi Zogu, ne s'étaient guère émus de l'invasion. On suppose que personne ne voulait se brouiller avec l'Italie triomphante parce que le roi Zogu était trop « oriental » pour mériter de déclencher une crise européenne. Albanie, Tchécoslovaquie, même silence...

Le 14 avril, le roi Victor-Emmanuel III peut ajouter à ses couronnes celle d'Albanie, le Parlement albanais l'ayant « proposée » au souverain de la maison de Savoie. Celui-ci ne viendra jamais chercher le symbole de sa nouvelle suzeraineté. Le 16 avril, le comte Ciano, oubliant volontiers qu'il avait été le témoin de mariage du roi Zogu, s'adresse à la Chambre des députés à Rome et remercie la Yougoslavie de ne pas être intervenue dans cette affaire. Puis il rassure la Grèce qui, selon lui, n'aurait rien à craindre. En ce printemps 1939, la SDN n'a vraiment aucune raison de s'inquiéter...

6

Quelles monarchies survivront au second séisme ? 1939-1947

La signature du pacte germano-soviétique, le 23 août 1939, est un choc épouvantable pour les démocraties occidentales. L'opinion internationale est d'autant plus surprise que si les deux totalitarismes sont désormais alliés, hier encore ils s'affrontaient dans la guerre d'Espagne. La guerre civile entre les républicains et les nationalistes, sans pitié de part et d'autre, avait duré trois ans. Au-delà du conflit lui-même, cette guerre avait servi de banc d'essai aux armées fascistes et nazies pour leurs nouveaux matériels redoutables, les blindés et l'aviation – cette dernière manquait gravement à Franco. L'Italie et l'Allemagne avaient été les seuls États à prendre part aux combats aux côtés des franquistes, la participation envoyée par Hitler étant numériquement beaucoup moins importante que celle offerte par Mussolini. En face, les républicains avaient bénéficié de l'aide officieuse des Brigades internationales, rassemblant de nombreux socialistes et communistes, et de l'appui de l'URSS. Ainsi, le pacte paraphé à Moscou par les ministres des Affaires étrangères Ribbentrop et Molotov est-il un incroyable bouleversement mondial qui gêne particulièrement les partis communistes des démocraties occidentales.

L'invasion de la Pologne par les troupes allemandes et l'armée Rouge le 1er septembre est suivie de la déclaration de guerre franco-britannique à l'Allemagne deux jours plus tard. Le 3 septembre, le cauchemar de la guerre revient.

Il y a trois différences avec l'été 1914 : d'une part, la guerre est immédiatement mondiale (au minimum européenne) dès le premier jour, compte tenu des alliances, conquêtes, annexions, occupations par le Reich depuis des mois. D'autre part, il n'y a pas de double front en Europe méridionale et orientale ; enfin, le Royaume-Uni est la seule monarchie engagée, volontairement, dans le conflit contre l'Allemagne. Mais quelle monarchie ! La solidarité impériale n'est pas illusoire : compte tenu du décalage horaire, l'Australie est fière d'annoncer qu'elle aussi est mobilisée seulement soixante-quinze minutes après la déclaration officielle à Londres. Les autres dominions, comme le Canada et la Nouvelle-Zélande, ont fait parvenir leurs réponses positives dans les meilleurs délais. Seule dans l'environnement anglophone, la catholique République d'Irlande, l'Eire, voisine de l'Ulster protestante et royaliste, a fait savoir qu'elle resterait neutre[1].

Londres, 3 septembre 1939 :
George VI et Elizabeth se considèrent mobilisés

Six heures après la déclaration de guerre annoncée au Parlement, avec l'accord du roi, par le Premier ministre Neville Chamberlain le dimanche 4 septembre, George VI, sans le bégaiement qui avait été son handicap humiliant, s'adresse à la nation britannique sur l'antenne de la BBC. L'annonce à la population de la guerre comme celle de la paix sont un privilège royal. En cette fin d'après-midi, maître de ses mots, chargés d'émotion et de grandeur, le souverain dit : « Nous sommes en guerre. De nouveau. » Le soir même, il revêt son uniforme d'amiral de la flotte. Il ne le quittera plus pendant toute la durée des hostilités.

Le lendemain, sa photographie illustre la première page de la presse, dans toutes les éditions spéciales. Il est le premier soldat de la Couronne. En entendant la voix de son fils à la radio, la reine mère Mary, veuve de George V, âgée de 72 ans, avait éclaté en sanglots : l'intonation grave du roi lui avait rappelé celle de son époux. Les règnes de George V et de George VI étaient-ils, l'un comme l'autre, condamnés à subir l'horreur d'une guerre mondiale ?

L'épouse de George VI, la reine Elizabeth, joue parfaitement son nouveau rôle de soutien moral. « Aujourd'hui, nous avons, comme tous les hommes, une tâche noble à accomplir », dit-elle. À l'archevêque de Canterbury, qui la félicite de son engagement spontané, elle écrit : « Il y a une chose que je ressens clairement : si nous n'aimions pas ce pays et ses peuples d'un amour profond, alors notre travail serait presque impossible[2]. » Elle donne immédiatement l'exemple en aménageant un ouvroir dans le salon bleu de Buckingham Palace, lequel, avant la reine Victoria, était voué aux bals. C'est l'admirable mobilier en soie, datant du règne de Guillaume IV, qui a donné son nom à l'immense pièce, où la reine fait installer tout ce qu'il faut pour préparer des premiers secours, des pansements et des vêtements destinés à la Croix-Rouge. Le personnel féminin du palais tricote, coud et reprise tout ce qui pourra servir à habiller des blessés. Ainsi que son père l'avait fait en 1914, le roi, tout en respectant le régime constitutionnel, conseille et avertit le Premier ministre, les deux hommes se témoignant une confiance mutuelle. George VI accomplit scrupuleusement son devoir, mais souhaite être le plus utile possible. Il s'étonne que l'ambassadeur des États-Unis, Joseph Kennedy[3], se contente d'exprimer sa sympathie pour la Grande-Bretagne et la France, mais précise qu'il ne fallait pas compter sur une entrée en guerre décidée par le président Roosevelt. Le roi est d'autant plus surpris que son récent voyage outre-Atlantique avec Élisabeth a été triomphal et que l'hôte de la Maison Blanche a été chaleureux. Son Excellence l'ambassadeur Kennedy a-t-il grossièrement révélé son sentiment personnel, ou était-ce la position officielle de Washington ?

Quinze jours plus tard, « Joe » Kennedy démissionne. George VI est tellement soulagé de son départ qu'il s'autorise une entorse au protocole : le nouvel ambassadeur américain, John Winant, arrivant de Londres à Windsor par le train afin de présenter ses lettres de créance, est attendu sur le quai de la gare par le souverain lui-même ! Un roi accueillant un ambassadeur ? Le diplomate, timide et silencieux, n'en revient pas. On devine chez George VI l'impatience de toujours mieux servir son pays, d'avoir une action concrète. « J'aimerais avoir une mission définie comme toi », écrit-il à son cousin Mountbatten le 23 octobre, après que celui-ci a été nommé commandant de la Ve flottille de destroyers. En fait, le monarque piaffe, fustigeant ce qui lui semble être une quasi-inaction. Son métier de roi est encore trop flou. Comme des millions de militaires et de civils, il espère qu'il va se passer quelque chose. Toutefois, la *phoney war* (« fausse guerre ») pour les Britanniques, « drôle de guerre » pour les Français, va paradoxalement permettre au roi de se préparer à toutes les situations, de connaître parfaitement les différents rouages de la machine militaire et d'entretenir avec ses hauts responsables des relations très franches. George VI achève ainsi sa formation, et son expérience de marin lui est très précieuse.

Le couple royal britannique est déterminé : la vie doit continuer…

Si, militairement, on déplore une apparente inaction, le roi et la reine savent combien elle est éprouvante pour le moral. Il faut lutter contre le souvenir angoissant des raids des zeppelins sur Londres pendant l'autre guerre. George VI et Elizabeth s'imposent donc un programme intense dont la population est témoin. Chaque jour, on peut les voir, ici inspectant un centre d'hébergement, là dans un abri de la défense passive, ailleurs dans une usine ou une caserne, dans les docks de la Tamise ou dans les gares ou les trains de la Croix-Rouge sont prêts. Il n'est pas rare d'apprendre que George VI et Elizabeth vont au théâtre, au concert, au music-hall, non pour se divertir, mais afin de montrer, avec un solide entêtement britannique, que la vie continue, malgré l'angoisse et le froid. « Il est certain que la sereine détermination de la famille royale durant ces années de malheur a constitué une source irremplaçable de courage et de force pour les Britanniques », constate Philippe Delorme[4]. Le 5 décembre, saisissant le prétexte de la signature, à Paris, d'un accord économique entre la Grande-Bretagne et la France, le roi et son frère cadet Henry, duc de Gloucester, s'embarquent à Douvres pour inspecter le quartier général britannique près d'Arras.

George VI est inquiet : des espions pourraient enlever sa mère, la reine Mary...

Sur le bureau du roi, plusieurs rapports indiquent que des agents allemands, appartenant à une « cinquième colonne », projetteraient d'enlever des membres de la famille royale à titre d'otages[5]. George VI envoie sa fille aînée, la princesse héritière Elizabeth, surnommée Lilibeth, en Écosse, avec sa sœur Margaret, où elles resteront jusqu'à Noël. La reine Mary ne veut pas quitter Londres ni le château de Windsor. La guerre ne lui fait pas peur : elle en a déjà vécu une. Son fils insiste et lui impose une retraite forcée à la campagne, ce qu'elle n'a jamais apprécié ! Elle ne veut pas avoir l'air d'avoir peur ni de fuir, car elle ne craint personne. À la Cour, son calme est devenu légendaire depuis que, se trouvant sur un marché d'antiquités dans le Norfolk, elle avait été chargée par un taureau échappé d'un champ : son entourage s'était affolé, mais la mère du futur George VI, dont on ne pouvait soupçonner les dons de matador, avait levé son parapluie (son ombrelle était en congé ce jour-là !) telle une épée de chevalier et calmé l'animal furieux. L'escorte, honteuse, réapparut, tandis que la reine avait déjà repris sa visite attentive des étalages de porcelaine… sans la moindre trace d'émotion ni de peur !

Malgré les protestations de sa mère, le souverain ne cède pas : sous bonne escorte, la reine Mary part pour Badminton House, près de Bristol, dans la demeure du mari d'une de ses nièces. Seule consolation : avant de partir, la reine Mary apprend que le duc et la duchesse de Windsor, son pitoyable fils Édouard qui lui fait honte et la calamiteuse Mrs. Simpson, qu'il a évidemment épousée, sont sous la surveillance, discrète mais constante, de l'Intelligence Service. Depuis qu'il avait accepté l'invitation provocante de Hitler en Allemagne, deux ans plus tôt, le couple est suspect, l'ex-roi Édouard VIII répétant : « Avec moi, il n'y aurait pas eu de guerre ! » On soupçonne « les Windsor » d'entretenir des relations avec des agents du Reich, et pour George VI, l'attitude de son frère est un cauchemar : l'ex-monarque serait un traître ! La reine Mary suffoque presque en apprenant que Hitler, après avoir fait un baise-main à la duchesse de Windsor à Berchtesgaden, avait dit à son interprète : « C'est dommage ! Elle aurait fait une bonne reine… » De plus, le Premier ministre Chamberlain est malade, souffrant d'un cancer à l'estomac, incapable de réagir et constatant l'échec cuisant de sa politique trop conciliante.

Face aux dissensions de l'état-major et à un inquiétant courant défaitiste, George VI réagit. Le 24 décembre 1939, le roi réunit toute sa famille à Sandringham. Toujours en uniforme, il s'assoit à une table où sont disposés deux énormes microphones. Il hésite, reprend ses phrases et parvient à dominer son anxiété. « Voici une nouvelle année qui arrive. Nous ne pouvons dire ce qu'elle nous réserve. Si elle nous apporte la paix, nous en serons reconnaissants. Si elle nous apporte un combat continu, nous resterons indomptés. » C'est le souverain qui ranime la flamme de l'esprit guerrier.

1939 : champion de tennis,
Gustave V de Suède pratique aussi le soutien pacifique

En 1814, le maréchal napoléonien Bernadotte, devenu roi de Suède, avait institué le principe de la neutralité suédoise. Le grand sens politique du roi Gustave V Adolphe – auquel, pourtant, la Constitution n'accorde qu'un pouvoir symbolique – lui avait permis de tenir son royaume à l'écart du conflit de 1914 à 1918, et ce malgré les difficultés économiques et la tentation de maintenir des relations commerciales avec l'Allemagne. Le monarque, déjà âgé de 81 ans en 1939, est un célèbre tennisman ainsi qu'un bel exemple de longévité sur le trône : il règne depuis 1907. Cette fois, la situation est plus délicate qu'en 1914.

Le 30 novembre 1939, la Finlande ayant résisté aux modifications frontalières imposées arbitrairement par Staline, l'URSS l'attaque sans déclaration de guerre, bombardant les villes de Helsinki et de Wiborg. La brutalité de l'opération soviétique choque l'opinion publique suédoise. À Stockholm, on est très nombreux à vouloir secourir les voisins finnois. Le Premier ministre Per Albin Hansson refuse une opération armée ; en revanche, il accepte l'envoi de huit mille volontaires civils avec des médicaments et des vivres, tandis que l'accueil des enfants réfugiés est organisé. Entre neutralité et humanisme, la situation n'est pas simple, car le Reich est un important acheteur du fer de la mine à ciel ouvert de Kurina, dans le nord de la Suède.

Drôle de guerre aussi à Monaco :
le prince de Monaco, général français, est prêt...

L'avertissement datait du 24 septembre 1938, juste après les accords de Munich : de sa voix forte et théâtrale de tribun, Mussolini avait lancé : « Nos adversaires transalpins, liés encore à des idéologies dépassées, ne nous connaissent pas. Ils sont trop timides pour être dangereux. » Il était clair que pour la principauté de Monaco, le voisinage de l'Italie était devenu très inconfortable. Et, vu d'Italie, le Rocher est une nouvelle fois sur le chemin de la France. Dès le 31 août 1939, les établissements de la Société des Bains de mer sont fermés. Une solitude moite s'abat sur le petit État, quasiment désert et pétrifié. La vie monégasque est suspendue. Presque septuagénaire, le prince Louis II applique le vieil usage du service de la France en guerre ou en danger. Il revêt son uniforme de général français avec le grade qu'il vient de recevoir, qui lui permet de commander une division. Et les blindés n'étant pas prévus dans la défense du Rocher, c'est dans sa mythique Hispano vert sombre que le souverain regagne son palais. Le premier des Monégasques est à son poste, comme il se doit. L'ancien officier de la Légion étrangère est prêt à défendre sa « seconde patrie ». On prépare l'hôpital en cas d'alerte, on creuse des tranchées inattendues dans les beaux jardins du casino – fermé –, et puis, comme l'Italie n'attaque pas, la vie reprend. Le 16 novembre, les salles de jeux sont ouvertes, ainsi que les cinémas. Un mois plus tard, la vie théâtrale se réanime, mais les opéras étant trop chers, ce sont le répertoire dramatique et les concerts qui font le plein. Des soirées caritatives sont organisées par la princesse Charlotte, la mère du prince Rainier, héritière légitime agréée par la France, et sa fille, la princesse Antoinette. Le nouveau film de Sacha Guitry *Ils étaient neuf célibataires*, sorti le 27 octobre, est très divertissant. Monaco redevient Monaco. Enfin, presque…

Les monarques scandinaves sont des pions essentiels pour Hitler

Contrairement à ce qui s'était passé lors de la Première Guerre mondiale, où tous les royaumes du nord de l'Europe avaient préservé leur neutralité et étaient restés en dehors des zones de combats, la Seconde Guerre mondiale les fait considérer comme essentiels au Führer dans sa stratégie globale. Il a besoin du fer suédois et des ports norvégiens. Pour garantir son approvisionnement, l'Allemagne doit s'assurer de la totalité de la péninsule scandinave. Pour cette raison, elle commence par s'attaquer au plus proche pays, le Danemark. Malgré la signature, le 31 mai 1939, d'un pacte de non-agression qui avait dû rassurer le roi Christian X de Danemark sur la solidité de la neutralité de son royaume, l'armée allemande, sans déclaration de guerre préalable, envahit le Danemark au matin du 9 avril 1940. Il n'est pas question de résister par les armes. Le souverain, âgé de 70 ans, est bien obligé de capituler.

De facto, les Allemands occupent le pays. Dans un premier temps, ils laissent une apparente autonomie à la monarchie et le gouvernement reste en place pour gérer les affaires courantes. Les Danois ont du mal à accepter cet état de fait, même si, du moins au début, les restrictions sont supportables. Ce n'est encore ni la terreur ni la famine. Pour la population, ce roi très aimé, qui continue à se promener à cheval dans les rues de Copenhague, sourire aux lèvres, avec beaucoup d'allure, est manifestement (les photographies en témoignent) l'objet d'une grande ferveur. Mesurant 1,99 mètre, portant l'uniforme et n'étant accompagné d'aucune escorte dans ses déplacements, mais suivi par une foule de gens à bicyclette, Christian X devient l'incarnation d'un Danemark occupé, mais debout. Il fait le choix de rester parmi ses sujets comme un bienveillant père de la nation, attentif et courageux.

En revanche, la Norvège est dans une situation plus délicate. La possibilité, pour le Reich, d'utiliser les fjords comme bases de ses sous-marins et le port de Narvik pour le transit du fer venu de Suède par chemin de fer puis par mer jusqu'à l'Allemagne fait de ce pays un objectif capital. De plus, des bases aériennes, dissimulées dans ces mêmes fjords, permettraient d'attaquer le Royaume-Uni. Les Franco-Britanniques, comprenant combien la Norvège est essentielle à l'approvisionnement allemand venu de Suède, ont aussi intérêt à y prendre pied. Dans ces conditions, la neutralité norvégienne a peu de chances de se maintenir, d'autant moins que la politique militaire d'Oslo avait été négligée par le gouvernement travailliste, en place depuis 1935. L'armée norvégienne est mal entraînée, mal équipée, dotée d'un armement désuet et d'une aviation misérable réduite à une centaine d'appareils, dont huit chasseurs. Circonstance aggravante, l'Allemagne peut compter sur une « cinquième colonne » composée de militants du Rassemblement national créé en 1933 par l'ancien diplomate et ministre dévoyé Quisling qui veut, entre autres, « anéantir le marxisme et restituer au pays sa grandeur perdue depuis un millénaire ». Son mouvement, foncièrement raciste, lié à l'armée et à l'administration, est financé par Berlin.

Dans la nuit du 8 au 9 avril 1940, un débarquement allemand a lieu simultanément dans six ports norvégiens, dont Oslo et Narvik, au nord-ouest du pays. Le roi Haakon VII n'avait cessé de dire que la neutralité norvégienne n'était qu'une illusion et que la situation qu'il avait maîtrisée lors du premier conflit mondial n'avait rien à voir avec celle du printemps 1940. Le souverain, âgé de 68 ans, né prince de Danemark, avait été élu roi de Norvège en 1905 après la rupture de l'union avec la Suède. Son épouse, Maud, une fille du roi Édouard VII de Grande-Bretagne, que l'on disait être une des femmes les plus élégantes de son temps, est décédée brusquement en 1938. Oslo étant sur le point d'être prise, le roi quitte la ville dans un train qui l'emmène vers le nord. Il est accompagné de son fils le prince héritier Olav, de sa belle-fille la princesse Märtha, du gouvernement et du Parlement. Dans la ville où ils se sont réfugiés, l'ambassadeur d'Allemagne exige du roi qu'il cesse le combat et reconnaisse l'infâme Quisling, qui s'est autoproclamé chef d'un gouvernement pronazi. Le roi refuse et déclare à ses ministres :

— Si le gouvernement devait choisir de s'incliner devant les exigences allemandes, il ne me resterait d'autre recours que de renoncer au trône de Norvège pour moi et ma maison.

Dès lors, la famille royale et le gouvernement vont être traqués, des commandos allemands cherchant, visiblement, à capturer le roi. Celui-ci ordonne de repartir un peu plus au nord. Mais ils sont toujours menacés. Haakon VII, son fils le prince héritier Olav et les ministres s'avancent encore plus au nord, à travers la forêt, et atteignent une auberge. Voilà plus de trente heures qu'ils tentent d'échapper à leurs poursuivants. Ils n'ont rien mangé, ils n'ont pas eu un instant de repos. Le roi s'assoupit, dans son uniforme. S'il est capturé, c'est en roi qu'il sera pris. Pendant ce temps, les Français et les Britanniques tentent d'autres débarquements et ils sont encore repoussés. En revanche, le sud de la Norvège étant totalement occupé par l'Allemagne, les Alliés reportent tous leurs efforts sur Narvik. Les combats vont durer six semaines, et le 28 mai, le port et la ville sont pris par les Français du général Béthouart, ce qui permet au président du Conseil Paul Reynaud de prononcer une célèbre déclaration :

— La route du fer est coupée !

Hélas ! c'était prématuré, car les Alliés vont devoir réembarquer, emmenant avec elles les troupes norvégiennes en état de continuer la guerre, ainsi que le roi, sa famille et le gouvernement. C'est un crève-cœur pour Haakon VII, qui aurait sans doute préféré rester en terre norvégienne avec son fils Olav afin de poursuivre la résistance, mais cette option était impossible. Le croiseur britannique *HMS Glasgow* emporte Haakon VII et le prince Olav vers les côtes anglaises. Ils sont sauvés. L'honneur de la Norvège aussi. Hitler ne décolère pas : ce roi têtu lui a échappé ! Il sera le symbole de la Résistance en exil. Et de la légitimité intacte.

Des trois monarchies scandinaves, la Suède est la seule qui réussit à préserver sa neutralité, non sans concessions... En effet, le pays de Gustave V Adolphe ne sera pas occupé. Pour cela, le prix à payer sera de continuer à fournir au

IIIe Reich le minerai de fer dont il a besoin. Un beau match de tennis diplomatique pour le souverain qui s'inscrivait dans les tournois sous le nom, transparent, de « Monsieur G. »...

Mai 1940 : George VI fait appel à un débutant de... 66 ans, Winston Churchill

Le roi George VI avait vivement recommandé à son Premier ministre Chamberlain de faire entrer du sang neuf dans le gouvernement. Une triste vérité s'impose : avec le succès des Allemands en Scandinavie, la naïveté des « hommes de Munich » est flagrante. Au parlement de Westminster, la majorité s'est effondrée, passant de 240 à 81 voix. Le 10 mai, à 3 heures du matin, par une opération concertée, Hitler envahit la Belgique, les Pays-Bas et le Luxembourg, occupant une immense zone allant de la mer du Nord à la Moselle. Chamberlain, qui a accumulé les désastres, ne peut plus rester à son poste. Il se rend à Buckingham Palace pour présenter sa démission au souverain. George VI en est très affecté car il a de l'estime pour l'homme et juge qu'on l'a mal traité. Son visiteur et lui en conviennent sans joie : seul Winston Churchill est capable d'assumer l'ingrate fonction de Premier ministre. Sa popularité est grandissante : il avait vu juste. Fixée à 18 heures, l'audience se déroule dans la bonne humeur, presque sur le ton de la plaisanterie, souvent pratiquée par Churchill.

Le roi, très aimable, le prie de s'asseoir.

« Pendant quelques minutes, le roi me scruta d'un air railleur, puis il me dit :

« — Je suppose que vous ignorez pourquoi je vous ai fait appeler ?

« Entrant dans son jeu, je répondis :

« — Sire, je n'en ai pas la moindre idée.

« George VI, se mettant à rire :

« — Je vous demande de former un gouvernement.

« — Sire, je n'y manquerai pas[6]. »

Ayant quitté le palais, le nouveau Premier ministre dit à son garde du corps : « J'espère qu'il n'est pas trop tard. J'ai bien peur que si. Il ne nous reste qu'à faire pour le mieux. »

En réalité, initialement, le roi avait un autre candidat en vue. Les milieux politiques et administratifs ne sont guère enthousiastes de l'arrivée de Churchill à Downing Street. Pour beaucoup, cet orateur étincelant – sauf quand il a abusé du brandy – est un aventurier. Doué, certes, mais un aventurier. La famille royale n'est pas contente ; la reine Mary en veut toujours à Churchill d'avoir soutenu son fils Édouard VIII au moment de sa pathétique abdication. Pour la veuve de George V, c'est impardonnable. Et les deux princesses, Elizabeth et Margaret, pleurent en apprenant le départ du « si gentil » M. Chamberlain. Trois jours plus tard, le 13 mai, dans un discours passé à la postérité, en ne promettant que « du sang, de la peine, de la sueur et des larmes », Churchill réveille les consciences assoupies, sonne le rappel du courage et mobilise le moral du combattant. George VI est soulagé : son nouveau Premier ministre est l'homme dont le pays a besoin.

En Belgique, le choix de Léopold III entraîne le royaume dans la confusion

Au terme d'une campagne de dix-huit jours particulièrement meurtrière, l'armée belge, qui n'a cessé de battre en retraite, est acculée à la mer. Le 25 mai, le Premier ministre belge Hubert Pierlot tente de dissuader le roi de capituler et lui propose l'exil. Hanté par le puissant souvenir de son père Albert Ier, qui avait réussi à conserver libre un fragment de territoire sur la côte belge, Léopold III répond :

— Malgré tous les conseils opposés, je préfère suivre le sort de mon armée et demeurer avec mon peuple.

Le 28 mai, le désaccord est total entre le souverain et son gouvernement. Un gigantesque exode vers la France a commencé. Selon la Constitution, le roi est non seulement chef de l'État, mais aussi de l'armée. Afin de partager le sort de ses troupes, Léopold III refuse de suivre le gouvernement en France et capitule, en rase campagne. Cette reddition, sans condition, déchaîne la colère du président du Conseil français, Paul Reynaud, le traitant de « roi félon », rappelant que « dix-huit jours après avoir appelé les Alliés au secours, il les abandonne sans les prévenir ». Le Premier ministre belge répond : « La faute d'un homme ne peut être imputée à la nation tout entière. Notre armée n'a pas mérité le sort qui lui est réservé. L'acte que nous déplorons est sans valeur légale. Il n'engage pas le pays. » Léopold III reste en Belgique, se considérant comme « prisonnier de guerre ». Le gouvernement belge devrait gagner Londres afin de poursuivre la lutte aux côtés des Alliés. Les parlementaires votent une résolution unanime condamnant l'attitude de Léopold III qui, contrairement à l'avis des ministres, s'est rendu à l'ennemi. Albert Ier, malgré l'invasion, avait résisté. Son fils est-il encore digne de régner ? Le roi avait tranché selon ce qu'il estimait être son devoir. Il s'en était expliqué auprès de George VI, dans un bref courrier personnel daté du 25 mai, rédigé en français : « Mon cher Bertie, je suis convaincu d'avoir agi pour les meilleurs intérêts de mon pays. J'ai été très ému par ton impressionnant discours hier soir à la radio. J'ai, moi aussi, entièrement foi dans l'avenir. Que Dieu vous bénisse. Affectueusement à toi et à la chère Elizabeth. Léopold. »

À cet instant, il semble difficile de douter de la sincérité du roi des Belges dans une situation aussi catastrophique. Si le roi George VI peut comprendre les motivations de Léopold, sans approuver sa décision, Churchill, en revanche, est furieux ! Cela vient contrarier sa politique « qui consiste à avoir auprès de lui les chefs d'État ou de gouvernements des pays occupés par l'Allemagne, avec le statut de "gouvernements alliés libres de Londres". Le but du Premier ministre britannique est à la fois de propagande et de concentration de forces combattantes libres, et aussi – ce qui n'est pas le moindre motif – de récupérer des fonds placés ailleurs que dans les pays occupés[7] ». Publiquement, George VI soutient les décisions de Churchill et considère que Léopold III a commis une faute politique, mais il refuse d'aller plus loin et de le couvrir de déshonneur en le rayant du registre des chevaliers de l'ordre de la Jarretière, alors que la France, elle, va le radier de l'ordre de la Légion d'honneur. Le retrait de l'armée belge avait mis en péril les forces franco-britanniques prises en étau à Dunkerque. C'était une autre erreur, mais de Hitler cette fois, qui avait surestimé la défense de Paris et dégagé des troupes autour de Dunkerque, permettant aux Britanniques, malgré de lourdes pertes, d'embarquer une grande partie de leurs effectifs.

Au Luxembourg et aux Pays-Bas,
l'énergie souveraine de Charlotte et de Wilhelmine

Le 10 mai 1940, à 3 h 15 du matin, au château de Colmar-Berg (de deux cents pièces !) où elle est née et où elle vivra vingt ans, la grande-duchesse Charlotte, son époux, le prince Félix de Bourbon-Parme (un frère de l'impératrice Zita) et leur fils le grand-duc héritier Jean sont réveillés. Des volontaires luxembourgeois signalent des mouvements de troupes à l'est, vers la Moselle. La souveraine, âgée de 44 ans et qui règne depuis 1919, donne l'ordre de fermer un ensemble de barricades aux postes frontières du grand-duché. C'est évidemment symbolique, mais d'une immense portée politique. Comme la Belgique, le Luxembourg est neutre. Et comme celle de la Belgique, la neutralité du Luxembourg est violée par les chars de la Wehrmacht, à 4 h 35 du matin. En hâte, la famille grand-ducale gagne la capitale, à une trentaine de kilomètres. À l'aube, un Conseil gouvernemental est tenu au palais, avec la souveraine. Il n'y a pas à hésiter : la famille et les ministres franchissent la ligne Maginot et se placent sous la protection de l'armée française.

— Décision difficile, mais nécessaire ! soupire la grande-duchesse.

Le soir même, le grand-duché est occupé. En s'exilant, Charlotte est plus avisée que sa sœur la grande-duchesse Marie-Adélaïde ne l'avait été en 1914, puisqu'elle avait reçu Guillaume II et son état-major et montré ensuite d'ostensibles signes de sympathie envers l'envahisseur, attitude observée sans réel déplaisir autour d'elle jusqu'en 1918, critiquée ensuite jusqu'à provoquer l'abdication de Marie-Adélaïde. Sa sœur Charlotte est fière de régner non par transmission dynastique, mais à la suite d'un référendum en 1919. Elle ne s'est pas imposée, elle a été choisie, en raison de sa personne. Et c'est une femme de caractère, très courageuse et élégante que ses descendants surnomment « Tante Lotte », avec un affectueux respect.

Le même 10 mai 1940, un parachutage précède l'offensive allemande terrestre sur les Pays-Bas. Puis les bombardiers s'acharnent sur Rotterdam. L'armée néerlandaise résiste cinq jours, mais le déséquilibre des forces est trop lourd et, au bout d'une semaine d'héroïsme, Rotterdam brûlant toujours, les combats s'arrêtent. Les diamantaires d'Amsterdam ont eu le temps d'être évacués vers Londres. La reine Wilhelmine, âgée de 60 ans, celle-là même qui, en 1918, avait accordé l'asile politique à Guillaume II et n'avait jamais renié sa parole, voudrait ne pas abandonner son pays ; mais elle est contrainte de fuir, car elle pressent qu'on veut l'enlever. En effet, un commando, largué au-dessus de La Haye, a pour mission de s'emparer de la famille royale. Le même danger qu'en Norvège…

Dès le 13 mai, la reine a expédié en Angleterre sa fille la princesse héritière Juliana, son gendre le prince Bernhard (d'origine allemande et dont la famille est favorable à Hitler) et ses petites-filles Beatrix et Irène. Ils sont en sécurité à bord d'un destroyer de la Royal Navy, avec les joyaux de la Couronne. Wilhelmine tente encore de rester sur le sol national, se faisant conduire vers la province de Zélande, mais l'avance allemande est telle que l'équipage refuse de débarquer la souveraine : elle risquerait de tomber sur un commando et d'être faite prisonnière. Hitler est furieux que des monarques dont les pays sont sous sa botte lui échappent. Résignée, Sa Majesté Wilhelmine prend, à son tour, le chemin des côtes anglaises. Londres devient le centre européen de la résistance des pays envahis.

Deux souveraines exilées lancent, elles aussi, leur « appel de Londres »

La grande-duchesse Charlotte de Luxembourg, réfugiée dans le Périgord, assiste, effondrée, à la débâcle française, à l'exode, à l'armistice. Le 18 juin, le gouvernement français, réfugié à Tours avant de gagner Bordeaux – comme d'habitude –, lui fait savoir que sa sécurité et celle de sa famille ne peuvent plus être assurées. Elle obtient l'autorisation de traverser l'Espagne, neutre, mais uniquement pour gagner le Portugal, neutre lui aussi. Des émissaires de Hitler lui proposent de rentrer au Luxembourg. Elle refuse :

— Mon cœur dit oui, mais ma raison dit non !

« Les nazis occupent le pays, mais l'âme de la nation leur a échappé[8]. » Le Luxembourg et l'Alsace-Lorraine sont placés sous administration civile allemande. Finalement, elle arrive à Londres où l'a précédée la reine Wilhelmine. Le 29 août 1940, sur les ondes de la BBC, les deux souveraines multiplient les messages d'espoir envers leurs sujets et leurs pays. Elles appellent à la résistance « ferme mais raisonnée ». Quelques jours plus tard, la souveraine des Pays-Bas se met dans une colère historique : elle apprend que son Premier ministre, Dirk Jan de Geer, suivant l'exemple français, tente de négocier une paix séparée avec l'Allemagne.

— On ne pactise pas avec le diable, l'ennemi de l'humanité !

Wilhelmine destitue le renégat. Elle représente le seul pouvoir réel et, par précaution, elle envoie sa fille, la princesse héritière Juliana, et ses petites-filles, Beatrix et Irène, à Ottawa, au Canada. Avec audace, elle nommera son gendre (il a épousé Beatrix trois ans plus tôt), le prince Bernhard, commandant en chef des forces de la Résistance néerlandaise, alors que son passé progermanique et son frère officier nazi le rendent suspect aux yeux de Churchill. Mais sa belle-mère et George VI ont confiance en lui.

La grande-duchesse Charlotte a aussi choisi le Canada pour y installer ses enfants, qui y reprendront leurs études en français. Elle se rendra aussi aux États-Unis, comme l'ex-impératrice Zita et l'archiduc Otto, pour sensibiliser l'opinion américaine à la tragédie européenne. Avec charme et autorité, cette femme de 44 ans est écoutée par le président Roosevelt. Estime et amitié scellent leurs relations.

L'Italie entre en guerre contre l'avis du roi Victor-Emmanuel III

En pleine déroute française, le 10 juin 1940, le royaume d'Italie déclare la guerre aux démocraties « ploutocratiques et réactionnaires de l'Occident ». Du pur Mussolini ! Ce n'était pas de gaieté de cœur. Seul le *Blitzkrieg* (la « guerre éclair ») ultrarapide et foudroyant de Hitler en avait convaincu le Duce. Le chemin avait été long. Le Pacte d'acier du 22 mai 1939 engageait l'Italie, mais Mussolini avait prévenu le Führer qu'il ne serait pas en état d'entrer dans le conflit armé avant 1942. Une rencontre avec Hitler, au col du Brenner, le 18 mars 1940, confirmait la volonté du Führer de lancer prochainement une offensive sur le front occidental. Mussolini promettait d'entrer en guerre dès que l'Italie serait prête, c'est-à-dire dès que l'armée allemande aurait créé une situation favorable à cette intervention. En fait, Mussolini, vexé de subir la domination hitlérienne, est de mauvaise humeur et va désormais ne penser qu'à une chose : entrer en guerre au côté de son allié. L'Italie en a-t-elle envie ? Sans doute pas. Même un certain nombre de dirigeants fascistes font preuve d'une extrême réserve. Pire encore, dans le plus grand secret, le roi Victor-Emmanuel III avait tenté une étrange démarche auprès du comte Ciano, ministre des Affaires étrangères et gendre du Duce, en qui il avait confiance : au moyen d'un intermédiaire, sur un terrain de golf, il lui avait fait part de son inquiétude. Plus encore, « Sa Majesté pourrait être obligée d'intervenir pour donner une tournure différente aux événements[9] ». En, clair, le gendre serait-il disposé à donner un coup de main pour se débarrasser de son beau-père ? Ciano fit semblant de ne pas comprendre. Il était encore en très bons termes avec Mussolini et se considérait comme son successeur naturel. Les choses en restèrent là.

Comme le Duce l'a dit à Hitler, l'armée italienne est loin d'être prête. Moins d'hommes disponibles qu'en 1915, une artillerie insuffisante et dépassée, une aviation surestimée à cause des raids spectaculaires d'Éthiopie. L'entrée en guerre est donc modeste : une offensive contre la France par les Alpes (l'armistice n'est pas encore signé), qui dure quatre jours. Les Français se défendent. L'opération ne permet que l'occupation de la ville de Menton et une très mince bande de territoire le long de la frontière. Les combats s'achèvent le 24 juin. L'armistice est signé à la Villa Incisa. Mussolini ne se dérange pas et Ciano se montre extrêmement courtois, voire ému, à l'égard des plénipotentiaires français. Les Italiens gardent ce qu'ils ont conquis et obtiennent la démilitarisation d'une bande de 50 kilomètres à l'ouest de la frontière. On est loin des discours grandiloquents de Mussolini exigeant le territoire entre le Rhône et la frontière italienne, la Corse, la Tunisie, Djibouti. Son appétit d'ogre doit se contenter de miettes.

1940 : Buckingham Palace est bombardé, le couple royal incarne la résistance

Le 1er août 1940, six cents appareils de la Luftwaffe lâchent des chapelets de bombes sur les côtes anglaises et sur Londres. Furieux que les Britanniques aient refusé un armistice le 22 juillet, Hitler décide de frapper son ennemi au cœur en détruisant Londres et le moral des Britanniques. C'est le *Blitz*, auquel participent quelques aviateurs italiens. Les premiers radars installés sur la côte permettent des contre-offensives immédiates aux pilotes de la Royal Air Force. Dans la soirée du dimanche 8 septembre, un nouveau raid de la Luftwaffe est annoncé. Le roi et la reine sont dans un petit salon de Buckingham Palace ; le temps est très couvert et la pluie est violente. Soudain, ils entendent le bruit d'un avion particulièrement proche ; en effet, il survole le Mall[10] à très basse altitude sous les nuages et va lâcher six bombes sur l'aile nord du palais. Après les explosions, les souverains découvrent deux énormes cratères dans la cour ; les autres obus ont mis le feu à un angle du palais et à la chapelle. Très choqués, ils ne savent pas encore le pire et partent passer la nuit à Windsor. À leur retour le lendemain, ils apprennent qu'une des bombes n'avait explosé que quelques heures plus tard, détruisant le bureau de roi qui jouxte le salon où ils se trouvaient. Ils ont échappé à la mort par miracle. George VI est persuadé que l'attaque a été dirigée par quelqu'un connaissant parfaitement la disposition des lieux. Il soupçonne un lointain neveu, descendant de la dernière fille de la reine Victoria, pilote de l'aviation italienne, mais il n'en aura jamais la preuve. Le palais est devenu une cible symbolique. « C'est une attaque directe », note le roi dans son journal. Les mots sont sobres, mais le monarque est fragilisé nerveusement. « Je n'ose plus m'asseoir dans une pièce, incapable de lire et de me concentrer, prêt à courir, guettant le ciel à chaque fenêtre… » Cette audacieuse opération au cœur même de la monarchie transforme le palais en symbole. Il fait de la famille royale l'égale du peuple bombardé jour et nuit par l'infernal *Blitzkrieg*. Plus tard, l'amiral Mountbatten dira : « Si Göring avait pu imaginer la profondeur des sentiments que le bombardement de Buckingham Palace éveillerait à travers l'Empire et en Amérique, il aurait sans doute recommandé à ses assassins de garder leurs distances. »

Dans les décombres de la chapelle du palais entièrement ravagée, la reine affiche un optimisme qui forgera sa légende : « Maintenant les gens sauront que nous sommes tous logés à la même enseigne. Ce qui me console un peu, c'est que je peux regarder l'East End en face[11]. » Cette compassion envers les quartiers dévastés la nuit précédente ne se réduit pas à une remarque. La capitale déplore déjà deux mille victimes civiles et huit mille blessés. Les souverains se rendent sur place, passant plus d'un tiers de leur temps à soutenir et à réconforter la population éprouvée. George VI, sanglé dans son uniforme impeccable, et Elizabeth, bien entendu chapeautée et gantée, sont d'une élégance discrète, mais rassurante. Ils sont debout, leur devoir est de maintenir au plus haut la flamme de la résistance. À neuf reprises, la Luftwaffe frappera le palais. À chaque alerte, la famille royale, digne et organisée, descend dans les sous-sols, au milieu des serviteurs. La démocratie calme face à la terreur. La reine ne semble guère effrayée par ce pilonnage incessant. Un jour, en hâte, elle remonte même dans son appartement chercher l'un de ses chiens qu'elle avait oublié !

Pourquoi Elizabeth ne veut-elle pas revêtir un uniforme, alors qu'elle est commandant en chef de trois mouvements de défense féminins ? Elle se justifie, toujours en souriant : « Si les gens venaient me voir, ils voudraient porter leurs plus beaux vêtements. » Toutefois, la reine veille à choisir des nuances discrètes, qui se marient avec la poussière des décombres, comme le bleu pâle, le rose et le lilas. Le vert ? Pas question : cette couleur porte malheur ! Quant au noir, « c'est l'antithèse de l'espoir qui est le nôtre » ! Même au Parlement, on convient que le bombardement du palais resserre encore le lien entre la monarchie et le peuple et contribue à renforcer la cohésion nationale. Dans chaque cratère creusé par une bombe, au milieu des immeubles en ruines, le couple royal est présent. Si une alerte survient alors qu'ils vont d'une ruine à l'autre, George VI et Elizabeth descendent dans l'abri ou la cave aménagée la plus proche, voire une station de métro, partageant une tasse de thé, versé d'une bouteille Thermos, avec leurs compagnons d'infortune. Les rencontres sont joyeuses. Des voix à l'accent cockney, celui des faubourgs, les accueillent chaleureusement. Ici encore, Elizabeth remporte la palme de la popularité. On applaudit « cette brave femme qui est bigrement merveilleuse » ! La reine maîtrise toujours ses larmes.

Même sous les bombes, sauf alerte générale et urgence absolue, le week-end royal à Windsor reste sacré, bien que les parents essaient de s'y rendre chaque jour pour voir leurs filles. La vieille forteresse n'est pas moins exposée que Buckingham Palace. On comptera au moins trois cents bombes ayant touché le domaine de Windsor. Et l'on verra les jeunes princesses creuser des tranchées dans les pelouses du parc. L'installation est devenue sommaire. La famille dort loin de ses appartements habituels, sur le sol de la Victoria Tower (aujourd'hui Queen's Tower), dans une excavation protégée par des plaques en acier et des sacs de sable. La reine, comme les nurses, porte un bonnet de nuit, « pour être décente même à la guerre ». Norman Hartnell, le couturier d'Elizabeth, lui a confectionné une tenue nocturne adaptée « et même un coffret de velours noir pour y ranger son masque à gaz ». Les restrictions concernent aussi les vêtements qui doivent d'abord être utiles. Certains des atours du voyage officiel au Canada sont réutilisés, mais les broderies disparaissent. George VI ira jusqu'à faire peindre à l'intérieur des baignoires un trait indiquant le niveau maximum d'eau autorisé pour un bain.

Conscient de l'importance d'une relation permanente avec son Premier ministre (qui est aussi ministre de la Défense), George VI remplace l'audience hebdomadaire de 17 heures par un déjeuner de travail, chaque mardi, souvent avec la reine. « En plusieurs occasions, il nous fallait prendre nos assiettes et nos verres et descendre dans l'abri pour y finir notre repas. » Bientôt, par sécurité, le souverain exclut tout domestique ; l'invité, le roi et la reine se serviront eux-mêmes. Churchill est étonné que le monarque, grand travailleur, ait parfois étudié avant lui certains dossiers, en connaisse les détails et formule des avis, ainsi que la Constitution le lui permet. Dépêches, télégrammes et notes sont soigneusement analysés par George VI. Le stand de tir aménagé dans les jardins de Buckingham Palace est maintenant utilisé par toute la famille, en présence d'aides de camp. Churchill, qui avait offert un pistolet à la princesse héritière, apporte au roi une carabine américaine à courte portée. Jamais dans l'histoire britannique le souverain et le Premier ministre n'ont formé une équipe aussi soudée par la confiance ; jamais l'expression d'usage « le gouvernement de Sa Majesté » n'aura été aussi avérée. L'acharnement de Hitler y aura même introduit, malgré lui, la complicité.

En Roumanie, la « dictature royale » de Carol II lui fait perdre son trône

Personnage insaisissable, le roi Carol II pense toujours pouvoir jouer un rôle d'arbitre grâce à la neutralité. Il tente de se maintenir par une « diplomatie balkanique » reposant sur les relations familiales avec le roi Georges II de Grèce, son beau-frère, le régent Paul et le jeune roi Pierre II de Yougoslavie. Peu avant l'été 1940, Carol II estime encore que le soutien politique qu'il avait apporté à l'Allemagne, par l'accord économique signé avec Hitler le 23 mars 1939, peut sauvegarder l'intégrité de son pays. Mais la signature du pacte germano-soviétique a changé la donne : son jeu, trouble, qui consistait à opposer Hitler à Staline, s'écroule comme un château de cartes. Les deux dictateurs sont désormais unis contre lui, chacun s'apprêtant à lui réclamer des territoires roumains. Le 26 juin 1940, Staline exige la cession du nord de la Bucovine et de la Bessarabie. Le délai accordé par l'URSS est court : cinq jours ! Dès le 27, ces deux provinces deviennent soviétiques, occupées par l'armée Rouge. Puis Hitler impose à Carol II son « pacte du pétrole » lui réservant l'accès à d'importantes réserves de carburant. Ce n'est pas tout : le 10 juillet, Hitler exige aussi que le « régent de Hongrie », l'amiral Horthy qui avait trahi Charles et Zita de Habsbourg, maintenant très en cour auprès du Führer, puisse rectifier la frontière roumano-hongroise. Le 30 août, la Transylvanie roumaine redevient hongroise. Les traités qui devaient organiser la nouvelle Europe dans l'esprit de la paix de Versailles sont de plus en plus illusoires... Enfin, en septembre, la Bulgarie, qui n'entend pas être privée des restes de la Grande Roumanie, réclame la Dobroudja méridionale. Elle l'obtient le 30 août lors d'un accord imposé à Vienne, par Hitler et Mussolini. La Bulgarie récupère ainsi sa frontière de 1912 ! On doit même rapatrier d'urgence le cœur de l'illustre reine Élisabeth (Carmen Sylva) qui était conservé dans son ancienne villa sur la côte la mer Noire, désormais bulgare... Le coup de grâce qui suit un effondrement commencé avec la dictature royale.

Les Roumains sont furieux, l'armée est humiliée. « Toute la haine d'un peuple offensé se concentrait sur Carol, victime expiatoire d'une histoire tragique », écrit Lily Marcou[12]. Dépecée, la Roumanie, hier encore si grande, si fière, si exemplaire, et qui avait tant cru dans ce monarque qu'elle avait rappelé dix ans auparavant, s'estime trahie. Le roi est discrédité, la population exige son abdication. La Garde de fer excite le sentiment nationaliste bafoué, des émeutes éclatent, le fascisme roumain veut imposer l'ordre, son ordre. Avec son sens pittoresque de la formule, la princesse Bibesco, qui règne sur l'esprit à défaut des vastes domaines perdus de sa famille, souligne, pour mesurer la gravité de l'heure : « Les popes et les prostituées défilaient ensemble ! »

Le 3 septembre, la Garde de fer tente un coup d'État fomenté par son fondateur, Codreanu. Devant la menace d'un complet chaos, Carol II se résout à appeler le général Antonescu, le 4 septembre 1940, nommé Premier ministre et doté des pleins pouvoirs. Cet officier, maniaque du soupçon, conspirateur né et ancien ministre, somme le roi d'abdiquer le 5 septembre. Il est clair que les ambiguïtés de Carol II, qui n'avait pas su choisir réellement son camp, ont fini par dévaluer totalement sa personne et ce qu'il avait voulu faire. Trop fort pour les uns, trop faible pour les autres, le roi n'en est pas moins entouré de profiteurs, de traîtres et d'opportunistes, dont certains sont des protégés de la sulfureuse favorite, Magda Lupescu. Cette dernière n'a fait qu'aggraver la détestation du roi par le peuple qui n'a jamais admis cette ambitieuse.

Dans la nuit du 5 au 6 septembre, Carol II rédige une proclamation. Ce n'est pas, selon lui, une abdication, mais une délégation de pouvoirs en faveur de son fils Michel : « Roumains, ma chère patrie traverse des temps de profonde tourmente et confusion... Aujourd'hui, des maux abominables affligent le pays qui se trouve face à d'immenses dangers. Ces dangers, je veux, vu mon grand amour pour cette terre où je suis né et où j'ai été élevé, les devancer en passant à mon fils, dont je sais à quel point vous l'aimez, les dures charges du règne. »

Quoi qu'il prétende, Carol II abdique et devra quitter le pays. Le nouveau roi, Michel, qui n'a pas encore 19 ans, intronisé pour la deuxième fois, accompagne son père à la gare[13]. Ils ne se reverront jamais. Un train spécial, réputé contenir des trésors et même les automobiles préférées de l'ancien roi, l'attend, ainsi que sa maîtresse ;

tout sera dit et son contraire au sujet de ce que Carol II a emporté, qu'il s'agisse de tableaux, de bijoux, d'argenterie... À toute vapeur, le convoi file vers la frontière, grillant la gare de Timisoara où la Garde de fer avait tendu un piège afin de mitrailler les fugitifs. Le train, criblé de balles, traverse la Yougoslavie, l'Italie et arrive en Suisse. Puis, c'est l'Espagne, le Portugal, le Mexique jusqu'en 1944. L'errance d'un roi qui a tout gâché se poursuit au Brésil, où il épouse civilement Magda Lupescu. Leur exode les reconduira ensuite au Portugal, terre d'accueil de bien des monarques détrônés.

Léopold III rencontre Hitler à Berchtesgaden : une impardonnable maladresse !

Le roi des Belges a refusé l'exil et il a refusé la collaboration telle qu'elle est pratiquée en France. L'attitude du souverain ne pouvait que décevoir les uns et les autres. « Prisonnier de guerre », selon son expression, Léopold III voudrait adoucir les conditions de vie de l'armée belge et de la population civile. Pour y parvenir, il se rend à Berchtesgaden, au nid d'aigle du Führer, en Haute-Bavière. La sœur du roi, la princesse Marie-José, épouse du prince héritier Umberto d'Italie, est intervenue personnellement pour que cette rencontre ait lieu le 19 novembre 1940. On ignore à peu près tout des discussions, mais on pense qu'il est question de l'amélioration du ravitaillement et de la libération des prisonniers belges. Le roi, accompagné de trois hautes personnalités du royaume, proposerait la création d'un Conseil économique, animé par des spécialistes belges de l'agriculture, du commerce et de la banque. Comme d'habitude, c'est avec son interprète Schmidt que le Führer reçoit le roi. Lorsqu'elle est connue, la visite de Léopold III à Hitler est très mal acceptée par l'opinion : elle est comparée à la récente entrevue en France, le 24 octobre à Montoire, de Hitler avec le maréchal Pétain.

La poignée de main entre le roi et Hitler, vite diffusée par une image de la propagande allemande, trouble et révolte. Le roi a-t-il obtenu un résultat ? Il semble que ses compagnons de voyage n'aient pas assisté à l'entretien final...

Michel de Roumanie, roi sans pouvoir de 19 ans, otage mal à l'aise de la dictature

Même si « la louve des Carpates » Magda Lupescu est partie avec l'ex-roi Carol à qui elle a tellement nui, ce sont de nouveaux fauves qui entourent le roi Michel dans son palais de Bucarest. La Garde de fer deviendra le Mouvement légionnaire et le général Antonescu se proclamera modestement le *Conducator*, le guide infaillible conduisant le pays vers un destin qui se révélera tragique. On ne peut qu'être ému du sort de ce prince proclamé deux fois souverain de Roumanie par les « défaillances », fautes et erreurs de son père et qui, en aucune de ces circonstances, n'a les mains libres. La première fois, il n'était qu'un petit garçon. Cette-fois, il est un adulte, mais, à part figurer sur les timbres et présider des cérémonies et des défilés où les uniformes se rapprochent de plus en plus de ceux des dictatures, le roi Michel est réduit à un rôle de pantin. Il est mal à l'aise. Il se rend très bien compte que, par la faute de son père, la monarchie roumaine n'est plus qu'un satellite de l'Allemagne nazie, un réservoir confisqué de pétrole et de blé où Hitler vient se servir. Toutefois, du général Antonescu, qui est d'abord apparu – il faut le dire – comme le sauveur d'une Roumanie en déroute avant d'en être le bourreau, Michel obtient que sa mère, la reine Hélène, née princesse de Grèce, quitte sa résidence de Florence pour retrouver son fils. Elle devient la reine mère. Sa compassion à l'égard des enfants – elle avait organisé plusieurs crèches –, sa dévotion à son fils, combinées à l'injuste l'exil florentin imposé par Carol, font de la mère du roi une personne aimée et respectée que la population est heureuse de revoir. Informés des déportations d'enfants juifs, elle et son fils font tout ce qu'ils peuvent pour empêcher leur extermination. Mais ils sont sous surveillance. Ils servent d'alibi à un régime qui est supposé incarner la force, mais qui, en réalité, est sous la contrainte.

Trois campagnes de Mussolini, trois échecs : la Libye, l'Éthiopie et la Grèce

Au Duce, Hitler avait recommandé de prendre en charge les opérations en Méditerranée et le nord-est de l'Afrique. Logiquement, Mussolini aurait dû s'intéresser à Malte, « le verrou de la Méditerranée », fermement tenu par les Britanniques, avant de tenter une campagne ambitieuse à partir de la colonie italienne qu'était la Libye. Ce fut sans doute un grand tort. Ayant négligé Malte, Mussolini ne pense qu'à occuper l'Égypte et le canal de Suez. Il charge le maréchal Graziani de lancer une offensive contre les Anglais. Graziani se dérobe, considérant que ses moyens en blindés sont insuffisants. Il faut que le Duce se déplace à Tripoli et le menace de limogeage pour que Graziani, le 13 septembre 1940, lance son offensive. Les débuts sont satisfaisants, les Britanniques reculent, mais pas pour longtemps. Dès janvier et février 1941, la contre-offensive du Royaume-Uni chasse les Italiens de Cyrénaïque (l'est de la Libye) en occupant Tobrouk et Benghazi. Ils s'emparent de cent trente mille prisonniers italiens. Victor-Emmanuel III, qui désapprouve le Pacte d'acier, ne peut que s'attrister d'une défaite italienne, mais se réjouir d'un échec du Duce. La situation est si grave que Hitler est obligé de s'en mêler.

En Afrique de l'Est, c'est le brillant vice-roi et chef des armées, le duc d'Aoste, très beau et très grand, neveu du roi, qui tient l'Éthiopie. Il lance des attaques victorieuses sur la Somalie britannique et une partie du Soudan, menaçant Nairobi, capitale du Kenya, colonie de la Couronne britannique. Initiative fâcheuse ! Dès novembre 1940, le général

Cunningham et son armée, partis du Kenya, foncent sur la Somalie, puis sur l'Éthiopie et s'emparent enfin d'Addis-Abeba, contraignant le duc d'Aoste à capituler le 21 mai 1941. C'est un désastre total pour l'Italie. Le duc d'Aoste veut partager le sort de ses soldats vaincus. Il mourra de malaria dans un camp de prisonniers, un an plus tard. Entre-temps, Hailé Sélassié, le véritable empereur d'Éthiopie, a fait un retour triomphal dans sa capitale. Enfin un roi chassé de son trône qui le récupère totalement et victorieusement ! Le troisième front sur lequel Mussolini engage ses armées est, cette-fois, balkanique. Il s'attaque à la Grèce. Comme toujours, à la manière de Hitler, le Duce procède par ultimatum. Le roi Georges II (toujours en place !) a un gouvernement dirigé d'une main de fer par le général Metaxás, lequel a une certaine admiration pour la dictature fasciste. Le 28 octobre 1940, Metaxás refuse de reprendre les bases britanniques en Grèce pour les donner à l'Italie. L'offensive du Duce est lancée à partir de l'Albanie. Mussolini espère un soutien du roi Boris III de Bulgarie, mais ne l'obtient pas. Les cinq divisions italiennes sont insuffisantes et, dès le début, elles se heurtent à une farouche résistance grecque.

Tout le peuple grec se tient derrière le roi et Metaxás. L'arrivée de l'hiver dans les montagnes de l'Épire transforme la situation italienne en catastrophe. Des troupes supplémentaires n'y changent rien. En avril 1941, le Duce est obligé d'appeler Hitler au secours. On peut dire que du côté de l'Italie fasciste, ces trois désastres sont le commencement de la fin pour Mussolini. De rival dépité du Führer, il est devenu un vassal, un vassal inefficace et défait. Dès janvier 1941, l'Afrika Korps de Rommel a débarqué en Libye, puis a reconquis la Cyrénaïque.

La Yougoslavie étant conquise par Hitler, le roi Pierre II part pour Londres

Voulant éviter à son allié italien défaillant la honte d'une capitulation devant l'armée grecque, Hitler décide d'envoyer la Wehrmacht à son secours, mais pour que les troupes allemandes puissent traverser le territoire yougoslave, il lui faut d'abord obtenir l'accord du régent de Yougoslavie, le prince Paul, son royaume étant neutre. Le prince Paul mettant du temps à répondre, Hitler le convoque à Berchtesgaden le 5 mars 1941. Traumatisé par la violence et les menaces du Führer, le régent capitule et accepte que son gouvernement signe le pacte de Vienne le 25 mars 1941, par lequel la Yougoslavie cède devant Hitler, dont les troupes pourront passer sur son territoire. À Belgrade, la population se soulève contre ce qu'elle considère être une trahison. Le régent est désavoué et chassé du pouvoir par le général Simovitch. Ce dernier reconnaît Pierre II comme souverain légitime de Yougoslavie, avançant, en raison des circonstances, l'âge de sa majorité, puisque le fils du roi Alexandre Ier (assassiné à Marseille) et de Mignon n'a que 17 ans.

Furieux de ce coup d'État yougoslave qui contrarie ses plans, Hitler veut écraser la Yougoslavie. Ces contretemps yougoslaves et grecs l'indisposent d'autant plus qu'il a résolu de rompre le pacte germano-soviétique et d'attaquer l'Union soviétique dès que possible. Ce retard sera lourd de conséquences... Les troupes allemandes pénètrent en Yougoslavie le 6 avril 1941, et le 18 avril, le pays est totalement occupé. Entre-temps, le roi Pierre II a pu s'enfuir sous protection britannique, gagnant d'abord Jérusalem, puis Le Caire et enfin Londres, où il est accueilli par Winston Churchill, qui va compter près de lui un nouveau gouvernement légitime en exil, et par le roi George VI, qui reçoit encore plus chaleureusement un petit-neveu et surtout un filleul, puisqu'il l'avait tenu sur les fonts baptismaux, à Belgrade, le 21 octobre 1923.

Dans sa colère, Hitler va dépecer la Yougoslavie, un de ces États artificiels dont il avait toujours contesté la création et l'existence par le « diktat de Versailles ». Parmi les curiosités de cette mise en pièces, on doit signaler la création, le 10 avril 1941, d'une nouvelle monarchie, le royaume de Croatie, proclamé à Zagreb, qui, outre la Croatie, comprend la Slavonie et une partie de la Dalmatie. Cet État fantoche est un satellite de l'Allemagne et de l'Italie, une sorte de farce balkanique préparée avec l'accord de Mussolini pour faire plaisir au roi Victor-Emmanuel III, puisque « la couronne de Znovimir » est offerte à un petit-cousin du roi, le prince Aimone de Savoie-Aoste, duc de Spolète. Quand celui-ci apprend son avènement aussi étrange qu'inattendu, il croit à une plaisanterie de mauvais goût et il n'a pas tort ! Sous le prétexte de faire plaisir au roi d'Italie en annexant une partie du territoire yougoslave, c'est en réalité à Ante Pavelić que l'on confie le pouvoir, l'ancien chef des Oustachis, responsable de l'assassinat du roi Alexandre Ier de Yougoslavie à Marseille en 1934. Or, les Oustachis, partisans d'un régime autoritaire, collaborent étroitement avec les Allemands et se livrent à d'innombrables atrocités en Yougoslavie, sous prétexte de résistance, pour se venger des Serbes et des Bosniaques notamment.

Prudent, le prince de Savoie ne fait pas preuve d'un enthousiasme excessif à l'idée d'être couronné en Croatie, un piège supplémentaire qui allumerait un nouvel incendie dans les Balkans. Fils d'une princesse de France, époux d'Irène de Grèce, sœur du roi Georges II dont le trône a vacillé, le prétendant malgré lui ressentirait comme une usurpation et une trahison familiale le fait d'occuper ce trône fantaisiste alors que le roi Pierre II de Yougoslavie a dû se réfugier à Londres. Rebaptisé Tomislav II, l'éphémère monarque ne mettra jamais les pieds dans son tout aussi éphémère royaume. À 41 ans, il fait savoir qu'il n'est pas digne de régner :

— Je suis extrêmement fier de l'honneur qui m'est fait, mais je n'ai qu'une très vague idée des devoirs qui incombent à cette lourde charge.

Et il abdiquera dès que possible... Ce royaume de pacotille est bien digne des mises en scène du pouvoir, souvent jusqu'à la caricature, qu'affectionne Mussolini.

L'Allemagne occupe la Grèce, le roi Georges II part pour Londres... lui aussi !

Le général Metaxás, qui, tout en ayant de l'admiration pour Hitler et pour Mussolini, avait su leur résister, n'a pas le malheur d'assister à la capitulation grecque, puisqu'il meurt d'une crise cardiaque le 29 janvier 1941. Le 18 avril, son successeur à la tête du gouvernement se suicide en apprenant que l'armée grecque n'a pas résisté longtemps aux attaques de la Wehrmacht. Le roi Georges II refuse de capituler et part pour la Crète que les Britanniques viennent de reprendre. Il était temps : le 27 avril, le drapeau à croix gammée flotte sur l'Acropole. Cinq jours plus tôt, la princesse Frederika, épouse du prince héritier Paul, frère cadet du roi Georges II, avait embarqué avec ses enfants, Constantin et Sophie[14], en direction de la Crète. Ils sont suivis du reste de la famille royale : le prince héritier Paul, Aspasie Mános (veuve du roi Alexandre), sa fille la princesse Alexandra, le prince Georges, oncle du roi, et son épouse, née princesse Marie Bonaparte[15]. Quand Georges II les rejoint, la situation se dégrade rapidement, les Allemands projetant d'attaquer la Crète.

Le 30 avril, la famille royale de Grèce prend l'avion pour Le Caire. Pas pour longtemps ! Le monarque y établit le siège de son gouvernement provisoire, mais on lui « conseille » de repartir. Cette fois, ce sera Le Cap, en Afrique du Sud. Laissant une partie de la famille, notamment les enfants, dans ces lieux épargnés par la guerre, le roi Georges II gagne rapidement Londres. En qualité de chef d'État d'un pays occupé – son gouvernement exilé demeurant au Caire –, il restera auprès de Churchill et des autres souverains se trouvant dans la même situation que lui, accueilli avec chaleur par le roi George VI. Il est à noter que le monarque yougoslave en exil Pierre II et le roi de Grèce Georges II s'installeront dans le même hôtel, le très chic Claridge's. Aspasie Mános et sa fille ne tardent pas à rejoindre Londres, et une idylle naît entre Pierre II de Yougoslavie et la princesse Alexandra. Un moment de bonheur dans cet océan d'épreuves…

On peut observer une similitude de situations dans les deux pays que les souverains grec et yougoslave ont dû quitter : des mouvements de résistance vont très vite se développer. En Grèce, deux groupes affrontent les nazis, mais ils se déchirent aussi entre eux : l'armée démocratique hellénique est monarchiste, le front national de libération est communiste. En Yougoslavie, la même partition est observée. Il y a un mouvement de résistance antiallemand fidèle au roi Pierre II, dirigé par le colonel Mihailović, un Serbe, qui a pris le maquis ; l'autre réseau, celui du « squelettique parti communiste », est commandé par Josip Broz, un Croate, bientôt plus connu sous son nom de guerre, Tito. « Comme la plupart des communistes européens, il attend l'inéluctable conflit germano-russe pour se lancer dans la résistance[16]. »

Deux souverains exilés, un peu oubliés, meurent en 1941 : Alphonse XIII et Guillaume II

Tous les monarques privés de leurs royaumes ne s'étaient pas installés à Londres. Il y avait des exils beaucoup plus anciens, bien antérieurs à la Seconde Guerre mondiale. Alphonse XIII, après avoir quitté l'Espagne en 1931, s'était finalement installé à Rome. Il avait beaucoup voyagé avant 1939, de l'Égypte aux Indes en passant par l'Écosse. Il ne retrouvait son épouse Victoria-Eugénie que pour les réunions familiales, telles que le mariage, à Rome, de leur fils don Juan le 12 octobre 1935, en l'église Notre-Dame-des-Anges, avec la princesse Maria Mercedes de Bourbon ou le baptême du fils de ce couple, Juan Carlos, né le 5 janvier 1938 et baptisé par le cardinal Pacelli, futur pape Pie XII, dans la chapelle de l'Ordre de Malte. Dans son exil romain, Alphonse XIII restait très informé. Il a tout su des horreurs de la guerre civile espagnole et sa vision était très claire de la façon dont le conflit mondial allait se terminer. En février 1940, il avait surpris un de ses amis en lui disant : « J'imagine que tu n'es pas assez naïf pour croire en la victoire de Hitler... L'Allemagne, en dépit de ses succès fulgurants, perdra finalement la dernière bataille. De cela, je suis absolument convaincu, quelle que soit la perfection de la machine de guerre allemande... L'Allemagne ne gagnera pas, car il est inévitable que les États-Unis entrent dans le conflit... Je te dis même plus : si aujourd'hui, j'étais sur le trône d'Espagne, je choisirais sans hésiter la carte alliée[17]. »

Le roi tombe très malade et, le 15 janvier 1941, il se décide à abdiquer en faveur de son fils Juan, prince des Asturies. Il le fait savoir à son peuple par un message enregistré à l'ambassade d'Espagne. Lorsqu'il s'était retiré en 1931, devant le choix des Espagnols pour la République, il avait mis la monarchie entre parenthèses. La République s'étant effondrée sous Franco, la royauté pourrait être rappelée. Ses affaires successorales étant en ordre, ce roi détrôné, si brillamment intelligent et visionnaire, s'éteint dans sa suite du Grand Hôtel, le 28 février 1941. Il est entouré de son fils don Juan et de la reine Victoria-Eugénie, son épouse, arrivée à temps. Il sera enterré dans l'église romaine de Monserrato. Il faudra attendre trente-six ans pour que son petit-fils, devenu le roi Juan Carlos Ier, lui fasse rejoindre l'imposante sépulture des rois d'Espagne, dans la crypte de l'Escorial.

Puis, le 4 juin, c'est un souverain exilé, ayant joué un rôle essentiel dans la Première Guerre mondiale, qui disparaît. Guillaume II, dans son long exil, avait vécu un jour particulièrement pénible. Le 30 janvier 1934, Hitler prononçait un discours violent contre la Couronne et, le 2 février, il interdisait tous les symboles monarchiques. Les portraits de l'ex-Kaiser et de sa famille ne devaient plus être exposés. C'était une véritable déclaration de guerre à la maison de Hohenzollern. Guillaume II n'aimait pas Hitler ; on s'aperçut que c'était réciproque. En 1940, lorsque l'armée allemande envahit les Pays-Bas, Guillaume II refusa l'offre du cabinet britannique de rejoindre le Royaume-Uni, mais le 17 juin 1940, pour la première fois, il avait envoyé un télégramme à Hitler pour le féliciter de l'entrée des Allemands dans Paris. Guillaume II savourait sa revanche sur l'humiliation de Versailles. En mai 1941, il souffre de troubles cardiaques et s'éteint le 4 juin, âgé de 82 ans. Hitler avait envisagé des funérailles nationales pour le dernier empereur allemand, mais la famille fait respecter les vœux du vieux Kaiser déchu : il avait exigé qu'aucune croix gammée ne soit visible autour de son cercueil. Ses obsèques ont lieu à Doorn le 9 juin, dans la plus grande simplicité. Il sera inhumé dans la chapelle du château de Doorn, en présence d'une grande assemblée familiale, venue en train. Treize jours plus tard, Hitler déclenche l'opération *Barbarossa* et attaque l'Union soviétique. Dictature contre dictature, un combat de géants commence. La guerre prend une autre ampleur.

Le remariage du roi des Belges, Léopold III, choque profondément l'opinion

Depuis le début de la guerre, l'attitude du souverain avait divisé les Belges. Les uns appréciaient que le roi soit resté au milieu de son peuple ; les autres critiquaient sa capitulation, insupportable dans le souvenir héroïque d'Albert Ier. Certes, Léopold III n'avait pas quitté le pays et se considérait comme « prisonnier de guerre », mais avec le temps, il s'est rendu compte qu'il était prisonnier dans son palais. On savait qu'il avait demandé à voir Hitler et s'était rendu à Berchtesgaden. Un voyage très contesté… Qu'avait-il réellement obtenu, alors que l'occupant prenait des otages et qu'il y avait plus de quatre-vingt mille militaires belges captifs en Allemagne ? Dans la réalité, le roi est très mal à l'aise. Le drapeau à croix gammée flottant sur Laeken, la guerre qui s'éternise et s'amplifie (comme la précédente), l'occupation totale du territoire sapent le moral du souverain. Seule joie, la proximité de ses enfants, Baudouin, Albert et Joséphine-Charlotte, et de sa mère, la reine Élisabeth.

Mais ce qui reste de la confiance populaire est fortement ébréché lorsque, le 7 décembre 1941, après la messe, le cardinal Van Roey, primat de Belgique, fait lire dans toutes les paroisses une lettre pastorale annonçant le remariage secret du roi avec Lilian Baels, qui est titrée princesse de Réthy. Il est précisé que l'union a été célébrée le 11 septembre par le cardinal lui-même, en présence de la reine Élisabeth et du père de la mariée – celle-ci est la fille du gouverneur de Flandre occidentale. Autre précision : la princesse de Réthy ne sera jamais reine des Belges et les enfants à naître du couple ne seront pas dynastes. Cette annonce provoque un choc dans tout le royaume. Les femmes, scandalisées, rappellent le souvenir indéfectible de la tellement aimée reine Astrid, devenue un mythe depuis sa disparition si prématurée et dans laquelle la responsabilité du roi reste incontestable. La beauté de Lilian de Réthy, qui ressemble à une star de cinéma, ne fait qu'aggraver les torts du roi. Beaucoup de réactions font valoir que le mari d'Astrid aurait dû rester fidèle à son souvenir. Les anciens combattants n'ont pas de mal à évoquer la stature du « Roi Chevalier » écrasant le comportement médiocre de son fils. Enfin, la presse clandestine se sert de ce mariage « indécent » pour attiser l'opinion antiléopoldiste. À cause de ces noces en pleine guerre, la légende du souverain partageant le sort de ses soldats et de ses sujets est sérieusement mise à mal.

Le lendemain, on apprend l'attaque japonaise surprise sur Pearl Harbor, dans l'archipel de Hawaï. Avec l'entrée en guerre des États-Unis, la guerre devient encore plus mondiale.

Le duc de Kent, frère de George VI, est victime d'un étrange accident d'hydravion

« Nous traversons une très mauvaise phase en ce moment et il va nous falloir mobiliser toutes nos énergies pour étouffer les commentaires ennemis, ceux de la presse et d'autres », dit le souverain britannique au début de 1942. Il prend des accents churchilliens en commentant des nouvelles catastrophiques. Après la capitulation de Hong Kong le jour de Noël 1941, celle de Singapour le 15 février 1942 est ressentie comme une honte. « Le plus grand désastre militaire de l'histoire récente », annonce le Premier ministre au roi, livide. Un désastre humiliant, puisque quatre-vingt-cinq mille soldats britanniques se sont rendus à l'adversaire japonais inférieur en nombre.

George VI est aussi consterné par les querelles internes dans les couloirs de Westminster, relayées par la presse qui commente le remaniement du cabinet. « Si seulement les journaux étaient honnêtes et laissaient à Churchill une chance d'obtenir des résultats ! » soupire le roi qui sait, par Churchill, que Ceylan, la Birmanie, Madras, Calcutta et une partie de l'Australie pourraient tomber aux mains des Japonais. La reine Elizabeth, toujours vaillante, est au côté de son mari, sauf lorsqu'il doit être seul afin de lire les messages ultraconfidentiels, classés *For your eyes only* (« Seulement pour vos yeux »). L'épouse de George VI apaise ses insomnies, calme ses angoisses qui pourraient réveiller son bégaiement, l'accompagne dans toutes ses tournées, se rappelant sans cesse qu'il y a plus malheureux que la famille royale, qu'on ne doit pas révéler ses plaies intimes.

Le roi commence à initier son héritière, la princesse Elizabeth, à sa future charge. Le 11 avril 1942, Lilibeth (son surnom familial), qui a 16 ans, est dans le bureau de son père à Buckingham Palace. Le roi est assis. Elle est debout sur sa gauche et lit par-dessus l'épaule de son père des documents secrets qu'il estime suffisamment importants pour qu'elle en prenne connaissance. La future souveraine fait son apprentissage et, si elle ne lit évidemment pas tout, elle est sans doute, à cette époque, la princesse héritière la mieux informée du monde. Une époque où l'on craint des représailles allemandes après le bombardement de villes du nord de l'Allemagne.

Le roi vient souvent partager le déjeuner ou dîner de travail frugal du cabinet à Downing Street. Ces inversions du protocole sont rarissimes et prouvent la proximité du roi et de son chef de gouvernement[18]. Mais quand Staline demande aux Américains l'ouverture d'un deuxième front en Europe afin de soulager les troupes soviétiques qui se battent contre la Wehrmacht depuis le déclenchement de l'opération *Barbarossa*, et que le président Roosevelt envoie des émissaires à Londres pour étudier cette demande, il n'y a plus ni horaire ni jour. Il n'y a que l'urgence.

Le 25 août 1942, pour se détendre après le terrible échec d'un raid allié sur Dieppe, George VI organise un modeste pique-nique familial et une chasse en Écosse, dans les environs de Balmoral. Le temps est exécrable, humide, pluvieux, et le vent de nord-est ne parvient pas à dissiper le brouillard. Au même moment, par hasard, le duc de Kent n'est pas loin. Ce frère du roi, qui avait été le plus proche d'Édouard VIII pendant son bref règne, est à bord de l'hydravion W4026 à destination de l'Islande, où il doit inspecter des installations de la Royal Air Force. Par manque de visibilité, l'appareil vole bas, trop bas, à environ 300 mètres d'altitude. À 1 h 30 de l'après-midi, il heurte le sommet d'une colline près de Dunbeath, glisse le long de la pente, ses hélices emballées ; la dérive du *Sunderland* creuse un sillon sur plus de 100 mètres ; l'hydravion, dont les réservoirs étaient pleins, finit par exploser dans les flammes. Il n'y a aucun survivant parmi les douze passagers, tous en service commandé. La mort du duc de Kent, lui-même en mission, a longtemps suscité divers commentaires en raison de son passé ambigu. Le quatrième fils de George V, également prénommé George, avait défrayé la chronique[19]. Ses liaisons amoureuses bisexuelles et son addiction à la drogue amusaient ce fêtard d'Édouard, ravi d'avoir un frère débauché dans cette famille trop sévère[20]. Les deux frères étaient complices et Édouard avait été d'autant plus mortifié que le duc de Kent n'ait pas assisté à son mariage avec Wallis le 3 juin 1937, au château de Candé, en Touraine. À George aussi, réputé buveur et trop bavard, on a prêté des relations avec les milieux nazis et les fascistes britanniques, reconnaissables à leurs chemises noires. Des rumeurs, des rumeurs par milliers, qui font, involontairement ou non, partie de la guerre, le discrédit étant une arme. En 1934, George V avait accordé à ce fils le titre de duc de Kent le jour de son mariage avec la ravissante princesse Marina, fille du prince Nicolas de Grèce, frère du roi Constantin Ier des Hellènes. Elle tenait sa beauté de sa mère, la grande-duchesse Hélène de Russie. Cette union fut très heureuse. Ils eurent trois enfants, dont le dernier, Michael, venait d'être baptisé à Windsor trois semaines seulement avant la disparition de son père. Pour plusieurs experts, la thèse d'un regrettable accident n'était guère plausible. Pourquoi le roi n'était-il pas instruit de cette mission alors que George allait survoler le lieu du pique-nique ? Pourquoi le roi n'a-t-il été informé du décès de son frère que dans la soirée, à l'heure du dîner, lorsque le secrétaire d'État à l'Air téléphona à Balmoral, demandant à parler d'urgence au souverain ? La famille est à table. La reine a, immédiatement, le pressentiment d'une mauvaise nouvelle, vraisemblablement le décès de la reine Mary, sa belle-mère. George VI revient, sombre. En silence, il s'assied. Ce n'est que dans le salon qu'il révèle la vérité : son frère est mort. Le clan est pétrifié. Les funérailles du duc de Kent sont célébrées à Windsor, dans la chapelle St. George. Dans son journal, le roi, effondré, écrit : « J'ai assisté à de nombreuses cérémonies d'obsèques familiales dans cette chapelle, mais aucune ne m'a autant bouleversé. »

Deux jours plus tard, il se rend sur les lieux de la catastrophe. *A priori*, elle demeure inexplicable. Le commandant de bord, un Australien, était un pilote d'hydravion expérimenté, totalisant plus de mille heures de vol lors de patrouilles maritimes. Tous ses compagnons, copilotes, ingénieurs et soldats, connaissaient parfaitement la région et leur métier. En raison des fréquentations douteuses du disparu, on examine la thèse d'un sabotage de l'appareil. Sa belle-sœur, Olga de Grèce, ayant épousé un aristocrate allemand favorable à Hitler, on soupçonne d'abord la main de l'Intelligence Service[21]. En définitive, la seule cause officielle retenue sera une erreur de pilotage en raison de la mauvaise visibilité. Un accident[22]… Pour la Couronne, c'est une grande perte. Le roi dira : « Il me manquera terriblement, lui et son aide. »

George VI, un roi très politique, du doute à l'euphorie des premières victoires

À la fin de l'année 1942, le souverain britannique est très occupé par la préparation de l'opération *Torch*, nom de code donné au débarquement anglo-américain en Afrique du Nord. L'épouse du président américain, Eleanor Roosevelt, fait partie de la délégation venue préparer l'opération. Son statut lui permet d'être logée à Buckingham Palace et de partager l'existence de la famille royale, qu'elle juge bien spartiate. Bien que la reine lui ait cédé sa propre chambre, Mrs. Roosevelt a froid. Les vitres ont été remplacées par des panneaux de mica, il n'y a qu'un seul radiateur électrique (peu efficace !), une faible ampoule pour l'éclairage, et l'eau du bain, au maximum, est à peine tiède. Le menu est standard : soupe gélifiée, mousse de jambon, poulet (très !) froid, glace aux fraises et à la crème. Rien de chaud ! Mais tout est présenté dans une vaisselle d'or et d'argent datant de la reine Victoria... La princesse Elizabeth sert le thé, ses parents luttent contre leurs rhumes tenaces. Personne ne se plaint, sauf Churchill, en silence, attendant des nouvelles d'Afrique du Nord et qui se lève sans cesse pour téléphoner à sa *War Room*, son bunker, et revient très contrarié. Un lion en cage !

Eleanor Roosevelt n'a aucune sympathie pour Winston Churchill. En revanche, elle est fascinée par la personnalité du roi. Celui-ci est soucieux de la situation de l'armée de Montgomery en Libye et va laisser exploser sa joie lorsque, le 6 novembre, « Monty » remporte, avec sa VIIIe armée, une éclatante victoire à El-Alamein, en Égypte : trente mille prisonniers italiens et allemands, trois cent cinquante blindés détruits. Au Premier ministre, le général Alexander envoie un télégramme avec ces simples mots : « Faites sonner les cloches ! » Ce que Churchill, rugissant, traduit en termes moins religieux : « Faites rouler la barrique ! » La victoire lui donne soif ! Pour le roi, après trois années d'angoisses et d'échecs militaires, El-Alamein est la première grande victoire. Quel soulagement ! L'Afrika Korps de Rommel – ou ce qu'il en reste – bat en retraite avec des unités italiennes vers la Tunisie.

Malgré cet extraordinaire succès, la profonde admiration qu'il a, sans aucun doute, pour Churchill et la satisfaction de la réussite du débarquement anglo-américain, en novembre 1942, George VI est de nouveau inquiet et contrarié. Il n'est pas content que les Américains, à la conférence de Casablanca en janvier, aient négocié avec l'amiral Darlan que les forces françaises d'Afrique du Nord, dépendant de Vichy, se joignent aux troupes anglo-américaines. Le roi n'aime pas Darlan, qu'il sait violemment antibritannique, et juge que Churchill traite fort mal le général de Gaulle. George VI et une grande partie de l'opinion britannique trouvent dur d'accepter que de

Gaulle, qui s'était tenu seul debout avec le Royaume-Uni en 1940 et avait refusé la compromission de Vichy avec l'Allemagne, soit traité de la même façon – et plutôt moins bien – que ceux qui, « quelle que soit leur incontestable loyauté à l'égard de la France, avaient préféré pactiser avec l'ennemi[23] ». L'assassinat de l'amiral Darlan, le 16 décembre 1942, soulage le roi, mais il ne cessera pas de dire à son Premier ministre qu'il n'aime pas la situation politique en Afrique du Nord.

Pour bien manifester que la Grande-Bretagne a son mot à dire dans la région et dans la préparation d'un futur débarquement en Sicile, le roi effectue son premier voyage en dehors du territoire britannique, depuis la déclaration de guerre, le 12 juin 1943. Marin n'aimant pas l'avion, le roi est contraint à un atterrissage forcé en France. Elizabeth, glacée d'inquiétude, ne quitte pas le téléphone, redoutant une affreuse nouvelle. Quel soulagement lorsqu'elle apprend que son mari a été conduit chez un négociant en vins dont la maison, assure la reine, « est comme toutes les maisons françaises, équipée d'une plomberie défaillante et incompréhensible » ! Pourquoi donc les robinets sont-ils toujours inversés par rapport à ceux des installations britanniques ?

Finalement, le roi débarque à Alger, accueilli par le général Eisenhower, commandant suprême des forces alliées, qu'il avait déjà rencontré à Londres. Il s'entretient avec lui des succès en Tunisie, les dernières troupes ennemies ayant capitulé au cap Bon, le 12 mai. Le roi inspecte ses soldats et obtient de déjeuner avec les deux généraux français rivaux, Giraud et de Gaulle. Dans un très bon français, George VI s'adresse à ses deux voisins de table. D'après lui, ce fut « un grand succès ». On pourrait le croire : les deux hommes, malgré leur hostilité mutuelle, accepteraient de cohabiter, avec la bénédiction du roi, en coprésidant le Comité français de libération nationale ! Un exploit !

Le 19 juin, le monarque prend l'avion pour Tripoli afin de rendre hommage à la VIIIe armée de Montgomery. Celui-ci est fait chevalier de l'Empire britannique. Dans la nuit du 19 au 20 juin, George VI monte à bord du croiseur *Aurora* à destination de Malte. L'archipel avait subi un siège héroïque de quatorze mois. Le roi décore Malte de la *George Cross*. Ce voyage était très risqué. Toutefois, comme il l'écrit à sa mère, la reine Mary, il en connaissait les dangers, mais c'était son devoir et il savait que les Maltais, après leurs dures épreuves, lui seraient reconnaissants d'être venu les voir en pleine guerre. Après un crochet par Alger le 25 juin, George VI regagne Londres. Il est très bronzé, mais épuisé et amaigri, souffrant d'entérite et de douleurs aux genoux. Et surtout satisfait d'avoir pu naviguer dans une Méditerranée qui n'était plus le domaine réservé de l'Allemagne et de l'Italie.

Le 10 juillet suivant, les Anglo-Américains commencent à débarquer en Sicile, avec l'aide de la mafia, dont plusieurs « parrains » ont été libérés de prison aux États-Unis pour aider les libérateurs par leur précieuse connaissance du terrain !

En Italie, le roi Victor-Emmanuel III fait arrêter Mussolini !

L'année 1943 n'est pas une année fructueuse pour le Duce. Se rendait-il compte à quel point sa politique hasardeuse d'inféodation à Hitler l'avait éloigné du peuple italien ? Entre la terrible capitulation de la VIe armée allemande à Stalingrad fin janvier – bataille à laquelle avaient participé de nombreux Italiens – et la déroute de Rommel en Libye, les choix de Mussolini étaient devenus incompréhensibles. L'homme qui avait été l'un de ses plus proches collaborateurs et – de plus – son gendre, le comte Galeazzo Ciano, qui devait au Duce toute sa carrière diplomatique puis politique (il était ministre des Affaires étrangères depuis 1936), fait entendre sa différence et se montre de plus en plus sceptique à l'égard de son beau-père. Vexé et conscient, malgré tout, de ce climat défavorable, le

5 février 1943, Mussolini met fin au mandat de tous ses ministres ; Ciano hérite de l'ambassade d'Italie auprès du Saint-Siège et reste membre du Grand Conseil fasciste. Depuis quelque temps déjà, des initiatives avaient été prises en faveur d'un rapprochement avec les Alliés, en vue d'une possible paix séparée. Ainsi, l'épouse de l'héritier du trône, la princesse de Piémont, née Marie-José de Belgique, en tant qu'inspectrice générale de la Croix-Rouge – un rôle qu'elle ne prenait pas à la légère et qui lui permettait, par ses visites dans les hôpitaux, de prendre le pouls de l'opinion –, tenta, au début de 1943, d'entrer en contact avec l'ambassadeur britannique auprès du Saint-Siège. Cela ne donna aucun résultat. Elle essaya d'autres manœuvres, tout aussi infructueuses. Le débarquement en Sicile des armées de Patton et de Montgomery rendent de plus en plus audacieux les partisans d'un rapprochement avec les Alliés. Dino Grandi, un homme politique également très proche du Duce (à qui il doit, lui aussi, sa carrière de ministre et d'ambassadeur), membre du Grand Conseil, harcèle le roi Victor-Emmanuel III pour lui demander soit d'abdiquer, soit de cesser de cautionner un régime en perdition. Le souverain tergiverse, prétextant qu'il est un monarque constitutionnel et qu'il lui faudra un peu plus de supports actifs pour qu'il agisse. C'est ce qui va arriver puisque, lors de la réunion du Grand Conseil du 24 juillet 1943, la politique de Mussolini est mise en pièces lors d'un réquisitoire impitoyable de Grandi et Ciano, entre autres. Le gendre du Duce expose toutes les déloyautés des autorités nazies dont il a été témoin et qui justifient, selon lui, une paix séparée ; Mussolini savait que la séance allait être difficile. Arrivant dans la salle du Papagallo au palais de Venise, où se tient le Conseil, il avait confié à son secrétaire particulier : « Nous voici dans le piège, allons-y ! » Cette séance dure jusqu'à 2 heures du matin. Mussolini la clôt par ces mots : « Messieurs, vous avez provoqué la crise du régime. »

Curieusement, il n'a pas mesuré la détermination de ses ennemis. Et c'est plutôt confiant que, le lendemain, il se rend à la Villa Savoia où l'attend le roi. Celui-ci, qui l'accueille sur le perron en grand uniforme, n'y va pas de main morte : « Rien ne va plus. Le moral de l'armée est au plus bas. Vous êtes en ce moment l'homme le plus haï d'Italie, vous ne pouvez plus compter sur vos amis. Un seul vous reste : moi. [...] Vous n'avez pas à vous préoccuper de votre sécurité personnelle. J'y veillerai[24]. » En effet, le roi lui annonce qu'il a décidé de changer de chef de gouvernement et que ce sera le maréchal Badoglio qui lui succédera. Celui-ci, ancien vice-roi d'Éthiopie, a démissionné de ses fonctions à l'état-major et jouit d'un certain crédit à l'étranger.

Au moment où Mussolini sort de la Villa, des carabiniers l'encerclent et le forcent à entrer dans une ambulance qui démarre en trombe. Mussolini est désormais prisonnier. Victor-Emmanuel III, d'un seul coup, s'est vengé de toutes les humiliations qu'il avait dû subir de la part du Duce. Le roi savait parfaitement, au fond, que Mussolini, dont il avait permis l'arrivée au pouvoir vingt et un ans plus tôt, cherchait à se débarrasser de la monarchie après l'avoir utilisée et abaissée. Le jeu d'escrimeur entre les deux hommes, autrefois décrit par Dino Grandi, n'est plus à fleurets mouchetés, et c'est le monarque qui porte l'estocade finale.

Ce coup d'éclat du roi n'intervient-il pas trop tard ? Il s'explique par les événements. En réalité, l'Italie, épuisée par des années de guerre, d'échecs et de restrictions, éprouve, dans l'ensemble, un sentiment de soulagement. En revanche, Hitler est fou de rage. Il ordonne à une partie de ses troupes de foncer sur l'Italie avec l'intention de la punir. Sa colère est d'autant plus grande que le 3 septembre, près de Syracuse, à Cassabile, Badoglio signe l'armistice avec les Anglo-Américains et se range de leur côté. Dix-huit divisions de la Wehrmacht occupent alors le nord et le centre de la péninsule, se dirigeant vers Rome. La famille royale et le gouvernement ont tout juste le temps de s'enfuir le 9 septembre, à l'aube, en direction du sud. Ils s'installent à Brindisi, estimant incarner la seule autorité légitime du royaume d'Italie, se doutant bien que Hitler prépare une revanche.

Le Führer sera tout aussi cruel avec la dynastie. En effet, il entend sanctionner non seulement l'Italie, mais aussi sa famille royale. Il fait arrêter la deuxième fille du roi, Mafalda, et son mari Philippe de Hesse, suspectés de trahison. Elle sera brutalisée lors de ses interrogatoires et envoyée au camp de Buchenwald, où elle mourra lors d'un bombardement, le 27 août 1944. Deux autres princesses de la maison de Savoie sont aussi arrêtées : la duchesse d'Aoste, née Anne d'Orléans, veuve du duc d'Aoste, neveu du roi emprisonné par les Britanniques après la reddition de l'armée d'Éthiopie qu'il commandait, est internée dans un camp de concentration en Autriche avec ses deux filles Marguerite et Marie-Christine, et sa belle-sœur Irène de Grèce, épouse du duc de Spolète (Aimone de Savoie, le très fugace Tomislav II, roi de Croatie). Heureusement, ces deux princesses seront libérées par les Alliés en 1945. Le roi Victor-Emmanuel III et la reine seront très affectés par cette tragédie familiale.

La guerre n'est pas encore finie. Le 12 septembre, Mussolini, alors captif au Gran Sasso, dans les Abruzzes, est libéré par un commando allemand. Exfiltré à Vienne, puis à Munich, il y retrouve sa famille qui a, elle aussi, été libérée par les Allemands. L'ancien Duce n'a aucune envie de reprendre le pouvoir, mais Hitler a d'autres projets pour lui. Il exige qu'il prenne à Salo, une ville des bords du lac de Garde, la tête d'un nouvel État fasciste dénommé « République sociale italienne ». L'Italie se trouve donc avec deux gouvernements : l'un fasciste, au nord, sous la botte allemande ; l'autre royal, au sud, avec un monarque protégé par les Alliés. Le pays va être le théâtre d'épouvantables règlements de comptes et d'opérations militaires longues et cruelles. La réaction des troupes allemandes rend la reconquête des Alliés extrêmement difficile. Pendant ce temps, Victor-Emmanuel III se rassure, nullement étonné d'être encore roi malgré ce chaos national. La longévité de son règne est déjà remarquable : quarante-trois ans. Il fait partie des rares souverains déjà en place avant 1914. Mais malgré l'arrestation du Duce qu'il a ordonnée, sa monarchie est discréditée. Va-t-il tenir ?

Hitler fait une nouvelle victime : le roi Boris III de Bulgarie

Ce souverain, qui avait bénéficié territorialement de la générosité de Hitler, était aussi devenu son affidé. Mais l'opération *Barbarossa* de juin 1941 lui avait posé un problème de conscience : la Bulgarie doit son existence à la Russie et des liens particuliers avaient toujours existé entre ces deux pays orthodoxes. Le roi refuse donc de déclarer la guerre à l'Union soviétique, mais Hitler ne desserre pas son étau et, en décembre 1941, il demande à Boris III d'entrer en guerre contre la France et le Royaume-Uni. Le Führer exige aussi que le monarque applique les lois antijuives en Bulgarie. Boris III tente de gagner du temps en déclarant que « le palais désapprouve ces mesures ». Grâce au nonce apostolique à Istanbul, il réussira à obtenir des visas pour la Palestine en faveur des juifs bulgares.

Si le roi a des contacts avec le nonce à Istanbul, ce n'est pas seulement pour cette raison : c'est aussi pour tenter de prendre des contacts avec les Alliés. En effet, depuis le débarquement allié en Afrique du Nord et la défaite allemande de Stalingrad, le vent a tourné. L'opinion publique bulgare se réjouit de l'échec hitlérien à Stalingrad. De plus, des sabotages et des attentats se succèdent contre des officiers bulgares pronazis. Pour Hitler, c'en est trop ! Le 14 août 1943, il convoque le roi Boris III dans son quartier général de Prusse-Orientale, « le repaire du loup ». Ce n'est pas leur première rencontre. À plusieurs reprises, le souverain s'était rendu à Berchtesgaden. Mais cette fois, Hitler est violent. Il exige des preuves tangibles de soutien, notamment une participation active de l'armée bulgare aux opérations militaires du Reich. Boris III refuse et reprend son avion pour Sofia.

Mais deux semaines plus tard, ce roi énergique, rusé, apparemment en pleine santé, âgé seulement de 49 ans, succombe à des crises cardiaques. Sa mort survient le 28 août 1943 dans son palais de Sofia, deux jours après un communiqué du palais indiquant que le roi était souffrant. Cette mort brutale n'a jamais été élucidée. A-t-il été empoisonné par l'oxygène du masque qu'il avait dû appliquer sur son visage lors de son voyage du retour, alors que l'appareil avait pris trop d'altitude ? A-t-il été empoisonné après ? Il est impossible de ne pas faire un rapprochement entre ce décès inattendu et son dernier entretien, houleux, avec Hitler. Les obsèques ont lieu le 5 septembre à Sofia, dans la cathédrale Saint-Alexandre-Nevski, en présence de la famille royale, des membres du corps diplomatique et des maisons civile et militaire. Après la cérémonie, un cortège traverse la ville endeuillée pour accompagner la dépouille de Boris III à la gare de Sofia. De là, elle est transportée par train spécial jusqu'au monastère de Rila, le plus célèbre et le plus beau du pays, où a lieu l'inhumation. Son père, l'ancien et premier roi de Bulgarie, qui s'était autoproclamé « tsar des Bulgares » en 1908, puis avait abdiqué en faveur de Boris en 1918, vit toujours, retiré à Cobourg, le berceau de sa famille. Il n'aura pas assisté aux funérailles de son fils[25]. La reine Jeanne, fille du roi d'Italie, pleure un époux aimé. Elle se retrouve veuve avec deux jeunes enfants, sa fille Marie-Louise, âgée de 10 ans, et le prince héritier Siméon, qui en a 6. Pour le petit roi Siméon II, il faut évidemment une régence. Ce sera encore un triumvirat : son oncle, le prince Cyrille de Bulgarie, le président du Conseil Bogdan Filov et le ministre de la Guerre, le général Nikolaï Mihov. La régence s'annonce difficile. Entre un IIIe Reich qui subit de lourds échecs, mais reste encore terriblement efficace, et une armée Rouge revigorée par Stalingrad, avec un Staline à l'appétit d'ogre, l'avenir de la Bulgarie s'annonce compliqué.

George VI interdit à Churchill de participer au débarquement du 6 juin 1944

Lors d'une réunion à Downing Street, où l'on sert des sandwiches dont le foie gras « a un goût de sciure », le roi se concentre sur la préparation de l'opération *Overlord*, le débarquement tant attendu. Sa Majesté conçoit l'idée de se trouver avec Churchill à bord d'un des navires de l'armada rassemblée. Mais devant les risques qu'implique l'entreprise, le roi y renonce. Le Premier ministre, d'humeur conquérante et sentant la victoire au bout de son cigare, maintient son intention d'être embarqué sur un croiseur. Tout un après-midi, le plan est revu, discuté, analysé, pesé. Le secrétaire du roi, d'habitude d'un flegme viscéralement *british*, montre soudain son irritation – ce que personne n'avait jamais constaté chez cet homme qui conservait son impassibilité à l'annonce des pires désastres.

Le roi :

— Votre visage ne cesse de s'allonger...

Le secrétaire :

— Sire, je pensais que cette idée ne vous faciliterait pas la tâche, s'il vous fallait trouver un nouveau Premier ministre en plein débarquement.

Churchill :

— Oh ! Tout est prévu !

Et Winston, déchaîné, relate ses innombrables déplacements aux États-Unis, au Moyen-Orient, à Moscou, à Téhéran. George VI réplique que si ces voyages avaient été nécessaires pour des raisons stratégiques, cette fois les dangers sont immenses et il est tout à fait inutile de prendre des risques. Le Premier ministre, qui tient à participer à ce qui sera largement *sa* victoire, refuse de s'incliner. Le roi regagne son palais « très contrarié de la façon égoïste dont le Premier ministre envisage le problème ».

L'amiral Ramsay, commandant en chef des forces navales de l'opération, supplie le roi d'écrire à Churchill pour l'implorer de ne pas faire cette folie. Immédiatement, George VI adresse une lettre au lion entêté, comprenant ses motivations personnelles, mais lui rappelant son devoir d'État : « S'il vous plaît, considérez mon point de vue. Je suis plus jeune que vous, je suis un marin et, en qualité de roi, je suis à la tête des trois armes. Il n'y a rien que je souhaiterais plus que d'être en mer, mais j'ai décidé de rester ici. Ne serait-il pas normal que vous souhaitiez faire ce que j'aurais aimé faire moi-même[26] ? » Churchill ne répond pas. Il est déjà dans un train qui doit le conduire au quartier général d'Eisenhower, à Portsmouth. Lorsqu'il l'apprend, George VI téléphone à son secrétaire, l'informant qu'il a l'intention de rattraper le Premier ministre en voiture afin de l'empêcher de poursuivre son projet hasardeux. Le secrétaire obtient Churchill au téléphone dans son train : quel soulagement d'entendre celui-ci répondre qu'il se sent « obligé de déférer aux souhaits de Sa Majesté et à ses ordres » ! En fait, Churchill est furieux, même s'il se montre apaisé. Après tant d'années de courage et d'obstination, on imagine sa frustration. Il se vengera en se rendant le premier sur les plages de Normandie, le 12 juin, six jours après le débarquement, pour féliciter Montgomery. Et le jour suivant, au déjeuner du mardi avec le roi à Buckingham Palace, c'est, cette-fois, Churchill qui donnera au roi… la permission de se rendre sur les plages, ce qu'il fera le 16 juin !

À Naples, George VI veut surtout éviter de rencontrer le roi d'Italie !

C'est le général Alexander qui a le commandement des troupes en Italie. Il a remplacé le glorieux « Monty » (Montgomery) envoyé sur le débarquement. Alexander craint que le spectaculaire débarquement en Normandie n'occulte la campagne d'Italie, peut-être moins grandiose, mais tout aussi meurtrière. La bataille de Monte Cassino avait duré six mois et le 5 juin, la veille du débarquement, Rome avait été libéré. Cette campagne est aussi un succès, et George VI tient à aller sur place pour féliciter Alexander et lui dire sa reconnaissance. Le roi séjourne dans les environs de Naples du 23 juillet au 3 août 1944. Il s'installe à la Villa Emma, celle-là même où l'amiral Nelson avait rencontré lady Hamilton en 1798. Tout de suite, son aide de camp, légèrement embarrassé, lui explique que si le roi d'Italie lui fait passer le moindre message lui disant qu'il souhaite le rencontrer, il ne devrait surtout pas répondre avant d'en avoir informé ses ministres. En effet, les Américains commencent à être exaspérés par Victor-Emmanuel III qui est venu s'installer à Naples sans même les avoir prévenus. Ils n'ont aucune confiance en lui, souhaitent le voir s'en aller et le remplacer par son fils Umberto, le prince de Piémont. Les Anglais sont moins radicaux, assez émerveillés par « les qualités d'anguille » du roi d'Italie. L'âge n'a en rien atténué son habileté de négociateur et sa subtilité d'esprit. Bref, l'entourage de George VI n'a qu'une peur : que le roi d'Italie ne parvienne à manipuler le souverain britannique à son avantage. Il en est capable !

Le séjour de George VI se déroule bien, avec des revues des troupes. Il revient à Naples le 31 juillet pour sa dernière nuit à la Villa Emma. Pour cette soirée, le roi, détendu, et souhaitant honorer la bataille de Trafalgar et le séjour de Nelson à Naples, invite son état-major à assister à la projection du film *Lady Hamilton* (1941), avec Laurence Olivier et Vivian Leigh, le film préféré de Winston Churchill. À 5 h 30 du matin, la patrouille gardant la Villa Emma remarque deux personnages sur un petit bateau de pêche, près de la Villa. On interroge ces pêcheurs matinaux. Ils expliquent qu'ils sont… le roi et la reine d'Italie ! Cette dernière, royale, tend à l'officier qui l'interroge une carte de visite sur laquelle il peut lire « Sa Majesté la reine d'Italie ». La carte est transmise, à son réveil, à George VI, qui reprend bientôt son avion. Il ne risque plus de rencontrer les monarques italiens. Ouf !

Le roi d'Italie va-t-il conserver son trône ?

À Rome, un retour de Victor-Emmanuel III n'est pas à l'ordre du jour. Il est décrié par son trop long soutien à Mussolini et sa fuite précipitée de la capitale vers le sud. Les Américains le poussent à transmettre sa couronne fragile à son fils Umberto. Bien que celui-ci et son épouse Marie-José forment un très beau couple, leur mariage est un échec. Dès l'été qui avait suivi leur union en 1930, le prince de Piémont trompait sa femme avec l'actrice américaine Jeanette MacDonald – la première d'une longue série d'aventures extraconjugales. Les époux s'estiment mutuellement, mais n'ont finalement que peu de choses en commun. Néanmoins, Marie-José tient son rôle de princesse héritière. Elle a donné à la Couronne quatre enfants, un prince et trois princesses : Maria-Pia en 1934, Victor-Emmanuel en 1937, Marie-Gabrielle en 1940 et Marie-Béatrice en 1943. À la fin de cette même année, Marie-José, lassée de ses échecs dans le domaine politique, part pour la Suisse avec ses enfants. Elle rentrera en Italie en 1945 pour reprendre sa place auprès de son mari.

Le roi finit par céder aux sollicitations pressantes des Alliés et de son gouvernement, mais pas complètement, comme d'habitude : en juin 1944, il nomme son fils Umberto lieutenant général du royaume. Un premier pas vers l'abdication du souverain régnant depuis 1900, le seul ayant été chef d'État les deux guerres mondiales, un record ! L'étau se resserre autour de l'Allemagne – ce qui ne l'empêche pas de lancer une offensive dans les Ardennes : les armées alliées progressent sur le front de l'ouest et en Italie, tandis que les troupes soviétiques submergent l'est de l'Europe ; 1945 sera l'année de la défaite du Reich.

8 mai 1945 : à Londres, le triomphe de George VI, de sa famille et de Churchill

La paix revenue après la victoire, dans Londres ravagé par les terrifiants V1 et V2 lancés par Hitler contre la maudite Albion qu'il n'avait pu dompter, le peuple attend la famille royale au balcon de Buckingham Palace. Une foule gigantesque s'est massée sur tout le Mall et devant la résidence des souverains. Des cris fusent : « Nous voulons le roi ! », scandent les Londoniens. Apparaissent, de gauche à droite : la princesse héritière Elizabeth, en uniforme, car elle s'était engagée comme ambulancière et mécanicienne d'ambulance, devenue experte en réparations diverses ; la reine, le bras droit levé, gantée et chapeautée d'une plume ; Churchill (arrivé en retard, comme souvent, mais cette fois c'est peut-être par courtoisie), souriant, sa chaîne de montre barrant son gilet ; le roi, toujours en uniforme bien sûr, qui salue haut la main ; enfin, la princesse Margaret, en robe claire.

La reine est particulièrement acclamée. On sait qu'en l'absence du roi, lors de ses innombrables voyages, en sa qualité de conseiller d'État, elle recevait les adresses du Parlement et signait certains actes officiels. On a aussi appris son courage. Un soir, un déserteur avait réussi à s'introduire à Windsor au moment où elle s'apprêtait à prendre une collation. Il avait tenté de gagner sa sympathie ; l'homme ne paraissait pas dangereux. Sans s'émouvoir, la reine l'avait fait arrêter, en concluant sèchement cet entretien inattendu : « Je vous conseille de subir votre punition comme un homme et de servir votre patrie de même. » Depuis cet incident, Churchill, de sa voix nasillarde, ne surnommait plus la souveraine que *that valiant lady* (« cette valeureuse dame »). « Elle donnait toujours son avis, toujours empreint de bon sens », dit-il. Le respect était réciproque : il la fascinait, et la méfiance initiale d'Elizabeth s'était vite transformée en une admiration indéfectible. Elle souscrivait à l'opinion pertinente, formulée quarante ans plus tôt par lady Lytton : « Lorsqu'on rencontre Winston pour la première fois, on voit d'emblée tous ses défauts… et on passe le reste de sa vie à admirer ses qualités[27]. »

La foule, maintenue derrière les grilles du palais, entonne le *God Save the King*. Puis on entend d'autres cris d'allégresse : « Dieu soit loué ! Nous avons un bon roi ! » À cet hommage, George VI répond : « Dieu soit loué ! Nous avons un bon peuple ! » La ferveur est celle d'un couronnement dans une ville en partie dévastée, capitale toujours fière d'un royaume exsangue, mais héroïque. George VI et Elizabeth sont entrés dans l'histoire. Ils sont l'âme de la liberté et un exemple de la résistance. Le monarque, si timide autrefois, déclare : « La reine et moi avons été très émus par la gentillesse de tous. Nous avons seulement essayé de faire notre devoir durant ces cinq années et demie. » Fait exceptionnel, après avoir déserté le balcon royal, les princesses Elizabeth et Margaret se sont glissées dans la foule, sans permission ni escorte, pour crier elles aussi : « Vive le roi ! Vive la reine ! » Et à cinq reprises, George VI a rappelé le Premier ministre sur le balcon, un honneur sans précédent puisque la galerie est exclusivement réservée aux apparitions de la famille régnante.

Le glorieux retour des monarques qui ont résisté

L'indestructible Wilhelmine, reine des Pays-Bas, que Churchill avait qualifiée de « seul homme parmi tous ces chefs d'État en exil », faisait aussi l'admiration du président Roosevelt. Après les terribles bombardements qui avaient frappé sa résidence aux environ de Londres, elle avait déclaré : « Je tiendrai encore dix ans s'il le faut ! » Avant même l'armistice du 8 mai 1945, et malgré les conseils de prudence qu'on lui avait dispensés, la reine débarque en mars 1945 à Eindhoven, la première ville des Pays-Bas qui ait été libérée. Une foule l'attend pour l'acclamer, mais il est encore trop tôt pour gagner Amsterdam et La Haye, car les Allemands y sont toujours. Ce sera pour le 2 mai... La population lui réserve un véritable triomphe. Sa fille la princesse Juliana, le mari de celle-ci, le prince Bernhard de Lippe, que la reine avait promu commandant en chef des Forces de la Résistance, et leurs trois filles sont auprès d'elle. Le prince Bernhard, s'il fut loyal pour le pays de son épouse, le fut un peu moins à l'égard de cette dernière qu'il trompa allégrement, y compris à Londres.

La grande-duchesse de Luxembourg, Charlotte, n'avait pas démérité non plus. Si elle charma Roosevelt, ce fut certes par son énergie, comme Wilhelmine, mais également par sa grâce et son élégance, qui n'étaient certainement pas les premières qualités de la souveraine néerlandaise. La très courageuse Charlotte rentra à Luxembourg le 15 avril, retrouvant son mari et son fils le grand-duc Jean qui avait participé au débarquement sous les ordres d'Eisenhower. Le grand-duché avait souffert de la dernière grande bataille de la guerre, celle des Ardennes. La chaleur de l'accueil ne fut pas seulement pour la souveraine, mais aussi pour l'héritier du trône, couvert de gloire, dans lequel les Luxembourgeois mettaient tous leurs espoirs pour l'avenir.

À Londres, en 1944, le roi Haakon VII de Norvège avait nommé son fils, le prince héritier Olav, commandant suprême des Forces norvégiennes libres. C'est en vainqueur qu'il rentre à Oslo le 13 mai 1945. Le bonheur des Norvégiens est indescriptible. Le 7 juin, c'est Olav qui accueille son père, de retour de Londres, au balcon du palais royal. Ce monarque exilé depuis cinq ans, âgé de 73 ans, avait été destitué par un Parlement fantoche aux ordres des nazis. L'insulte est effacée. Le roi n'avait jamais abdiqué, il était toujours le premier dans le cœur des Norvégiens.

Au Danemark, le roi Christian X n'a pas à vivre un retour triomphal, puisqu'il n'est jamais parti ! Il a simplement à fêter, au milieu de ses sujets, la libération de son pays, lui qui avait toujours cru que la fermeté et le courage étaient la meilleure façon de résister à l'occupation, lui qui n'avait jamais accepté d'escorte lorsqu'il traversait à cheval Copenhague occupée, disant :

— Les Danois sont mes gardes du corps.

Quant à la Suède, elle n'a pas à être libérée, puisqu'elle n'a jamais été occupée. Gustave V et sa famille avaient géré cette période sans gloire et sans compromissions excessives au nom de la neutralité et du pragmatisme, même si des soupçons entachent la réputation du prince héritier Gustave VI Adolphe (père de l'actuel roi Charles XVI Gustave), surnommé « le prince allemand ». En dépit de démentis et de protestations, il ne parviendra pas à se débarrasser de cette ombre jusqu'à son décès accidentel, en 1947. L'économie du pays n'avait pas trop souffert. Un seul membre de la famille s'est courageusement distingué dans cette sombre période : le comte Folke Bernadotte, neveu du roi. En 1939, il avait pris la direction des scouts suédois. Vice-président de la Croix-Rouge suédoise depuis 1943, il a obtenu de Himmler, au printemps 1945, la libération de plusieurs milliers de déportés scandinaves et juifs. À l'insu de Hitler, Himmler essaya ensuite, avec l'intercession du comte Bernadotte, de faire admettre par Churchill l'idée d'une capitulation séparée de l'Allemagne[28].

Léopold III, le roi qui s'est trompé, est déporté en Allemagne

Le 7 juin 1944, le lendemain du débarquement allié en Normandie, le roi des Belges et sa famille subissent la colère de l'Allemagne. Depuis plusieurs mois, les princes vivaient dans la résidence de Ciergnon. Leur père n'a pu les embrasser avant que le colonel allemand Werner Kiewitz, responsable de la surveillance du roi à Laeken depuis 1940, le contraigne à partir. Après avoir émis une « protestation énergique » contre son transfert, le souverain a pris la route dans un convoi de camions militaires escorté de motocyclistes. Le major SS Bünting a ensuite averti la princesse Lilian de Réthy qu'il avait l'ordre de l'emmener elle aussi, ainsi que les enfants. La princesse a réagi violemment, furieuse qu'on considère les enfants comme des prisonniers de guerre et protestant car les princes ne sont pas en état de voyager : Baudouin vient d'avoir la scarlatine et Albert a les oreillons. Regroupée, la famille est captive au château de Hirschstein jusqu'au 7 mars 1945, puis libérée par les Américains qui ne savent pas exactement quoi faire du roi Léopold. Ils le conduisent avec les siens en Autriche.

Entre-temps, le 21 septembre 1944, son frère cadet, l'éternel second, le prince Charles, a été nommé régent du royaume devant les Chambres réunies. Il a prêté serment devant le cardinal Van Roey, primat de Belgique. Dans son discours, le régent Charles s'est placé sous le signe de la continuité de la monarchie, en déclarant : « J'aspire à l'heure où nous le verrons, lui aussi libéré, avec nos prisonniers, avec nos déportés, où nous le verrons prendre les pouvoirs constitutionnels qui lui appartiennent. » Mais le régent s'impose au niveau international et c'est lui, l'anticonformiste, qui sauve la couronne de Belgique, car l'opinion est très divisée sur un éventuel retour de Léopold III. Aux yeux des socialistes, si Léopold III revenait en Belgique, il devrait abdiquer, ce qui, de sa part, « serait le témoignage irréfutable d'une abnégation totale ». De révélations en accusations, d'explications politiques en jugements sur la vie privée du roi et son remariage, le fossé se creuse autour ce qu'on appelle désormais « la question royale ». Elle agite le royaume pendant cinq ans.

Autorisé par le Parlement deux jours plus tôt, le 22 juillet 1950, Léopold III revient à Bruxelles. Son frère, le régent Charles, très amer, doit s'effacer alors que c'est lui qui a sauvé la dynastie. Débarquant d'un avion spécial arrivant de Suisse, le roi Léopold et ses deux fils sont attendus par le gouvernement au grand complet. Raide et le visage figé, le souverain et les princes portent un brassard de deuil, le père de la princesse de Réthy, l'ex-gouverneur Baels, étant décédé. Il était un personnage très contesté.

Cinq mille soldats et gendarmes sont postés sur le trajet jusqu'à Laeken, mais la foule est absente. Une centaine de catholiques flamands veulent acclamer le roi qui se déclare prêt à « oublier les injures ».

Après de violentes manifestations, Léopold III est contraint à l'abdication

Si le roi retrouve son pays, il a perdu sa couronne. Des affrontements sanglants ont eu lieu pendant un mois. Un demi-million de Belges ont manifesté contre le retour du roi sur le trône, lui reprochant son attitude trop conciliante envers l'ennemi, mais aussi, même si ce reproche demeure silencieux, d'avoir osé se remarier en pleine guerre et troublé le souvenir si pur de la reine Astrid. Des grèves ont éclaté dans le bassin liégeois, des bagarres ont lieu près de Laeken où l'on dénombre une soixantaine de blessés, et les gendarmes tuent trois manifestants. Curieusement, le retour du roi, qui avait été plébiscité à 57,65 % par un référendum aujourd'hui considéré comme une erreur, est ressenti comme un camouflet. Le gouvernement, qui avait rappelé le monarque, apeuré par l'émeute qui dégénère en conflit entre Wallons et Flamands, a renoncé à le défendre. Le souverain a mis cinq heures pour s'en convaincre, après avoir dit :

— Je n'abandonnerai la partie que si le gouvernement cède le premier.

Le 11 août, le roi annonce à la radio qu'il délègue ses pouvoirs à son fils, Baudouin. Le 12 août, celui-ci, hier lieutenant-général du royaume, devient prince royal. Il n'a pas tout à fait 20 ans. Mince, d'aspect fragile, le regard sérieux derrière ses lunettes, il est marqué par le drame dynastique familial. Il sera le cinquième roi des Belges[29].

À Monaco, le prince héréditaire Rainier sauve l'honneur d'un Rocher très occupé

Le 11 novembre 1942, après le débarquement anglo-américain en Afrique du Nord, la principauté est envahie par les troupes italiennes. L'autorité transalpine exige l'arrestation immédiate du consul des États-Unis, mais le prince Louis II s'y oppose avec l'énergie qu'avait montrée son père Albert Ier. Une succession d'événements à l'image des tragédies vécues par la France se déroule en principauté dans une atmosphère vaguement surréaliste. Mais le pays étant petit, les affrontements y sont plus visibles qu'ailleurs : délations, dénonciations, déchirements, déportations.

L'entrée en scène de l'Italie est suivie d'une messe à la mémoire des défunts princes de Monaco. La population se resserre autour de son souverain, Louis II, véritable, sinon seul ciment d'une identité monégasque, alors que se multiplient les retournements de veste. Ce n'est encore rien, car après l'armistice italien et l'effondrement officiel du régime fasciste, le 8 septembre 1943, les Allemands prennent la relève. Le prince, qui avait demandé à l'Allemagne de garantir son indépendance, se trouve face à une situation beaucoup plus difficile. Les jeux continuent au casino, des galas poursuivent la tradition d'une saison brillante où l'on applaudit, entre autres, Maurice Chevalier. Le prince Louis II refuse de paraître à ces réjouissances, furieux que l'Hôtel de Paris soit devenu le siège de la Gestapo. Il cache des juifs. Mais comment résister avec seulement quelques carabiniers ? Est-ce sa faute si la France est occupée ? Il ne peut empêcher la création de Radio Monte-Carlo, avec des fonds allemands, dont l'émetteur sera en territoire français. Monaco survit, avec une façade encore mondaine et des dessous moins brillants… « Le ministre d'État, Émile Roblot, favorise secrètement la création à Monaco d'une officine allemande, filiale occulte de la Reichsbank, où certains nazis pourront mettre leurs magots à l'abri, dans la perspective d'une défaite prévisible[30]. » Le prince Louis II ne peut que participer financièrement à l'affaire.

Le Rocher est libéré par les Américains le 3 septembre 1944. Trois jours plus tard, le prince Louis II, dans son uniforme français de général de division, passe en revue les FFI sur la place du palais. En se retirant, les Allemands font sauter le dépôt de munitions de Fort-Antoine. Les premières rations de chocolat, de chewing-gums et de conserves sont distribuées au passage de Cap-d'Ail. On revit, on a tort : les derniers mois de 1944 sont terribles entre les bombardements, les explosions et les torpillages des sous-marins de poche. Un Comité de libération, noyauté par des communistes, propose à Raymond Aubrac, commissaire de la République à Marseille, d'annexer la principauté. Il s'en ouvre au général de Gaulle, qui lui répond : « Si vous l'aviez fait sans me le dire, je vous aurais blâmé officiellement, mais approuvé personnellement. Vous me demandez l'autorisation, je dois vous la refuser[31]. »

Prince héréditaire depuis le 1er juin 1944, Rainier s'est enrôlé. Il sert sous les ordres du général de Monsabert comme lieutenant dans le VIIe régiment de tirailleurs algériens. Sa brillante conduite durant la campagne d'Alsace lui vaut la croix de guerre et la Légion d'honneur à titre militaire. Le futur prince Rainier III aura sauvé la fierté monégasque.

Yougoslavie, Bulgarie, Roumanie : la punition des monarchies balkaniques

Contrairement à une idée reçue, ce n'est pas seulement à la conférence de Yalta (4-11 février 1945), qui réunissait un Roosevelt capricieux déjà très malade, un Churchill sans grands pouvoirs et un Staline sûr de lui, capable d'imposer ce qu'il voulait, recevant ses hôtes dans l'ancien palais du tsar Nicolas II à Livadia, que le partage de l'Europe a été scellé. Quelques mois plus tôt, à Moscou, entre le 9 et le 19 octobre 1944, Churchill et Staline avaient négocié. Le résultat a été transcrit, au crayon, sur un bout de papier par Churchill. Il s'agissait de départager les zones d'influence dans les Balkans entre l'URSS et le Royaume-Uni. Staline emportait la plus grosse part du gâteau : 90 % de la Roumanie, la moitié de la Yougoslavie, la moitié de la Hongrie, les trois quarts de la Bulgarie et 10 % de la Grèce. Ce petit 10 % était la seule concession que Churchill, ayant beaucoup lâché sur les autres pays, consentait à Staline. Le Premier ministre britannique était très ferme sur le maintien de la Grèce dans la zone d'influence anglaise, car il avait toujours été persuadé qu'elle était une base essentielle pour la sécurité de la Méditerranée orientale et la protection du canal de Suez, sous contrôle franco-britannique. Cette affaire avait été discutée secrètement et le résultat serait évidemment désastreux pour les royautés balkaniques, à l'exception de la Grèce.

Le jeune roi Pierre II de Yougoslavie, après son coup d'éclat contre Hitler, avait donc gagné Londres en 1941. Il était tombé amoureux de la fille du défunt roi Alexandre Ier de Grèce (mordu par un singe !) et d'Aspasie Mános, la princesse Alexandra de Grèce. Le roi George VI avait beaucoup d'affection pour son filleul et ne voyait aucun inconvénient au mariage, contrairement à « Mignon », la mère du jeune Pierre II, veuve d'Alexandre Ier de Yougoslavie. On envoya Pierre II quelque temps au Caire afin de sonder la profondeur de ses sentiments. Quand le souverain et le Foreign Office furent certains de son amour pour Alexandra, leur union fut célébrée à Londres, le 20 mars 1944, George VI étant le témoin du jeune monarque yougoslave.

Le roi Pierre II espérait toujours que les Britanniques l'aideraient à récupérer son trône. Le 17 juillet 1945, la reine Alexandra donne naissance à un fils, Alexandre, dans une chambre de l'hôtel Claridge's, que le roi George VI et Churchill avaient fait déclarer « territoire yougoslave » – un joli geste. Ce bonheur privé allait être suivi d'une lourde déception politique. En effet, le 7 mars 1945, un gouvernement provisoire s'était mis en place à Belgrade, présidé par Tito, fortement soutenu par Staline. Pour ne pas froisser les Britanniques, plusieurs postes avaient été confiés à des royalistes ; Pierre II espérait encore. Très rapidement, Tito institua un régime trop autoritaire, pourchassant les opposants au parti communiste. Une fois que ce fut fait, il organisa, le 11 novembre 1945, des élections générales où les communistes obtinrent 90 % des suffrages. Le 29 novembre suivant, l'Assemblée constituante proclama la République. Pierre II ne pourrait pas revenir de son exil. George VI fut extrêmement embarrassé par cette situation. Pierre II n'abdiqua jamais et partit s'installer, avec sa famille, aux États-Unis.

En Bulgarie, la régence exercée par un triumvirat – dont le prince Cyrille, oncle du jeune souverain Siméon II, âgé de 7 ans, faisait partie – voit, avec horreur, les Soviétiques succéder aux Allemands : l'armée Rouge envahit le pays le 9 septembre 1944. Un Front patriotique manipulé par les communistes s'empare du pouvoir. Les procès politiques et les exécutions commencent, inaugurant une triste et longue série. Les premières victimes en seront les régents, les ministres et les officiers généraux. Cette violente prise de pouvoir inquiète les Américains qui exigent l'organisation d'élections libres. Des élections auront lieu, mais elles ne seront pas libres. En novembre 1945, le Front patriotique obtient 85 % des voix. Le 8 septembre 1946, une consultation organisée sur les institutions, totalement truquée, fera de la Bulgarie une république, avec 92,7 % des suffrages. Le jeune roi Siméon II a 9 ans ; il part en exil avec sa mère, la reine Jeanne ; tous deux s'installent en Égypte.

Depuis sa deuxième accession au trône en 1940, le jeune roi Michel Ier de Roumanie avait laissé le pouvoir entre les mains de son Premier ministre Antonescu. Ce dernier prendra la fâcheuse décision de se ranger aux côtés de l'Allemagne lors de l'opération *Barbarossa* : l'armée roumaine participe à l'invasion de l'Union soviétique. Elle en paiera un lourd tribut : 147 000 soldats tués et 180 000 prisonniers. Au printemps 1944, ce choix se retourne contre la Roumanie, puisque l'armée Rouge arrive aux frontières roumaines. À ce moment, Michel Ier décide de renvoyer Antonescu qui refuse de signer l'armistice. À la radio, le roi lit une déclaration solennelle : « En cette heure particulièrement difficile de notre histoire, j'ai décidé, en accord absolu avec mon peuple, qu'il n'y avait qu'un seul moyen de sauver notre pays de la catastrophe : renoncer à notre alliance avec les puissances de l'Axe et mettre immédiatement fin à la guerre contre les Alliés. »

Le 31 août 1944, les Soviétiques envahissent la Roumanie et, le 12 septembre, l'armistice est officiellement signé entre le royaume de Roumanie et l'URSS. En fait, les communistes vont petit à petit s'emparer du pouvoir. En mars 1945, Michel tarde à reconnaître le nouveau gouvernement présidé par un fidèle de Staline. On appelle cette période « la grève royale ». Il sera obligé de céder. Sa situation est intenable. Néanmoins, en novembre 1947, il se rend à Londres pour assister au mariage de sa cousine, la princesse héritière britannique Elizabeth avec le prince Philippe de Grèce, célébré le 20 novembre, devant un parterre royal soigneusement épuré de tous les cousins, notamment allemands, qui ne s'étaient pas bien conduits au cours des années précédentes ; ce seront néanmoins des noces fastueuses qui marquent la première réjouissance royale et populaire depuis la fin de la guerre. À ce mariage, Michel rencontre celle qui va devenir sa femme, la princesse Anne de Bourbon-Parme.

Le retour à Bucarest est une douche froide après cet intermède heureux. Le cabinet roumain demande à Michel d'abdiquer en lui proposant une rente confortable. D'après le roi, on lui imposa alors un affreux chantage, le menaçant d'exécuter plusieurs étudiants s'il ne se soumettait pas. Il part en exil, d'abord pour Londres, puis la Suisse. Trois monarchies balkaniques viennent de disparaître. Le rideau de fer est déjà tombé sur l'Europe centrale.

Umberto II et Marie-José, ou la fin du royaume d'Italie

À la tête de sa République sociale de Salo, soutenue par Berlin, Mussolini avait commencé, lors du procès de Vérone en janvier 1944, par faire juger et exécuter les principaux membres du Grand Conseil fasciste qui avaient voté contre lui, y compris son gendre, Ciano. Une redoutable vengeance qui ne va pas lui porter chance. Au printemps 1945, alors que le front allemand s'effondre, l'ancien Duce va tenter de passer en Suisse en compagnie de sa maîtresse, Clara Petacci. Arrêtés au bord du lac de Côme le 28 avril 1945, ils sont rapidement exécutés le lendemain et, comble de l'horreur, leurs corps, ramenés à Milan, sont exposés Piazza Loreto, suspendus par les pieds, à des crocs de boucher. Il n'y a plus qu'un seul gouvernement en Italie, celui qui a conclu l'armistice avec les Alliés. Sous leur pression, le roi Victor-Emmanuel III, ce petit moustachu grand collectionneur numismate, finit par signer son acte d'abdication le 9 mai 1946. Il s'exilera avec la reine en Égypte, à Alexandrie où il mourra en 1947. Son fils, le prince de Piémont, devient roi d'Italie sous le nom d'Umberto II. Il s'installe au Quirinal avec la reine Marie-José, revenue de Suisse, et leurs enfants. Leur situation n'est pas confortable. La monarchie a été dévoyée. Il est trop tard pour la sauver. Un référendum est organisé le 2 juin 1946.

Le résultat, proclamé le 5 juin à minuit, donne 12 millions de voix pour la république et 10 millions pour la monarchie. Le roi Umberto demande à son aide de camp de préparer sa famille pour l'exil. Marie-José et leurs quatre enfants partent d'abord sur un bâtiment de la marine de guerre italienne, le *Duca degli Abruzzi.* L'ex-roi les rejoindra par avion à Lisbonne, le 13 juin. Pour l'histoire et pour l'Italie, Marie-José restera « la reine de mai ». Ils changeront plusieurs fois de résidence à Cascais, aux environs de Lisbonne. Ils se fixeront finalement à la Villa Italia en bord de mer, disposant d'un grand jardin qui fera le bonheur des enfants.

Le roi détrôné d'Italie retrouve plusieurs compagnons d'infortune, partageant avec lui leur exil portugais : Carol II de Roumanie et sa femme Magda, qu'il a épousée religieusement ; le comte et la comtesse de Paris et leurs enfants ; et bien sûr, don Juan d'Espagne et sa famille. La fin du royaume d'Italie n'était sans doute pas inéluctable. Le référendum avait été organisé à la hâte dans un pays en plein désordre où beaucoup d'électeurs n'ont même pas pu se déplacer pour voter. Mais les Savoie acceptèrent le choix du peuple italien. Avec une certitude : l'après-guerre ne serait facile dans aucun pays d'Europe.

La Grèce, comme d'habitude, acclame le retour de son roi !

L'effondrement du Reich a entraîné le départ des troupes allemandes de Grèce et, dès octobre 1944, le gouvernement grec en exil à Londres peut regagner Athènes. Mais la situation est tendue. Les communistes sont très puissants. Ils réclament le pouvoir et Staline ne se sent pas tellement tenu par le bout de papier sur lequel Churchill lui avait écrit que Moscou n'aurait que 10 % de la Grèce. En revanche, ledit Churchill a déjà mauvaise conscience d'avoir abandonné la Yougoslavie à Tito et va mettre un point d'honneur à sauver la monarchie hellénique. Il débarque à Athènes le 25 décembre 1944, alors que la guerre civile fait rage. Le Premier ministre de George VI réunit tous les parties hostiles, exige qu'ils déposent les armes et fait nommer régent le métropolite d'Athènes, monseigneur Damaskinos. Celui-ci est chargé d'organiser un référendum pour savoir si les Grecs veulent toujours la monarchie. Cette consultation est organisée le 1er septembre 1946. Ce n'est pas un razde-marée, mais la royauté obtient tout de même plus de 65 % des suffrages.

À la fin du mois de septembre, quatre destroyers ramènent à Athènes la famille royale grecque. La population athénienne ovationne le roi Georges II (qui en a vu et entendu d'autres !), mais la situation intérieure ne s'est guère améliorée. Le surprenant désaveu électoral de Churchill, remplacé par le travailliste Clement Attlee, va rendre la Grande-Bretagne, en pleine reconstruction elle aussi, moins soucieuse de soutenir financièrement la Grèce. Le président américain Truman décide de se substituer au Royaume-Uni et de financer le redressement de la Grèce.

Georges II s'éteint le 1er avril 1947, à 57 ans. Son héritier est son frère, le prince Paul, qui devient roi de Grèce. Son épouse Frederika, qui lui a donné trois enfants (Sophie, le prince héritier Constantin et Irène), est une petite-fille de Guillaume II et une descendante de la reine Victoria. En 1949, peut-être en partie grâce à l'aide américaine, les forces gouvernementales écrasent définitivement les communistes aux monts Gramos. Le ciel politique s'éclaircit. La droite gagne les élections en 1952 et le roi Paul Ier charge le maréchal Papágos, Premier ministre très populaire, de redresser le pays. Il y parvient, toujours grâce, en partie, à l'aide américaine.

L'atmosphère est plus sereine et la reine Frederika a une idée tout à fait digne de son ancêtre la reine Victoria. Elle a raconté elle-même que, sollicitée en 1954 par un armateur grec pour être la marraine d'un paquebot qui porterait son nom, elle lui avait répondu qu'elle accepterait volontiers, à condition qu'elle ne fût pas remerciée, comme le voulait l'usage, par un bijou, mais plutôt par la possibilité d'organiser une croisière à laquelle seraient invitées toutes les familles royales d'Europe. La reine Frederika s'est expliquée sur ses motivations ; elles étaient doubles. La première était de faire connaître la Grèce au monde entier grâce à la publicité donnée à telle réunion du Gotha sur un bateau. Elle pressentait que le tourisme en Grèce avait un bel avenir. La seconde raison était peut-être une nostalgie des croisières de souverains d'avant 1914 où chaque monarque avait son yacht et lançait des invitations à ses cousins. Aucune réunion familiale de ce rang n'avait eu lieu depuis 1913.

Le généreux armateur fournit un bateau baptisé *Agamemnon*. La croisière eut lieu en mer Égée, du 23 août au 3 septembre 1954 ; elle rassembla cent personnalités du Gotha européen issues de familles souveraines ou anciennement souveraines. On la surnomma « la croisière des rois ». Elle eut un immense succès. Les journaux publièrent les photos des princes en maillots de bain, ou se promenant en short sur les sites archéologiques. De la part de la reine Frederika, il y avait peut-être aussi l'idée que quelques idylles s'ébaucheraient, prometteuses de mariages assortis. Il est vrai que c'est sur ce bateau que le prince Juan Carlos d'Espagne rencontra la princesse Sophie de Grèce. Ils avaient tous les deux 16 ans. Bien plus tard, ils deviendraient roi et reine d'Espagne.

L'Europe des rois pouvait encore exister.

Conclusion

Les monarchies du XXIe siècle : une réalité et une nostalgie

La question est simple et la réponse évidente : quel est le point commun entre la Belgique, le Danemark, la Suède, la Norvège, les Pays-Bas, le Luxembourg, le Liechtenstein, Monaco, l'Espagne et la Grande-Bretagne ? Tous ces pays sont régis par une royauté héréditaire, souvent depuis des siècles. Dix États, dont sept membres de l'Union européenne, sont des monarchies constitutionnelles ou parlementaires qui ont triomphé des bouleversements gigantesques du XXe siècle. La Première et la Seconde Guerre mondiale ont vu respectivement l'écroulement de quatre empires (Allemagne, Russie, Autriche-Hongrie, Ottoman) et de quatre royaumes (Italie, Yougoslavie, Roumanie, Bulgarie). Le cas de l'Espagne est à part, puisqu'elle était neutre dans les deux conflits et que la restauration est effective depuis 1975. Celui de la Grèce est également unique : la seule monarchie balkanique ayant survécu à la Seconde Guerre mondiale, avec le soutien très appuyé des Britanniques, puis des Américains, n'a pas résisté aux aléas, particulièrement destructeurs, de la politique grecque.

Après la mort du roi Paul Ier en 1964, Constantin II semblait commencer son règne sous les meilleurs auspices. Son mariage, six mois après la mort de son père, avec la princesse Anne-Marie de Danemark, avait été célébré dans l'enthousiasme populaire. La naissance d'un fils en 1967, le diadoque Paul, semblait consolider la dynastie. En avril 1967, le coup d'État des colonels pour contrer un éventuel putsch d'extrême gauche créait une situation délicate. Le roi pensait que le peuple se soulèverait contre les officiers. Il n'en fut rien et la dictature des colonels reçut même le soutien des États-Unis. Constantin tenta un autre coup d'État le 13 décembre 1967. Ce fut un échec qui le contraignit, le lendemain, à quitter la Grèce avec sa famille. Il y eut d'abord un exil romain, le monarque déchu espérant toujours un retour à Athènes, car l'histoire grecque contemporaine est jalonnée de souverains destitués qui, quelques années plus tard, faisaient un retour triomphal ! Mais la république s'était solidement installée en Grèce.

Si le principe royal reste encore un modèle efficace aujourd'hui, c'est probablement par la façon dont une dynastie remplit sa fonction. Un royaume, un grand-duché ou une principauté ne sont pas soumis aux aléas des élections d'un chef d'État, à la durée d'un mandat ou à son renouvellement. La vie politique est plus simple que dans une république, puisque si le gouvernement change au gré de l'humeur des électeurs, le sommet de l'État n'est pas remis en question. Sauf révolution… Le souverain, quels que soient ses pouvoirs, décède sur le trône ou abdique, en raison de son âge et (ou) de sa santé, en ayant, le plus souvent, bien préparé son successeur.

Ces dernières années ont été très chargées pour l'Europe couronnée. La monarchie britannique a enfin pu conjurer les années du « cauchemar Diana » avec l'immense ferveur qui a entouré le mariage, le 29 avril 2011, de William et Kate, suivi par deux milliards de téléspectateurs (un record !) dans cent quatre-vingts pays. La naissance, le 22 juillet 2013, du *royal baby* tant attendu, premier enfant du duc et de la duchesse de Cambridge, a inspiré au Premier ministre, David Cameron, cette réflexion : « C'est un moment important pour la nation », preuve de l'osmose entre la famille régnante et la vie politique du pays. Une relation étroite, mais qui a souvent été turbulente et reste sous surveillance médiatique, pour le meilleur et pour le pire. Et, trois mois plus tard, le baptême de George a permis de fixer une image historique : pour la première fois depuis 1894, quatre générations de la famille royale ont posé ensemble pour les photographes. Une telle réunion dynastique n'avait pas eu lieu depuis le règne de Victoria.

Dans d'autres pays, une nouvelle génération de souverains a été intronisée : aux Pays-Bas, le 30 avril 2013, au bout de trente-trois ans de règne, la reine Beatrix a passé le flambeau à son fils Willem-Alexander, premier mâle de la dynastie d'Orange-Nassau après trois règnes féminins. Le roi et son épouse d'origine argentine, Máxima, ont sympathiquement rajeuni la maison d'Orange-Nassau. Et après la catastrophe aérienne de juillet 2014 en Ukraine, dans laquelle plus de cinquante Néerlandais ont péri, on a vu la dignité et la sobriété du couple royal lors de la cérémonie d'hommage aux victimes.

En Belgique, le roi Philippe a succédé à son père Albert II le 21 juillet 2013, devenant le septième roi des Belges et confirmant que la Couronne est le véritable – et le seul – support unissant les Belges, en dépit de leurs divergences et antagonismes. Face aux menaces indépendantistes de certains Flamands, le roi a confirmé ce qu'il avait déjà exprimé, alors qu'il était le prince héritier en 2004 : « Ceux qui veulent détruire notre nation auront affaire à moi. Je sais être coriace. Je ne me laisserai pas marcher sur les pieds. » Comme l'avait été son père, si patient, en incarnant la stabilité de l'État en l'absence d'un gouvernement pendant dix-huit mois, le jeune souverain est un monarque fédéral, symbole vivant de la devise nationale « L'union fait la force ». Un an plus tard, c'est sous les hourras et les feux d'artifice que le couple royal a fêté sa première année de règne avec une popularité en hausse : deux Belges sur trois sont favorables à la monarchie et apprécient le travail du nouveau souverain, ainsi que les qualités de la reine Mathilde. La transition entre Albert II et Philippe Ier a été très réussie, sans une faute.

Il en a été de même en Espagne, ce qui n'était pas gagné d'avance. Le 19 juin 2014, le fils du roi Juan Carlos Ier d'Espagne, prince des Asturies, a succédé à son père sous le nom de Felipe VI. L'abdication de Juan Carlos est intervenue après trois années de discrédit de la monarchie espagnole en raison du comportement inadéquat du roi (une liaison révélée, des soupçons d'enfants naturels, un safari onéreux en Afrique). L'opinion était choquée et la popularité royale en berne. Mais si l'abdication de Juan Carlos avait eu lieu plus tôt, au plus fort de la crise, la passation de pouvoir eût pu être beaucoup plus délicate, dans un climat émotionnel à vif. En attendant que les esprits s'apaisent, Juan Carlos a rendu service à l'Espagne et à son successeur : la raison l'emportait et il était temps que Felipe et la ravissante Letizia, couple très bien assorti, soient les nouveaux souverains.

Il ne faut pas oublier que, à la surprise générale, la restauration inattendue de la monarchie en Espagne fut un succès ; le prince Juan de Bourbon avait été remarquablement préparé par Franco. Ayant prêté serment devant les Cortes le 20 novembre 1975, Juan Carlos Ier a évité à l'Espagne de céder à ses vieux démons en sombrant dans les déchirements d'une nouvelle guerre civile. Toute une nuit, apparaissant à la télévision en uniforme, le roi Bourbon s'était opposé, courageusement, à une tentative de coup d'État militaire le 23 avril 1981. Il avait appelé au téléphone chacun des commandants de garnison susceptibles de soutenir l'insurrection. Il les connaissait tous et les tutoyait. Le courage et la présence d'esprit du descendant de Louis XIV resteront dans la mémoire de l'Espagne. Il n'est pas inutile de rappeler que cette fameuse nuit où le pays pouvait sombrer dans une nouvelle révolution, le fils du roi, prince des Asturies, était à côté de son père. L'apprentissage en direct de l'autorité. Aujourd'hui, plus de trente ans après cette nuit d'angoisse, le défi de Felipe VI est de prouver à son pays que les Espagnols n'ont pas été que des « juan-carlistes », si son père a réussi la transition démocratique, le nouveau souverain devra garantir l'union nationale face aux revendications autonomistes. Ainsi, une dizaine de monarchies européennes, épargnées par les incertitudes et les surprises de l'élection républicaine, sont-elles un exemple de stabilité en des temps d'interrogations souvent sans réponses.

La chute du rideau de fer et du communisme au début des années 1990 a permis à l'Europe centrale et orientale de retrouver sa mémoire historique. À la fin de la Seconde Guerre mondiale, les héritiers de la plupart des pays de l'Est avaient été chassés du pouvoir. Ils avaient subi un exil de près d'un demi-siècle et le passé des royaumes balkaniques était effacé par des dictatures d'obédience stalinienne. Mais déjà avant le tournant du siècle, des événements, impensables au temps de la guerre froide, ont réveillé bien des souvenirs et remis en lumière des personnages de premier plan dont les familles avaient incarné, à des titres divers, l'identité européenne.

Le 12 novembre 1982, l'impératrice et reine Zita, dernière souveraine d'Autriche-Hongrie et veuve de Charles Ier de Habsbourg, revenait à Vienne après soixante-trois ans d'exil… au moment où l'on apprenait le décès de Leonid Brejnev. C'est grâce à l'autorisation du chancelier autrichien, le socialiste Bruno Kreisky (dont le grand-père avait été un fonctionnaire de François-Joseph), que l'ancienne souveraine était enfin autorisée à revenir. Elle était titulaire d'un passeport diplomatique délivré sur ordre du roi d'Espagne Juan Carlos Ier. Au passage du poste frontière entre la Suisse (depuis des années, elle s'y était retirée dans un couvent) et l'Autriche, douaniers et policiers se mirent au garde-à-vous. Dans son ancienne capitale, elle fut acclamée par une foule si considérable que la police antiémeute fut obligée de la protéger de l'enthousiasme populaire. La « petite dame en noir », âgée de 90 ans, manqua d'être étouffée, fut applaudie dans la cathédrale Saint-Étienne, les fanfares jouèrent l'hymne impérial et Sa Majesté impériale et royale fit la une de toute la presse autrichienne et européenne, ainsi que l'ouverture de tous les journaux radiotélévisés, à la grande surprise de l'Autriche officiellement républicaine. Des foules de jeunes arboraient des tee-shirts, des chemises et des blousons aux armes des Habsbourg ! Jusqu'à son décès et à ses funérailles le 1er avril 1989, selon l'ancien protocole des Habsbourg, Zita n'était pas un fantôme, mais l'ultime témoin de ce rang et souveraine survivante de la vieille Europe, celle d'avant 1914.

On peut signaler que l'archiduc Otto de Habsbourg, fils aîné de Zita, prestigieux défenseur de l'identité européenne, fut sollicité par le Parti paysan hongrois pour se présenter à la présidence de la République de Hongrie. En souriant, il déclina la proposition, en raison de son âge. Précisons que si les Autrichiens de l'après-guerre avaient imposé à l'archiduc, qui n'avait cessé de plaider pour eux, d'attendre 1966 avant de pouvoir revenir sur le sol autrichien, les communistes qui avaient sévi à Budapest n'avaient jamais déchu Otto de sa nationalité hongroise ; il était né, en 1912, avec le titre de prince royal de Hongrie, entre autres. Son fils, l'archiduc Georges (ou György), fut ambassadeur itinérant du gouvernement hongrois après la chute du Mur.

Le 17 juillet 1998, à Saint-Pétersbourg, Boris Ieltsine, premier président de la Russie postsoviétique, s'inclinait devant les restes, qui venaient d'être identifiés, du dernier tsar Nicolas II et de ses proches, assassinés par les bolcheviques quatre-vingts ans plus tôt. Devant une assemblée de hautes personnalités et d'ambassadeurs, la cérémonie étant télévisée, Boris Ieltsine se frappait la poitrine, demandant « pardon pour les crimes des bolcheviques, des communistes et de leurs successeurs ». Le lendemain, une foule dense, émue et silencieuse, commençait à déposer des fleurs devant les cercueils alignés dans la chapelle Sainte-Catherine de la cathédrale Saint-Pierre-et-Saint-Paul, sur les bords de la Neva. D'autres hommages furent rendus plus tard par le président Vladimir Poutine, notamment lors du retour, le 3 octobre 2005, de la dépouille du général en chef des armées Blanches Anton Dénikine, décédé aux États-Unis en 1947.

De même, le 28 septembre 2006, le cercueil de l'impératrice douairière Maria Feodorovna, veuve d'Alexandre III et mère de Nicolas II, était accueilli dans la cathédrale Saint-Isaac de Saint-Pétersbourg. Née princesse Dagmar de Danemark, elle revint, par accord entre la reine Margrethe II de Danemark et le président russe, avec les honneurs militaires.

Mais il n'y eut pas que des hommages aux disparus. Ainsi, le 16 juin 1996, jour de son cinquante-neuvième anniversaire, le roi Siméon II de Bulgarie, souverain déchu en 1946, revenait à Sofia. Le 13 juillet 2001, il était nommé Premier ministre de la République de Bulgarie. Sa cote de popularité était alors de 63 % et le score de son mouvement de 43 % aux élections législatives. Il n'était pas question, du moins officiellement, d'une restauration monarchique, mais d'accepter la tâche « extrêmement ardue et compliquée » de sortir le pays du marasme. Un véritable phénomène que l'on expliquait en partie par « l'immaturité du peuple et le regain d'intérêt pour les têtes couronnées du vieux continent ». Le grand quotidien américain *The Washington Post* évoqua « un signe avant-coureur d'un réveil royal dans les Balkans ». Le « roi-Premier ministre » (une curiosité !) s'était donné huit cents jours pour réussir. Si l'expérience n'a pas été concluante – son mandat s'est achevé en 2005 –, elle a montré que les Bulgares se préoccupaient de leur passé tourmenté.

Avec beaucoup d'humour, Siméon de Bulgarie raconte qu'aux obsèques de la reine mère Elizabeth, en 2002, le protocole l'avait placé, en tant que Premier ministre de Bulgarie, aux côtés des Présidents, face à ses cousins des familles royales. En revanche, au déjeuner servi au château de Windsor, il n'y avait que la famille. Il en était. Cette intimité permit au roi Harald de Norvège de le saluer par un : « “Bienrevenu” au club ! » Seul souverain européen ayant connu cet extraordinaire retour en tant que chef du gouvernement de son pays devenu une république, lors d’une réunion bilatérale au grand-duché de Luxembourg, il fut accueilli par Jean-Claude Juncker ouvrant la séance avec ces mots : « Monsieur le Premier ministre, sire, cher ami. »

De 1990 à 1996, à plusieurs reprises, le roi Michel de Roumanie, qui résidait en Suisse, avait été empêché par le président communiste Iliescu de revenir dans son pays natal. Puis, par un revirement spectaculaire, on vit apparaître, à Bucarest, les deux hommes côte à côte pour la commémoration de la mort, quatre siècles plus tôt, du prince Michel le Brave. Le président roumain justifia son changement d’attitude en déclarant « regretter son acharnement envers celui qui a permis à la Roumanie de se ranger aux côtés des Alliés en août 1944 : c’est le moment de se débarrasser des préjugés ». Le 18 mai 2001, le gouvernement roumain a offert au roi Michel une résidence officielle (le palais Elisabeta) et annoncé qu’il lui octroyait les droits accordés aux anciens chefs d’État (un traitement, une voiture avec chauffeur). La reconnaissance de l’existence de la famille royale est devenue encore plus officielle avec l’octroi à la fille aînée et héritière du roi Michel, la princesse Margareta, de fonctions de représentation internationale dans des circonstances précises.

En juillet 1997, le roi Leka d’Albanie a pu revenir à Tirana avec son épouse Susan, d’origine australienne, et leur fils, le prince héritier Leka II. Et le prince Alexandre de Yougoslavie, fils du roi Pierre II et de la reine Alexandra – né en 1945 dans une suite du Claridge’s à Londres, devenue provisoirement territoire yougoslave –, et sa deuxième épouse, la princesse Katarina, ont pu revenir en Serbie pour la première fois en 1991. Ils étaient invités par l’opposition serbe qui avait apprécié les conférences que le prince avait données un peu partout en Europe sur la démocratie. L'accueil avait été triomphal, mais le prince n'était pas resté à Belgrade. En revanche, après la révolution du 5 octobre 2000 et le départ de Milošević, le prince Alexandre III de Serbie et son épouse Katarina ont décidé de s'installer à Belgrade. Le gouvernement serbe a mis à leur disposition le palais royal et le palais blanc, tout proche, construit par le grand-père du prince, le roi Alexandre II de Serbie. C'est dans ce palais blanc que le couple s'est installé, après d'énormes travaux de restauration. Son rôle n'est pas officiel, mais il est apprécié et respecté. La simplicité des princes et leur chaleur ainsi que leur attention aux autres les ont rendus populaires. Ils œuvrent par le biais de fondations, celle du prince pour les étudiants, celle de la princesse pour l'équipement des hôpitaux. Le prince a trois fils, nés de son premier mariage avec la princesse Maria da Glória d'Orléans-Bragance. Ils vivent à l'étranger, mais viennent souvent dans le pays de leur famille. Le gouvernement a remis au prince les clés de deux châteaux autrefois confisqué à sa famille.

Au Monténégro, le prince héritier Nicolas, né en 1944, architecte, pourra, à l'avenir, représenter officiellement la République du Monténégro dans des circonstances particulières et selon un protocole spécial. Cette reconnaissance, au nom de la continuité historique, est étendue à ses descendants.

Ces anciennes monarchies, qui avaient résisté à la Première Guerre mondiale, puis avaient été balayées par la Seconde et vécu les heures sombres du communisme, ont retrouvé, une fois la démocratie rétablie, le supplément d'âme qu'était leur passé royal. Et une grande partie, longtemps occultée, de la mémoire européenne.

Notes

Avant-propos

1. Ne sont pas pris en compte le Vatican, l'Ordre de Malte, la principauté d'Andorre et la république de San Marin.

1
Les années dangereuses
1908-1914

1. Guy Gauthier, *Les Aigles et les Lions,* France-Empire, 1996.
2. *Ibid.*
3. *Ibid.*
4. Jean-Christophe Buisson, *Le Roman de Belgrade, Monaco,* Éditions du Rocher, 2010.
5. En 1889, Milika, la deuxième fille de Nicolas Ier du Monténégro, épousa le grand-duc Pierre Nicolaïevitch Romanov, cousin du tsar Alexandre III. La même année, sa sœur cadette, Anastasia, s'unit au duc Georges Maximilien de Leuchtenberg, descendant de Joséphine de Beauharnais, dont elle divorça en 1906 avant de se remarier avec le grand-duc Nicolas de Russie, futur commandant en chef des Armées impériales russes de 1914 à 1915. Son statut d'ancienne divorcée vaut à Anastasia d'être mal considérée à la cour de Saint-Pétersbourg, notamment par la tsarine Alexandra. La quatrième fille, Hélène, était devenue, en 1896, l'épouse du roi Victor-Emmanuel III d'Italie. Ainsi, la stratégie nuptiale du « beau-père de l'Europe » lui permit de se détourner de l'Autriche en se rapprochant de la Russie et de l'Italie, cette dernière étant, géographiquement, le pays d'en face. Enfin, Ana, septième enfant des souverains du Monténégro, épousa François-Joseph de Battenberg,

le frère cadet du prince allemand Louis-Alexandre de Battenberg, connu plus tard sous le nom, anglicisé en 1917, de Mountbatten, père de lord Louis Mountbatten, oncle du futur duc d'Édimbourg, le mari de la souveraine britannique Élisabeth II. Le monarque du Monténégro était si fier des mariages de ses filles qu'il les présentait comme la seule « marchandise d'exportation » de son pays !

6. La principauté du Monténégro, qui allait devenir un royaume en 1910, a inspiré les auteurs de la célébrissime opérette *La Veuve joyeuse*, créée à Vienne le 31 décembre 1905, sur une ravissante musique de Franz Lehár, Autrichien d'origine hongroise. Le livret de Léo Stein et de Victor Léon est une adaptation de la pièce d'Henri Meilhac, *L'Attaché d'ambassade*. Le personnage de Danilo porte le prénom du père de Nicolas Ier, prince de Monténégro dans la seconde moitié du XIXe siècle.

7. Hélène Carrère d'Encausse, de l'Académie française, *Nicolas II, la transition interrompue*, Fayard, 1996.

8. Initialement, la princesse Alexandra de Danemark avait été promise à l'héritier du trône britannique, l'ambigu duc de Clarence, fils aîné de Victoria. Celui-ci avait été, à l'époque, soupçonné d'être le fameux « Jack l'éventreur » qui, dans les années 1880, assassinait et éventrait des prostituées dans les quartiers populaires de l'East End londonien. Il était décédé en 1892, de la syphilis selon des rumeurs, d'une pneumonie selon une version officielle plus acceptable.

9. Reval est l'ancien nom de Tallin, aujourd'hui capitale de l'Estonie. À l'époque de cette rencontre entre Nicolas II et Édouard VII, l'Estonie est une province russe depuis 1710 et le règne de Pierre le Grand.

10. Sir Sidney Lee, *King Edward VII,* Londres, 1925-1927, 2 volumes, repris par Antoine d'Arjuzon, *Édouard VII,* Perrin, 2004.

11. Charles Zorgbibe, *Guillaume II,* Éditions de Fallois, 2013.

12. *Ibid.*

13. Ghislain de Diesbach, *Les Secrets du Gotha*, Julliard, 1964, rééd. Perrin, 2012.

14. Le couple aura cinq enfants, nés de 1901 à 1914, quatre filles et un fils. Celui-ci sera, en 1946, sous le nom d'Umberto II, l'éphémère dernier roi d'Italie et l'époux de Marie-José de Belgique.

15. Charles Zorgbibe, *op. cit.*

16. Christopher Clark, *Les Somnambules,* traduit de l'anglais par Marie-Anne de Béru, Flammarion, 2013. Racconigi, au sud de Turin, est un château édifié en 1670, restauré au début du XXe siècle, et dont le parc avait été dessiné par Le Nôtre. C'était la résidence d'été de la maison de Savoie. Le futur roi Umberto II y naquit en 1904.

17. *Ibid.*

18. C'est la candidature de son frère Léopold de Hohenzollern-Sigmaringen, sur le trône d'Espagne, qui fut le prétexte de la guerre franco-prussienne de 1870.
19. Aujourd'hui, Pleven, en Bulgarie.
20. Ghislain de Diesbach, *op. cit.*
21. *Ibid.*
22. Celles de George Sand et Alfred de Musset.
23. Cité par Gabriel Badea-Paün, *Carmen Sylva,* éditions Via Romana, 2011.
24. *Ibid.*
25. Guy Gauthier, *op. cit.*
26. *Ibid.*

2
Sarajevo entre paix et guerre
28 juin-28 juillet 1914

1. Il était le petit-fils de l'archiduc François-Charles qui, en 1848, avait renoncé à la Couronne en faveur de son fils François-Joseph, alors âgé de 30 ans.
2. Voir, du même auteur, *Rodolphe et les secrets de Mayerling*, Perrin, 2004, rééd. « Tempus », 2007 et 2012.
3. Jean-Paul Bled, *François-Joseph*, Fayard, 1987.
4. Sur le Danube, entre Vienne et Budapest, la ville fut la capitale de la Hongrie des Habsbourg au XVIe siècle, sous le nom de Pozsony, germanisé en Pressburg au moment du traité signé par Napoléon le 26 décembre 1805 après la victoire d'Austerlitz. Aujourd'hui, sous le nom de Bratislava, adopté en 1919, c'est la capitale de la Slovaquie
5. Jean-Paul Bled, *François-Ferdinand d'Autriche*, Tallandier, 2012.
6. *Ibid.*
7. Ce mariage morganatique a inspiré le roi Édouard VIII du Royaume-Uni. Il aurait souhaité agir de même avec Mrs. Simpson en 1936, mais devant l'hostilité de la famille royale, de la population et le refus du gouvernement, il a décidé d'abdiquer et devient le duc de Windsor. Voir, du même auteur, *La Saga des Windsor*, Perrin, 2012.
8. C'est en référence au nom de ce château qu'après 1815, le fils de Napoléon reçut le titre de duc de Reichstadt donné par son grand-père l'empereur d'Autriche ; mais l'ancien roi de Rome n'y est jamais venu.
9. L'importante fortune de l'archiduc ne lui venait pas de son père, mais de la famille d'Este, ancienne souveraine de Ferrare et de Modène au XVIe siècle. En 1771, la fille du dernier duc de Modène avait épousé

l'archiduc Ferdinand de Habsbourg, dont les descendants avaient régné sur plusieurs cités d'Italie du Nord jusqu'en 1859. Parmi leurs domaines, la célèbre Villa d'Este, sur le lac de Côme. Le patronyme exact de l'archiduc est donc François-Ferdinand d'Autriche-Este.

10. Le château de Konopiště fut confisqué en 1919 par le nouvel État tchécoslovaque, mesure confirmée par le Parlement en 1921. Plus tard, ses anciens propriétaires, les descendants de François-Ferdinand et de Sophie, furent spoliés de tous leurs biens en Autriche, puis déportés au camp de concentration de Dachau. Konopiště est devenu la propriété, contestée, de la République tchèque. Depuis 2007, le domaine fait l'objet d'une procédure en restitution par la princesse Sophie de Hohenberg, arrière-petite-fille de François-Ferdinand. En 2014, l'affaire est devant la Cour européenne de Strasbourg.

11. Catrine Clay, *Le Roi, l'empereur et le tsar*, traduction de Marie Boudewyn, Lattès, 2007, rééd. « Tempus », Perrin, 2008.

12. Lily Marcou, *Le Roi trahi, Carol II de Roumanie*, Pygmalion, 2002.

13. Ghislain de Diesbach, *La Princesse Bibesco, la dernière orchidée*, Perrin, 1986.

14. L'archiduc jugeait excessif le poids de la Hongrie et souhaitait un rééquilibrage au profit, d'une part, des Tchèques et, d'autre part, des Slaves de l'empire, notamment les Croates, les Slovènes et des Bosniaques. Cette hypothèse faisait de François-Ferdinand la bête noire de la Serbie qui, elle, rêvait d'une Yougoslavie, c'est-à-dire l'union de tous les Slaves du Sud.

15. Jean-Louis Thiériot, *François-Ferdinand d'Autriche*, Éditions de Fallois, 2005.

16. Princip et deux autres, étant mineurs, sont condamnés à vingt ans de prison, détenus dans une forteresse où ils survivent pendant la guerre. En 1917, un monument à la mémoire de François-Ferdinand et de Sophie est élevé sur les lieux de l'attentat. Princip, tuberculeux, meurt en 1918. À la création de la Yougoslavie, le monument commémoratif est détruit et remplacé par une plaque à la gloire de Princip. Les corps des tueurs seront exhumés et auront droit à des funérailles nationales. Les assassins sont devenus des héros. Lors de la Seconde Guerre mondiale, en 1941, les Allemands détruisent la plaque. Une prise d'armes honore la mémoire de l'archiduc et de sa femme. Après 1945, Tito, maître de la Yougoslavie socialiste, fait remettre la plaque. En 1992, lors de la guerre qui voit l'éclatement de la Yougoslavie, l'hôtel de ville est détruit. Il sera reconstruit aux frais de l'Union européenne. Une plaque a été remise, au même endroit, avec un texte sec et neutre : « Ici, l'archiduc François-Ferdinand et son épouse Sophie ont été assassinés par Gavrilo Princip le 28 juin 1914. »

17. Propriété des descendants de la princesse de Hohenberg, le château d'Artsetten présente une remarquable exposition permanente sur l'attentat de Sarajevo, l'enchaînement aussi imprévisible que fatal des incidents et des erreurs l'ayant précédé et permis. À ne pas manquer : le film *De Mayerling à Sarajevo* de Max Ophüls (1939), avec Edwige Feuillère et John Lodge. La balle ayant tué l'archiduc est conservée à Konopiště. La voiture dans laquelle se trouvait le couple est exposée au Musée militaire de Vienne, ainsi que l'uniforme troué et souillé de sang de l'archiduc.

18. Philippe Erlanger, *Le Dernier Âge d'or de la monarchie*, tome 2, Perrin, 1985.

19. Guy Gauthier, *op. cit.*

20. *Ibid.*

21. Christopher Clark, *op. cit.*

22. Maurice Paléologue, *La Russie des tsars pendant la Grande Guerre*, 3 volumes, Plon, 1922.

23. Les Autrichiens auront la confirmation de leurs soupçons lorsqu'ils prendront Belgrade dès le début de la guerre et saisiront des documents confidentiels. Et en 1917, alors que l'armée serbe est repliée à Salonique et demande une paix séparée aux Austro-Hongrois, ceux-ci mettront comme condition préalable que soient jugées et exécutées les têtes du complot de Sarajevo. « Apis » sera fusillé en juin 1917. Il aura donc fallu trois ans d'un conflit sans précédent pour que Vienne puisse punir directement les commanditaires de l'attentat.

24. Jean-Christophe Buisson, *op. cit.*

25. Guy Gauthier, *op. cit.*

3
Alliées ? Ennemies ? Neutres ?
Les monarchies face à la guerre
1914-1916

1. Michel Winock, *1914-1918*, Perrin, 1998.

2. « Parmi eux, le futur Tito », rappelle Jean-Christophe Buisson, *op. cit.*

3. Christopher Clark, *op. cit.*

4. Guy Gauthier, *op. cit.*

5. Gabriel Badea-Päun, *op. cit.*

6. Stanley Weintraub, *Victoria, an Intimate Biography,* New York, Truman Talley Books/E.P. Dutton, 1987 ; traduction française : *Victoria, une biographie intime*, Robert Laffont, 1988.

7. Guy Gauthier, *op. cit.*

8. Luc Schepens et Émile Vandewoude, *Albert et Élisabeth, 1914-1918*, Éditions du Crédit communal, 1984.

9. Ou malle-poste, bateau assurant le service postal et de passagers sur la Manche.

10. Témoignage du roi Léopold III en 1976, *in* Luc Schepens et Émile Vandewoude, *op. cit.*

11. Winston Churchill, *Mémoires de la Grande Guerre,* tome 1, *1911-1915*, traduction de l'anglais révisée, abrégée et annotée par Antoine Capet, Tallandier, 2014.

12. Christophe de Fossa et Henri Van Daele, *Six reines*, Racine, 1996.

13. À Châtellerault (Vienne), dans le clocher de l'église Saint-Jean-l'Évangéliste, se trouve toujours une « cloche franco-russe », un bourdon de plus de 2,6 tonnes offert en 1897 par Nicolas II, portant en médaillon les quatre artisans de l'Alliance franco-russe : son père le tsar Alexandre III, Nicolas II lui-même et les présidents français Sadi Carnot et Félix Faure. Nicolas II, redoutant le conflit germano-français, avait fait graver, en russe et en français : « Sonnez la paix et la fraternité des peuples. » Une tradition locale assure qu'à la déclaration de guerre, le chanoine de Villeneuve, en chaire, avait apostrophé la cloche qui venait de sonner : « Tais-toi, menteuse ! »

14. Maurice Paléologue, *op. cit.*

15. Aujourd'hui région au sud de la Pologne.

16. Aujourd'hui en Ukraine, centre des mouvements nationalistes ukrainiens.

17. *Op. cit.*

18. Jean Sévillia, *Zita, impératrice courage*, Perrin, 1997.

19. Jean-Christophe Buisson, *op. cit.*

20. Voir *supra*, p. 28.

21. Michel Winock, *op. cit.*

22. Malgré l'émotion provoquée dans l'opinion publique, Thomas Woodrow Wilson, le président des États-Unis, n'adresse à l'Allemagne que des protestations. Avant le départ du paquebot de New York, l'ambassadeur allemand à Washington avait mis en garde le capitaine et certains passagers : les sous-marins de l'amiral Tirpitz avaient reçu l'ordre d'attaquer tous les bateaux britanniques se trouvant dans des eaux proches de la Grande-Bretagne. L'Allemagne justifia le torpillage en affirmant que le *Lusitania* transportait aussi des munitions. La guerre sous-marine s'intensifia.

23. Quelques Américains s'engagent ainsi, bien avant l'entrée en guerre des États-Unis en avril 1917.

24. Cité par Hélène Carrère d'Encausse, *op. cit.*

25. Le futur roi George VI, père de la reine Elizabeth II.

26. Kenneth Rose, *King George V*, New York, Alfred Knopf, 1994.

27. Philippe Conrad, *La Nouvelle Revue d'histoire*, janvier-février 2014.

28. Guy Gauthier, *op. cit.*
29. Général Sarrail, *Mon commandement en Orient*, édition annotée et commentée par le colonel Rémy Porte, avant-propos de François Cochet, Saint-Cloud, Éditions Soteca, 2012.
30. Gabriel Badea-Päun, *op. cit.*
31. Traian Sandu, *Histoire de la Roumanie*, Perrin, 2008.
32. Michel Roussin, *Sur les traces du général Berthelot*, Guéna-Barley, 2013.
33. Jean-Paul Bled, *François-Joseph*, Fayard, 1987.
34. Pour les détails de cette rocambolesque affaire, qui a suscité tant d'interrogations, voir, du même auteur, *La Saga des Romanov* (Plon, 2008, nombreuses rééditions). La découverte récente d'archives britanniques, déclassifiées, tend à prouver que même si les conspirateurs – dont faisait partie un médecin, le docteur Lazovert, chargé d'injecter du cyanure dans les gâteaux offerts à Raspoutine que Youssoupov avait invité dans son palais sur le canal de la Moïka – avaient, par leur peur et leur maladresse, manqué leur cible, Raspoutine aurait été éliminé d'une autre façon. En accord avec le roi George V, le gouvernement britannique, convaincu que Raspoutine, réputé vénal, était à la solde de l'Allemagne, aurait dépêché un agent secret pour l'exécuter. Selon ces documents, le tir précis de l'envoyé de Londres aurait abattu Raspoutine, blessé, mais encore vivant, qui s'échappait du palais – en tout cas, il l'aurait achevé. Une balle de fabrication anglaise fut, effectivement, retrouvée dans sa tête.
35. Témoignage de Son Altesse impériale et royale l'archiduc Otto de Habsbourg, recueilli par l'auteur en 2008.

4
Le glas des empires
1917-1918

1. Lili Marcou, *Carol II, le roi trahi,* Pygmalion, 2002.
2. *Ibid.*
3. Jusqu'au début de 1918, c'est l'ancien calendrier, dit « julien », qui est en vigueur en Russie. Il a treize jours de retard par rapport au « grégorien » ; certains autres pays l'avaient aussi adopté, comme la Bulgarie jusqu'en 1916 et la Roumanie en 1919. Ce décalage explique que l'on parle habituellement en Russie de la Révolution de février ou d'octobre, alors que selon le calendrier en usage en France, elles se sont déroulées en mars et en novembre. Par souci de clarté, nous retenons ici notre datation.

4. Dominique Venner, « Les improbables révolutions de 1917 », *Nouvelle Revue d'histoire*, septembre-octobre 2007.

5. Hélène Carrère d'Encausse, *op. cit.*

6. *Ibid.*

7. *Ibid.*

8. Contrairement à ce qui est unanimement répété, le dernier tsar, du point de vue juridique, n'est pas Nicolas II, mais son frère Michel, qui n'a régné qu'un jour et dont la seule décision a été son renoncement. Cet ultime souverain, Michel Alexandrovitch Romanov, n'a sans doute pas été dupe de ce que la « rénovation » dont on lui parlait était bien une « révolution ». Se rendant ensuite auprès de son épouse à Gatchina, résidence impériale sur les bords de la Baltique, il y sera bientôt arrêté. Exilé à Perm, sur le flanc ouest de l'Oural, il sera conduit dans une forêt et fusillé par les bolcheviques le 13 juillet 1918, trois jours avant l'exécution de son frère. Étrange fut le destin de celui qui avait été l'héritier de la Couronne tant que son frère n'avait pas d'enfant mâle et qui, treize ans plus tard, a été désigné comme successeur à cause de ce même enfant. La renonciation au trône du grand-duc Michel est publiée le 4 mars 1917.

9. Réintégrée à la Grèce, dans la province de Macédoine, en 1912, après la première guerre balkanique, la ville de Salonique retrouva son nom antique. Mais l'usage des deux noms, Salonique et Thessalonique, reste très fréquent encore aujourd'hui.

10. Au début de la guerre, les princes eurent l'autorisation de sortir d'Autriche pour venir en France où ils voulaient servir. En raison de la loi d'exil frappant les descendants des familles ayant régné sur la France, leur proposition fut refusée. Le roi des Belges accueillit favorablement leur engagement dans son armée. Ils servirent alors comme lieutenants d'artillerie, à la batterie 84. Albert Ier est d'ailleurs à l'origine de plusieurs tentatives de paix séparées.

11. Souvenirs inédits de Maurice Boy de La Tour.

12. *Ibid.*

13. Jean Sévillia, *Le Dernier Empereur,* Perrin, 2009.

14. Souvenirs inédits de Maurice Boy de La Tour.

15. Raymond Poincaré, *Au service de la France : neuf années de souvenirs, 1912-1921*, 11 volumes, Plon, 1926-1934.

16. Maxime Tandonnet, *Histoire des présidents de la République*, Perrin, 2013.

17. Jean Sévillia, *op. cit.*

18. La notoriété de Bad Homburg avait incité le prince Charles III de Monaco à demander à la famille Blanc de promouvoir le casino de Monte-Carlo, au cœur du nouveau quartier élégant et mondain de la principauté, qu'il avait créé en 1866 en lui donnant son prénom, Charles.

19. Christian Baechler, *Guillaume II d'Allemagne*, Fayard, 2003.

20. Emilio Vasari, *Kaiserin und Königin*, Munich, Verlag Herold, 1976.

21. Souvenirs inédits de Maurice Boy de La Tour.

22. Erich Feigl, *Zita de Habsbourg, mémoires d'un empire disparu*, préface de François Fejtö, traduction de Jacques Denis et Georges-Albert Salvan, Criterion, 1991.

23. *Ibid.*

24. Andrew Roberts, *Salisbury, Victorian Titan*, Londres, Weindenfeld & Nicolson, 1999.

25. En français dans le texte. *The Times*, mercredi 18 juillet 1917.

26. Lily Marcou, *op. cit.*

27. *Souvenirs du comte de Saint-Aulaire*, Paris, 1945.

28. Henri Troyat, de l'Académie française, *Nicolas II, le dernier tsar*, Flammarion, 1991.

29. Aujourd'hui en Slovénie, Caporetto s'appelle Kobarid.

30. Pierre Milza, *Histoire de l'Italie*, Fayard, 2013.

31. Luc Schepens et Émile Vandewoude, *op. cit.*

32. Jean Sévillia, *op. cit.*

33. Erich Feigl, *op. cit.*

34. Marc Blancpain, *op. cit.*

35. *Ibid.*

36. Le Phanar était le quartier grec de Constantinople dont les habitants descendaient d'illustres familles byzantines. Le mot *phanar* venait du phare illuminant l'entrée du port.

37. Guy Gauthier, *op. cit.*

38. Patrick Roegiers, *La Spectaculaire Histoire des rois des Belges*, Perrin, 2007.

5
Des illusions de la paix à un nouveau cataclysme
1919-1939

1. Luc Schepens et Émile Vandewoude, *op. cit.*

2. André Baeyens, *La Damnation de Woodrow Wilson*, Xenia, 2014 (j'ai eu le plaisir de préfacer cet ouvrage).

3. Jean-Baptiste Duroselle, de l'Institut, *Clemenceau*, Fayard, 1988.

4. Auparavant, elle s'appelait l'avenue d'Antin. En 1945, elle recevra sa dénomination actuelle : avenue du Président-Franklin-Roosevelt.

5. André Baeyens, *op. cit.*

6. Lily Marcou, *op. cit.*

7. *Le Matin*, 6 mars 1919. Voir *Colette journaliste, chroniques et reportages 1893-1955*, texte établi, présenté et annoté par Gérard Bonal et Frédéric Maget, Le Seuil, coll. « Libretto », 2010.

8. Elle est la seule personnalité étrangère de ce rang à être Grand-Croix dans l'année 1919.

9. Ghislain de Diesbach, *Les Secrets du Gotha, op. cit.*

10. Hannah Pakula, *The Last Romantic: a Biography of Queen Marie of Rumania*, New York, Simon and Schuster, 1984 ; et Lily Marcou, *op. cit.*

11. Ghislain de Diesbach, *Les Secrets du Gotha*, *op. cit.*

12. Winston Churchill, *Mémoires de guerre, 1919-1941*, édition française traduite, présentée et annotée par François Kersaudy, Tallandier, 2009.

13. Christian Baechler, *op. cit.*

14. Marc Blancpain, *op. cit.*

15. Jean Sévillia, *op. cit.*

16. *Le Monde d'hier, souvenirs d'un Européen*, fut rédigé en 1941 et publié en 1942, l'année du suicide de Stefan Zweig au Brésil.

17. Un an plus tard, Raymond Poincaré, redevenu président du Conseil, est l'avocat du mariage, le 18 mars 1920, de SAS la princesse Charlotte de Monaco avec le comte Pierre de Polignac, qui devient, par ordonnance souveraine, le prince Pierre de Monaco. Charlotte avait soupiré que ce mariage était « contre ses vœux ». L'union fait naître la princesse Antoinette, puis le prince Rainier. Le mariage, malheureux, se solde par un divorce, prononcé par la justice française le 18 février 1933, et c'est encore Raymond Poincaré, malade et sur la fin de sa vie, mais toujours serviable, qui défend les intérêts de Charlotte.

18. « Toutes les minorités sont représentées au Parlement. Avec le risque, qui est grand, de voir naître des partis dont la base serait autant communautaire qu'idéologique » (Jean-Christophe Buisson, *op. cit.*). Les Croates viennent de l'ancienne Hongrie, les Slovènes de l'ancienne Autriche.

19. Le cercueil du roi et plus tard celui de la reine Milena sont transportés en Italie, dans la nécropole de l'église russe de San Remo. En 1989, ils seront rapatriés solennellement à Cetinje, au Monténégro, dans la chapelle de la Naissance-de-la-Sainte-Vierge.

20. Ardent francophile, le roi Pierre Ier de Serbie a été honoré par Saint-Cyr qui a donné son nom à une promotion, ainsi que par diverses distinctions. Son souvenir est également rappelé par une avenue parisienne à cheval sur les 8e et 16e arrondissements et par un monument équestre, élevé Porte de la Muette en 1936, à sa mémoire et à celle de son fils et successeur, le roi Alexandre Ier de Yougoslavie, assassiné à Marseille en 1934.

21. Lors de l'attentat de Sarajevo, une première grenade avait, aussi, d'abord heurté la voiture de l'archiduc. Chef du gouvernement serbe en 1914 et soutien présumé de l'attentat contre François-Ferdinand, Nikola Pašić a repris ses fonctions de Premier ministre en 1921, plus avec l'idée d'une Grande Serbie qu'avec celle d'une Yougoslavie défendue par les Croates et les Slaves venus de l'ancienne Autriche-Hongrie.

22. Jean-Christophe Buisson, *op. cit.*

23. Pierre Milza, *Mussolini*, Fayard, 2014.

24. Sir George Buchanan, *My Mission to Russia*, Londres, Casell, 1923.

25. Maria Feodorovna, née princesse Dagmar de Danemark, rejoindra son pays natal où elle mourra en 1928. Par accord entre la reine Margrethe II de Danemark et le président Vladimir Poutine, sa dépouille a été rapatriée à Saint-Pétersbourg, avec les honneurs militaires et religieux, le 28 septembre 2006. Elle repose auprès de son époux, le tsar Alexandre III, dans l'église Saint-Pierre-et-Saint-Paul.

26. Christophe De Fossa et Henri Van Daele, *op. cit.*

27. *Ibid.*

28. De ce mariage, très heureux, du futur roi George VI et de la reine mère Elizabeth, naîtront la princesse Elizabeth en 1926 (la reine Elizabeth II) et sa sœur, Margaret Rose, qui tenait beaucoup à son double prénom, mais que le monde entier connaîtra sous le seul prénom de Margaret, la princesse aux amours malheureuses.

29. Guy Gauthier, *op. cit.*

30. Lily Marcou, *op. cit.*

31. *Ibid.*

32. Patrick Weber, *La Grande Histoire de la Belgique*, Perrin, 2013.

33. Philippe Delorme, *Les Dynasties perdues*, coll. « Point de Vue », Éditions L'Express, 2011.

34. *Ibid.*

35. Joséphine Dedet, *Géraldine, reine des Albanais*, Criterion, 1996.

36. *Histoire des peuples balkaniques*, Fayard, 1950.

37. Guy Gauthier, *op. cit.*

38. Isabelle Bricard, *Les Dynasties régnantes d'Europe*, Perrin, 2000.

39. Philippe Nourry, *Juan Carlos*, Centurion, 1986 ; nouvelle éd. Tallandier, 2006.

40. Leur troisième fils et cinquième enfant, Juan, futur comte de Barcelone (1913-1993), est le père du roi Juan Carlos et le grand-père du roi Felipe VI.

41. La mort du roi Albert Ier a suscité de folles rumeurs, allant de l'assassinat politique au suicide, en passant par le crime passionnel, voire un accès de folie de la reine Élisabeth ! Des journalistes disent avoir relevé quatre-vingt-quinze anomalies dans l'enquête (voir Jacques

A. M. Noterman, *Le Roi tué*, Jourdan Éditions, 2004). En 2014, pour un documentaire de la RTBF sur la vie de son grand-père, la princesse Esmeralda, fille de Léopold III et petite-fille du roi Albert Ier, a rouvert le dossier avec l'accord du procureur général et de la police judiciaire de Bruxelles. Le commissaire Jean-Michel Lemoine a déclaré : « L'enquête, à l'époque, a été correctement menée. Elle aurait été menée différemment aujourd'hui, avec d'autres moyens, d'autres techniques. Mais nous serions arrivés à la même conclusion : un événement accidentel. » L'endroit où a été retrouvé le corps du roi est aujourd'hui marqué par une grande croix de béton.

42. Une chapelle commémorative a été édifiée à l'endroit où la voiture a fini sa course.

43. Pierre Milza, *op. cit.*

44. Charles Higham, *Wallis Simpson, la scandaleuse duchesse de Windsor*, traduction d'Éric et Françoise Deschodt, Lattès, 1989 ; rééd. 2005.

45. Martin Allen, *Hidden Agenda,* Londres, Mac Millan, 2000 ; traduction française de Jean Rosenthal sous le titre *Le roi qui a trahi*, Plon, 2000.

46. Charles Zorgbibe, *op. cit.*

47. Christian Baechler, *op. cit.*

48. Prince Paul de Hohenzollern de Roumanie, *Carol II, roi de Roumanie*, Denoël, 1990.

49. Mal en avait pris à Boris III, car Dimitrov, importante figure du communisme international, deviendra le premier président de la République populaire de Bulgarie, de 1946 à sa mort à Moscou, en 1949. Son corps sera embaumé comme celui de Lénine et exposé, dans les mêmes conditions, dans un cercueil transparent, gardé par un piquet d'honneur à Sofia.

50. Guy Gauthier, *op. cit.*

6

Quelles monarchies survivront au second séisme ?
1939-1947

1. Une neutralité relative, qui sera très malmenée par les agents secrets allemands, puisque l'Eire, à cette époque, fait toujours partie du Commonwealth.

2. *In* William Shawcross, *Queen Elizabeth, the Queen Mother*, Mac Millan, 2009, rééd. Pan Books, 2010.

3. Père du futur président John Fitzgerald Kennedy.

4. Philippe Delorme, *Point de Vue*, hors-série *Histoire*, octobre 2010.

5. L'hypothèse d'un rapt de la reine mère n'était pas absurde : en effet, quelques mois plus tard, la reine Wilhelmine des Pays-Bas, qui s'était réfugiée à Londres parce que son pays était envahi – tout comme la grande-duchesse Charlotte de Luxembourg –, faillit être enlevée par les Allemands.

6. Winston Churchill, *op. cit.*

7. Sarah Bradford, *George VI*, Londres, Penguin Books, 1989.

8. Gabriel de Penchenade, in *Point de Vue hors-série Histoire*, octobre 2010.

9. Pierre Milza, *op. cit.*

10. Le Mall est l'artère royale par excellence, une longue allée d'honneur bordée de platanes, reliant l'Arche de l'Amirauté, élevé en 1910 en mémoire de Victoria, à Buckingham Palace. Toutes les manifestations officielles l'empruntent.

11. Les quartiers populaires, par opposition aux quartiers élégants du West End.

12. Lily Marcou, *op. cit.*

13. Rappelons que Michel, alors âgé de 7 ans, avait succédé à son grand-père le roi Ferdinand Ier le 20 juillet 1927. La régence était assurée par son oncle Nicolas. Michel avait régné jusqu'au retour de son père le 6 juin 1930.

14. La princesse Sophie de Grèce deviendra l'épouse du prince Juan Carlos de Bourbon et sera reine d'Espagne de 1975 à 2014.

15. Descendante de Lucien Bonaparte, l'un des frères de Napoléon Ier, elle a introduit la psychanalyse en France grâce à sa traduction des œuvres de Freud et à ses propres travaux. Lors de l'Anschluss, elle avait aidé Freud à passer d'Autriche en Angleterre.

16. Jean-Christophe Buisson, *op. cit.*

17. Philippe Nourry, *op. cit.*

18. Il est en effet très rare que l'État (le souverain) soit convié à Downing Street (le siège du gouvernement et la résidence du Premier ministre). Le monarque est plus habitué à recevoir qu'à être invité. Parmi les exceptions notoires : le dîner de gala offert à la reine Elizabeth II et au duc d'Édimbourg par Churchill, le 4 avril 1955, la veille de sa démission. Également exceptionnel fut le toast porté, ce soir-là, par la souveraine à la santé de celui qui était encore son Premier ministre pour moins de vingt-quatre heures. De lui, Elizabeth II dira, en un beau raccourci : « Il était divertissant. »

19. Le prénom initial de George VI était Albert, et son surnom Bertie. Devenu roi, il avait choisi un nouveau prénom lors de son intronisation, en hommage à son père.

20. Néanmoins, Édouard s'était beaucoup occupé de lui, l'avait fait venir auprès de lui et était parvenu à le guérir de sa dépendance à la drogue.

21. Charles Higham (in *op. cit.*) rapporte une note des services d'espionnage allemands : « Le prétendu accident est, en réalité, le résultat des activités scélérates du Secret Service britannique désireux de se débarrasser de [Kent] avant que ses sympathies proclamées pour la cause allemande n'embarrassent la famille royale. » Selon une conversation des années 1970, révélée en 2003, avec un contemporain du drame, Martin Allen (in *op. cit.*) estime que l'« on s'est débarrassé du duc » qui serait devenu gênant.

22. Certains spécialistes ont expliqué la façon dont on pouvait saboter un hydravion. L'affaire a parfois été comparée à l'accident d'avion dans lequel périt, en juin 1943 à Gibraltar, le général polonais Sikorski, d'abord antinazi puis antisoviétique, après la découverte du charnier de Katyń, dont la responsabilité, longtemps attribuée à Hitler, était en fait celle de Staline. Cette réalité criminelle ne fut reconnue par la Russie de Vladimir Poutine qu'en 1990.

23. Sarah Bradford, *op. cit.*

24. Pierre Milza, *op. cit.*

25. Il ne mourra qu'en 1948.

26. Extrait de Christopher Hibbert, *The Court of St. James's*, Londres, Weindenfeld and Nicolson, 1979 (traduction de l'auteur).

27. François Kersaudy, *Histoire de la dernière guerre*, n° 10, mars-avril 2011.

28. En mai 1947, le comte Bernadotte est le premier médiateur chargé par l'Onu de faire appliquer le plan de partage de la Palestine entre juifs et Arabes, dans la perspective de la création de l'État d'Israël. Après une série de menaces, des terroristes du groupe sioniste Lehi l'assassinent à Jérusalem le 17 septembre 1948, provoquant une réaction scandalisée unanime.

29. Le roi Léopold III mourra en 1983, quatre mois après son frère Charles. Ils ne s'étaient jamais réconciliés.

30. Philippe Delorme, *Point de Vue*, hors série *Histoire*, octobre 2010.

31. *Ibid.*

Index

Remerciements

Je tiens à exprimer, particulièrement, ma gratitude envers Xavier et Myriam Boy de la Tour. L'oncle de Xavier Boy de la Tour, Maurice Boy de la Tour, fut, à son domicile de Neuchâtel (Suisse), en 1917, l'intermédiaire aussi dévoué que courageux des tentatives de paix séparée de l'empereur Charles Ier d'Autriche et roi Charles IV de Hongrie, petit-neveu successeur de François-Joseph. Xavier et Myriam Boy de la Tour ont mis à ma disposition des documents inédits concernant ces contacts secrets en territoire neutre, en 1917. Ces négociations échouèrent malheureusement. La Première Guerre mondiale, notamment entre la France et l'Autriche-Hongrie, fut ainsi prolongée...

Mes remerciements s'adressent aussi à toute l'équipe des Éditions Perrin, en particulier : Benoît Yvert, directeur, Laurent Theis et Grégory Berthier-Gabrièle, directeurs éditoriaux, Marie de Lattre, du service artistique, Marguerite de Marcillac, du service iconographique, Céline Delautre, chef correctrice du service éditorial et Sylvie Montgermont, du service fabrication.

Enfin, Monique, mon épouse, par ses judicieux conseils et ses remarques, m'a remarquablement aidé. Je lui en suis tendrement reconnaissant.

Table

1
Les années dangereuses
1908-1914

2

Sarajevo entre paix et guerre 28 juin-28 juillet 1914

3

Alliées ? Ennemies ? Neutres ? Les monarchies face à la guerre 1914-1916

4
Le glas des empires
1917-1918

5

Des illusions de la paix à un nouveau cataclysme
1919-1939

6
Quelles monarchies survivront au second séisme ?
1939-1947

Impression réalisée par

CPI
BRODARD & TAUPIN

La Flèche
en décembre 2014

Imprimé en France
N° d'impression : 3008553
Dépôt légal : décembre 2014